U0085245

Public
Administration

行政學

林淑馨　著

何謂「行政」？為何要學習「行政學」？
「行政學」與「管理學」有何相似或差異之處？
所有的疑惑，本書將一一為您解答……

三民書局

國家圖書館出版品預行編目資料

行政學／林淑馨著.――初版六刷.――臺北市：三民，
2024
面；　公分

ISBN 978-957-14-5997-4　（平裝）
1. 行政學

572　　　　　　　　　　　　　　104000981

行政學

著 作 人｜林淑馨
創 辦 人｜劉振強
發 行 人｜劉仲傑
出 版 者｜🕭三民書局股份有限公司 (成立於 1953 年)

三民網路書店
https://www.sanmin.com.tw

地　　　址｜臺北市復興北路 386 號　　（復北門市）　(02)2500–6600
　　　　　　臺北市重慶南路一段 61 號（重南門市）　(02)2361–7511
出版日期｜初版一刷 2015 年 4 月
　　　　　：
　　　　　初版六刷 2024 年 10 月
書籍編號｜S571430
Ｉ Ｓ Ｂ Ｎ｜978-957-14-5997-4

　　從沒想過自己會寫行政學教科書。因為所有學過行政學的人都知道，行政學涵蓋的範圍很廣，內容很龐雜，要將其整理為一本有系統的教科書，除了需要有相關專業知識外，還要有不知天高地厚的「膽識」。因為國內諸多前輩已經將行政學的內容整理得相當完善，如何寫出一本稍微與眾不同、有一點貢獻的書，應該是深深困擾許多後輩的最大問題，而這問題同樣也困擾著我。

　　這些年來，陸續將自己上課的資料整理成教科書，從非營利組織、人力資源管理到公共管理，唯獨行政學這科，卻是我始終不敢碰觸的「禁地」，因為深知自己所學不足，有何能力挑戰如此艱鉅的任務？然而，這樣的想法卻在幾年前開始有些轉變。當我在課堂上鼓勵大一新生要好好念書（特別是行政學），才能奠定專業知識時，發現學生常常會疑惑地看著我，因為他們不知為何要念或要背這麼多艱深的理論？他們不懂「究竟為何要學行政學？」或「學行政學要做什麼？」「與我們有何相關？」為了讓學生不排斥這門課，我嘗試舉大量的例子讓學生瞭解行政學與我們日常生活的關係，盡量讓學生不至於覺得行政學是「高不可攀」。或許我的努力有一點成效，每學期的評鑑學生們總說喜歡我舉的例子，讓他們感受到行政學的「平易近人」，讓原本應該是枯燥的行政學變得生動活潑些。這樣的回饋也讓我開始認真思考，是否可以用另一種方式，將充滿學術理論的行政學內容轉化為較淺顯、貼近生活，而不再是門遙不可及的理論學科。因此，在以「少一點理論，多一點實務（現況）」的出發點上，個人希望盡量讓行政學能走近你我日常生活，而成為一門活用的學問，這乃是我撰寫此書的最大初衷與目的。

　　然而，寫書不能只有熱情，還要有無比的毅力。寫作此書的這段時間，研究室幾乎成了「7-11」。經常早上七點多就到校，只為了爭取距離十點上課前那三小時的黃金時段，晚上則是將近十點才回家。當然，假日也是在研究室中度過。突然發現，自己比研究生還更像研究生，生活似乎又回到在日本留學時期的那種模式。雖然每天回家時偶而會感到眼睛酸、肩膀痛，但心中那股充實感卻是無法言喻，因為我知道，距離自己完稿的目標又更接近了。或許是這股留學生時代的拼勁，竟然能讓這本書提早約半年完成。

為了貫徹自己的初衷，本書在章節的設計與安排上盡量簡潔，分為兩大篇，共十八章。第一篇有七章，屬於「基礎概念篇」，除了行政學基礎概念的介紹外，主要是整理行政學理論的發展與學說內容，從傳統理論到新公共管理、新公共服務。第二篇有十一章，定位為「運作管理篇」，內容包含現代政府體系、人事行政、行政組織、公共政策、行政溝通、行政資訊管理、行政領導，甚至到行政革新與政府再造、行政系統與環境的互動。每章除了既定主題的探討外，為加強行政與實務的連結性，每章最後有「行政櫥窗」，介紹近幾年來重要的政府相關政策或行政運作。另外，為了便於讀者學習，本書也整理了近十年國家考試與研究所的歷屆考題，根據其內容屬性，置於每章最後。

　　本書的出版，應感謝三民書局劉振強董事長的邀約，以及三民書局編輯群的熱心協助，這是促使這本書能夠順利出版的幕後功臣。而臺北大學提供了良好的研究環境，系上的同事與助教，以及公共行政領域的先進們平時對我的關心與提攜，才讓我擁有完成本書的動力。另外，在本書撰寫的過程中，因為有宗穎、書郁、智堯、浩哲、亞凡、小帆與宛育等多位研究助理在資料蒐集整理、圖表繪製和文稿校對上的協助，才能使本書更加完整，並能如期出版，真的非常感謝。在國內，行政學的研究已相當豐富多元，疏漏不周在所難免，敬請給予批評指正。個人希望本書能有助於國內行政學的研究與教學，若能引起共鳴，自是萬分感激。

　　最後，依然要感謝家人長期的鼓勵與支持，如果不是家人對我的工作與研究給予充分的體諒與尊重，忍受我把家當旅館，讓我能無後顧之憂完全投入學術研究，這本書是無法如此快速完成的。特別是先生毫無怨言忍受分隔臺日兩地的生活，默默地在背後守護與支持，才使我能有充分的時間與空間專心研究，享受研究與教學所帶來的成就感與滿足感。因此，在本書出版之際，我想這份喜悅最應與他和家人共享。

林淑馨　於日本

行政學 目次

Public Administration

自 序

基礎概念篇

第 1 章	行政學的基礎概念	003
第 2 章	行政學理論的發展：傳統時期	031
第 3 章	行政學理論的發展：修正時期	061
第 4 章	行政學理論的發展：整合時期	089
第 5 章	新公共行政	117
第 6 章	新公共管理	145
第 7 章	新公共服務	175

Contents

▶運作管理篇

第 8 章　　現代政府體系　　201

第 9 章　　人事行政　　235

第 10 章　　行政組織　　273

第 11 章　　公共政策　　305

第 12 章　　行政溝通　　339

第 13 章　　行政資訊管理　　371

第 14 章　　行政倫理　　403

第 15 章　　行政領導　　433

第 16 章　　行政責任　　467

第 17 章　　行政革新與政府再造　　495

第 18 章　　行政系統與環境的互動　　527

基礎概念篇

第 1 章　行政學的基礎概念

第 2 章　行政學理論的發展：傳統時期

第 3 章　行政學理論的發展：修正時期

第 4 章　行政學理論的發展：整合時期

第 5 章　新公共行政

第 6 章　新公共管理

第 7 章　新公共服務

第 1 章 行政學的基礎概念

對於許多初學者而言，相信對於「行政」一詞多抱持很大的疑問，究竟何謂「行政」？為何要學習「行政學」這門課程？而「行政學」與「管理學」有何相似或差異之處？

行政學 (public administration) 又稱為公共行政或行政管理學，其發展脈絡可追溯於歷朝行政／吏制之沿革。對於行政學的發展，則參照於英、美、德、法等各國的考證，並依據不同學者對「行政」一詞所提出不同的觀點。其中，被稱為「行政學之父」的美國學者威爾遜 (Woodrow Wilson)，於 1887 年 6 月在《政治學季刊》(*Political Science Quarterly*) 發表〈行政的研究〉(The Study of Administration)❶一文後，行政學才真正從政治學領域獨立出來，再加上民主的轉型，政府更透過師法企業，將工商企業界所發展成功的科學管理，更加速行政學的興起與蓬勃的發展。

由上述可知，行政學自十九世紀末誕生於美國，即成為政治學的一項新研究領域，同時也被視為是現代國家在進行制度改革時所不可欠缺的一門專業學問。主要的原因乃是隨著公共服務的範圍和規模快速膨脹，政府職能的內容也被要求不斷更新，故各國政府從「近代國家演進到現代國家」的過程中，其職能開始產生變化，從「消極國家轉變成積極國家」（西尾勝，2001: 1、4）。在這段政府職能演變的過程裡，不僅涉及行政官僚角色認知的改變（將民眾視為顧客），還牽涉到行政組織與制度的調整（小而美政府觀念的引進和組織精簡、再造）、服務供給方式的革新（如導入民營化或委外），當然也影響到行政學內容的演進與修正，而這一切都屬於行政學的範圍。

---

❶ 〈行政的研究〉 最早是威爾遜於 1886 年 11 月 3 日在康乃爾大學 (Cornell University) 對該校歷史與政治學會發表專題演講的題目。由於演講非常成功，使他聲名大噪，所以威爾遜隨即將演講稿修改，在 1887 年 6 月發表於著名學術期刊《政治學季刊》，後來又在 1941 年 12 月號重新刊載一次 （吳定等，2007: 39）。

事實上，若暫時拋開理論學說，「行政與行政學」和你我日常生活息息相關，且涵蓋範圍甚廣，舉凡社會福利、預算籌編、道路橋梁興建養護、駕照發給、結婚登記、稅賦徵收，到國家公共政策的實施與執行，如季節電費制度、垃圾費隨袋徵收、國道計程收費等，或是地下天然氣幹管破損氣爆成災、幼稚園娃娃車出事、空中纜車興建工程與 LED 路燈採購等公共工程弊端，到食安問題、口蹄疫、腸病毒、SARS（嚴重急性呼吸道症候群）等，因其事務內容與處理成效和政府有關機關、業務官員及行政人員所採行的策略與方法密切相關，稍有疏忽即成媒體和輿論指責對象，甚至被要求下臺以示負責，同時也會造成民眾生活上的不便或恐慌，故不可輕忽其重要性而需審慎處理因應。

有鑑於上述，在本書第一章中先淺談行政學的基礎概念。首先從學理和實務來釐清行政的意涵，探討行政的意義與特質；其次說明行政學意涵和意義，闡述行政學的特性；接著整理研究行政學的目的，分析行政學的重要性，以及行政學研究所涵蓋的範圍；最後因考量行政管理和企業管理經常為人所混淆，故比較行政管理和企業管理之異同，以作為本章之結語。

第一節 關於行政

一、行政的意涵

㈠學理的意涵

關於「行政」(administration) 一詞，究竟代表何種意涵？至今未有一致的說法或解釋。被譽為國內公共行政界「行政學鼻祖」的張金鑑 ❷ (1968: 1) 認為：「政是眾人之事，行是執行或推行。行政就是公共事務的推行。各機關團體為達成其目的的集體活動，都可稱之為行政」。而學者

---

❷　張金鑑先生於 1935 年 6 月在上海商務印書館出版了國內第一本行政學的教科書——《行政學之理論與實際》，列入大學叢書，開啟了我國行政學術與實務界研究行政學的先河，貢獻厥偉（吳定，2009: 25）。

管歐則分別從狹義與廣義來釐清「行政」的概念。他指出：所謂狹義的行政，「乃指行政機關本於行政職權所為之作用，⋯⋯各國憲法上所謂行政，即指狹義的行政所言」。至於廣義的行政乃指「國家各種機關之一切作用而言，舉凡各機關本於國家統治權作用所推行或執行之事務，均得謂為行政，⋯⋯在五權憲制之我國，則無論屬於立法、司法、考試或監察機關之事項，因均係於國家統治權之作用，亦均得為行政。故廣義之行政，實與國家統治權整個作用之意義或政治意義相當」（管歐，1978：2-3）。至於另一位行政學研究者張潤書 (2009: 3) 則採廣義的看法，將「舉凡政府機關或公務機構的業務有效推行」，視為是廣義的行政。

　　除此之外，有研究指出，「行政」一詞含有管理、執行的意義，而英文 "administration" 或德文 "verwaltung"，是源自拉丁文 "administrare"，亦同此義。根據《牛津字典》(Oxford Dictionary) 的定義，行政是「一種執行的行為」，也就是「事務的管理」或「指導或監督事務的進行」；至於管理則是「由某人的行動對事務進行指導、控制或掌控」。兩者在拉丁文的來源也顯示出其差異。行政 (administration) 來自 "minor" 到 "ministrare"，意義是「為服務 (serve) 而治理 (govern)」。管理 (management) 來自 "manus"，意義是「用來控制」，兩者的基本差異在於「提供服務」，以及「管制或產生結果」（Owen E. Hughes，轉引自呂苔瑋等譯，2006: 7-9），另有學者從所轄範圍和目標屬性來區分行政與管理之差異，認為：「行政所指範圍較廣，層級較高，具有通盤籌劃性。至於管理所指的範圍較小，層級較低，所涉及的皆為實現政策，執行計畫的具體方法和技術」（陳德禹，1996: 6）。

　　國外學者則多認為，行政是關於政府的組織與管理問題，故將公部門的所有活動皆涵蓋在行政中，如羅森布隆 (David H. Rosenbloom) (1986) 認為「行政是為了社會整體或部分，運用管理、政治、法律的理論過程，去實行由立法、行政、司法授權的管制與服務功能」（Owen E. Hughes，轉引自呂苔瑋等譯，2006: 10）。而瓦爾多 (D. Waldo) (1987: 231) 則指出：「行政是人與物的組織與管理，以達成政府的目的」、「行政是應用於國家事務的管理藝術和科學」（轉引自吳瓊恩，2011: 7）。至

於日本《廣辭苑》（相當於我國的辭典）的定義則是相當淺顯易懂，其將行政一詞界定為二：一是指國家的作用（立法、司法以外國家政務的統稱），另一是指內閣以下的政府機關或公共團體在法律範圍內所執行的政務（今村都南雄，1997: 4）。

總結以上所述得知，行政最簡單的說法，就是公務的執行或管理，亦即如何使政府機關的業務能夠有效地推行。然而，行政與執行之觀念有別，行政所涵蓋的內容包括行政事項之設計、執行及考核在內，執行僅單純地實現行政事項之手續、程序或方法（管歐，1978: 3）。又行政並非專指政府的行政部門及考試部門所管轄的事務（前者占最大多數），立法、司法、監察等部門政府機關，甚至總統府、中央研究院等，亦有行政現象存在，如組織結構、領導溝通、辦事規則等，無不存在於各種政府機關中（賴維堯等，1995: 7）。

(二)實務的意涵

為了區別公、私部門或政府機關、企業組織兩者管理的差別，一般習以分別稱之「公共行政」與「企業管理」，以突顯公務推行的「公共」(Public) 特性。而為行文精簡及口語溝通，經常以「行政」二字來表「公共行政」，故大學設有「公共行政學系」，並以「行政學」作為該科系的核心課程（賴維堯等，1995: 7）。然而卻也有研究認為，行政相較於管理，顯得功能較狹隘、受較多限制。雖說行政與管理的意義相近，但若從語意學來看，「管理」與「行政」這兩個詞有明顯的差異，且管理者 (manager) 扮演的角色與行政者 (administrator) 所扮演的角色是截然不同的。事實上，一般民眾的日常生活也經常與「行政」息息相關，如婚喪、出生，甚至是生命財產如遇災難事件，如旅館、餐廳、卡拉 OK 等公共場所失火；捷運國宅道路等公共工程弊端；有毒蔬菜、黑心油等，政府有關機關及業務官員必成為指責對象，甚至被興論要求下臺。從上述案例可知，這些活動均涉及「眾人之事的管理」或「公權力的行使」。因此，公共行政涵蓋的範圍很廣，國防及國家安全、社會福利、環境保護、道路橋梁興建養護、垃圾清運、駕照發給、稅賦徵收、公務人力資源、

預算籌編、政策規劃執行等均屬於行政的範疇（賴維堯等，1995: 7）。

事實上，你我生活中處處與行政有關，也可以說，自有政府以來就有行政，也就有行政思想。只不過一直缺乏系統性的行政理論，直到1887 年威爾遜發表〈行政的研究〉一文，才引發學界對行政的重視。相關內容留待第二章再進行說明。

二、行政的意義

國內學者將行政界定為：「政府機關及公務員依法公正有效地處理與公眾有關的事務，提供必要的管制與服務，解決社會衝突及公共問題，並對所採取的行動手段與結果目的承負責任」，並進一步分析其意義如下（賴維堯等，1995: 9–10）：

1.政府機關所提供的管制與服務，主要來自於法令的授權與各機關的施政計畫，對國家或社區的生命體或公共目的，具有非常重要的關係。倘若缺乏這些管制與服務或未能妥善管理，民眾的生命財產安全將會受到嚴重的傷害。

2.政府機關為能提供管制與服務，必須具備管理能力 (management capacity)，並取得及配置人力、財力、資訊、技術的能力。其目的在於如何使用最少資源達到預期產出水準，或充分發揮現有資源以獲得最大或最好的產出水準。

3.行政是發生於公共環境中的政府機關組織系統（少部分委託私人團體，例如：財團法人海峽交流基金會接受行政院大陸委員會委託處理兩岸事務性協商等特定事務），須協調眾人工作，展現群體努力，始達成任務。故政府機關之組織內動態與組織間關係，會影響政府的管制與服務輸出的質量及受益對象。

4.社會大眾對管制與服務的分配，恐會有不同意見，並引發衝突。當個人或團體尋求及使用權力 (power) 以求贏得己方利益最大化時，行政不免具有政治性質，而為貫徹執行政策，政府機關必須擁有法律規定下的強制力 (coercion)。

5.所謂「主權在民」、「民之所欲，長在我心」，人民是民主政治的主

人，也是政府的「頭家」，行政必須尊重並實現民意，故行政的政治控制 (political control) 是連結行政與社會的必要方法。行政的政治控制始於公民對民選議員及行政首長的選舉控制，繼而延伸為經由行政首長及政務官對政府機關及公務員（事務官居多）的領導控制。政府機關對於為了推行公務所採取的行動手段與結果目的，必須使政府成為具有民主特色的責任政府（有能力，知權變，守法制，不腐化，回應社會脈動）；發生違法及失職情事時，定當受到苛責，承擔責任（政務官員負政治及法律責任，事務官負法律及行政責任），下臺或懲戒。

三、行政的特質

整理相關研究發現，行政具有下列幾項獨特的性質，茲說明如下（吳瓊恩，2011: 8–11）：

㈠行政的活動深受法律規章和規則程序的限制

公部門的許多行動時常受到各種法律規章的限制，因而阻礙了本身的自主性和彈性，例如，一般公部門的職掌和服務對象都已明文規定，不能擅自更改或擴張。此外，公部門的行動必須讓民眾得以預想其對本身權益的影響，因此各種行政法規和命令不能朝令夕改，以避免增加民眾的困擾。相對而言，私部門雖然也必需遵守相關法律的規定，但可以視實際需要，調整內部組織的結構和人事。

㈡權威的割裂 (fragmentation of authority)

許多公部門除了要向其上級行政單位負責外，同時亦需考量其服務對象、立法機關、司法單位和其他人民團體的要求。一般來說，政治愈民主的國家愈注重政治權威的分立和制衡，行政部門雖然較注重層級節制的權威 (hierarchical authority)，但相對地亦需接受來自立法和司法部門以及轄區內人民或各個利益團體的監督。有時在立法權較高漲的情況，有些行政單位反而會聯合立法委員來抵抗上級單位的命令，或者訴諸轄區內的民意，例如，臺灣有些地方政府為了爭取財政自主，曾經聯合轄

區內的立法委員迫使中央修改《財政收支劃分法》。因此，有學者認為公部門對下級單位的控制反而比私部門來得薄弱，此為「權威的割裂」之故。此外，有時基於這個原因，會造成許多公部門囿於各方權威當局衝突的意見，而使許多重要業務窒礙難行，當然，這亦可作為這些公部門逃避責任的另一種藉口。

㈢行政受到高度的公共監督 (public scrutiny)

這主要是指公部門的公開透明性 (visibility)。民主政府的工作須接受輿論或大眾的批判檢證，其所作所為好像是在金魚缸的活動一樣，必須公開透明。目前許多私部門雖然也愈來愈公開其內部運作的情況，以建立其組織良好的形象，但程度上仍遠比不上政府組織。目前許多國家有所謂「陽光法案」(Sunshine Laws) 的設立，例如我國的《公職人員財產申報法》，以及各種關於公共工程開標的案件均引起大眾高度關切。此外，由於大眾傳播媒體的監督功能，也使得政府組織的各種計畫方案無法祕密進行。

㈣行政受到政治因素的影響甚深

博茲曼 (Bozeman) 和布萊施耐德 (Bretschneider) (1994) 曾經指出，所謂「公共性」(publicness) 便是反映出某一組織受到政治權威影響的程度，因此，公部門的環境系絡充斥著政治的考量。在民主國家中，公部門的運作不僅要在各級政府間的網絡 (intergovernmental networks) 中折衷協調，亦需受到許多利益團體或意見領袖的政治壓力，因為公部門的高層官員大多是透過選舉或政治任命而產生的，其對於政治的敏感度常會影響公共政策的設計和方向。此外，每次的選舉或政治官員的改組，或多或少皆會阻礙政府組織貫徹先前政策方向的努力，至於極權國家的公部門更是受到少數專政者的政治掌控。相形之下，私部門雖也會受國家政治大環境的影響，但卻無須考量選票的後果，其一舉一動也較不會受到太多民意與輿論的壓力。

㈤公部門的目標大多模糊不清而不易測量

公部門努力的目標是要去創造公共利益（或公共價值），但因公共利益太過於抽象模糊，似乎只是作為行政人員提醒自己負有公共責任以及需為更大多數人民服務的一種象徵符號。相對而言，私人企業組織的市場區隔清楚，服務對象明確，最重要的目標就是創造企業組織的利潤，員工績效就是以其對組織利潤的貢獻為標準，由於利潤是以金錢的價值來衡量，因此員工們非常清楚自己的目標和績效水準。反觀公部門，由於其服務對象差異性大，而且民眾對於行政人員的期望也多，例如，要求他們要公正公開、要順應及體恤民意，有時又課予他們許多行政責任，講求良善的品德。總而言之，公部門不僅目標模糊、分歧，且需承受民眾的多元期望，時常會有衝突矛盾的問題產生。

㈥行政較不受市場競爭的影響

政府與市場乃是每個國家中兩個重要的社會制度，前者是建立在政治權威的基礎上，而後者則是建立在自由交換的基礎上。雖然政府可以透過政治權威或公權力的行使而生產某些財貨或服務，形成一種獨占市場的局面，但在民主國家中，基於自由經濟的理念，政府所提供的財貨或服務大多是屬於公共財 (public goods) 或集體財 (collective goods) 的性質。純粹的公共財具有三種特性：

1. **生產與消費的不可分割性** (indivisibility of production and consumption)

例如清潔的空氣是不可分割的，人人都能汙染空氣，但必須相互合作以避免空氣汙染，個人也無法從清潔的空氣中抽出一磅到市場去賣。

2. **無排他性** (non-excludability)

無論本身是否為公共財付出金錢或勞力，實際上都不能阻止任何人去享用。

3. **無競爭性** (non-rivalness)

即對公共財的享用人人平等，不必爭先恐後去爭取。

由於公共財具有上述的特性，私人較不願意提供，因為一旦生產，

無論是否付費，任何人均可享用，容易產生「搭便車」(free rider) 的現象，故類似的財貨或服務大多由政府提供或生產。例如，國防、建築公路、設置燈塔等。此外，有些公共工程規模相當龐大，非私人組織可以負擔，只好由政府來負擔建設。在此情況下，由於政府幾乎是唯一的生產者，自然沒有市場競爭的問題。

㈦行政較具有強迫性 (coerciveness)

許多政府活動具有強迫性、獨占性和不可避免的本質，例如人民有納稅的義務，即使對於稅捐機構不滿，也無法再找其他機構或另行設立新的機構與之互動。相形之下，一般人或私人企業交易往來，可以貨比三家，隨時更改交易對象。

第二節　行政學的基本概念

一、行政學的意涵

相較於「行政」，「行政學」因多了個「學」字，有一種系統性研究、學術之意涵。關於行政學一詞，日本知名的行政學教授西尾勝 (2001: 45) 和村松岐夫 (2001: 2) 都不約而同指出：就廣義而言，行政學是觀察行政活動的一門學問；而狹義來說，行政學是觀察政府科層體制的集團行動的一門學問。我國學者張金鑑 (1968: 3–4) 將其定義為「就行政現象與事實作有組織、有計畫的研究，而獲致的原理與法則和系統知識」。而管歐 (1978: 1、4) 則將其定義為「研究有關行政管理、執行與效能等事項之科學」。然因行政事項涵蓋的範圍相當廣泛，舉凡政府機關對於組織、人事、財務、物材等之管理任使、執行運用等事務，如何求其最合理且最有效能，以達成其使命，均為行政學所要研究的事項。

賴維堯等 (1995: 10–11) 則從「活動或實務」與「學術」兩個面向來區分「行政」與「行政學」之差異。其將行政學界定為「對行政相關的現象及事實，做方法性、系統性、組織性的研究所獲得的知識體系 (body of knowledge)」。行政現象複雜萬千，猶如一個圓形球體，任何的

觀察角度或切入面，都有長亦有其短，到目前為止，行政學自行發展以及應用其他學科的理論，精彩繁多。

二、行政學的意義

關於「行政學」的意義，一般學者多從四個面向去探討，分別為「政治」、「管理」、「公共政策」與「公共性」（吳定等，2007: 6-10；張潤書，2009: 3-11）；但也有學者以羅森布隆之「法律、政治與管理」觀點，和夏福利茲與羅素 (J. M. Shafritz & E. W. Russell) 之「職業」觀點為基礎來加以界定（林鍾沂，2005: 2-19）。無論何者，都是期望藉此協助讀者釐清對公共行政或行政之瞭解。因此，本書引用學者吳惠巧，將行政的定義分為「傳統觀點」與「現代觀點」，茲整理分述如下（陳德禹，2000: 2-3；張潤書，2009: 3-9；吳惠巧，2011: 27-30）：

㈠傳統觀點

1.政治觀點

由政治觀點來解釋行政可分為兩派：一派以「三權分立」為基礎，認為「行政就是政府行政部門所管轄的事務」，其代表人物為魏勞碧 (W. F. Willoughby)。又如《世紀字典》(*The Century Dictionary*) 指出「政治是人民經過其所組成的政黨或政團，來影響政府政策的活動與指導；而行政乃是政府官吏推行政府功能時的活動」。

另一派則強調「政治的範圍較大、層次較高，而行政的範圍較小、層次較低」，意指將行政包含在政治之內，代表人物為古德諾 (Frank J. Goodnow)，其認為「政治是國家意志的表現；行政是國家意志的執行」。然無論何種說法都被指稱是籠統含混，因為即使是「國家意志的執行」，也無法完全脫離政治，因政治與行政實難以嚴格劃分。

2.管理觀點

二十世紀初，學界開始嘗試以新的管理觀點來解釋行政。此乃源於工商企業界產生「科學管理」運動以後，政府部門有鑑於工商界注重效率及成本的觀念，而提高生產力並獲得利潤，故期望將這些觀念與方法

引進政府部門，以提高政府的行政效率，達成組織的目標。代表性的學者有費堯 (Henri Fayol)，其認為 「行政就是計畫 (to plan)、組織 (to organize)、指揮 (to command)、協調 (to coordinate) 及控制 (to control) 等五大項目所構成的功能表現」。

另外，古立克 (L. Gulick) 創造了一個 "POSDCORB" 的字來說明行政，整體而言，從 "POSDCORB" 來解釋的行政，乃是 「行政是釐訂切實可行計畫 (planning)，建立合理的組織 (organizing)，選拔及有效管理組織人員 (staffing)，對人員施以正確的領導 (directing)，協調 (coordinating) 各人員及各單位間的意見及行動，定期向有關單位、人員及公眾作報告 (reporting) 以使之瞭解情況，並有效地運用金錢與經費 (budgeting)」。

由以上所述可知，從管理的觀點來看，行政乃是對公務進行有效處理的方法與技術，所以應該注重組織、計畫、領導、人事、協調、監督及財務等方面的運用，亦即以最大的努力來完成政府或公眾團體的任務或使命。

3. 公共政策觀點

從公共政策 (public policy) 的觀點來解釋行政，代表性學者有戴伊 (T. R. Dye)，其認為公共政策就是 「政府選擇作為或不作為的行為」。由於公共政策的概念包含了所有的政府活動，無論是積極推行某項政務(如政府推行健保制度、發放消費券)，或消極不去做某些事，如政策的規劃、執行與評估，均涉及到政府部門在人、財、事、物上的運用與方法上的選取，而這一連串的過程都屬於行政的範疇。故從公共政策的觀點來解釋行政，乃是政府資源的管理與運用。

4. 公共性觀點

從公共性觀點來解釋行政的意義，可說是較新的觀點，因其跳脫過去研究僅止於描述性的說明，而強調行政本身的獨特性。如羅森布隆認為：公共行政的「公共性」，旨在彰顯公益，實踐公共目的，公共行政應具有積極負責的特性；行政人員一方面要考量管理的效率和效能，另一方面更要關注公眾的需求與願望能否獲得滿足。而我國學者張潤書則指

出：公共行政由於具有「公共性」這項特性，不僅使行政的學科、專業與實務具備了「正當性」，有其固有的存在價值，更成為判別行政機關是否具有效能的唯一標準。

㈡現代觀點

1.效　率

美國行政學者威爾遜最早提出行政效率的觀點，後經泰勒 (Frederick W. Taylor) 的「科學管理」運動、韋伯 (Max Weber) 的官僚體制、人群關係學派等。如賽蒙 (Herbert A. Simon) 將公共行政定義為：公共行政是關於如何建構與操作某一組織，以便有效率地完成工作。足見其各時期的論點，皆以效率作為核心概念。

2.回　應

強調行政回應的觀點，以歐斯壯 (Ostrom) 及丹哈特 (Denhardt) 為代表。其中，丹哈特認為：公共行政是民眾追求社會價值變遷過程中的管理，必須與民主社會配合，並回應民眾的需求。

3.前瞻性

行政需具有前瞻性的觀點，以韓國學者全鍾燮 (Jong S. Jun) 為代表。其主張：計畫方案的行政不再是小規模，而是今日每一社會大規模的活動；即指公共行政不僅是執行公共行政的工具而已，還扮演了設計與執行經濟、技術、政治和社會變遷的主導因素。由此可知，公共行政不僅要講求組織內部的效率和適應組織外部環境的反應力，還須有推動社會變遷，主導政治、經濟以及文化發展的能力，此稱為前瞻性策略的規劃能力。

整體而言，公共行政不同於企業管理，主要是建立在政府各部門所賦予的公共性使命上，且公共行政與政府、民眾之間有密不可分的關係，亦即政府會依據不同部門的運作與功能，隨時注意民眾所關切的議題或社會政策所發生重大的事件，並根據民眾的需求、政策的分配，以最有效率與效能的方式提供服務給民眾。

三、行政學的特性

根據上述行政學之意義，可進一步瞭解行政學具有以下幾項特性（吳定，2009: 11–13；張潤書，2009: 10）：

㈠方法性、工具性

行政學係針對複雜的行政現象與事實，尋求共通的條理與法則，並藉此作為處理機關業務與解決機關問題的工具。

㈡系統性、組織性

行政學係以科學方法為基礎，即對各種行政現象與事實作有組織性的觀察、實驗、比較、分析及研究所得到的系統知識，因此為具有科學性質的學問。例如，多數學者以社會調查、個案分析、統計方法，或實地試驗等方法來研究行政問題，並將所得到的各種結論，建構出一個完整的行政知識體系。

㈢實際性、客觀性

行政學所研究的各種問題，多為各機關最常出現的問題，而行政學通常係經過詳盡的分析與客觀的實證，以提出解決研究問題之方法，是一門實際可行的學問。

㈣進步性、創新性

行政現象係隨著時代的演進而不斷改變與進步，且對於行政學所採用的理論、法則、方法等，也必須不斷地創新及改進，才能符合時代之需要，並有效率地解決政府所發生的各種問題。換言之，組織變革、行政革新、行政改革、行政發現、行政現代化等，皆屬於行政學追求進步性與創新性之範圍。

㈤綜合性、科際性

行政學係一種包羅萬象的學問，須採取全方位的觀點以擷取各種學科的理論與方法作為基礎。換言之，研究行政學必須具有政治學、心理學、法律學、人類學、統計學、經濟學、管理科學、歷史學及倫理學等相關知識。另外也可從行政學之原則議題去瞭解其為綜合與科際性學科的特質，包括法治原則、服務原則、效率原則與責任原則。

㈥正義性、公平性

行政學所追求的目的是在求公共利益與全民福祉的充分實現，所運用的手段皆是為達成此等目的所設計者。所謂「效率」與「民主」其實並不衝突，效率是指手段的運用，民主係指目的之追求，在行政學的發展過程中，雖然十分強調效率，但其最終目標還是在求公共目的的達成，不管是過去的「大有為」政府的觀念，或是新近的「小而美」的行政理念，皆是如此。

第三節　行政學的目的、重要性與研究範圍

一、研究行政學的目的

為何要研究公共行政？研究公共行政有何目的？參考我國著名行政學者張金鑑，以及丹哈特在《公共行政：行動取向》(*Public Administration: An Action Orientation*) 的分析，學習公共行政的目的有下列幾項（張金鑑，1968: 6；Denhardt，轉引自林鍾沂，2005: 65-67）：

㈠為行政職位做準備

為何要研究公共行政，也許有些人會以此作為公務生涯的敲門磚，尤其是在政府部門中，均設有行政管理人員、幕僚作業人員和政策分析人員等相關職位，而且這些人員在制定方案及政策時，都免不了要與政府各個部門、立法機關和公眾互動，以有效執行政策方案，惟這些職位

的運作與行政知識密切相關，如能具備相關的觀念與技能，必能勝任愉快，因此需研讀公共行政。

㈡結合技術與管理訓練

在政府的公務部門中，有若干的職位是屬技術的職位，如工程師、技師、醫師、保健人員等皆是，惟這些技術性業者並不把行政管理當成主要志業，而忽視其重要性。然日後占據管理位置，成為機關領導者，如一位醫生成為主任或院長，才驚然發現對人員管理及激勵、政策方案規劃、財務管理以及有效整合資源與預算等層面一竅不通，或一知半解，因此其必須接受公共行政的相關訓練和洗禮。

㈢瞭解企業與政府的互動

接受公共行政的相關訓練和洗禮，並不只局限於公共部門的職位，由於企業與政府間的互動日益頻繁，私人部門也極須深諳如何與政府部門或立法機關間打交道，以便有效地監督或遊說公共部門。再者即使一個人不以政府公職為職志或生涯規劃，而在私人機關做事，但是政府的政策作為還是會影響其營運決策，尤其是政府許多的管制政策如環境保護和職業安全的相關規定，均會對其產生直接的利害關係，再加上政府又是私人企業的最大僱主，所以對政府的作為與政策不得不投入相當的關注與重視。

㈣影響公共組織

現代政府的職能不斷地擴大，政策的影響無遠弗屆，可謂從出生到死亡都在政府所提供的服務與管制之下，因此，如能瞭解公共組織，並掌握其結構和運行，才能進一步影響政府的決策發展，和善盡民主政治監督政府的公民職責。

㈤採取行動讓事件發生

無論研究公共行政的目的是以政府公職為志業、結合技術與管理訓

練、瞭解企業與政府互動，和影響公共組織等，其中一個核心的關鍵，便是「採取行動」，致力改變目前的情況。尤其是社會一再面對不同的危機與問題，更需利用公共行政的相關知識，來加以處理和解決，使之開創新局、煥然一新，因此研究公共行政是一條必備且切身有用的途徑。

㈥建立管理科學，提高行政效率

行政管理在探討如何對行政現象與事實進行有組織、有系統的考察與分析手法，而行政學即是在研究如何透過上述科學管理的方法，來提升行政效率，即以最經濟的手段獲得最大的成效，進而發現或確立永久的普遍原則與法則，作為日後行政部門之行為指引。

二、行政學的重要性

行政學是一門與人們日常生活息息相關的實用學科，自然會對不同的利害關係人 (stakeholders) 造成不同的需要性與重要性，茲分別簡述如下（吳定，2009: 4–5）：

㈠就行政學術社群而言

從事行政學教學與公共行政議題研究者，要將公共行政領域所呈現的各種情況，列為核心的研究重點，以理論的、學術的、科學的、系統的、條理的研究方式，累積公共行政的理論基礎與學術知識。因為行政學術社群的「本業」就是要研究行政的相關理論與實際問題，其研究成果一方面可作為增補行政學術的依據，另一方面可提供行政實務人員改進實務的參考，所以公共行政研究有其必要性及重要性。

㈡就行政實務人員而言

「工欲善其事，必先利其器」，負責推動政務的行政實務人員，若要有效完成任務，就必須具備充分的專業知識與技能，也就是要設法鑽研涉及機關組織結構與功能運作的行政學理論。也因此，目前我國公務人員考試的許多類科，均將「行政學」列為必考科目之一。此外，行政實

務人員常自我要求處理政務必須秉持理論與實務結合的原則，故行政學研究對其而言，就變得非常重要且必要。

(三)就一般民眾而言

在現代「公民社會」(civic society) 中，一般民眾不再扮演消極被動服務者的角色，而是扮演積極主動參與政務運作過程的角色。受到主權在民理論、公民參與理論及決策制定理論的啟迪，民眾已經瞭解本身有權利知道政府能夠、如何、已經為他們做了些什麼，是否得到應有的服務，權益是否得到保障。而要充分獲得這些訊息，就必須隨時隨地注意、甚至參與政府機關的政策運作過程，瞭解政府機關的組織結構及功能運作，這些都是行政學所欲探討的主題。因此對一般民眾而言，行政學研究也顯得相當重要。

三、行政學研究的範圍

行政學研究的範圍非常廣泛，凡是與政府機關處理公共事務有關的各種系統性知識、理論及行政實務等，均包含在其中。因此，行政學教科書的內容究竟應包括哪些重要項目也就沒有一致的定論。然而，根據學術機構及坊間所出版的行政學來看，行政學所研究的主要範圍與內容，大致可歸納為下列幾項（吳定，2009: 28-29；張潤書，2009: 11-14）：

(一)行政學基本概念

包括釐清行政與行政學的意義，整理行政學的特性與範圍，比較公共行政與企業管理的異同，探討行政學研究的發展或演進概況等。

(二)行政組織理論

包括行政組織理論的演進概況（傳統理論、修正理論、整合理論）、組織結構設計（垂直分化與水平分化）、正式組織與非正式組織、非營利組織、組織文化、組織學習、行政組織類型與病象、我國行政組織與功能等。

㈢人事行政或公務人力資源管理

包括人事行政的意義、目的、範圍、發展趨勢；人事行政機構的設置、地位、類型、我國人事機構及職權；公務人員分類制度（品位分類制度、職位分類制度、兩制合一制度）等。然而近年來，人事行政一詞已漸為「公務人力資源管理」所取代，顯示政府部門企圖跳脫傳統制式的人事管理模式，而導入活潑多元的人力管理模式。

㈣行政運作與管理技術

此部分主要在研究行政的動態現象，也稱行政行為，即對政府政策的制定過程及人員的領導、溝通、激勵，甚或公眾關係等加以研究。主要內容包含行政領導與行政監督、行政溝通與協調、行政運作的新觀念等。至於管理技術則有危機管理、衝突管理、績效與標竿管理、資訊管理、公共管理、組織發展技術等。

㈤財務行政

政府要推動政務，完成使命，除了要有健全的組織與優秀的人才外，還需有充分的經費，但如何妥適運用此經費，而不致產生浪費或吝嗇的情形，則需有一套完善的制度來加以管理，此即為財務行政的研究範圍。其主要的內容包括財務行政概念、政府預算制度、政府會計與決策制度、政府審計制度等。

㈥公共政策運作

包含公共政策相關理論、政策問題分析、政策規劃分析、政策合法化分析、政策執行分析、政策評估分析、政策議題探討等。

㈦行政環境系絡

包含全球化趨勢的影響、憲法、政治、經濟、社會文化系統因素；公部門、私部門、第三部門、民間社會之互動關係；跨域治理、網絡治

理、府際關係、公眾關係等。

第四節　行政管理與企業管理之比較

行政管理與企業管理均可視為一種管理的技術，公共行政與企業管理 (business administration) 有何相似或相異之處？從字面上來看，由於公共行政與企業管理所屬領域（公、私部門）不同，需分別滿足不同的社會利益，且公共行政容易受到政治因素的影響，在服務對象、目的、方法等方面會有所差異，故公共行政或行政管理可視為政府行政事務的體制與管理，而企業管理則是指私部門的組織管理。然因兩者均涉及「組織與管理」面向，並討論組織原理與行為分析，所以在管理上有相似的性質、技術。在本章最後，筆者整理國內相關論著，嘗試比較公共行政與企業管理之異同如下（賴維堯等，1995: 89–91；許南雄，2000: 4–5；林鍾沂，2005: 20–30；張潤書，2009: 32–36；邱明斌等譯，2010: 19–20）：

一、相似之處

㈠管理的對象與方法相近

在處理對象上，行政管理與企業管理皆以「人」、「財」、「事」、「物」為對象，運用「科學方法」來管理。申言之，行政管理與企業管理在目的上雖有「公益」與「私利」之分，但所處理的對象同為「人」、「財」、「事」、「物」，且在處理相關問題時，也都需運用有系統、有效率的方法和手段，才能提高工作效率，故在管理的對象與方法相近。只不過政府的規模龐大，處理的事務繁雜，在「用人」、「用物」與「用錢」方面不同於企業。

㈡治事組織及其運用相同

政權機關由人民選舉代表組織民意機關管理政府，並由人民選舉重要官吏推行政務，是為治權機關，使人民有權、政府有能，互相運作來

治理國家。工商企業的組織,是以股東大會或代表大會為最高權力機關,居於主權的領導地位,再由股東或股東代表大會選舉公司的董監事會,代表股東為決策機關或監督機關,董事會聘請總經理、經理及重要職員負責處理實際的業務,為公司「服務」、「賺錢」,追求利潤。故此組織原理與運用可說是與政府組織相同的。

㈢行政效率與服務品質的提高相同

政府受到企業管理強調「顧客至上」觀念的影響,而有所謂的「新政府運動」,故政府與企業皆以「顧客滿意度」為優先。申言之,現代政府組織除了要求各級公務人員要提高工作效率及保持良好的服務品質之外,各級領導人員亦應持續不斷地注重機關本身行政效率的提高與服務品質的提升。相形之下,企業因其股東是主人,所僱用的經理及員工則是為公司工作者,因而企業組織會要求工作者努力工作,以提高工作效率,增加生產力,並注意產品及服務品質,以提高消費者的滿意度。

二、相異之處

㈠目的與動機的不同

政府推行行政的主要目的與動機在於謀求社會的「公共利益」,並在公平、公正、公開之原則下,為全體民眾服務,並以最好的服務來爭取民眾的擁護與支持,故其目的在公共利益,動機在便民利民。相形之下,企業因追求「個人私利」,強調市場導向,故其目的與動機通常為追求「利潤」,以達成獲取利潤為目的。

㈡一貫與權變的不同

同樣面對社會、經濟與政治環境的複雜性,政府行政與企業管理在因應問題時有不同的處理態度。對政府來說,雖然政府行政的一切活動須在立法機關與公眾的嚴格把關下依法行政,且其法令規章具有永久性或少變性的特質,但要注意的是,在民主政治的運作下,政府行政的一

切作為須講求「平等」，不能有歧視或不平等的待遇。相較之下，企業除須遵循政府的相關法令之外，可隨時調整變通，其權變與機動被視為理所當然。

㈢獨占與競爭的不同

政府是公權力的遂行者，故在實施行政活動時，可採取若干強制的措施，集中統一辦理，故政府行政具有「獨占」的特質，除非得到政府的許可或授權，其他團體或人民不得為之，例如義務教育、衛生消毒、兵役義務等。然企業是以追求自身的經濟利益來提供顧客的一般福利，故企業經營是「自由競爭」，而顧客或工商企業的來往，則完全基於自由平等的原則，沒有任何強制性的措施，任何人亦都不得壟斷市場。

㈣政治考慮與管理因素的不同

在民主政治下，政府的行政措施必須受到輿論及社會大眾的批評與監督，不能為所欲為，無視民意，故政府的行政作為受到政治影響甚深。也因之輿論、利益團體、服務對象、從政者、其他部門、大眾傳播以及內部的正式權威等，均會對其施壓。相形之下，企業經營較不須考慮政治因素，經營者只需針對企業需求考量營運策略，因而是以管理因素的考慮為重點，例如成本的降低、財務的調度、產品或服務品質的創新等。

㈤對外在環境因應的程度不同

雖然政府與企業皆是與外在環境及社會情境保持互動的開放體，但是兩者在本質上與所受到的限制仍有所不同。對政府來說，因受到立法監督與預算控制，較不能如私人企業般迅速因應，其進步與革新也較企業組織緩慢。反觀企業，為求生存，在面臨外在環境改變時，多能迅速採行因應措施。如經濟不景氣訂單減少時，企業會採無薪假以作為因應措施即是一例。

㈥所有權 (ownership) 的不同

政府行政組織是指各級機關與機構，俗稱「公家」，因此所有權歸「全民大眾」所有，政府的施政當以民意為依歸；而企業組織則為「私人所有」，雖然有部分企業規模龐大，股票公開上市，為大眾公司，但本質上仍為私人所有，在實際運作與所受的法令限制也有所不同。

㈦管理重點不同

行政組織與企業組織因所追求的目的與動機不同，所採行的管理重點也有所差異。一般而言，行政組織強調法令規章的訂定、組織權責劃分、公共政策制定、行政領導的運用等，因而大學公共行政系所開設的課程較重視公法、政治、經濟與行政方面的科目，以理論性知識為基礎。至於企業組織的目的因是追求利潤，故其管理重點在於生產管理、成本會計、市場研究、廣告行銷、財務管理等，而企業管理系所開設的課程也著重以實用性知識為主，重視商事法、會計、財務與管理的科目。

㈧組織目標不同

雖然政府行政的目的是為謀求公共利益，為全體民眾服務，但對於所謂的「公共利益」、「公共目的」或「社會福祉」，其內容或意涵往往太過於模糊抽象，使政府機關欠缺明確的組織目標，施政績效難以量化。相形之下，企業因組織目標係以「利潤」、「獲利」為考量，且可以用明確的數字來計算，故容易衡量其績效。

㈨決策程序不同

「正當程序」及「依法行政」是民主政體之下政府所需遵循的原則，故政府的決策權力會分散到不同的部會機關、不同層級的地方政府機關，而使決策程序顯得繁複、事權分散，容易造成行政效率不彰與難以課責。至於企業，因其組織非為個人所有，而是以公司的型態組成，故事權得以有效集中，決策程序可依實際需要加以簡化。

㈩受公眾監督的程度不同

在民主社會中，政府任何的政策形成或決策過程，不但要獲得機關內部的共識，更需要秉持「公開透明」的原則，也就是俗稱的「金魚缸效應」(goldfish-bowl effect)，接受社會大眾或輿論的批評與監督，以獲取機關外部廣大群眾的瞭解與支持。相較之下，企業組織因為私人所有，雖說為塑造企業的社會形象，會盡量讓外界瞭解組織內部的運作情形，但基本上，由於企業的營運僅需向投資的股東負責，在不違法的範圍內可無須接受公評。

無障礙計程車

無障礙計程車發展現況

有關無障礙運輸交通工具，目前臺灣分為數種類型，包括：大型與小型復康巴士、低地板公車與無障礙計程車等車種，其主要推動目的是為了解決身心障礙者行動的問題。其中，有關「無障礙計程車」這項設施服務，號稱為「24 小時不打烊」，並在 2013 年 2 月初提供無障礙計程車以解決身障者之交通不便，並彌補復康巴士服務之不足。

「無障礙計程車」是由我國中華民國殘障聯盟（簡稱殘盟）第一個發起的，其倡議的理由，除了鑑於英國、美國、加拿大、澳洲、香港與中國大陸的無障礙計程車政策外，並鑑於目前國內復康巴士的服務成本過高而難以擴充，及其須事先透過網路、電話或傳真預約才能訂到車，而計程車業者因成本的考量而不願意提供敬老愛心悠遊卡刷卡服務。因此，殘盟、行無礙資源推廣協會與其他相關民間團體極力向政府表達其訴求，遊說政府伸出援手，修正《汽車運輸業管理規則》開放計程車得使用廂式或旅行式小客車，並制定《交通部公路公共運輸提昇計畫補助無障礙計

程車作業要點》，受理各地方政府提報申請無障礙計程車補助。最後，交通部公共運輸處於 2012 年 12 月 21 日向交通部提出申請補助營運計畫並獲核定補助 1,200 萬元（補助 30 輛無障礙計程車）。後續經公開評選程序由台北衛星車隊優先獲取經營，2013 年 2 月 6 日起已有 10 輛無障礙計程車試營運，並於 7 月 4 日起 30 輛全數上路提供服務❸。

以下為復康巴士與無障礙計程車之比較：

	無障礙計程車	復康巴士
服務對象	身障者、老人、未領有身障手冊之行動不便者、一般民眾	僅領有身心障礙手冊之身障者
服務特性	可接受臨時預約外，其服務範圍、時間（24 小時營運）較無限制	須按障別提前數日預約，且其服務範圍、時間多有侷限
經營模式	由計程車業者引進（政府提供購車補助），並依計程車費率及市場機制自行營運	由政府委外經營並給予經營業者營運費用補助，另乘客負擔費用為計程車費率 1/3

無障礙計程車發展困境

無障礙計程車之上路，雖然能給予身心障礙者、年長者或行動不方便人士較優質的服務，在交通工具上的使用也能有更多的選擇。但可能會發生以下困境，包括：第一，由於經營業者會因成本的考量，在提供載客服務上，可能會產生縣市服務供給的落差；第二，政府進行無障礙計程車招標案的程序中，雖然對外是公開評選，但仍有可能發生弊端的情形；第三，可能會因具規模經濟特性，而有自然獨占的性質，無法使公共服務具有競爭性；最後，根據新聞顯示，自上路幾個月以來，真正的無障礙族群載客率僅三成，七成皆是一般族群，讓身障者痛罵浪費補助。

---

❸ 臺北市公共運輸處網站 （http://www.pto.taipei.gov.tw/ct.asp?xItem=47952831& ctNode=64395&mp=117041；檢閱日期，2014/7/11）。

 參考文獻

一、中文文獻

- 吳定，2009，〈行政學研究的內涵〉，收錄於吳定等著，《行政學析論》，臺北：五南圖書公司，頁 3–34。
- 吳定、張潤書、陳德禹、賴維堯、許立一，2007，《行政學（上)》，臺北：國立空中大學。
- 吳惠巧，2011，《公共行政學導論》，臺北：大元書局。
- 吳瓊恩，2011，《行政學》，增訂四版，臺北：三民書局。
- 呂苔瑋、邱玲裕、黃貝雯、陳文儀譯，吳瓊恩審閱，2006，《公共管理與行政》，臺北：雙葉書廊。譯自 Owen E. Hughes, *Public Management and Administration: An Introduction*, 3rd ed.
- 林鍾沂，2005，《行政學》，臺北：三民書局。
- 邱明斌、任文姍、鄭錫鍇、詹靜芬、陳恆鈞、潘競恆、林子倫、方凱弘、陳志瑋、李長晏譯，2010，《行政學》，臺北：五南圖書公司。譯自 B. Guy Peters Jon Pierre, *Handbook of Public Administration*.
- 張金鑑，1968，《行政學研究》，二版，臺北：臺灣商務印書館。
- 張潤書，2009，《行政學》，修訂四版，臺北：三民書局。
- 許南雄，2000，《行政學》，增訂四版，臺北：商鼎文化。
- 陳德禹，1996，《行政管理》，修訂二版，臺北：三民書局。
- 管歐，1978，《現代行政學》，臺北：永大書局。
- 賴維堯、林鍾沂、施能傑、許立一合著，1995，《行政學入門》，臺北：國立空中大學。

二、日文文獻

- 今村都南雄，1997，《行政学の基礎理論》，東京：三嶺書房。
- 西尾勝，2001，《行政学》，新版，東京：有斐閣。
- 村松岐夫，2001，《行政学教科書　現代行政の政治分析》，第 2 版，東京：有斐閣。

歷屆考題

1. 試闡述公共性 (Publicness) 的要義，以及實現公共利益之途徑。（101 年公務人員高等考試三級考試一般行政）

2. 政治和行政的分際何在，又如何實現民主政治中的「課責」？請分別從政治學、行政學學理、政務人員與常任文官、立法與行政部門等不同角度加以分析。（098 年國立臺灣大學政治研究所丙組試題）

3. 試分析與比較傳統公共行政及新公共行政其「公共性」之概念意涵。（098 年國立臺灣大學政治研究所丙組試題）

4. 政治、行政二分 (Politics-administration dichotomy) 是公共行政學研究領域的重大辯論，請說明此辯論的核心論述。並進而說明其對於公共行政實務的意涵。（101 年國立政治大學公共行政研究所試題）

5. 隨著臺灣政治民主化的進展，政治與行政的互動愈趨密切，㈠試舉例說明政治環境的改變如何影響政府的管理策略，以及政府的管理策略如何影響外在的政治環境。㈡公共行政領域的研究應有哪些新興議題來處理政黨輪替的常態化對於公共行政的衝擊，為什麼？（098 年國立政治大學公共行政研究所試題）

6. 德國社會學家馬克斯‧韋伯 (Max Weber) 主張的官僚組織 (Bureaucracy) 建立在分工與專業知能的運用及法律的權威基礎上，因而產生層級權威 (Hierarchical authority) 與專業權威 (Professional authority) 的衝突，試舉出學界以理性思考角度對官僚組織之批判，並說明後官僚組織型 (The Post-bureaucratic model) 的理念型 (The ideal type) 之要旨。（097 年國立政治大學公共行政研究所試題）

7. 公共性作為行政學學術識別系統 (Academic Identify System, AIS) 的核心概念，而公共利益可謂公共性的具體展現。然學者索洛夫 (F. Sorauf) 卻認為公共利益是有效的政治迷思 (Potent polictical myth)。則：
   ㈠試就所見，論述何謂公共利益？
   ㈡行政運作中常見曲解公共利益的現象，而嚴重影響人民對政府的信

任，其原因為何？試論述之。（100 年國立臺北大學公共行政暨政策研究
所甲組試題）

8. 何謂「公共利益」(Public interest)？今日政府又如何實踐或確保公共利
益？（099 年國立臺北大學公共行政暨政策研究所甲組試題）

9. 請您就所閱讀過的行政學著作中，分析迄今為止「行政」與「政治」
間共有哪些關係內容或模式？同時，您認為哪一種模式最適用於今日
臺灣環境？（097 年國立臺北大學公共行政暨政策研究所甲組試題）

10. 平衡「公平」與「效率」二問題，一直是行政學研究的「兩難」
(dilemma)，請分析此困境可能會對行政實務產生哪些影響？又，你認
為應如何處理此兩難困境？（096 年國立臺北大學公共行政暨政策研究所甲
組試題）

11. 公共行政理論與實務之發展，應重視那些基本面向？又應具備那些卓
越的技能 (skills)？試就相關學理和見解申述之。（093 年地方特考一三等
考試）

第 2 章　行政學理論的發展：傳統時期

　　整體而言，若以 1980 年代作為行政學發展的歷史分歧，根據我國行政學大師張金鑑 (1982: 80) 的分類，在此之前，行政學理論的發展大約可以整理成如下的三個時期（張潤書，2009: 41）：

一、傳統理論時期（1887–1930 年）

　　主要係以科學管理為立論基礎，藉由標準化、客觀分析及控制等科學方法，來提升工作效率，並以符合科學的方式進行管理工作。這時期主要在探討權力的合理分配、組織結構的健全、工作的標準化以及行政管理程序的制度化，可稱之為靜態的行政學。

二、修正理論時期（1931–1960 年）

　　是將傳統理論予以修正，以行為科學的理論與方法為立論主旨。這個時期主要著重於行政的互動性、心理動機與反應、行為法則的尋求及人際關係的調整，又稱之為動態的行政學。

三、整合理論時期（1961 年以後）

　　是以系統分析的理論與方法為立論主旨，此時期著重於行政的整體性、開放性、權變性以及生態環境的適應及社會文化的配合，可稱之生態的行政學。

　　由於行政學理論的發展在行政學的學習過程中占有相當重要的地位，學習行政學者不可不知，故本書總共分三章來介紹。本章主要在介紹傳統理論時期的發展背景和相關理論。如上所述，傳統理論是以科學管理為發端，而科學管理之產生，可遠溯自十四、十五世紀的歐洲文藝復興運動，以及十七、十八世紀的理性主義（又稱啟蒙運動）。由於人類思想產生重大轉變，促使了近世科學研究的方法誕生，進而影響十八世紀的工業革命，導致產業高度集中和大規模工廠的出現。然而，隨著工

業革命帶來的巨大改變，社會問題與工廠管理問題因而衍生，為了解決這些問題，許多專家潛心研究改革方案，故引發「科學管理運動」。所以，二十世紀初期產生的科學管理原本只為因應工業革命後所引發的管理問題所進行的一項改革運動，後來因政府部門追求行政效率，遂將科學管理的方法引進政府部門，逐漸形成了一門專門而獨立的學問，這就是公共行政的傳統理論（吳定等，2007: 38–39）。

在本章中，主要以傳統理論時期的代表性學說為基礎，首先以對公共行政發展具有深遠影響的政治行政二分理論為對象，整理〈行政的研究〉中有關行政的內容與重點，並簡述後續集大成的論述；其次分別整理管理技術學派、行政管理學派、動態管理學派、官僚型模學派的基本主張和重要原則，並簡介各學派的代表性論點和學說內容；最後歸納傳統理論的重要原則，進而探討傳統理論的缺失。

第一節　政治行政二分理論

一、學說背景

在民主政治的架構中，政治指的是政府的憲政架構及其運作，主要是以行政、立法、司法等為核心權力的架構與運作；行政則是指政府的內部運作，亦即在憲政架構下，如何形成政府的組織、文官體系、行政法規，及其他運作規定與行為模式（彭錦鵬，2002: 89–90）。自有政府以來就有行政，也有行政思想，而政治行政二分理論可以追溯至十九世紀美國的文官改革風潮。當時各級政府公職人員的任用制度均以恩寵式的政治任命為主，呈現政治分贓的腐敗情形，故改革者主張政府中各項管理與營運部門應回歸企業經營的模式，即是「非政治化」(nonpolitical)，指政府公務員的任免應以「功績」與「稱職程度」為考量，盡量排除政治力量的涉入，因而可以看出傳統管理途徑的思考邏輯主要建立在政治與行政分離的觀點下（呂育誠等，2002: 15–16）。

在上述的時代氛圍中，威爾遜可說是整個改革運動的堅強支持者，他在 1887 年發表於《政治學季刊》的〈行政的研究〉一文，對日後行政

學的發展產生積極的催化作用，因為在此之前，鮮少有系統性的行政理論，而文中所提出之「政治行政兩分法的爭議」，不僅是美國行政學界最重要的議題之一，還不時引爆出行政學和政治學之間有關範圍、界限、主導性的學科認同危機（彭錦鵬，2002: 90），故該文被視為現代公共行政研究的濫觴，更是行政在成為一門學科的演進歷程中，一篇具有劃時代意義的文獻，而威爾遜也被一般行政學者尊稱為「行政學之父」（吳定，1994: 1–2；雷飛龍，2002: 3；呂育誠等，2002: 16）。

二、重要內容

〈行政的研究〉這篇論文最主要的論點是提出行政不應受政治干擾之「政治與行政分立」的主張，也奠定行政學成為專門學科的基礎（村上弘、佐藤滿，2009: 8）。現代行政學從此在學術上取得一個令人滿意的設計概念，得以逐漸經由科學管理、行為科學、系統理論、公共政策等的充實茁壯，獨立成為一門學科（吳定等，2007: 39）。由於該文影響行政學的發展甚鉅，每一位研讀行政學的人須對其有基本的認識與瞭解，因全文甚長，故在本節乃整理該文中有關行政本質，以及行政與政治的內容與重點如下 （Wilson, 1941: 481–506；沈昌瑞譯，1988: 1–13；吳定，1994: 1–16；吳定等，2007: 39–40）：

㈠行政研究的重要及目的

目前的文官制度改革在完成其初步目標後，必須擴展其改革的努力，不僅改革人事制度而已，更要改進政府機關的組織與方法。因而提出行政研究的主要目的有二：

1. 政府可以適當而成功地做哪些事情？（指政府的職權大小）
2. 政府如何能以最大效率及最少成本做好這些適當的事情？

如要瞭解上述兩點，只有謹慎仔細研究，才能有更深的瞭解。

㈡行政研究的範疇

行政學其實就是處理事務的學問，基本上不涉及憲法研究的立場辯

論。行政是政治生活的一部分，但又不是僅涉及技術細節的枯燥層次，而是在重大原則指導下，直接與政治智慧的永恆名言及政治進步的真理緊扣在一起的事務領域 (a field of business)。

何謂行政的範疇？行政應立於政治的適當範圍之外 (Administration lies outside the proper sphere of politics)，即政治與行政分立。行政問題不是政治問題，雖然政治為行政設立了工作，但政治不應操縱行政的運作。政治是涉及大事與全民的國家活動，而行政是技術性官員的特別領域。一切政策如無行政的幫助，則一事無成，但行政絕非政治。

憲法的範疇與行政功能的範疇必須劃分清楚，不容含糊。行政是法律的合法細節和有系統的執行。憲法的每一適用就是行政行為（活動），例如稅捐徵收、信件遞送等。簡言之，政府行動較廣闊的計畫並非行政，而計畫的詳細執行才是行政的範圍。因此，憲法應只涉及國家控制一般法律的機關問題。

㈢學習他人長處的必要

政府行政與我們的日常生活息息相關，密不可分，因此很難看到對此哲理有研究的必要，以及究竟為何要進行此研究。對所有政府而言，良好的行政只有一條共同的規則：所有政府都有同一種健全的結構，而且是有用和有效同時兼備的結構。君主國家與民主國家雖在其他方面大不相同，但在實際上所要處理的事務卻極為相同。

對所有政府來說，行政的目標都是一樣的，因此不必害怕借鏡和學習外國的行政制度，也不必害怕我們可能盲目借用與我們的原則相左的東西，這是不可能的，因為這種東西在這裡絕對不會成長生根。我們對行政進行比較研究，既無危險，又有益處。研究愈新穎的方式，也許愈有益處。自己比自己，永遠不會發現自己的缺點或是優點。若只知道本身，就一無所知。

我們的問題是，如何使負責處理各級政府行政事宜的公務人員深切瞭解，為其本身利益，應充分發揮其才能與責任心，不僅為其長官服務，也應為社會服務；如何為確保良好行政而照顧公務人員最普通的利益，

因而給予優厚的待遇，又顧及其最關心的利益，因而給予升遷的機會，最後並顧及最高利益，因而提高其榮譽，確立其人格地位。凡此對地方和全國各級政府的公務人員均一體適用。

　　總結上述威爾遜所著的〈行政的研究〉之重要內容發現，對於「行政」一詞，威爾遜有其獨特的看法，認為「行政的領域是一種事務的領域」，行政的領域「不同於政治的匆促與爭吵 (hurry and strife)，在大多數情形下，它甚至和憲法研究的爭論領域毫無相干」。因此，行政問題並非是政治問題，雖然政治決定行政的任務，但行政在運作其職務時不應受到限制。威爾遜同時也對行政特質與行政人員所需的職能提出看法，「政府行動的大計畫不是行政事務，而這些計畫的細部執行才是行政事務」，「行政人員在選擇完成其工作的方法時，應該有其自己的意志，也確實有其意志，而不該也不是一個被動的工具。政治與行政的區別在於全盤的計畫與特別的方法之間」。

　　整體而言，〈行政的研究〉主要說明三件事：

1. 現代政府業務日益繁忙，應研究哪些業務應該做及如何做，故需研究行政。
2. 政治與行政不同，政治是關於大事及普遍性事項的活動，行政是關於小事及個別性事務的處理。
3. 良好的行政，並無民主與不民主之分，因此英美可以學習德法，改革行政 ❶。

　　威爾遜將行政視為是一種工具性理論，認為可以普遍應用（雷飛龍，2002: 3）。

　　基於上述，該論文呈現出兩項意圖：一是從實務的改革策略來看，將行政從腐敗的政治中解放出來，以追求行政的自律性；二是從理論的研究策略來看，確立行政學與政治學的差異，使行政學成為一個獨立的研究領域（真渕勝，2009: 532）。

---

❶　威爾遜在文中以磨刀為例，指出殺人者要磨刀，但不殺人者也要磨刀，學習磨刀的技術不必即為要殺人。

三、集大成

雖然提出政治與行政分立的是威爾遜，但實際上集大成的是古德諾。他在 1900 年出版的《政治與行政》(*Politics and Administration*) 一書中，對政治與行政做了功能性的劃分，即政治是國家「意志的表現」(expression of its will)，而行政是國家「意志的執行」(execution of its will)。前者經由政黨活動、民意表達、選舉投票、政治分贓等途徑引導政府政策的行動或專業；後者純粹是政策的執行工作（吳定，1994: 18；吳定等，2007: 41）。然古德諾接著指出「雖然政府的兩種主要功能可以加以區分，但是負責執行這些功能的政府組織則無法加以清楚界定。」對此有研究指出，雖然古德諾有意將政治與行政區分開來，但事實上也只能承認實務上並不可行（彭錦鵬，2002: 98）。但卻也有學者認為，古德諾的論述並非僅是機械式地將行政與政治分開，而是更深入探討以民主主義為基礎的政治與強調效能的行政之調整問題（真渕勝，2009: 533）。

古德諾認為當時美國的政治控制很嚴重，使得公眾的利益臣服於政黨的利益，並有害行政的達成。因此，古德諾和威爾遜一樣，主張行政首長加強對行政內部的控制，同時應減低立法機構對行政機關的控制和干擾。此種政治和行政二分法的主張，一直持續到二次世界大戰以後。

第二節　管理技術學派

延續上述威爾遜的觀點，在傳統管理途徑中，公共行政的意義就是在於追求效能、效率，以及經濟的最大化。因此，公共行政在企業化觀念的不斷倡導下，逐漸發展出公務員應擺脫政治人物的形象，同時追求效率亦成為公共部門崇高的目標與理想。至於政治因素則被認為應屏除於公共行政之外，因為它只會造成無效率的負面影響。而從 1910 年代至 1940 年代興起的「科學管理」運動，伴隨泰勒在企業的實作驗證，更將效能、效率等管理觀念簡化為一套所謂的「科學原則」（呂育誠等，2002: 16）。管理技術學派以著重改進基層人員的工作方法為著眼點（張潤書，2009: 23），代表人物有泰勒與甘特 (Henry L. Gantt)，分別介紹如下：

一、基本主張

　　泰勒為管理技術學派的代表人物，是首位提出科學管理觀念的人，由於他的鼓吹及倡導，科學管理的思想及方法方能普遍地為人所接受，後世為了表示對他的成就及貢獻的崇敬，尊稱他為「科學管理之父」(father of scientific management)（吳定等，2007: 41；張潤書，2009: 38）。

　　在談論泰勒的基本主張之前，須先瞭解其成長背景。泰勒自學徒做到總工程師，有實地工作經驗，而又好學研究，發明高速切鋼機，對工廠管理多所改進（雷飛龍，2002: 4）。泰勒認為「科技」(technology)、「工作」(working) 及「組織」(organizing) 三要素應緊密結合，基本主張有下列幾點（雷飛龍，1987: 150–153、2002: 4）：

㈠工作研究

　　泰勒認為不論何種工作都不應視為神祕，或看作一種非經多年運用和習慣不能練出來的技巧，而將其視為是一種具體的、邏輯的因果關係，可以設法研究瞭解。他認為經由對工作人員的動作與時間的研究，可以找出最好的工作方法 (one best way)。

㈡工人的選擇與訓練

　　泰勒認為人有長處也有短處，並非可以適任所有工作，應就其所長擔任適宜的工作。因此，找出個人所長至為重要。在找出個人所長之後還需加以訓練，使其能運用最合適的工具與工作方法從事工作。

㈢工具標準化

　　為完成工作人員的工作，應給予最適宜的工作用具。

㈣監　督

　　泰勒認為工作人員應受不同專家的指導監督，因監督者需有技術上的專長，方能發揮指導監督的作用，但不同的專長不能求備於一人。

㈤依產量支付工資

泰勒不但主張論件計酬，而且認為對超額完成工作者，應給予超額的獎金。工資不應依各人所屬工作單位完成的工作計酬，而應按每人的個別工作成果給付工資，以激發工作動機。至於工作不能完成基本數量者，則應喪失其職位。

二、重要原則

泰勒於 1895 年發表第一篇有關管理方法的文章，即是〈論件計酬制〉(A Piece Rate System)，提出當一個人的生產高於一日工作量的衡量標準時，則可獲得比全體產量更多的酬勞；至於表現低於標準者，將只獲得正常比率的酬勞（林鍾沂、林文斌，2003: 41）。接著於 1903 年，發表〈工廠管理〉(Shop Management)，在此篇論文中提出其管理哲學，以下說明幾點重要原則（吳定等，2007: 42）：

㈠良好管理

目標在於給予較高的工資，同時付出較低的單位生產成本。

㈡以科學方法建立生產作業原則

在管理階層方面，必須應用研究及實驗之科學方法以建立生產作業之標準程序及原則。在工作人員方面，其工作位置以及原料之選擇均需以科學方法為之，以便符合標準。同時還應加強工作人員的訓練以改進其技能，方能獲致標準之產量。

㈢管理階層與員工間應有密切而良好的合作

三、科學管理的方法

㈠泰　勒

泰勒主義之所以成為風潮，主要源自於 1911 年所著的《科學管理原

理》(*Principles of Scientific Management*) 中提出四項管理方法，遂創造管理理論的典範，茲敘述如下（吳定等，2007: 42）：

1. 對於員工工作的每一要素，均應發展一套科學，以代替原有的經驗法則。
2. 應以科學方法甄選工人，然後加以訓練和發展，以代替以往由工人自己選擇工作及自己訓練自己的方式。
3. 應誠心與工人合作，使工作能做得符合科學原理。
4. 對於任何工作，管理階層與工人幾乎均有相等的分工和相等的責任，凡宜由管理階層承擔的部分，應由管理階層承擔。但在過去，則幾乎全由工人承擔，且責任也大部分落在工人肩上。

然而，泰勒的科學管理因著重數量分析、嚴密監督和金錢的獎懲，並未受到經理、工人和工會的歡迎。直到 1910 年 6 月白蘭第斯 (Louis D. Brandies) 律師出席州際商業委員會作證。鐵路方面要求增加運費的理由是工資已經增加，無法維持合理的利潤，白蘭第斯則辯稱，鐵路方面不必增加運費，只須使用更有效能的管理方法，即可維持合理的利潤，並引用泰勒的觀點來支持本身的論述。爾後，「科學管理」被視為有根據的科學方法，可以應用到一切管理工作，如家庭管理、大學及政府機關的管理等。

整體而言，泰勒主要以基層工人為研究對象，有學者將其管理技術的論點簡化為下列幾點：

1. 建立科學方法，以取代老式的經驗法。
2. 以科學方法選拔員工並訓練之。
3. 人員之間應注意配合。
4. 各專業部門應加以劃分。
5. 將管理人員之權責明白劃分。
6. 嚴格地實施獎懲辦法。
7. 工作方法的簡化（張潤書，2009: 23）。

㈡甘　特

　　除了泰勒之外，此時期另一位代表性學者是甘特。他的重要主張有二項，一是著名的「甘特圖」(Gantt chart)，另一則是「工作獎金制」。以下分別說明之。

1. 甘特圖❷

　　甘特圖是 1919 年由甘特所發明的，又叫橫道圖、條狀圖，是生產計畫進程圖，被視為一種計畫及控制技術，亦為一種排程工具。甘特圖將任務分成許多工作項目，橫軸代表時間，縱軸代表各個工作項目，用長條的形式代表每個工作項目的起止時間，以此來規劃每個工作項目的預計時程，進而控制工作進度。甘特圖之應用極廣，種類甚多，每一粗黑橫條代表每一工作開始及完成的時間，從該圖可以清楚看出各項工作的進度，如下圖 2-1 所示。

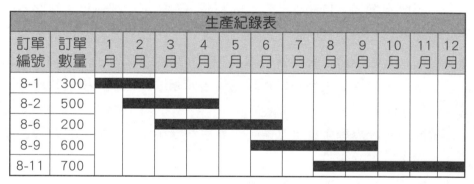

生產紀錄表													
訂單編號	訂單數量	1月	2月	3月	4月	5月	6月	7月	8月	9月	10月	11月	12月
8-1	300	■											
8-2	500		■										
8-6	200			■	■								
8-9	600						■	■	■				
8-11	700								■	■	■	■	■

圖 2-1　甘特圖

　　甘特圖之主要原則是清楚顯示各項活動的起訖時間，即需花費之總時間與應完成之工作量，藉以控制工作進度。其可概分為兩大類：一類是靜態甘特圖，僅將預定工作量或預定進度，標示於時間座標上，可知何時應完成多少工作量；另一類為動態甘特圖，即將預定進度標示於時間座標上，其下再將實際進度以虛線標畫出來，兩相比較，可知某項工

---

❷　整理自國家教育研究院，《圖書館學與資訊科學大辭典》、 王德順 (2005: 45-46)、李智朋 (2013: 33)。

作何時開始作業，應於何時完成，目前進度如何（是正好、超前或是落後），有助於彈性調整各項工作分配。

然甘特圖也有其缺點，共可整理為下列三項，分別是：

1. 無法有效表示各項作業間之關係。
2. 對於需要多項作業同時進行之複雜計畫，應用較為困難。
3. 計畫內容略有更動，就必須重新繪製圖表。

2. 工作獎金制

甘特創設「工作獎金制」（作業獎金制），具有人性關懷成分，而且將科學管理的精神由工人延伸至管理者。

整體而言，在這些學者的鼓吹與倡導下，「科學管理」儼然已經成為一種運動，不但克服舊式頭腦的經理和工頭的反對，對美國工業實務發生了革命性的影響，而且對於政府中日益增加的改革與需求，似乎也提供科學的答案，同時促使政府的行政改革，造成行政學研究的興盛。

科學管理運動者所主張的是「嚴密監督」和「依產量支付工資」，係以人性的「好逸惡勞」、「有錢能使鬼推磨」的假設為基礎（雷飛龍，2002: 5）。該學派最大優點在重視生產標準與機械效能，且強調勞資雙方的和諧與合作，採取獎懲方式，積極提高人力素質與激發工作潛能，有助於企業機構的大量生產。然其缺失在於忽略心理和社會環境因素對員工行為的影響，且過於重視物質獎賞而忽視員工心理與社會慾望。但無論如何，泰勒的科學管理學派仍是組織理論的先驅，影響力迄今不衰，而該學派所強調的科學調查方式和效率原則，更對後來的行政管理產生很大的貢獻（真渕勝，2009: 534–535）。

第三節　行政管理學派

不同於科學管理學派著眼於基層工作的改進，行政管理學派 (The Principles of Administration School) 則以中、上層的工作為研究重心，強調管理人員管理方法之改進。因為該學派著重組織的管理，故稱為行政管理學派。若以對政府行政的影響及適用性而言，此學派的影響較科學管理學派來得深遠（張潤書，2009: 40–41）。代表人物分別為費堯、古

立克與尤偉克，以下分述之：

一、基本主張

行政管理學派的代表人物是法國管理學家費堯，費堯與泰勒最大的不同在於：泰勒是從最基層的工人做起，所接觸的是直接從事生產的工人，故其致力的就是如何提升工人的工作效率問題，著眼點是如何使工人有更多的貢獻；至於和他齊名的費堯，由於一開始便是高級管理人員，且一路升到總經理，較注重管理的研究與革新，從組織的最高層，逐層往下研究，因此著眼於如何使管理方面有更多的貢獻。費堯的理論及原則，除了廣泛應用於工商企業界，政府機構亦加以採用，例如法國最先應用於郵政機構，之後更擴大至中央及地方政府，證明費堯的理論對於所有組織皆有應用的價值，故後人尊稱他為「現代管理理論之父」(father of modern management theory)（吳定等，2007: 43–44；張潤書，2009: 41–42）。

費堯對管理學的貢獻主要來自於 1914 年出版的《一般管理和工業管理》(*General and Industrial Management*) 一書。該書分為兩大部分，第一部分先談管理的理論，第二部分談管理技術的訓練，茲整理相關重點如下（雷飛龍，1987: 156–159；賴維堯等，2005: 67）：

㈠對行政採一般研究途徑

費堯雖在企業界工作，但他對行政的看法，是採一般研究途徑 (general approach)，將各種管理視為一致，認為道理皆同。關於行政的要素，費堯認為：一切企業都包含六種工作，即技術工作（生產、製造、裝配）、商業工作（購買、銷售、交換）、財務工作（資金之爭取，及其最有利的運用）、保安工作（資金及員工的保障）、會計工作（清庫、決算、成本、統計）、管理工作（計畫、組織、命令、協調、監督）。對於管理，費堯還曾加以解釋：計畫就是研究未來的情形而制定行動的方案，組織就是建立企業內部物資和人事的體系，命令就是指揮員工們的動作，協調就是配合聯繫大家的行動，監督就是確保一切事業照既定的規則及

指示的方法來執行。

　　其次，關於行政訓練的需要，費堯認為每個人都需要若干行政的概念，其需要的行政能力與其事業的重要性與職位的高低成正比。他認為由於行政訓練未能大規模地進行，所以就業之後亦應繼續，此時長官即為其教師。而行政訓練之所以未能大規模地進行，主因在於行政原理的缺乏。雖然有關行政管理的個人主張隨處可見，但實施起來卻相互牴觸。因此，經過普遍經驗的考驗與修正的原理原則及實施方法之彙集，極為需要。

㈡十四項管理原則

　　費堯在他的書中提出十四項管理原則 (principles of management)，其中較為重要的五項有：
1. 專業分工原則：工作專精能提升專業能力與便利訓練。
2. 指揮統一原則：一個部屬只能接受一個上司的命令。
3. 層級鎖鏈原則：組織從上到下都有一套非常明確的權力層級和溝通管道。
4. 權力集中原則：管理組織是由上而下，最後權力握於最高領導者。
5. 權責相當原則：組織每一支援的權力與職責必須相依相稱。
其餘的原則還包括：紀律嚴明、目標一致、組織至上、酬勞合理、行事有序、公平公正、積極進取、人事安定、團隊精神。

　　在談到組織時，費堯認為組織的原則無限，但均應隨經驗變化，不過也有一些固定原則：
1. 組織為一法人團體 (body corporate)，經理部門有如動物的神經系統。組織的膨脹應以經理的能力及其他部分的活動幅度為限。同樣大小的組織，一般的層級結構相似。
2. 費堯認為一個機關，必須命令統一、指揮統一，一個僱員只接受一個長官的命令。
3. 一個單位固然應該命令統一，但除了一些小機關而外，其首長受限於時間與精力，並不能完全瞭解或處理所應辦的事務，而需倚賴其他幕

僚予以協助。

4. **權責相稱**：費堯將權力分為官職權力與個人權力兩種，前者由其職位而得，後者由個人的知識、經驗、道德及其他個人條件而得，責任與權力是相伴而不可分離的。

5. **搭橋溝通**，雖然費堯主張命令必須統一，但是他認為溝通應由主辦人或單位直接進行，而不宜經由上級輾轉傳遞。

(三) POSDCORB

古立克與尤偉克於 1937 年合著 《行政科學論文集》 (*Papers on the Science of Administration*) 一書。古立克在該書中提出行政管理的七種功能，分別是計畫、組織、用人、指揮、協調、報告及預算，並創造了一個複合字 POSDCORB 來代表其中心思想，歸納了當時公共行政學的內容和精神，對實際從事行政管理工作的人極具實用的參考價值。另外，古立克還撰寫了 〈組織理論註解〉 (Notes on the Theory of Organization) 一文，強調政府組織中的問題與私人企業相同，皆是在分工的前提下進行協調的工作，進而提出四個步驟作為行動的準繩： 1.界定理想達成的工作。 2.選擇主管。 3.決定所需單位的性質與數目。 4.建構權威結構，以使主管得以協調和控制各單位的活動 （林鍾沂，2005: 113）。而有關 POSDCORB 的內容乃說明如下：

1. **計畫** (P-Planning)

提出能夠達到組織目標之方法，即擬出欲完成之工作大綱及完成方法，方能達成組織之目標。

2. **組織** (O-Organizing)

建立組織垂直和水平的組織結構，透過正式的權威結構從事各個部門的安排、界定和協調以獲致預期的目標。

3. **用人** (S-Staffing)

指組織當中的人事措施，包括選拔、任用、訓練以及待遇福利等。

4. **指揮** (D-Directing)

組織的權責劃分、指揮隸屬系統之設定，以及所有命令與服從關係

的建立，以保障上下之服從關係。

5. **協調** (CO-Coordinating)

指組織層級和部門之間的聯繫與協調。

6. **報告** (R-Reporting)

報告工作上的進度，使組織成員瞭解組織之進展情況，包括工作績效、業務進展之紀錄以及報告等。

7. **預算** (B-Budgeting)

達成組織目標所需之預定花費，以及財務運用方面之活動，包括預算編製、運用、會計以及審計等。

㈣分工的基礎

針對組織的分工，古立克提出分部化原則作為適當分工的基礎，茲說明如下（林鍾沂，2005: 113–114；呂育誠、陳恆鈞、許立一，2002: 135）：

1. **依目的 (purpose) 而分工（例如教育、醫療和福利）**

機關組織依提供的主要目的加以分工，最大的優點在於較能引起大眾的注意，而缺點則是機關的業務難以完全依目的來分類，而且不同的專業單位容易發生衝突與摩擦。

2. **依過程 (process) 而分工（例如工程、會計）**

機關組織的專業分工是按照工作流程作成的，此種分工方式強調技術的專業，但有時卻會模糊組織的重要目的。

3. **依服務對象 (person) 而分工（例如農人、窮人）**

此分工方式是以服務對象為基礎，優點是提供了與服務對象直接的接觸，卻降低了專業分工的優點。

4. **依地點 (place) 而分工（例如州、區域、城市）**

此分工著重地理區域的不同，好處是利於特定區域相關業務的協調和彈性應用，而缺失在於因顧及地方區域太多，導致有眼光偏狹之虞和忽略集中管理之弊。

第四節 動態管理學派

此學派以傅麗德 (Mary Parker Follett) 為代表。傅麗德是傳統理論時期首位針對組織中有關人的問題進行有系統且深入研究的女性學者。她研究行政或管理，和泰勒、費堯不同，既非採用控制各種動作的系統方法，也非從事管理人員職責的分析，而是嘗試明瞭和解釋人事組織過程中，一切基本的感情與動力。換言之，傅麗德著重在人類行為的心理基礎，以及集體工作時的情感反應作用，是少數注意到行政心理因素的先驅學者之一。傅麗德關於管理方面的著作大多為演講稿，其中大部分由麥卡福 (Herry C. Metcalf) 與尤偉克收編成 《動態的行政》 (*Dynamic Administration: The Collected Papers of Mary Parker Follett*) 一書，主要學說可歸納如下 （雷飛龍，1987: 160–163；吳定等，2007: 45–47；張潤書，2009: 44–48）：

一、團體的額外價值論

傅麗德極為重視人類的團體生活，主張團體生活可以使人產生一種強烈的集體情感，而影響團體中各分子的每一行動。因此，人在團體中的思想和行動，無法再由自己控制。換言之，前述的集體情感是個人無法享受到的，必須透過加入團體才得以享受，這也就是團體所具有的「額外價值」 (plus value)，意指對團體所產生的認同與歸屬感，是社會中人類行動的真正基礎。

二、團體中的衝突與調和

傅麗德認為，團體中成員間之意見或利益衝突是必然的現象，不但無須擔憂，反而更應該重視。傅麗德認為解決衝突有三種方式：

1. 控制：一勝一敗，勝者控制。
2. 妥協：雙方讓步，各有犧牲。
3. 整合：各得其所，皆獲滿足。

傅麗德認為只有透過整合，才能產生真正團體的意見，才是最好的

解決衝突之道。

三、協調的原則

　　傅麗德認為，協調是管理的核心，而好的協調需要遵循四項原則：

1. 直接交涉原則：協調應由相關的人面對面直接接觸。
2. 早期原則：協調應於初期階段就做好，方能使整個方案適時地修改，並獲得大家的充分支持與合作，以免情況惡化至無法處理的狀態。
3. 互惠原則：協調是在某一種情境中，彼此之間相互調整以適應對方的一種活動。換言之，協調的過程是尋找雙方皆可接受的處理方式，故應以互惠為基礎。
4. 連續原則：協調是一種持續性、無終止的過程。

四、對權威的觀點

㈠情勢法則 (law of the situation)

　　泰勒及費堯認為使人工作的主要方式，是發號施令，因而有統一命令、控制幅度等問題。傅麗德主張人類是敏感的，唯有在真的環境之中和事實的需要，才肯接受權威 (authority)。傅麗德並不否認發號施令的重要，但時、地、情勢是否適當，乃是發號施令者所應注意的。換言之，權威非由組織層級鏈，而是由情勢本身而來。在組織中發號施令的人，不一定要有最高的頭銜，但必須是最懂得工作狀況，且最有辦法的人。權威是因為情勢所需才下命令，而非由於命令才有行動，所以人員會更願意遵守，這就是著名的「情勢法則」。

㈡最後決定 (final decision)

　　相較於一般認為最後權威是掌握在管理者或高階主管手中的看法，傅麗德則認為，組織中每個人在其工作範圍內皆有其特定的責任與職權，因此，權力是分散的。而所謂的「中央權威」(central authority) 或「最後權威」(ultimate authority)，乃是許許多多分散的權威之綜合。所謂的最

後決定，實際上只是整個決策過程的最後一刻，一般常把最後決定的這一刻與最高管理階層（如總經理）聯想在一起，但其實這個過程可能從基層員工就已經開始了。

整體而言，傅麗德的論點糾正了過去根深蒂固的老觀念，改變老闆與部屬的關係，使其不再只是上下階層的命令與服從關係。由此概念出發，首長不再是發號施令者，而只是協調者，將他人的專長作適當的調配而已，這就是所謂「職能合作」(functional cooperation)。

第五節　官僚型模學派

此學派是以德國的社會學家韋伯為代表，又稱為「科層體制」(bureaucracy)。韋伯不但是社會學家，還是宗教家、經濟學及政治學家。韋伯所處的時代和泰勒 (1865–1915)、費堯 (1841–1925) 差不多，思想也有相近之處，不僅為現代社會科學奠下極穩固的基礎，而且也對組織理論提供不朽的貢獻，同為傳統的行政學主流之一。其中最為公共行政學者所熟悉者，乃是其所提出的「官僚型模」(bureaucratic model) 的組織理論，對政府行政及管理造成巨大的影響，也奠定了後世研究官僚制度的基礎（林鍾沂，2005: 99；張潤書，2009: 46）。而韋伯所謂的「官僚」沒有褒貶之意，只是一種組織的型態，為避免以詞害義，故後來的研究者將「官僚」改稱為「科層組織」或「機關組織體系」（吳定等，2007: 47）。

韋伯的「官僚制度」是一種「理想型」(ideal type)，而此一理想型是建構在「合法權威」(legitimate authority) 觀念的基礎上。他認為依照歷史的發展，合法權威的演變可分為三個階段，即傳統權威階段、超人權威階段和合法合理權威階段（張潤書，2009: 46）。以下將分別介紹韋伯所提出的權威類型與官僚組織之內容。

一、三種正當支配的權威類型

韋伯在建構「理想型」的相關觀點後，提出三種不同的權威類型，認為社會中要讓別人及群體不加思索而自願服從的權威，可依正當合理

的來源不同分為以下幾類（西尾勝，2001: 129；林鍾沂，2005: 101；吳定等，2007: 47；張潤書，2009: 46–47）：

㈠傳統權威 (traditional authority)

其正當合理源自於世襲，權威是來自對歷史文化的感情、信仰，以及對古老傳統的尊重，先例、經驗、祖訓等都具有很高的權威。故此種權威的取得不是憑藉個人的努力或才能，而是靠繼承的力量，例如古代埃及王朝、地方部落、中古封建王國組織等都是建立在主從關係的封建基礎上。

㈡超人／領袖魅力權威 (charismatic authority)

其正當合理源自於奮鬥，以「救世主」的形式領導統御，權威是來自於對個人的神聖性、英雄氣質或非凡超人特質 (charisma) 的效忠，並對其所啟示或制定的道德規範或社會秩序之遵從，諸如宗教先知、軍事英雄、政黨或革命領袖。

㈢合法合理權威 (legal-rational authority)

當超人／領袖魅力權威發展到某一階段後，必然要趨向高度的組織化及制度化，否則權威便不容易持續維持。解決之道唯有建立法制體系，領導者的權威才能合法化。因此，其正當合理源自於法律，人們之所以服從領導者，並非因其人之故，而是源於領導者的地位所賦予的法定權威。在此階段，法律具有至高無上的權威，支配者唯有在法律規定之下才有發號施令的權力。

在說明三種權威類型之後，韋伯指出在前理性時期 (prerationalistic periods)，人們的行為取向幾乎全由傳統型與魅力型決定，畢竟在法律的普遍性和權威地位尚未建立之前，實施以人為統治中心的統治乃是無可避免的。待合法合理權威建立之後，就可擺脫人治主義，改由形式化的法律來治理社會。此一改變說明了在有法律的基礎上，才能有普遍的權威性，並超乎個人，故官僚理論乃是奠基於這樣的基礎之上（林鍾沂，2001: 101）。

二、官僚體制的結構性元素

基於上述韋伯對於「理想型」的觀點，可得知韋伯並非要描述實體，但是要確實辨識官僚體制的本質，而韋伯概念中的官僚體制可包含以下幾個元素（林鍾沂，2005: 103–104；呂育誠等，2002: 107）：

㈠專業化的權限、職位和任務

專業分殊化的管轄權力、職位和任務，即是為達成組織目標的工作和權威分工。

㈡層級節制的權威

藉由階層化的權威以協調專業分工職位間的活動，並整合其管轄權威，而最理性的官僚設計，其組織是由單一權威所領導。

㈢永業化結構

官僚組織中的個別成員在職業結構中不同的專業和階級間升遷，其異動或升遷是基於功績或年資。

㈣持久性的官僚結構

官僚結構傾向於永續，不論成員的進入或退出，它仍可維持完整，社會變得依賴官僚體制的功能，如果官僚體制遭到破壞，則渾沌情形就可能會發生。

㈤官僚體制是大型組織

任何社會組織在規模上都無法和其相提並論。

三、理想官僚體制的特徵

韋伯在《經濟與社會》(*Economy and Society*) 一書中提出一個完整的合法理性官僚制度，會特別凸顯六項特點（西尾勝，2001: 129–131；

林鍾沂，2005: 102–103；張潤書，2009: 47–48）：

㈠依法行政原則

　　組織中的行政人員有固定與正式的職權範圍，依法行使職權。一般而言，組織是根據一完整的法規制度而設立的一種組織型態，而這種機關組織有明確的目標，並遵循完整的法規制度，規範人員的行為，進而達成組織目標。

㈡層級節制原則

　　即職位層級化，以及將權威區分為不同等級層次的原則，表示上、下級完整的命令系統，上級應該監督下級，而下級應對上級負責，權力得以集中貫徹，整個層級系統呈現金字塔型，既有利於權力的集中，也利於任務的分工，此種結構就命令由上而下的貫徹執行而言，是最有效的結構。

㈢對事不對人或去人性化

　　主張人員的工作行為和人員之間的工作關係須遵循法規，不得摻雜個人好惡或情感，以除去個別官僚和整體組織表現中之「不理性」的情感元素，此乃是「對事不對人」的關係 (impersonality)，用以避免營私舞弊的情形發生。

㈣專業分工和技術訓練

　　為了達成機關目標需根據人員專長進行合理分配，且每位工作人員的工作範圍與職權也需藉由法規明文規定。在此一明確的分工制度下，人員的工作必趨向專業化，並迫使其加強專業知識，藉以有效提升行政效率。

㈤永業化傾向

　　人員的任用採公開及客觀的專業資格方式甄選，一旦錄用後，除非

人員犯錯，並依法律規定加以免職，否則不得任意結束契約關係。加上有任期的保障，才能使人員專心處理事務，提高工作效率。

㈥依年資和地位給付薪資

人員的工作有固定的薪俸制度。在薪俸制度的約束下，人員才能有穩定的工作情緒。除了正常的薪俸外，還需有獎懲制度和升遷制度，才能激發員工向上的心。

四、官僚體制的缺失

韋伯所主張的理想官僚理論，雖然因強調科層體制組織具有精確、迅速、持續等多項優點，可以減少摩擦和節省人力，並提升效率，而影響後世甚深，但多數學者對科層體制的理想型皆抱持貶多於褒的看法，認為設計過於理想化，仍有許多值得商榷之處。整體而言約可以歸納成下列幾點來說明之（江岷欽、林鍾沂，2003: 57-60；張潤書，2009: 50-51）：

㈠過於強調正式組織的功能，卻忽略非正式組織的影響力

組織成立的原意是要以成員共同的努力來完成組織既定的目標，故在此協力的過程中，人員之間就會產生互動的行為關係，而個人的價值、觀念、忠誠及其他情操都會藉此影響彼此的互動關係，進而產生親密感，並形成團體意識，但此種團體意識卻有可能促進或妨礙工作效率。韋伯所提出的理想型組織由於完全忽略了組織內人員的感情因素及非正式組織的影響，而成為該理論極大的缺點。

㈡專業分工的限制與本位主義

專業分工雖能促進工作效率，但由於專業人員只能適應特殊的工作環境，一旦環境改變，即可能因無法適應新的環境而影響工作效率，這就是所謂「受過訓練的無能」(trained incapacity) 現象。此外，由於專業人員每天從事相同的工作，逐漸養成特別的偏好 (preferences)、嫌惡

(antipathies)、歧視 (discrimination)，以及特別強調某事某物的職業上的明顯心態 (occupational psychosis)，而形成本位主義 (suboptimization)。

(三)永業化和按年資升遷，容易形成鐵飯碗心態

成員永業化的趨向，雖有助於組織的穩定和維持，但當一個人或組織感到很安全以後，便容易產生鐵飯碗的心態，而喪失向上的奮鬥精神，致使組織和個人停滯不前。另外，韋伯主張依照年資來升遷的作法，固然可以減少團體內的競爭，形塑和諧的組織文化，但卻也容易促使組織成員只注意如何保護其既有的利益而忽略服務對象 (clientele) 的利益，進而影響組織的成長與發展。

(四)層級節制減弱了上級對下級的影響力

在層級節制體系下，必定會造成嚴密監督 (close supervision) 的現象，但嚴密監督的結果，不僅容易使下級人員喪失自動自發的精神，還會引發不滿情緒，或是陽奉陰違，削弱上級對下級所可能產生的影響。

(五)過分重視法規，組織和個人行為趨於僵化、缺乏彈性

由前所述可知，韋伯的理想型官僚體制是植基於「法規」之上。這些「法規」是在擴大組織效率的前提下，根據技術知能而訂定的。但過分重視法規的結果，容易使組織和個人的行為趨於僵化、缺乏彈性和應變能力。又因組織成員的行為處處須遵循法令規定，而容易養成其膽小、保守和呆板的工作習性。本來，法規只是組織達到目的所使用的工具而已，但因對法規過分重視，遂使人員產生一種錯覺，認為遵守法規本身就是目的，因而忽略了組織原本的目標，誤將工具價值變成目的價值，此乃是墨頓 (Merton, 1957) 所稱之「目標轉換」(displacement of goals) 現象。

(六)實用性的疑慮

韋伯對於機關組織體系的分析，並非根據實驗主義而來，而是僅憑

主觀觀念的想像所構成的一種理想組織型態。換言之，其理論的許多要點，如付諸實際的驗證，可能會產生理論和實際現象矛盾之處。例如韋伯認為合法理性若無法達到，則組織的最高效率也無法達到。然而，達成效率的因素，絕非是單一的合法理性因素，況且合法理性是否真正存在，也有待商榷。

第六節　傳統理論的檢討

一、傳統理論的重點

總結前述的介紹可知，傳統時期理論約略可以歸納成下列兩項重要原則：

㈠強調標準化以達成效率的目標

所謂標準化是指製造產品或處理事務時，將每一重要過程或動作，均預先設定某種標準，以供所有人員遵循。例如，工廠的生產線有標準的製造流程及動作、辦公室的業務有標準作業程序及工作流程的規定。無論是泰勒或費堯，都強調標準的作業流程，其目的乃是在減少不必要的時間或人力的浪費，以達到效率化的目標。這種觀點不但直接影響企業部門的管理模式，也對行政管理產生相當大的衝擊。

㈡主張有系統、有計畫，並充分協調，才能有效達成組織目標

如檢視傳統理論的各家學說內容可發現，它們多主張任何組織如要達成目標，需要有系統、有計畫，即使是韋伯所提出的理想官僚體制，也強調層級節制、永業化、專業分工與訓練，才能使組織成員得以在明確的制度和具體工作內容下，按照確實的事權分配，專心努力達成組織目標。如此一來，不但可以激發成員向上的意欲，還能減少不必要的摩擦，避免各自為政或爭功諉過的情形發生，有助於組織整體目標的達成。

雖然傳統理論的發展提供後世重要的科學管理原則，但該理論仍有未盡周延之處，而產生以下的限制與缺失。

二、傳統理論的缺失❸

㈠過分強調「機械」的效率觀念，以致抹煞了人性的尊嚴

傳統理論的出發點是強調作業方法的修正（如工人之動作等），以提高生產量、降低成本，所追求的只是無情的效率，一味地要求達到生產標準，卻完全忽略工人的意願，將工人視同機器。殊不知人與機器畢竟不同，人有思想、有感情，更不能無視其人性尊嚴，否則會引起不滿與抗拒。

㈡過分著重組織的靜態面，而忽視組織的動態面

傳統時期的學者除了傅麗德一人之外，幾乎無人注意到組織的動態面。這時期主要關心的是機關組織的結構應如何分工和建立工作標準、如何建立層級節制體系以及訂定完備的法令規章，卻忽略機關是由人所組成，無人即無組織，而結構、制度、規章都是人所創造出來的，若僅是研究人所創造的制度（靜態的）卻不探討「人」本身的行為，如思想觀念、交互關係、心理狀態、工作士氣等動態面，其結果必然是事倍功半，成效不彰。

㈢將機關組織視為「封閉系統」(closed system)

傳統理論的學者在研究機關組織與管理的問題時，均將其視為一個獨立的完整體，而不談其與外在環境的相互關係。事實上，這是錯誤的；因為任何機關組織都不可能遺世獨立，不但會受外在環境的左右，有時也會影響外在環境，所以組織是一個「開放系統」(open system)。傳統理論所持的「封閉系統」之假定，其目的無非是想藉此降低外在環境之「不確定性」(uncertainty) 所加諸於組織的影響，但結果反而缺乏周延的考慮，而導致實際運作時的困難。

---

❸　本節主要的論述乃整理自張潤書 (2009: 57–61)。

㈣對人類行為做了不切實際的假設

傳統理論誤解人性是好逸惡勞的，故管理方法應該嚴密監督、嚴格制裁，又因認為人都是只為錢而工作，只要以利作為獎懲手段，人們就會聽從使喚。但事實上，人除了有生理上的需求外，尚有心理上及精神上的需求和慾望，所以，僅靠威迫利誘並無法控制員工的工作行為，也無法滿足員工的慾望需求。

㈤憑個人的知識、經驗所立下的原理原則，經不起普遍的考驗

傳統理論的學者，大多僅就其本身所服務的工廠及所受的專業知識為基礎，來研究組織的問題，難免會有視野有限而且主觀太深的情形發生。因此所提出的理論或原則，只能適用或解釋部分情形，無法放諸四海皆準，成為普遍性的原理原則。

基於上述，為了彌補傳統理論時期的不足與缺失，乃有之後修正理論的出現。

行政櫥窗

二代健保

我國的全民健康保險堪稱是全世界費用最低的醫療保險制度，自 1995 年開辦以來，已帶給民眾許多實質上的利益，包括就醫經濟障礙大幅降低、醫療品質提升、就醫可近性提高等。然而，雖然健保制度備受外國人士肯定，但其「公共財」的性質，卻也造成了道德危險 (moral hazard) 的現象，促使健保制度必須改革。

社會保險屬於公共財，具有非排他性及非敵對性的特質，因此，任何理性的參與者均有取得的誘因存在，但是卻沒有人願意為此公共財的累積而付出。在此情況之下，造成有些民眾認為既然每月繳保費，就得撈本看個夠，存有逛醫院的心態而重複看診領藥，形成醫療資源的浪費。除此之外，在資訊不對稱及一代健

保制度設計下，等同於變相圖利醫療單位及藥商，浮濫的醫療行為、虛編假病歷請領款項、藥價黑洞等，種種道德風險的現象造成健保財政失衡日趨沉重的困境。基此，在資源有限、慾望無窮的現實考量下，也勢必須藉由「制度」以控管財務，才能讓全民健保更符合社會正義及社會公平，同時也可提升醫療服務品質，並達成全民健康之最終目標──二代健保改革應運而生。

　　二代健保的核心價值在於「品質」、「公平」及「效率」，尤其期望能透過保費計算的改制（被保險人不再依職業類別來分類）及資訊公開透明機制的建立（健保局及醫療院所必須定期公布醫療品質及財務資訊），藉以消除保費負擔不甚公平、資源浪費及道德危險的疑慮。此處暫不談論補充保費所引發的爭議，而將焦點置於醫療資訊的公開機制，請參考以下新聞。

健保收入超過六億　未來須公開財務報告 [4]

　　資訊揭露為二代健保改革的核心價值之一。為了讓醫療服務機構之財務狀況更加透明，同時亦讓付費者瞭解院所之經營情形，依據二代《全民健康保險法》規定，自 2013 年起，凡特約醫療院所支領的健保醫療費用超過 6 億元，即須於期限內向健保局提供經官方審定之財務報表，醫事服務機構未依規定提報財務報告者，經輔導後仍未改善，健保局將會予以違約記點，期能藉由醫療財務報告資訊公開辦法之實行，讓健保資訊公開，擴大民眾參與。此外，健保局亦會將結果公布於健保局全球資訊網，民眾未來可於健保局網站查詢，讓全民共同查閱監督，使醫療資源之配置與運用更具效益。

---

[4]　資料來源：優活健康網／謝劭廷 (2012/12/20)。取自：http://www.uho.com.tw/hotnews.asp?aid=22960。

醫療院所資訊透明化❺

醫療院所資訊公開，讓民眾有選擇依據。健保局依據二代《全民健康保險法》第 74 條規定，必須定期公布醫療品質資訊，提供民眾就醫時有所依據。故健保局於網站中設立健保資訊公開專區，可以方便且迅速獲得相關資訊，民眾還可以透過意見信箱，來反映就醫時所遇到的困難，或者索取其他的相關資訊，讓就醫品質得以維持。

此外，民眾可在健保局網站上查詢到違規的醫療院所名單，而健保局也督促各醫療院所自行即時公開院所本身的醫療品質資訊，如每天公開保險病床使用情形、民眾應自付差額的特殊材料品項、產品特性、副作用及收費標準等。資訊透明化，讓民眾更能瞭解自家附近的就醫環境。

 參考文獻

一、中文文獻

- 王德順，2005，《企業管理》，臺北：五南圖書公司。
- 江岷欽、林鍾沂，2003，《公共組織理論》，臺北：國立空中大學。
- 吳定，1994，〈威爾遜與行政的研究〉，收錄於銓敘部主編，《行政管理論文選輯第八輯》，臺北：銓敘部，頁 1–31。
- 吳定、張潤書、陳德禹、賴維堯、許立一，2007，《行政學（上）》，臺北：國立空中大學。
- 呂育誠、陳恆鈞、許立一譯，2002，《行政學：管理、政治、法律的觀點》，臺北：學富文化。譯自 David H. Rosenbloom & Robert S. Kravchuk. *Publice Administration: Understanding Management, Politics,*

❺ 資料來源：台灣新生報／陳敬哲 (2013/3/20)。取自：http://61.222.185.194/?FID =10&CID=184329。

and Law in the Publice Sector. 5th ed.

- 李智朋，2013，《一看就懂的管理學全圖解》，臺灣：雅各文創。
- 沈昌瑞譯，1988，〈行政的研究〉，收錄於銓敘部主編，《行政管理論文選輯第二輯》，臺北：銓敘部，頁 1–13。譯自 Woodrow Wilson. "The Study of Administration"。
- 林鍾沂、林文斌譯，2003，《公共管理的世界》，臺北：韋伯文化。譯自 Owen E. Hughes. *Public Management and Administration.* 2th ed.
- 林鍾沂，2005，《行政學》，初版四刷，臺北：三民書局。
- 張金鑑，1982，《行政學新論》，臺北：三民書局。
- 張潤書，2009，《行政學》，第四版，臺北：三民書局。
- 彭錦鵬，2002，〈政治行政之虛擬分際：由「兩分說」到「理想型」〉，《政治科學論叢》，第 16 期，頁 89–118。
- 雷飛龍，1987，〈從科學管理到人羣關係〉，收錄於銓敘部主編，《行政管理論文選輯第二輯》，臺北：銓敘部，頁 145–177。
- 雷飛龍，2002，《行政學與各國行政制度》，臺北：韋伯文化。
- 賴維堯、林鍾沂、施能傑、許立一，2005，《行政學入門》，臺北：國立空中大學。

二、日文文獻

- 西尾勝，2001，《行政学》，新版，東京：有斐閣。
- 村上弘・佐藤満，2009，《よくわかる行政学》，東京：ミネルヴァ書房。
- 真渕勝，2009，《行政学》，東京：有斐閣。

三、英文文獻

- Wilson, Woodrow. 1941. "The Study of Administration", *Political Science Quarterly*, Vol. 56, No. 4, December, pp. 481–506.

歷屆考題

1. 試評述韋伯氏「理想型官僚制度」(Max Weber's Ideal Type of Bureaucracy) 之內涵。（092 年公務人員普通考試第二試試題一般行政）

2. 在行政組織與管理理論的演進方面，有所謂的權變理論 (the contingency theory)，試述該理論的意義及主要內涵，並依己見評述之。（093 年公務人員普通考試第二試試題一般行政）

3. 韋伯 (Max Weber) 所述「理想型官僚制度」主要運作內涵為何？這種官僚組織型態的優缺點各有那些？試說明之。（094 年公務人員高等考試三級考試一般行政）

4. 很扼要說明 POSDCORB 指涉哪些管理工作，再任舉其中兩項工作所對應的政府管理領域之要旨，並接續討論該兩項工作和提升政府組織績效間的關係。（100 年國立政治大學公共行政研究所試題）

5. 為何政府常採用的科層組織 (Bureaucracy)，常被認為會產生繁文縟節 (Red tape) 的服務行為？（100 年國立政治大學公共行政研究所試題）

6. 說明傳統行政官僚、新公共管理與新公共服務理論之要旨與其特質差異為何？（099 年國立政治大學公共行政研究所試題）

7. 韋伯 (Max Weber) 所述「理想型官僚體制」主要運作內涵為何？這種官僚組織型態的優缺點各有哪些？（099 年國立暨南國際大學公共行政與政策研究所試題）

8. 古立克 (L. H. Gulick) 曾杜撰「POSDCORB」七字箴言，藉以描述行政的意義，其意涵為何？又這些意涵今昔有何基本觀點之改變？請一併對照說明。（093 年地方特考一三等考試）

9. 在此多元又快速變遷的當前社會中，權變概念在行政管理上顯得日見重要。試問：何謂權變理論？此理論的主要論點有那些？權變理論與新公共管理之論點有何相通之處？請說明之。（095 年地方特考一三等考試）

第3章　行政學理論的發展：修正時期

　　自 1930 年開始，行為科學 (behavioral science) 在美國興起，各種學術都受其影響至深。因為傳統行政學所提的行政組織與管理原理原則，都是屬於規範性的 (normative)，亦即在談「應如何」或「不可如何」，而鮮少談論「事實是如何」。由於人類社會的行為在「應如何」與「是如何」之間有極大的差距，且法令規章與實際運作間經常是不一致的，倘若一味強調「應如何」，而不去探討事實究竟如何，以及為何會產生差距的原因，則任何看似完美的原理原則都恐會窒礙難行。而行為科學乃是針對此一缺憾而衍生出的「實然」研究（吳定等，2007: 52-53；張潤書，2009: 57）。

　　整體而言，行為科學著眼於人類在工作時行為層面的觀察，嘗試從「人的行為」或「人的分析」中去尋找社會科學的通則 (general principles)，例如探討組織如欲生存，管理者有必要瞭解組織的溝通程序、組織成員心理層面的需求，甚至尋找支持組織成員心理的安定因素。行為科學對傳統將人的行為視為只受法令規章的影響之狹隘觀點加以補充，主張在法令規章之外，還要進一步研究其所承受的文化傳統、社會風俗、個人際遇及其受所屬非正式團體的影響。亦即嘗試從各種角度觀察，以期能對人類行為有一更真實與廣泛的瞭解（雷飛龍，2002: 9）。

　　基於上述，在本章中首先就 1931 年至 1960 年間的修正理論產生的背景，做一概述性的介紹，進而闡述行為科學的特徵；其次，簡述霍桑實驗所衍生出的相關理論內容，並介紹巴納德 (Chester I. Barnard) 的動態平衡理論之思想；接著分別整理決策理論與激勵理論的相關學說內容；最後則討論修正理論對行政學的影響，以及修正理論所面臨的限制與課題。

第一節　修正理論的基本概念

一、時代背景

㈠時代的變遷

自二十世紀中期後，人類社會文化環境就發生劇烈改變，隨著人民教育水準普遍提升，組織對成員須採用新的激勵手段，而非僅靠經濟誘因來維持、提升員工參與的意願和滿足其需求。此外，人們對工作夥伴與工作組織的依賴較過去大為增加，因而管理問題就不得不從人的行為方面著手改進。

㈡彌補修正傳統理論的缺失

由於傳統理論時期過度強調機械效率觀和組織靜態面的研究，並忽視人性因素的影響，致使傳統理論時期雖創造許多原理原則，但因研究組織的問題僅就本身的專業背景與經驗為基礎，主觀性高，僅能部分適用，經不起實證考驗，所以自 1930 年代起，為補正傳統時期的缺憾，遂產生以行為科學為基礎的修正理論，對人類行為進行觀察，且逐漸獲得相當程度的重視。因此，行為科學乃是由心理學、社會學等學科知識及自然科學的研究方法，結合而成的一門學科，著重組織成員心理層面及社會交互行為之探討，形成系統的客觀觀察和分析。

㈢實然面研究的重視

如前所述，因為傳統行政學所提的行政組織與管理原理原則過分強調規範層面，卻忽視「事實是如何」的實然面，而產生相當落差，致使看似可行的原理原則到最後都面臨窒礙難行的命運。因此，為了彌補此一缺憾才衍生出行為科學的「實然」研究。

㈣研究方法的轉變

傳統的研究方法只著重在法律、制度面的探討，對於人與人間的交互行為 (interaction) 現象，難以有深入的瞭解，也無法進行全盤解釋。而行為科學是一種結合其他學科（如心理學、精神病學、生態學、物理和數學等），從中吸收自然科學的研究方法，並將之應用到社會科學的研究當中。

有鑑於自然科學與數學等學科有公式與通用的原則，行為科學也試圖建立社會科學中的通則，認為既然社會科學無法脫離人的因素，就應從人的行為或人的分析中去尋求這些共同的原則，而這些共同的原則將能幫助政治學、社會學、行政學等社會科學學科，進行更深入的瞭解。

㈤科際整合 (integration of disciplines) 的主張

由於科學進步，分工細密，以致學術研究也趨於專門化，因而形成支離破碎的局面，如「見樹不見林」、「知偏不知全」，使得各學科彼此之間存在著「空隙地帶」，也稱「無人地帶」(empty zone)。故行為科學研究者乃起而提出「科際整合」的主張，試圖消除上述之空隙地帶，這也是促使修正理論產生的背景之一。

二、行為科學的特徵

行為科學約略是 1930 年代所興起的，主張採取自然科學的研究方法來研究人類行為。關於行為科學的特徵，可以歸納如下（林鍾沂，2005: 118；張潤書，2009: 61–62）：

1. 行為科學是以科學方法來研究人類行為問題的學問。
2. 行為科學是以自然科學的研究方法來研究社會現象與社會事實的科學。
3. 行為科學是多學科性的 (multi-disciplinary)，但並非屬於多種學科的空隙地帶，亦非代表多種學科的學者來會同研究，其研究者應具備一種高度的多學科訓練，即須具有對於一個學科以上經驗，和對好幾科學

科的熟悉。

4.行為科學是以驗證 (verification) 方法，秉持價值中立 (value-neutrality) 的立場進行研究。因此，其為事實的研究，而非價值研究的學問。

5.行為科學的目的是在建立社會現象關係的普遍律則 (universal law)，有了這些律則，才可能做好社會科學解釋和預測。

第二節　霍桑實驗和動態平衡理論

一、霍桑實驗

霍桑實驗 (Hawthorne experiment) 最初為美國國家科學院 (National Academy of Science) 所屬國家研究院 (National Academy Council) 於 1924 年至 1927 年間在西方電器公司 (Western Electric Company) 的霍桑工廠，為研究工廠照明對產量的影響所進行的一項實證研究，研究的期程自 1924 年至 1933 年，共九年。霍桑研究最初的目的是要研究工作環境與生產力的關係，照明、溫度，以及其他工作條件被視為工作環境的變數，雖然研究最後與預期結果完全不同，指出照明度和生產力無確切相關，但該廠方認為其研究有價值性，於是邀請哈佛大學三位教授梅堯 (George Elton Mayo)、羅次力斯伯格 (Fritz J. Roethlisberger) 和懷海德 (T. North Whitehead) 於 1927 年起加入此項計畫接續進行，直到後來才因經濟大恐慌而停止。這三位學者在五年間，進行繼電器裝配試驗室實驗 (relay assembly test room)❶、全面性員工面談計畫 (massive interviewing

❶ 在「繼電器裝配試驗室實驗」中，被實驗的六位女工被安置於單獨的工作室，由一位觀察員以友善的態度來觀察、記錄其工作狀況和產量。過程中曾嘗試改變燈光強弱、調整休息時間及次數、改變工作天數等物理條件，結果發現工人的產量有顯著增加的情形，而後無論每週工時及休息時間如何改變，生產量依舊提高，且工作情緒良好。最初以為是分紅制度的影響所致，但後來將一名試驗的女工調至另一實驗室，既不採鼓勵工資，也不改變各種物理狀況，結果產量依然增加。於是得到一個結論：工人態度和情緒的改變，才是增加產量的原因。而影響工人態度和情緒的原因是：女工們感受到「重視」，可以滿足精神上的「榮譽感」，而監督方式由嚴厲而趨向和緩，也使工人感受到人格受到尊

program) 和接線板工作室實驗 (bank wiring observing room) 一系列研究計畫，其研究結果後來開啟「人群關係學派」(Human Relations School) 的先河，也激起後世研究人性因素的興趣。以下就理論內容分別介紹之（姜占魁，1986: 4–5、49–50；林鍾沂，2005: 119–121；張潤書，2009: 62–65）：

㈠人格尊重

該理論認為工人在工廠做工，並不能以「機器」視之，因為每個人皆有其人格尊嚴。人格尊嚴的維護並非僅靠物質條件的改進，還須設法滿足其精神需求才能產生激勵作用。此項結論是由「繼電器裝配試驗室實驗」而來，發現工作場合的社會情境（參與實驗的榮譽感和具親密關係的工作小組）與監督者督導方式（由嚴厲變和緩）的改變，是影響生產力的主因，故此變化又被稱為霍桑效應 (Hawthorne effect)。此項發現推翻過去認為只有金錢的鼓勵和物質條件的改善才是提高效率的不二法門，故霍桑實驗證明了社會及心理因素才是決定工人生產量及滿足感的重要原因。

㈡參與及情緒的發洩

1928 年開始另一項名為「面談計畫」的試驗。在此面談計畫中，起初由訪談者根據事先擬好的問題來進行面談，發現工人都有所保留，於是改變方式，任由工人們天馬行空地發表意見，訪談者只是扮演傾聽的角色。雖然工人的發言以抱怨居多，且有些怨言也並非事實，但因工人的不滿情緒得以獲得宣洩，故每一次抱怨之後，工作情緒便會好轉，士氣也隨之升高。而工人在訪談後，因本身感到受重視，且在訪談過程中所提出的慾望和要求，有可能成為組織日後改進管理的參考，故能滿足其參與感。

重。另外，小組成員人數很少，也容易使成員產生團體意識和忠誠感（張潤書，2009: 63）。

㈢小團體及其約束力

大抵而言，一個機關組織中，除了正式的組織外，尚有非正式組織 (informal organization)，也就是一般所稱的小團體。過去科學管理的研究多關心正式組織的結構與法令規章，鮮少提及非正式組織，殊不知組織成員常會因彼此生活背景、興趣嗜好等相近而形成小團體，而小團體也都有自身的一套行為規範以作為團體成員的準繩，其影響和約束力有時甚至還超越正式組織。也就是說，當小團體的行為規範與正式組織相衝突時，正式組織往往只有默許或修改自身的規定以順應情勢。

上述小團體的假設也從「接線板工作室實驗」中獲得證實，發現組織中「非正式組織」是普遍存在的，且小團體的規範會影響員工的生產力，同時也會對小團體成員產生約束力。換言之，小團體的成員無論是產量、工作態度、行為模式都需遵循小團體的規範和約束。

㈣社會平衡與士氣

梅堯等學者認為，當組織維持所謂「社會平衡」(social equilibrium) 的狀態時，即便受到外來逆境的干擾，工作人員之間仍能繼續合作。究其原因，乃是由於整個社會如同小團體般，如要維持人與人之間的合作關係，則須視規範人與人及其相互態度的非邏輯社會律則 (non-logical social code) 而定。

另一方面，士氣 (morale) 也是影響個人與其服務的組織間之動態平衡 (dynamic equilibrium) 關係的重要因素。美國權威社會心理學家凱茲 (D. Katz) 認為，影響士氣的因素有二，分別是團體內人員須具有共同目標，以及達到目標的途徑為全體人員所共同承受和接受。由此可知，影響士氣最主要的是團體，若要改善人員的生產效率，不能只從經濟方面著手，還要注意到團體成員之間、人員與機關間的需要是否能保持平衡，所以如要保持較高的生產量，就要研究提高士氣和維持社會平衡的方法。

整體而言，霍桑實驗的研究結果強調人性因素對於組織的運作目標能否達成，有很大的重要性。同時，這些結論也意味著管理當局應該加

強員工的歸屬感，積極尋求提高員工在工作滿足的因素，以激發更高的士氣，該項研究結果同時支持了「快樂的員工才會有生產力」的假設（陳德禹，2000: 34）。

二、動態平衡理論

提到動態平衡理論一定會介紹最著名的代表人物——巴納德。這位曾任美國紐澤西貝爾電話公司 (New Jersey Bell Telephone Company) 總裁多年的管理學家，對管理有獨到的見解，而致力於機關人員的心理與行為層面研究。巴納德在其名著《主管人員的功能》(*The Functions of the Executive*) 一書中所提出的相關論點，甚至還影響到行政學新派大將賽蒙。因為賽蒙於 1947 年所著的《行政行為》(*Administrative Behavior*)，大部分的觀念即來自巴納德。茲整理巴納德的重要思想如下（陳德禹，2000: 32–35；雷飛龍，2002: 34–37；林鍾沂，2005: 122–125；張潤書，2009: 66–68）：

㈠互動體系論 (system of interactions)

巴納德認為組織不能以人為基本內容，而應該視為「互動的體系」。因此，組織乃是「有意識地協調兩人以上的行動體系」。在此種意義下，組織是由人們基於：1.共同的目標。 2.貢獻心力的意願。 3.相互溝通的能力三項因素而結合來的。

㈡非正式組織 (informal organization)

巴納德認為組織可分為正式組織 (formal organization) 與非正式組織。正式組織是「兩個人或兩個人以上有意識協調行動或勢力的體系」(a system of consciously coordinated activities or forces of two or more persons)，有固定結構，即層級節制的體系；至於非正式組織則是無意識、不定型的，透過自然因素而結合的組織。正式組織與非正式組織常如影隨形，因之而生，但也可能轉而賦予活力，或加以限制，甚至在工作目標和方法上產生歧見。然而，非正式組織仍能為正式組織擔任三項

積極功能：

1. 傳遞資訊：傳達正式組織不便溝通的資訊或傳遞資料消息。
2. 維持團結：培養員工服務熱忱及客觀權威安定性 (stability of objective authority)。
3. 保持人格尊嚴：藉由非正式組織互動關係，避免正式的控制，而維持個人自尊、人格完整與獨立選擇。

(三)貢獻與滿足的平衡 (the equilibrium of contribution and satisfaction)

人之所以對特定組織貢獻心力，乃是因為該組織能給予精神與物質的滿足。故組織的生存與發展，有賴於確保貢獻與滿足的平衡。巴納德指出，滿足是組織給予的誘導 (inducements) 或誘因 (incentives)，其種類有：1.物質的誘因（如金錢）。2.名望及個人權力。3.所追求的實質工作條件（如空調設備）。4.心理的感受（如成就感）。在討論到各種誘因的關係時，巴納德認為，維持生存以上的物質報酬，只能對少數人有效，多數人不會為了多得物質報酬而貢獻更多。以物質誘導代替非物質誘導，只能在有限時間中於一定限度內有效，亦即有賞味期限。如欲解決此問題，除了仰賴物質上的誘因之外，更須重視非物質條件。

(四)權威的接受論 (acceptance theory of authority)

巴納德認為，權威是「正式組織中命令之所以被接受的特質」。因此，命令是否具有權威，不在於發令者，而是受命者。即使在軍中或專制政體之下，權威的最後考驗，仍視其是否為人接受或同意。換言之，即視受命者接受或同意程度大小而定。那麼，何種命令才具有權威？根據巴納德的說法，須滿足下列四項條件：1.受命者確實瞭解命令的內容。2.命令不違背組織的目標。3.命令符合本身的利益。4.受命者有能力加以執行。

另外，巴納德還提到，組織成員接受的權威，又視各人「無異議區」或「冷淡地區」(zone of indifference) 之大小而不同。凡落在此區域的命令即自動被接受。因此，有經驗的行政主管便知道，絕大多數情形在被

接受的範圍內下命令，最容易取得部屬的同意和合作。至於「無異議區」之接受命令，端視部屬對組織的看法而定。其中，又以「組織意見」(organization opinion) 和「團體態度」(group attitudes) 的不同而有異。換言之，愈獲得組織內非正式組織支持的主管，命令被接受的可能性愈大。

㈤責任道德觀

巴納德認為，所謂的責任 (responsibility)，乃是特定的私人道德觀，是在各種強烈相反的慾望或衝動前，用以控制個人行為的力量。責任非由單一規律所決定，而是由道德、法律、技術等多種規律所形成的。這些規律的效力，主要不在於外在的制裁，而是來自於人的內在義務感，即違背該義務時，內心所感受到歉疚的苦痛。現在機關龐大，個人加入許多規律相互衝突的不同組織，同樣有力的規律，對人提出相互衝突的要求，引起重大的行政困難，而牽連較廣的高階行政主管。

㈥溝通問題 (the communication ideas)

巴納德認為「溝通」(communication) 是行政工作中極為重要的一部分，也是促進組織中人員凝聚力的主要途徑。主管人員應注意並建立有效的溝通管道，才能增加組織成員的團結和向心力。但溝通順暢與否，攸關組織規模大小。一般而言，組織規模愈大，溝通愈困難，障礙也愈多。因此，巴納德認為要做好溝通，應注意下列幾點：

1. 有明確的溝通管道：溝通管道應明確為人所知，並對各職位及人員之權力予以規定並公告周知。
2. 建立正式的溝通管道：為使溝通管道正式化，應規定部屬與主管間的溝通關係。
3. 溝通路線應盡量直接而簡短。
4. 溝通路線應循序進行，不可繞道越級溝通。
5. 主管人員之能力應足以勝任溝通中心之重任，必要時請幕僚人員協助。
6. 溝通路線不能中斷，在職者因故不能視事時，應有人代理。
7. 應給予溝通者具備正式溝通權威的確認。

㈦主管的職能 (the executive functions)

巴納德認為在一正式組織中，主管人員是最關鍵的人物，就如同身體中的神經系統（如大腦）般。其認為主管具有四項最重要的職能：

1. 維繫組織溝通

主管透過領導與控制技術型塑組織內部溝通，並要注意到組織和人事體系此兩項因素。組織涉及單位和團體組織的位置及地域的、時空的、社會的與功能的分化，它們都可能造成溝通的障礙；人事體系涉及人事甄補以及誘導、激勵、說服和客觀權威的發展，其為促成組織有效服務的重要環節。

2. 確保員工必要服務

員工如認同對組織的貢獻，即能確保服務的供給，主管應盡力做到說服、士氣維持、監督控制、檢查與教育訓練等作為。

3. 規劃組織目標與目的

主管應教導員工相信組織的共通目的是確實存在的，且要隨時檢討與修正目標，以使目標能落實到不同階層中。

4. 建構創造性的道德 (creative morality)

主管應成為道德的標竿，為他人表率，故主管的位置應具備成為他人表率之「創造性道德的才能」。由於巴納德相當重視「創造性道德的才能」，並將其視為「領導的本質」和「主管責任的最高檢定」。

第三節　決策理論

此學派以賽蒙為代表。賽蒙是 1916 年出生於美國的行政學大師，是芝加哥大學的哲學博士。他在 1947 年出版的《行政行為》一書更使他獲得 1978 年諾貝爾經濟學獎的最高榮譽，也奠定了他在行政學中崇高的地位。賽蒙於該書中提出其對理性決策的看法，即滿意決策途徑 (satisficing decision-making approach)，該途徑反對古典經濟學家所主張「經濟人」的觀點，認為人是「行政人」(administrative man)。在本節中乃說明該理論的內涵如下（賴維堯等，2005: 79–80；林建煌，2007: 79、

84–87；張潤書，2009: 69–71）：

一、決策理論 (decision theory)

　　賽蒙認為所謂的行政行為，就是組織中決策制定的整個過程，決策理論是其研究行政學的工具，理由如下：

1. 傳統行政學只注意 「執行」 (executing)，而忽略執行前的 「決定」 (deciding)。但事實上，任何活動都包含決定和執行兩方面，因此，要全面瞭解及解決行政問題，須兼顧決定與執行二者。
2. 組織目標的達成，是由組織最低層（實際工作人員）和最高層（政策決定者）配合的結果，因此，政策決定者的決定是否合理、有效，對於組織目標的達成會產生很大的影響（故有所謂「錯誤的決策比貪汙更嚴重」的說法）。
3. 傳統行政學對於組織的研究，僅限於組織結構、權責分配或指揮系統的描述，但對於做決定的原委卻未加以探討，而對於協調和溝通的說明也顯得過於簡單且不切實際。因此，若要實際瞭解組織，必須對每一組織成員做何決定，以及決策時受到哪些因素的影響加以深究。
4. 傳統行政學者認為「好」的或「正確」的行為，在本質上就是指有效率的行政行為，而決定效率程度最簡單的方法，即是看行政組織中每個人決策的理性 (rationality) 程度而定。
5. 行政活動是用多數人的力量去完成某種工作的活動，而此活動的過程就是決策過程。因此，決策過程乃是劃分個人在組織中應做哪一部分決定的程序。

　　此外，賽蒙認為，就一個行政組織而言，決策過程是由情報、設計和抉擇三項環環相扣的活動所構成。雖然在現實生活中，這三項活動難以明確劃分，但為了便於分析，還是以此為基礎來說明相關內容如下：

㈠情報活動 (intelligence activity)

　　亦即在決策之前，先觀察與蒐集各方面（如文化、社會、政治、經濟等）的資訊，等到對整體情況有一深入瞭解，才能抓住問題核心與癥

結所在，進而制定出較合適的決策。

㈡設計活動 (design activity)

基於前項結果，再進一步深入研究問題，研擬並評估解決問題的可行方案 (alternative) 及其優缺點。

㈢抉擇活動 (choice activity)

基於前項設計活動提出各種可能的解決方案，最後擇一方案予以實施。在全部決策活動中，耗費在此項活動的時間是最少的。

賽蒙首先發現，由於組織決策受限於資訊、時間、計算和慣例等因素影響，多數的個人與組織決策非出於完全理性 (perfect rationality)，完全理性只是告訴我們「應該」如何做決策。經濟學所主張的完全理性，所處在的情境是：管理者面對一個少數替代方案的問題，且時間壓力很小，尋找及評估替代方案的成本很低。惟這種情況在現實中並不多見，因而幾乎無法實現。所以，賽蒙認為人在面對複雜問題時，因為所擁有的資訊是不完美和不完整的，且大部分情況是，當確定問題後，決策者才會開始找尋決策準則和替代方案，故能找出的決策準則也是相當有限的，而決策者也會側重那些較容易達成和界定的替代方案。一旦方案做成後，也不會花太多時間和精力去評估之，只要方案足以解決問題，決策者就會直接執行之。所以說，決策者僅是追求決策的滿意解，而非最佳解，僅能做到有限理性 (bounded rationality) 及滿意決策 (satisficing decision-making)。

然前述觀點並非主張要揚棄完全理性，基本上，若管理者的決策能愈接近完全理性的假設，那麼其效率及效能就愈高。有限理性對管理者的啟示為：完全理性是一種「應然」，有限理性則為一種「實然」，我們應努力朝應然邁進，但也不應忽視實然的限制。簡言之，在完全理性假設很難滿足下，真實的決策會受到決策者本身的利益、組織文化、政策、權力考量，甚至是決策者本身偏誤的影響。

二、組織平衡論 (organization equilibrium)

賽蒙承襲巴納德的觀點，認為組織的存在有賴於組織與成員間保持「貢獻」與「滿足」的平衡。即組織提供若干使成員感到「滿足」的條件，成員才會持續「貢獻」其心力給組織，只有在組織的激勵作用「大於」貢獻時，成員才願意繼續參與；亦只有在貢獻的數量和種類，足夠維持誘導的需要時，組織才能繼續發展，否則便將萎縮以至於消滅。

第四節　激勵理論

激勵理論的發展起於 1950 年代。這個時期的激勵理論主要是以動機的內容為出發點來進行討論，因此稱為「內容觀點的激勵理論」(content perspectives on motivation)。這些理論影響後世甚鉅，除了成為後來及當代最新的理論基礎，在實務上，管理者也經常藉此理論及術語來解釋分析員工的動機，因此，這些理論乃成為在探討激勵作用時不可忽視的基本且重要的理論，以下乃列舉幾個著名的激勵理論分述之。

一、需求層級理論

此派理論以馬斯洛 (Abraham H. Maslow) 為代表。馬斯洛發表的一篇名為〈人性激勵的理論〉(A Theory of Human Motivation) 的論文，以及著名的《激勵與個性》(*Motivation and Personality*) 一書中，都闡述了「須重視人員需要的滿足」之中心思想，還提出需求層級理論 (hierarchy of needs)，又稱滿意累進模式 (satisfaction aggression model)。

馬斯洛認為人類有五種基本的需求，分別是生理的需求、安全的需求、愛的需求、尊榮感的需求和自我實現的需求，後四項又可合稱為心理的需求。這些需求的呈現如階梯式的順序排列（見圖 3–1），在層級低的需求被滿足後，才會尋求較高層級需求的滿足。有學者認為此理論和我國管子「衣食足而後知榮辱」的觀念相同。在其理論體系之下，傳統管理理論以金錢報酬為重，人群關係學派之重視心理及社會因素，以及其他實驗所得到的不同結論，都可獲得適當的解釋（雷飛龍，2002：

11）。馬斯洛的需要層級理論之內容說明如下（雷飛龍，2002: 10–11；林鍾沂，2005: 245；張潤書，2009: 71–73；吳瓊恩，2011: 521）：

㈠生理的需求 (physiological need)

此為人類動機最基本，也是維持生命所必須的需求，如食、衣、住、行、育、樂等需求，如未能滿足這些需求，其他需求的滿足就較不重要。

㈡心理的需求 (psychological needs)

1.安全的需求 (safety need)

組織應保障員工的工作不受剝奪或威脅，使他們能毫無憂慮、免除恐懼地在機關工作，如確保員工的身體安全、經濟安全，並透過健康保險與退休金制度的建立，甚或永業制等滿足其安全的需求。

2.愛的需求 (love need)

人具有社會互動的需求，害怕被孤立，因此不但是正式組織的一員，也可能是另一個非正式組織的一分子，此即是所謂的歸屬感 (belongingness)。故人在組織中需要與組織成員擁有友誼，並進行情感交流和互動等。

3.尊榮感的需求 (esteem need)

人皆有自尊心和榮譽感，希望得到別人的稱讚或誇獎、尊敬，所以在組織中會注意維持良好的人際關係，藉以獲得內在和外在的尊重，前者如自尊心、自信 (self-confidence) 與成就感，後者如地位、認同、受人重視等。

4.自我實現的需求 (self-fulfillment)

指個人在組織中的自我成就，希望能憑藉自己的力量，在機關所賦予的權限內，發揮最大的潛能，獲得工作上最大的成就，或是發揮個人創造力、實現理想及自我表現 (self-expression)。馬斯洛發現具有自我實現動機的人，其具有下列六項共同特質：⑴接受自己與他人。⑵具有相當自發性。⑶具有超然氣質且能慎獨。⑷多數具有廣泛的神祕或精神體驗。⑸具有創新與創造的能力。⑹對文化拒絕順服。

　　此外，馬斯洛指出自我實現的個人在基本需求滿足後，會追求更高層次的動機，亦即尋求存在價值 (being values) 的滿足，如真、善、美等，所以又提出第六種需求，即後設需求 (metaneed)，又稱靈性的需求，這種需求將使一個人對重要工作做到無私投入、奉獻和認同。

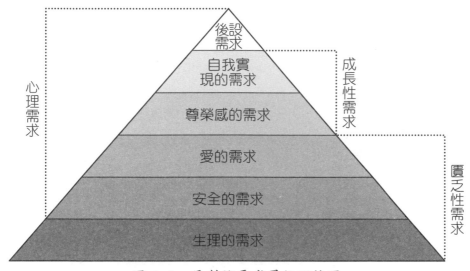

圖 3–1　馬斯洛需求層級理論圖

資料來源：修改自林鍾沂，2005: 245。

　　馬斯洛的需求理論提到，組織成員的需求內容有優先順序，低層次的需求優於高層次需求，必須先獲得滿足。至於需求與激勵的關係，馬斯洛的需求層級理論為一種滿足回歸途徑 (satisfaction-regression approach)，這種觀點認為，一旦某種需求得到相當滿足後，就不再具有強烈的激勵效果，且另一個新需求會代替這個已經獲得滿足的需求，而成為新的激勵因子。普遍來說，在高層次需求成為行為的激勵因子前，低層次需求必須先獲得滿足。因此，綜觀人的一生都是在持續追求某些較高層次的需求（林建煌，2007: 223）。

　　雖然馬斯洛的需求層級理論幫助我們重新認知及發展同情、創造力、道德和愛等人性特質，但仍有下列理論缺失（陳德禹，1996: 215–216；林鍾沂，2005: 249）：

1. 該理論是憑直覺而導出其分類法則和層級關係，並未獲得實證研究證明，在場域研究中很少有研究證據支持其論點。

2. 文化在決定需求和如何滿足需求，呈現顯著差異。

3. 工作滿足常因員工的智商、人格、使用技術和許多非馬斯洛所關注的因素所影響。

4. 在管理的實際世界中有許多員工是無法（且永遠無法）自我實現的。

二、ERG 理論

由於實證研究未支持馬斯洛的論點，亦即「低層次的需求滿足後，高層次的需求便成為新的動機因素」，因此，有學者針對馬斯洛的需求理論提出修正。阿道夫 (Clay Alderfer) 就是在此動機下，將馬斯洛的需求層級理論中的五個需求層級合併為存在需求 (existence needs)、關係需求 (relatedness needs) 和成長需求 (growth needs) 三個「核心需求」(core needs) 的 ERG 理論。茲分述如下（陳德禹，2000: 216–217；林建煌，2007: 224）：

㈠存在需求

是指對物質與實體的好處之需求。主要透過食物、飲水、空氣、薪資、工作環境與福利等來滿足。基本上，存在需求包括了馬斯洛的生理和安全需求。

㈡關係需求

是指和他人（包括家人、鄰居、朋友、同事及上司）建立及維持良好人際關係的需求，類似於馬斯洛的愛的需求。

㈢成長需求

是指對具有創造力、能產生貢獻與有所用處，以及能取得個人發展機會的需求。成長需求類似於馬斯洛的尊榮感和自我實現的需求。

ERG 理論的主要見解有三：

1. 每一層次的需求愈不滿足，對其慾望愈大。

2. 較低層次的需求愈滿足，對高層次需求的慾望愈大。

3. 較高層次的需求愈不滿足，對較低層次需求的慾望愈大。

雖然阿道夫的 ERG 理論和馬斯洛的需求層級理論極為相似，但仍存有下列之差異：

第一，ERG 理論主張可以同時有兩種以上的需求來影響人們的動機，如一個人可能在工作中希望同時追求薪酬（存在需求）、人際關係（關係需求）與個人成長機會（成長需求）。因而可以說，阿道夫的 ERG 理論修正馬斯洛強調由下往上的需求理論。

第二，相較於馬斯洛的滿足回歸觀點，ERG 理論提出挫折回歸 (frustration-regression) 的觀點，認為若是個人的需求一直未能獲得滿足，則個人會感到挫折而回歸至較低層次，而開始再度追求這些事物。如一個人在工作場所中無法從工作中獲得工作滿足（成長需求），則會退而求其次來尋求和同事建立良好的夥伴關係（關係需求）。

由此看來，ERG 理論似乎更能解釋人類心理變化的現象，但此三個核心需求是否真能彼此獨立並具代表性，則有待進一步研究。

三、X 理論與 Y 理論

此學派是以美國麻省理工學院教授麥克葛瑞格 (Douglas M. McGregor) 為代表。麥克葛瑞格於 1960 年的著作《企業的人性面》(*The Human Side of Enterprise*) 中，提出兩種對人性的不同基本假設，認為由於管理人員對人性的假設有所差異，以致影響日後所採用的管理方式，此乃是著名的 X 理論 (Theory X) 和 Y 理論 (Theory Y)。

麥克葛瑞格的 X 理論與 Y 理論可以配合馬斯洛的需求層級理論加以解釋，由需求層級理論的觀點來看，X 理論較偏向認為個人主要受生理需求與安全需求的支配，而 Y 理論則偏向認為是社會與尊重的需求支配著個人的行為。以下將列述 X 理論與 Y 理論的基本假設前提（林建煌，2007: 225）：

㈠ X 理論下管理者的假定

1. 員工內心基本上都厭惡工作，在允許的情況下，都會設法逃避工作。
2. 因為員工不喜歡工作，因此必須施以懲罰、強迫或控制的威脅，以達到管理者所期望的目標。
3. 員工多不喜歡負責任，盡可能聽從別人的指揮。
4. 大多數員工視工作保障為第一優先，且少有野心。

㈡ Y 理論下管理者的假定

1. 員工會把工作視同休息或遊戲一般自然。
2. 如果員工認同工作中的任務時，會自我要求與控制。
3. 一般員工會學習承擔責任，甚至主動尋求承擔責任。
4. 創新能力普遍分散在所有員工身上，而不僅限於管理當局。

　　基於上述的論點可知，若比較兩者之差異，X 理論可以說對人性採取悲觀而不信任的看法，而 Y 理論則是對人性抱持樂觀且信任的態度。多數學者（含麥克葛瑞格本人）認為 Y 理論較有效果，主張採用人性激發的管理，並運用民主領導、員工參與、積極溝通、滿足需求、潛能發揮及適當授權等管理原則及方法，將可使績效更佳，因此傾向讓員工參與組織決策、賦予員工較大權責且承擔較富有挑戰性的工作（林建煌，2007: 225；張潤書，2009: 74）。

四、激勵保健理論

　　激勵保健理論是 1950 年代後期，赫茲伯格 (Frederick Herzberg) 和其同事在匹茲堡心理學研究所 (Psychological Service of Pittsburgh) 從事一項研究而提出的。該研究針對 203 名會計師和工程師進行面訪，請受訪者列舉使他們的工作感到快樂或不快樂的因素。結果顯示，使受訪者感到不滿意的因素，多半與工作環境有關；另一方面，使受訪者感到滿意的部分，則通常與工作本身有關。基於此，赫茲伯格將前者能防止不滿的因素，稱之為保健因素 (hygiene factors)；後者能產生滿意的因素，則

稱之為激勵因素 (motivators)，整體內容就是著名的「激勵保健理論」(motivation-hygiene theory)，又稱「兩因理論」(two-factor theory)。此一理論促成管理界的革新，使管理境界向前邁進一大步，而且此一理論目前已經為大多數的主管所普遍接受與應用 （吳復新，1996: 358；張潤書，2009: 75；吳瓊恩，2011: 523）。其內容如下：

㈠保健因素

　　保健因素是消極的，亦即在維持原有的狀況，但對改善並無幫助，所以又稱為維持因素 (maintenance factors)，如工作場所、薪水、監督、地位、安全、工作保障與人際關係等。這些因素的變化可使組織成員的工作態度產生短期的改變，卻無法激勵員工，僅能防止不滿產生和績效降低，對產量成長無助益，並維持動機於零度水平 (zero-level)，避免負面效應產生。赫茲伯格認為，「保健因素」的內容涵蓋下列五項：1.機關組織的政策與管理。 2.上司的監督。 3.報酬待遇。 4.人際關係。 5.工作環境與條件 （張潤書，2009: 75）。

㈡激勵因素

　　激勵因素是指能激勵員工，促使人員發揮潛力，具有自發精神，為組織效力的因素，包含：工作本身、褒獎、升遷和發展、認同、成就感、責任及自我實現等 （林鍾沂，2005: 249–250）。由於這些因素可以在心理上產生積極的激勵作用，故又稱為滿意因素 (satisfiers factors)。

　　換言之，赫茲伯格的激勵保健理論認為，即便將導致工作不滿足的因素消除後，並不必然會帶來工作滿足的結果。赫茲伯格的理論內容傳遞出一種雙重連續帶的觀點，如圖 3–2 所示，其意涵即滿足的反面並不是代表不滿足 (dissatisfaction)，而是呈現「沒有滿足」(no satisfaction) 的狀態，而「不滿足」的反面為「沒有不滿足」(no dissatisfaction) （吳復新，1996: 359–360；林建煌，2007: 227）。

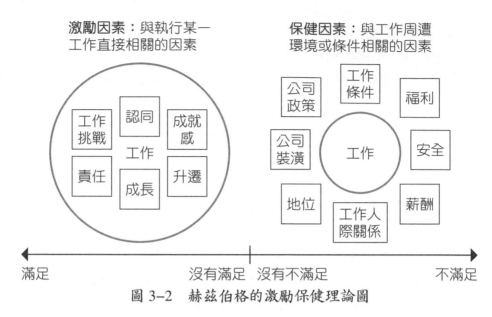

圖 3-2　赫茲伯格的激勵保健理論圖

資料來源：修改自林建煌，2007: 228。

　　赫茲伯格認為導致工作滿足的因素和導致工作不滿足的因素是完全不同的，因此管理者若僅消除了導致工作不滿足的因素，雖然可以免於不滿足，但卻不一定能帶來激勵，其結果將是安撫效果大於激勵效果。

　　另外，赫茲伯格承襲馬斯洛的動機理論，被廣泛應用到工作系統的分析，並深深影響到 1960 年代的工作設計，如工作豐富化 (job enrichment) 和工作生活品質 (quality of work life, QWL) 等概念。不過，該理論卻也有下列缺失（林鍾沂，2005: 250；吳瓊恩，2011: 524–525）：

1. 研究結果是以訪問而得，但多數受訪者在進行面訪及回答問題時，有可能基於自我防衛的社會機制 (ego-defensive social device) 來答題，因而可能扭曲理論的實質意涵和相關內容。
2. 研究對象僅限工程師和會計師，對於一般勞力無代表性。
3. 激勵因素和保健因素認定並無絕對可靠的標準，有些保健因素如工資或工作安全，對藍領工人而言卻可成為激勵因素。
4. 該理論未能普遍為人所接受，在引用其結論時，需更多的研究來佐證。

　　整體而言，赫茲伯格的理論儘管受到部分批評，但仍廣為流傳，且在 1960 年代和 1970 年代初期有深遠的影響。

第五節 修正理論的檢討

一、修正理論對行政學的影響

修正理論受行為科學影響甚大，可以說行為科學的缺失就是這個時期的缺失，故對此時期的檢討必須先探討行為科學對行政學的影響，可從下列幾點來加以說明（張潤書，2009: 76–78）：

㈠在基本觀念上的影響

行政學的研究在基本觀念上從「應然面」（應如何）轉為「實然面」（是如何），開始以科學方法來蒐集事實、分析原因，並提出驗證。

㈡在組織理論研究上的影響

1.由靜態研究到動態研究

以往組織研究著重形式結構、法令規章、制度以及權責分配的議題；然而行為科學則特別強調組織人員的研究，包含了人員間的交互行為、需求和滿足、意見溝通、權力運用和小團體的關係與活動。

2.非正式組織理論

傳統學說只重視組織的表層，而未深究組織的內部，後來才發現在正式組織外還有非正式組織，其特性與活動均會影響正式組織，對組織成員所產生的約束力甚至還可能遠超過正式組織。

3.組織平衡論

以往認為人一旦加入組織就隸屬於組織，故個人利益不能優於組織利益。但巴納德和賽蒙等人不贊成此觀點，認為只有在雙方利益都得到合理平衡時，組織才能發展而個人才會有前途。所以，唯有組織能滿足成員需求時，成員才會努力為組織貢獻心力。

4.群組角色的重視

傳統學者認為，組織中成員的地位就是組織法規所賦予的責任和工作，但其實每個人在組織中縱使有地位的高低，所扮演的角色都是同等

重要，就如同僅有長官而沒有部屬是無法使工作順利推動的。所以，組織中每個人都有其重要性，不能因為地位高低而有差別對待。

㈢在管理方式上的影響

1.由監督制裁到人性激發

科學管理從 X 理論出發，認為人性是不好的，須以嚴格的方式管理，但行為科學則秉持人性本善的 Y 理論，主張唯有在尊重人格和滿足人員需求的管理下，人員才會有較高的工作效率。

2.由消極懲罰到積極激勵

以往對人的管理是以消極的懲罰為手段，認為人之所以努力工作是為了避免受罰。但行為科學則採取積極的激勵方式，主張不僅要滿足人的基本需求，更要依據個別差異，給予不同的激勵，使個人發揮最大的潛力。

3.由專斷領導到民主領導

以往主管的領導多採專斷領導，部屬只能服從，無法表示意見。然而，行為科學則運用民主領導方式，使組織成員得以共同參與決策制定。換言之，命令有誤可以更改，下屬也可反映意見，故上下關係融洽。

4.由唯我獨尊到意見溝通

以往機關首長都有唯我獨尊的觀念，所以長官的意見是絕對的，但行為科學主張建立多元的溝通管道（如上下或左右），並經由非正式組織的溝通，增強組織成員的團結，使其能圓滿達成任務。

㈣在權力觀點上的影響

過去認為權力乃源於職務，不容置疑和違抗。然而，現在的觀念則認為權力的大小，主要視下屬對上級權力的接受程度而定。唯有憑主管的學識、能力、智慧、經驗、風度、品行來贏取部下之「尊敬」，才能發揮權力的最大效果。

㈤在人事行政上的影響

　　人事行政乃在於建立人員管理的重要規則及理論。過去人事行政是「管人」的學問，現在則是一種「治事」的學問，過去人事行政的目的在於「製造」一個有效率的工作員，現在則為「培養」一個快樂的工作員。故行為科學下的人事行政著重如何建立工作人員與工作的調適關係，以及機關與成員間的平衡關係。

二、行為科學的補救與缺失

　　行為科學是突破傳統社會科學的一門新興學問，當然有其值得稱道的優點，同時對社會科學的發展也具有極大的貢獻。但是，行為科學在歷經數十年的發展與研究過程中，也發現了下列幾項值得探討的缺失（張潤書，2009: 78–79）：

㈠過於重視事實真相的研究，無助於問題的解決

　　行為科學重視事實真相的研究，故強調資料蒐集與分析，雖得知了許多事實，但卻趨於支離破碎，不能加以貫通，到頭來仍對問題解決束手無策。

㈡過於強調行為研究而忽略組織結構與法令規章的重要性

　　行為科學過分偏重組織人員行為的研究，甚至根本否定組織結構及法令規章的重要性。其實人員行為與組織結構對整個組織運作皆發生密切關係，所以行為科學只能作為對科學管理的修正和補充，不能完全加以取代，否則就形成偏見，然而若干行為科學家卻存在這樣的問題。

㈢過於追求「客觀」而避免「價值判斷」，有違社會科學研究宗旨

　　社會科學本來就是注重「好」與「壞」，以便提出最好的方法來解決

社會問題。傳統時期學者為了解決行政問題、提高效率,建立許多原則,雖然這些原則不一定合乎現代要求,但至少在當時是具有一定作用。而行為科學家一味追求「客觀性」,極力避免「價值判斷」,有違社會科學研究宗旨。因為社會科學與自然科學不同,後者可以只研究事實而不講好壞的價值判斷,但前者卻不能以研究社會及人員的行為問題為滿足,既然找出事實真相,便應提出治病良方,但行為科學卻極力逃避這件事。

㈣視組織為封閉系統,忽略環境因素的影響

　　行為科學所研究的對象雖然是人,但卻僅以組織內部的人員為主,絕少涉及外在環境對人員的影響。事實上,不僅組織內人員有互動關係,其與外在環境也有互動關係,外在環境的變化,隨時都會影響組織內部人員的行為,進而引發組織本身的改變。所以,行為科學家們雖用心地研究人員的行為,卻忽略了外在環境因素(即未注意到組織與其環境的相互關係),可說是一大缺憾。

行政櫥窗

合宜住宅及社會住宅

　　為落實居住正義,政府規劃合宜住宅及社會住宅之興建。合宜住宅係按「健全房屋市場方案」辦理,為房地出售,採限定承購資格,提供中低收入之無自有住宅家庭合宜價位之住宅,以達促進臺北都會區住宅供給與需求之均衡,舒緩房價上漲情形之政策目標。目前已推動的合宜住宅位於機場捷運 A7 站周邊及板橋浮洲地區,前者亦將有助提升機場捷運線之運量。而社會住宅則是為協助部分無法透過租金補貼在市場上租到合適住宅之弱勢者,解決其居住問題,惟只租不售。將採高品質建築規劃設計,並為避免標籤化問題產生,將採適度分散、混居,並將由政府委託社會福利團體,或於一定規模以上之社會住宅引入社工員服務,協助照護、就業、生活輔導等,俾利弱勢者有機會融入社會,達

到脫貧的終極目標❷。

　　為協助社會弱勢及青年成家，政府近年透過直接興建或 BOT 等方式，由地方政府興辦只租不售的社會住宅，增加住屋供給。內政部於 2011 年 6 月依「社會住宅短期實施方案」，推動臺北市及新北市 5 處試辦基地興辦 1,661 戶社會住宅，其中新北市部分已於 2013 年 12 月開工動土。行政院另於 2014 年 1 月核定「社會住宅中長期推動方案」，預計至 2023 年將補助地方政府在全國都會區興建 15,100 戶以上的社會住宅❸。

社會住宅短缺❹

　　2014 年爆發遠雄合宜住宅弊案，政府已決定不再興建合宜住宅，改推社會住宅。主要是購買合宜住宅需要 600 至 1000 萬元，且位置偏遠，不符合上班族需求；反觀社會住宅只租不賣，優先提供給弱勢族群，目前有 5 處試辦地。然而，目前我國興建的社會住宅比率太低，僅足夠 5% 到 10% 弱勢群體居住，落後其他先進國家。

　　「社會住宅短期實施方案」包含萬華青年段、松山寶清段、三重同南段、三重同安厝段、中和秀峰段等 5 處試辦基地，共計有 1661 戶，有 8、16、24 等 3 種坪數。申請者必須經過資格審核，以優先照顧經濟弱勢者與北上就學就業青年居住需求，未來也將鼓勵地方政府把閒置校園、閒置公有建築納入社會住宅推動

---

❷　資料來源：內政部營建署。取自：http://www.cpami.gov.tw/chinese/index.php?option=com_content&view=article&id=13549&Itemid=123。

❸　資料來源：行政院全球資訊網——政策櫥窗。取自：http://www.ey.gov.tw/Link_Content.aspx?n=14F697861C7B758B&s=8AAE2C9EBB6E9394。

❹　資料來源：台灣醒報／方家敏 (2014/6/3)。取自：https://tw.news.yahoo.com/%E5%BC%B1%E5%8B%A2%E8%80%85%E7%9C%BE-%E7%A4%BE%E6%9C%83%E4%BD%8F%E5%AE%85%E4%BE%9B%E7%B5%A6%E5%9A%B4%E9%87%8D%E4%B8%8D%E8%B6%B3-114900736.html。

計畫中。

　　根據內政部統計處 2011 年 12 月所辦的 「社會住宅需求調查」，如果在適當區域內建有高品質的社會住宅，有 19 萬戶表示一定會申請。然而前臺北市副市長張金鶚曾指出，政府興建的社會住宅只足夠提供給 5% 到 10% 的弱勢族群使用。

　　社會住宅推動聯盟指出，社會住宅如今已成為先進國家住宅政策重要的一環，包括荷蘭、英國、丹麥、芬蘭、瑞典、美國、日本、香港、新加坡都有 8% 到 35% 不等的社會住宅。反觀臺灣的社會住宅比率僅 0.08%，遠落後先進國家。

參考文獻

- 吳定、張潤書、陳德禹、賴維堯、許立一，2007，《行政學（上）》，修訂再版，臺北：國立空中大學。
- 吳復新，1996，〈從科學管理到人群關係〉，收錄於銓敘部主編，《行政管理論文選輯第十輯》，臺北：銓敘部，頁 351–372。
- 吳瓊恩，2011，《行政學》，增訂四版，臺北：三民書局。
- 林建煌，2007，《管理學概論》，初版，臺北：新陸書局。
- 林鍾沂，2005，《行政學》，初版，臺北：三民書局。
- 姜占魁，1986，《人群關係新論》，臺北：五南圖書出版。
- 張潤書，2009，《行政學》，修訂四版，臺北：三民書局。
- 陳德禹，1996，《行政管理》，修訂二版，臺北：三民書局。
- 雷飛龍，2002，《行政學與各國行政制度》，臺北：韋伯文化。
- 賴維堯、林鍾沂、施能傑、許立一，2005，《行政學入門》，臺北：國立空中大學。

歷屆考題

1. 行政學大師 H. Simon 的重要成就之一，就是提出「行政諺語」 (administrative Proverbs) 觀點，來反駁當時（1940 年代）眾人對行政組織過度重視制度面的迷思 (myth)。請您也試著使用「行政諺語」思考模式，來分析「行政機關應重視民意」此陳述可能潛存什麼迷思？以及調和或解決之道為何？（097 年國立臺北大學公共行政暨政策研究所甲組試題）

2. 何謂有限理性決策模式 (bounded rationality)、行為模式 (behavior model) 與直覺模式 (intuitive model)？試申述之，並請針對不同模式，各舉一則我國行政決策案例加以說明。（100 年國立臺南大學行政管理研究所試題）

3. 請分別說明賽蒙 (H. A. Simon) 理性決策理論，以及馬師婁 (A. H. Maslow) 需要層級理論的內涵；並依據此二理論，提出我國政府決策過程與人事政策應如何設計較為理想的看法。（103 年公務人員高等考試三級考試一般行政）

第 4 章　行政學理論的發展：整合時期

　　整合時期的行政學理論是以「開放系統」和「權變理論」為基礎而發展。此乃是因西方社會自 1960 年代以後，在政治、經濟、社會、科技、思想等方面均產生巨大的變化，並面臨前所未有的挑戰。強調組織結構及管理過程的傳統理論，與強調人性因素對組織行為及管理過程具重大影響的修正理論，已無法再各自堅持是放諸四海皆準的最佳理論。因此，系統理論 (systems theory) 以整合之姿應運而生，從而延伸出生態理論、權變理論（賴維堯等，1995: 80–81），不但成為 1960 年代迄今的行政理論主流，也促使社會科學研究進入整合時期 (integration era)，又稱系統理論時期。

　　回顧系統理論崛起的背景大約可以整理為二：一是為了同時改進傳統理論和行為科學皆因對組織與環境缺乏考量而產生缺失，致使 1950 年代的組織理論研究者紛紛轉向以生物學為喻象的組織分析，以進行更寬廣的思考；另一是人類社會自二十世紀以後，由於知識不斷積累並迅速擴展，產生高度專業化 (specialized) 與分化 (differentiated) 的問題，因而亟待發展新理論的結構整合。換言之，以往研究方法雖有貢獻，但僅侷限少數主題，無法建立普遍理論架構，學術需求乃孕育出能統整和分析多面向要素的系統理論，作為該時期的分析立論基礎，藉以綜合、調和以及整併過去積累下的知識。到了二十世紀 60 年代，這種學術整合需求正達到顛峰，故具有整合作用的系統理論乃應運而生 （林鍾沂，2005: 129；張潤書，2009: 81–82）。之後，系統理論已普遍為各種學科（物理學科、生物學科及社會學科）提供理論架構，更重要的是，提供各類科學家溝通的基礎。

　　基於上述，在本章中首先介紹構成整合理論的基本概念，即系統的意涵與要素；其次歸納整合理論下的各式系統理論，包含一般系統理論、開放系統理論，以及社會系統理論；接著分別闡述生態理論與權變理論的產生背景與學說內容；最後則探討系統理論的功能與限制，並分析權

變理論的意義。

第一節　整合理論的基本概念

一、系統的意涵

　　1960 年代出現了一種思潮，認為組織可依系統架構來分析，而這股思潮流行了十多年，且受到強烈的呼應。此乃是因「系統」(system) 的概念，其適用範圍極為寬廣，如宇宙中有各種系統：太陽系統、銀河系統等；又如人類有神經系統、消化系統、呼吸系統等。基本上，系統是一種個體，在其中所有元素與其他元素之間都具有互動關係。因此，簡單來說，任何相依存分子的組合，就是系統（賴維堯等，1995: 81）。根據《韋氏新國際字典》(*Webester's New International Dictionary*) 對「系統」一詞所下的定義：「系統乃是規律化的交互作用或相互依存的事物之結合。此結合乃是為了達成共同目的之整體」。卡斯特 (Fremont E. Kast) 和羅森威 (James E. Rosenzweig) 兩位學者認為，系統是一個有組織的統一體，由兩個或兩個以上相互依存的個體或構成體或次級系統 (sub-system) 構成，存在於其外在環境的高級系統之內，與外在系統 (supra-system) 之間具有明確的邊界。至於另一位著名學者帕森斯 (Talcott Parsons) 則認為，系統是指涉部分與部分之間以及規律化過程之間的相互依賴性所形成的一種集合體，同時也指涉一集合體與外在環境的相互依存性（轉引自張潤書，2009: 83–84）。

二、系統的要素

　　關於系統的要素，亨利 (Nicholas Henry) 指出當管理科學家在想到系統概念時，通常會思考下列五項基本要素（轉引自蕭全政等譯，2003: 265–266）：

㈠目　標

　　目標以及衡量系統績效的標準，在政府機關中，績效的衡量指的是

機關預算中，每一塊錢所換得的服務水準。

㈡環　境

系統既定的限制，對政府機關而言，環境包括機關服務的對象、立法的關係、與其他機關以及利益團體的關係等，這些還只是其中一部分而已。

㈢資　源

機關中的經費與人事。

㈣系統的元素

系統的元素以及這些元素的活動、目的與績效評估的標準（也就是發展與提供公共政策的次級系統）。

㈤管　理

有關配置資源到各個次級系統的決策。

另一位系統取向管理學的代表性學者丘奇門 (C. West Churchman) 則認為，所有系統都有四項特徵，分別是（陳德禹，1996: 38）：

1. 系統均生存於所處的環境之中，環境所包含的組織外在條件事物，對系統的生存相當重要，但卻超出於系統所能控制的範圍之外。
2. 所有的系統同時也是某些元素、成分、子系統 (subsystem) 所組成。
3. 所有系統，其內部之子系統間彼此相互關連 (interrelatedness)，如改變組織（系統）內某個子系統，應當會對其餘子系統產生影響。
4. 所有系統都有其中心功能 (central function) 或目標，可以藉此評估組織或子系統的成效。

綜上所述可知，凡是系統均與環境、目標和系統元素發生相互作用或關係，故可以將此三項視為系統的核心要素。

第二節 整合理論下的各式系統理論

一、一般系統理論

一般系統理論 (general systems theory) 可說是所有系統理論的基礎，不但為科學知識奠下了整合的基礎，並且提供其概念，使社會科學能加以普遍應用。一般系統理論是德國生物學家巴特蘭菲 (Ludwig Von Bertalanffy) 為詮釋生物現象於 1930 年所提出，而後在 1956 年因經濟學家鮑丁 (Kenneth Boulding) 發表一篇著名的論文〈一般系統理論：科學的骨幹〉 (General System Theory: the Skeleton of Science) 而予以發揚光大（雷飛龍，2002: 12）。當初，巴特蘭菲所提出的觀點包含：生物體為一有機整體、等級觀點、動態的開放系統觀點三項，以下就此三項論點分述之（高劍平，2007: 83）：

㈠生物體為一有機整體

巴特蘭菲觀察自然界現象，發現無論何種生命現象或生物群聚行動皆是在時空上有複雜結構的自然整體，整體行為絕非個體行為的總和，而是將所有有機體視為一個整體。同時，自然界為一整體（系統），生物彼此間相互影響與制約，構成生物鏈系統，這意味著系統要素間的相互作用與聯繫體現系統整體性。

㈡等級觀點

巴特蘭菲認為各種有機體皆是按等級組織起來的，透過不同層次的相互制約與作用，從簡單至複雜、低級到高級的發展和進化過程中自然產生。低層次系統為高層次發展的基礎，而高層次亦會回過頭帶動低層次發展。系統層次愈高，結構功能愈趨複雜。

㈢動態的開放系統觀點

巴特蘭菲認為每一個生命有機體持續與環境交換物質和能量，進行

新陳代謝，維持其動態存在，本質上是開放系統，而非封閉系統。

巴特蘭菲提出的動態開放系統觀點，強調組織與環境的互動，打破傳統行政理論將組織視為封閉系統的思維，為解釋所有組織概念提供一個新的架構與邏輯。

二、開放系統理論

開放系統理論 (open system theory) 又稱環境系統理論 (environment system theory)。此理論關切外在環境因素的重要性，認為組織為了生存，需對外在環境開放，並與外在環境維持適當的關係。在此思維邏輯下，環境被認為是所有組織系統的外在系統，故呼籲在進行各類系統或次級系統研究時，必須考慮到外在環境因素，否則便無法徹底地解決組織與管理的各種問題。根據卡斯特和羅森威的說法，環境系統可以分為兩大類，相關內容如下（吳定等，2007: 70–72；張潤書，2009: 87–88）：

㈠一般（社會）環境 (the general (social) environments)

就最廣義而言，凡是組織界線以外的各種事物皆為組織環境，這些環境因素對組織的影響是普遍的，故稱為「一般環境」而非「特定環境」，主要包含下列九項內容：

1.文化環境

即一個社會（國家）的歷史背景、意識型態、價值標準、行為規範等，包含對權威關係的看法（如五倫的社會文化傳統，形成人們敬畏權威的心理，對長上服從，不願提出不同意見，以免犯上）、領導方式、人際關係、理性化程度及科學技術等。

2.科技環境

一個社會（國家）的科學及技術發展的程度，包括科技知識的基礎，物質條件（如設備）的水準，以及發展與應用新科技的能力程度等。

3.教育環境

一般人民識字的程度、教育制度專業化及成熟化 (sophistication)，以及接受職業訓練和專業訓練者所占人口的比例。

4.政治環境

一個社會（國家）的一般政治文化，如政治體制（總統制、內閣制）、政治權力的集中程度、政治組織（政黨、地方派系等）的性質（分權、功能多樣化的程度）等。

5.法律體制

對憲法尊重的程度、法律制度的特性、政府各部門的管轄區分、對工商企業的管理法律等。

6.天然資源

涵蓋天然資源的性質、數量、可開發量及水土氣候等。

7.人口特質 (demographic)

一個社會（國家）可供運用的人力資源有多少？性別、年齡、數量、分布狀況。人口的集中及都市化乃是工業化社會的特徵。

8.社會環境

階級結構和流動性、社會角色的涵義、社會組織的特性（如中國傳統家庭制度對中國社會的影響）以及社會制度的發展等。

9.經濟環境

一般經濟結構、銀行制度、財政政策、經濟計畫制度（分權或集權）對開發天然資源投資的程度及消費的特性、經濟組織之型態（公營或私營）等。

㈡特定（任務）環境 (specific (task) environments)

任何一個組織皆受到外在環境的影響，但是卻不必對所有環境因素都加以反應，也無法如此做，因為它只須選擇對其決策與運作特別有關的因素加以反應即可。這些因素稱之為「特定的環境」因素，其包含下列幾項：

1.顧客（服務的對象）的因素：顧客的喜好與特質。

2.供應者的因素：物料、設備、零件、人員的供應情況應加以考慮。

3.競爭者的因素：對顧客與供應商的競爭者。

4.社會政治的因素：政府對各種組織的管制法規、公眾對組織及其產品

或服務的一般看法與態度，及影響政府組織的其他組織（如工會）等。

5. 技術的因素：對某一組織的工作程序、生產方法、產品或服務產生特定影響的新技術，以及應用新技術以改進與發展新產品。

　　以上所述是闡明一般環境系統與特定環境系統都對組織及其管理產生重大影響，而組織也會影響外在環境，這就是交互行為關係。此外，各系統須具有學習和適應 (learning and adapting) 環境的能力，才不會因遭受環境之動盪或巨變的影響而趨於瓦解。圖 4–1 則說明一般環境和特定環境與組織系統間的關係，至於組織三個次級系統（策略系統、協調系統、運作系統）之功能，將於後續社會系統理論中有進一步說明。

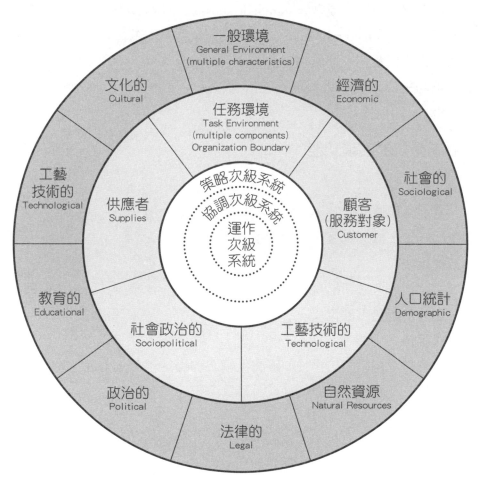

圖 4–1　一般環境與特定環境對組織系統的關係

資料來源：張潤書，2009: 89。

三、社會系統理論

美國社會學大師帕森思曾於 1951 年將社會系統定義為：「一群具有生理或環境特質的個人，在團體中活動的動機乃在於獲得最高的滿足。這群人彼此相互影響，而其間扮演角色的分配，則由所處環境的文化與社會結構來界定。」其認為任何一種組織，本身就是一個社會系統，而這社會系統內包含許多小的社會系統。任何社會系統均具有適應 (adaptation)、目標達成 (goal-attainment)、模式維持 (pattern maintenance)、整合 (integration) 四項功能，且這些功能需有賴於社會系統中的策略次級系統或階層 (strategic subsystem or level)、管理或協調階層 (managerial or coordinative level) 與技術或運作階層 (technical level) 三個次級管理系統來達成（蔡文杰、陳木金，2004: 100）。以下將針對這四項功能與三個次級管理系統依次敘述（張潤書，2009: 90-91；Tittenbrun, 2014: 21）：

㈠社會系統的四項功能

1. 適　應

當內外環境變動時，系統必須具有妥適的準備及相當的彈性，以適應新的變化，減緩緊張、摩擦的不良後果。

2. 目標達成

所有社會系統都擁有界定其目標之功能，並會動員其所有能量與資源來達成其所追求的目標。

3. 模式維持

此意指維持系統結構性制度文化模式的穩定性，一方面按步補充新成員，另一方面又以社會化使成員接受系統的特有模式。

4. 整　合

維持系統內各部分間的協調團結，以保護系統並對抗外在重大變故。在高度分歧的社會中，整合機制的功能集中於系統的合法規範，並關心系統本身權利和義務的分配。

　　上述模式，一般稱之為 AGIL 典範。根據帕深思的說法，四個領域與次級系統相互關聯與貫通，組織為一由策略次級系統、協調次級系統與技術次級系統所組成的開放系統，詳見圖 4-2 的組織結構圖與下述說明。

㈡社會系統的三個次級管理系統

1.策略次級系統或階層

　　如企業的董事會、行政首長等，皆處於組織高層地位，與外部社會環境直接發生關係，其功能為模式維持及適應。因此在研究機關行政行為時，必須將此階層視為開放的，有許多因素無法預測和事先掌握，所以策略階層須保持高度彈性，才能有高度應變能力。

2.管理或協調階層

　　主要任務為協調組織內部各單位的工作活動，使組織成為一完整工作體，同時也負責維持組織與外在社會團體的接觸，故其功能為整合與適應。管理階層對內的協調活動涉及的許多因素可預先掌握，能以理性原則思考，可以從封閉的觀點來分析。但若與社會上許多團體接觸所涉及的因素，則屬無法事先預測和掌握的開放因子，則應以開放系統的觀點來分析，故管理階層係屬於半開放及半封閉的狀態。

3.技術或運作階層

　　此階層主要任務為目標達成，如企業的生產部門主要任務就是利用技術和生產工具從事製造工作，與社會環境不直接發生關係，因此可說完全處於封閉狀態。由於此階層之工作內容屬於日常操作之性質，故又為操作階層 (operating level)。

　　根據帕森斯的理論，這三個階層之間，權力關係相當脆弱，且各自擁有獨立的職業權威 (professional authority)。策略階層僅負決策責任，一旦將制定好的決策交付管理階層後，策略階層的責任即解除，至於決策如何執行，乃屬於管理階層之責，策略階層不得干涉。同樣地，管理階層接收決策後，再將決策授予技術階層執行，至於技術階層如何執行，因屬於技術階層之責，管理階層同樣也無權干預。

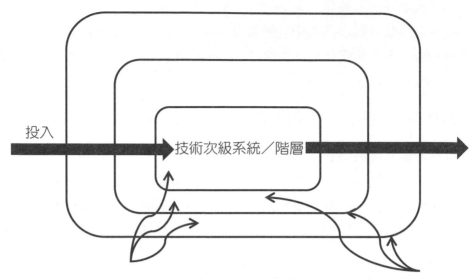

圖 4-2　開放系統下的社會系統組織結構

資料來源：張潤書，2009: 91。

　　整合時期的組織與管理理論乃是衍生自系統理論，對照印證於傳統理論採高度結構且封閉的系統研究法，整合觀點的現代組織理論則進展至開放系統的研究法，這種系統研究最特殊的性質是概念分析基礎 (conceptual-analytical base)，並依據經驗研究資料進行整合研究，以期建立一理論架構。早期人群關係學派，如巴納德與賽蒙，就是應用此等研究法以創設決策過程模型。而社會學家霍曼斯 (George C. Homans) 創設的社會系統模式也應用前述概念，認為內外在環境系統相依相存且相互影響，社會系統內具有三項因素，分別是：

1. 活動 (actives)：人員執行的工作。
2. 互動 (interaction)：人員執行工作所產生的交互關係。
3. 情緒 (sentiments)：組織人員的情感。

　　此外，社會學家賽茲尼克 (Philip Selznick) 利用功能結構分析以及系統研究來探討組織，他認為組織為動態體系，經常變遷，為連續演化的過程，且必須適應內外在壓力。又組織為正式系統，經常受內在社會結構之影響，同時也受制於制度環境 (institutional environment) 的壓力。至

於個人互動和正式系統的關係，則重視正式與非正式組織各面向交互作用的結果（吳定等，2007: 74；張潤書，2009: 92）。

　　整體而言，系統理論主要是一種對組織運作狀況的描述，是一種釋述性理論，因其抽象層次太高，故解釋過去、預測未來的作用甚小。系統理論對於行政管理的效用在於組織自我調整或操縱方面，如能設計出一套辦法，自外在環境蒐集、解釋及應用關於工作績效的反饋資料，該機關就有能力適應環境、維持組織平衡（雷飛龍，2002: 13）。

第三節　生態理論

一、理論背景

　　如前所述，組織既與外在環境保持互動的關係，所以任何組織及其管理應考慮到與外在環境的適應，否則組織不能有效運作。同時，組織不僅是權責分配的體系，而且更是一個隨著環境與時代的變遷而不斷調整其內部結構與工作方式的有機體 (organic whole)。因此，生態理論 (ecological theory) 可以說是由開放系統理論演化而來。因為傳統或行為科學時期的學者們，對於行政現象的研究只限於組織的內部，如組織結構、事權劃分、層級節制、法令規章、人員行為、基本需求及領導激勵等，未曾涉及到組織外在環境的因素，因此使得組織與管理問題不能獲得圓滿的解決。當系統方法的概念及理論逐漸形成之際，學者們的研究取向就有所轉變，並開始著重組織外在環境的因素（吳定等，2007: 75；張潤書，2009: 93）。

　　另一方面，二次大戰結束以後，許多殖民地紛紛獨立，同時開始進行現代化。因此，西方國家的行政制度、官僚組織以及行政技術乃大量被移植到這些國家，如菲律賓仿效美國、印度學習英國等。但整體而言，其實施成效並不理想，甚至出現「水土不服」的情形，故有識之士開始檢討其原因。結果發現制度不能生硬移植，亦即西方國家的法制用到東方國家不見得會同樣有效，此乃是因為東西方國家生態環境有所差異的緣故（張潤書，2009: 93–94）。

生態學 (ecology) 本來是自然科學中研究生物與其環境間之關係的一種科學，亦即在於發現與瞭解何種自然環境有利於何種生物之生長。例如，亞熱帶型的氣候才會生長香蕉、鳳梨、甘蔗等，若把這些植物移植到寒帶或溫帶，則未必能生長，即便能存活，也可能結不出可口的果實，此即為我國諺語：「橘逾淮為枳」之最佳解釋，也是生態學的通俗說明（吳定等，2007: 75；張潤書，2009: 93）。

二、重要學說

提起生態理論不能不知道高斯 (John M. Gaus) 與雷格斯 (Fred W. Riggs) 兩位著名的代表性學者。美國學者高斯是使用生態觀點來研究政府行政現象的第一人，其於 1936 年發表一篇名為〈美國社會與公共行政〉(American Society and Public Administration) 的論文，進而於 1947 年發表了〈政府的生態學〉(The Ecology of Government)，認為政府組織與行政行為須考慮到生態環境因素。

至於另一位美國著名比較行政學者雷格斯，則被視為行政生態理論的集大成者。其認為研究開發中國家的行政須採取生態學的觀點，進而指出現代的、過渡的社會裡，一直有一種建立正式政治及行政制度的趨勢，但是這些制度卻仍只是一種形式的 (formalistic)，亦即有效的行為仍絕大部分取決於傳統的結構和壓力、家族、宗教，以及一些繼續存在的社會和經濟成規 (socio-economic practices)。因此，只有以生態的觀點才能瞭解這些國家的政治和行政（吳定等，2007: 76）。

針對前述現象，雷格斯創造出「生態模型」(ecological model)，被認為是解釋開發中國家行政現象最權威的理論。雷格斯所寫的二本學術論著：《行政生態學》(*The Ecology of Public Administration*) 和《開發中國家之行政：稜柱社會的理論》(*Administration in Developing Countries: The Theory of Prismatic Society*)，都是這個領域的權威性著作，後者更是廣受推崇而成為一部行政生態理論的劃時代巨著。

雷格斯在其所著的《比較行政模式》(*Toward a Typology of Comparative Administration*) 一書中，提出三種行政模式，即「農業型」

(agraria)、「工業型」(industria) 與「中間型」(transitia)，並進一步提出鎔合模式 (fused model)、繞射模式 (diffracted model)、稜柱模式 (prismatic model) 來作為解釋社會「功能分化程度」的標準。他認為低度開發國家，各方面皆告落後，並無顯著專業化與分工，為鎔合模式；但在高度開發國家，知識與技術均有專精研究，所以行政組織與行政功能有相當細緻的分工，呈繞射式行政制度；至於在半開發國家，居於前兩者之間，雖有分工，但不如高度開發國家明顯，而呈稜柱型發展（吳定等，2007: 76；張潤書，2009: 17）。若進一步說明雷格斯應用物理學上自然光折射現象，詮釋的三項行政基本型態內涵如下（陶學榮，2005: 36–37；張邦輝、彭洪洋，2008: 17–18）：

㈠鎔合模式

這是農業社會的行政型態，就像折射前的自然光為白光一般，其特徵為：

1. 經濟基礎為農業生產力。
2. 土地分配與使用方式是政府的重要管理事務。
3. 混沌、不明確與粗略的社會分工，政治與行政不分，具有明顯階級制度、嚴格等級服從，及官僚職位高低重於行政政策，行政風格具有濃厚宗族主義色彩，實行世卿、世祿的行政制度。
4. 權力源自於君主，高度中央集權。
5. 行政官僚在政治上、經濟上成為特殊階級，政府官吏很少與民溝通。
6. 重視刑罰。
7. 行政活動以地域或土地為基礎。
8. 行政的主要問題是維持行政的一致和統一。換言之，這樣的社會並無功能劃分，是所謂功能擴散的社會，帶有強烈親屬主義的色彩。

㈡繞射模式

這是工業社會的行政型態，猶如白光經過三稜鏡的折射後表現出的各色光譜一樣，其特徵為：

1.美國式經濟、自由經濟或原蘇聯式的管制經濟。

2.民眾有影響政府決策的管道，政府與民眾關係密切。

3.依法行政，行政風格體現平等主義與成就取向。

4.理性政治，以理服人，溝通管道通暢。

5.由於社會高度專業化，具有明確細緻分工，行政主要問題是謀求專業化基礎上的協調和統一。

㈢稜柱模式

　　處於農業社會與工業社會的過渡型，恰如光進入稜柱中的折射情形，既有鎔合的白光特性，又含有折射光的特質。具體而言，稜柱模式社會明顯表現新舊並存的特點，其特徵為：

1.政府制度、法規雖已健全，但難以在行政實踐中發揮約束和規範作用。

2.形式上已拋棄傳統社會的行政特性，但實際上仍有相當大的影響力。

3.同時呈現異質的、變異的行政制度、風格和行為。

4.傳統結構和現代結構交叉、重疊、滲透存在。

　　也就是說，稜柱模式說明在過渡社會中公共行政的三項基本特點(張邦輝、彭洪洋，2008: 18)：

1.**異質性** (heterogeneity)

　　是指極為不同的體制、習俗和觀點同時並存，存在不同行政制度、行為和風格，由於與相反的觀點及習俗平行共處，該社會的變革往往是不協調和不完善的。

2.**形式主義** (formalism)

　　即政府制定的法律和政策徒具形式，難以實施。在正式制定的規定和有效進行的實踐、規範和現實間的差異，以及在既定目標和實際行動之間存在不一致和差距，實際與理論不符，法規無約束作用。

3.**重疊性** (overlapping)

　　係指行政機構的重疊，行政機構不一定產生其應有功能，而由一些非行政組織代替行政功能。雷格斯認為，過渡社會涵括一個與控制系統重疊的權力集中機構。

第四節　權變理論

一、理論背景

　　由於行政學的理論可證實者大多普遍性低，普遍性高者又難以證實，故除了工具性理論外，能普遍適用的行政理論幾乎十分難得。因此有人認為，不如暫時放棄追求普遍適用的行政學法則，先找出能適用於個別情勢的知識，也不失為對行政學的貢獻，此乃為權變理論 (contingency theory)❶的由來（雷飛龍，2002: 14）。

　　管理學者庫茲 (Harold Koontz) 在 1961 年發表 〈管理理論叢林〉 (The Management Theory Jungle) 一文，形容長期以來管理學發展已進入「百家齊放、百家爭鳴」的境界，結果是學派林立（傳統管理過程派、行為派、計量派），術語與假定滿天飛舞，造成學術界與實務界的莫大迷惘，眾多理論猶如身陷叢林困境中打混戰。為因應此一困境，系統與權變理論兩種途徑分運而生（吳定等，2007: 83），而權變理論是隨系統與生態理論而來，因系統與生態構成多變，而權變乃在適應多變（陳德禹，2000: 39）。

二、理論假定

　　依據史考特 (W. Richard Scott) 的研究，最先創造權變理論一詞的學者為勞倫斯和洛西 (Paul R. Lawrence & Jay W. Lorsch)，這兩位學者在 1967 年合著 《組織與環境：分化與整合之管理》 (*Organization and Environment: Managing Differentiation and Integration*) 一書，提出權變理論具有三項假定，分別是（吳定等，2007: 77；張潤書，2009: 95）：

1.組織及其管理並無最佳方法或萬靈丹 (panacea)。
2.任何組織方法並非均相等有效。
3.好的組織方法端賴組織所處實際狀況與環境條件而定，進而採取因應

❶　權變理論也被稱為 「權變學派」 (contingency approach) 或 「情境學派」 (situation approach)。

對策。

　　而另一位學者湯普森 (J. Thompson) 則試圖將「封閉式」與「開放式」組織理論融合，強調組織結構的固定性 (certainty) 也需因時因勢制宜以切合環境需要。因此，需有權變管理措施。權變管理須由技術、管理階層與制度方面進行調整，故權變理論屬於系統管理的延伸，著重組織環境與組織設計的彈性管理技巧，使行為管理學派與管理科學理論更趨系統化與前瞻性（許南雄，2000: 40）。

　　承如前述，組織由若干次級系統構成，彼此間存在相互相依的關係，而組織又與其外在環境保持互動關係（輸入－轉變－輸出），並形成各種關係模式 (patterns of relationships) 或變數型態 (configurations of variables)。權變理論的目的在於瞭解與界定這種關係所形成的各種型態，特別強調組織的多變性，也試圖瞭解組織如何在特定環境及不同條件下運作，最終希望達到設計與應用最適合於某些特定情況的組織設計與管理方法。

三、主要論點

　　關於權變理論的主要論點有下列七項（吳定等，2007: 77–81；張潤書，2009: 96–103）：

(一)否定兩極論 (polarization)

　　傳統時期論者認為組織為封閉、穩定與機械式的，對人性採消極看法，認為人類天性好逸惡勞，需用嚴格監督制裁的方法管理，完全將人視為機械一般，此即所謂的 X 理論。然而，後續學者則採取相反看法，認為組織是開放的、適應的、有機的，對人性採積極看法，認為人天生喜歡工作，故應採民主激勵的方式，此為 Y 理論。

　　然而，根據權變理論的見解，認為這兩種論點無論何者皆代表不同的極端，實際上並無組織是完全封閉或完全開放的，應視其內部結構或技術次級系統而定，且會受到外在環境影響而進行調整或改善。同時，組織內部各單位，由於工作性質的不同，開放或封閉程度也有差異，故

應該將組織視為一個由封閉式開放的連續體 (continuum)，以其表現程度之差異來呈現組織的特性。此外，在管理方面，由於人具有個別差異性，管理方式也不能僅固定採用純粹「制裁」或「激勵」的方法，需因時、因地、因人、因事而有所調整。

㈡彈性的運用 (flexibility)

權變理論強調無一套絕對的組織原則 (organization principles)，任何原則只有在特定情況下才有其效用，因此組織設計不能固守某些原則，或抄襲、沿用其他組織結構和工作方法。其次，組織的「控制幅度」❷ (span of control) 與「命令統一」原則並非絕對，若主管能力強或善於分工、授權與運用幕僚，即便指揮較多員工，也無礙組織業務的推動；同時，在目前專業分工日趨細密的時代，命令統一存在的必要性也有待商榷，應視社會環境及科技發展而定。再者，就領導管理方式而言，領導雖有專斷、放任與民主等方式，或是以人為導向或是以工作為導向的領導型態，但權變理論認為，世界上根本沒有一種最好的方法來解決所有問題，對人員的領導也是相同的。人員的教育程度、文化水準、工作性質皆會影響領導運用，需「通權達變」；對於知識水準高者，較宜採參與式、民主式領導，對於能力不足者或是知識水平較低者，宜採專斷式領導。此外，管理方式也要考慮到時代背景，在平時安定狀態下，採溫和、民主式管理；但於緊急狀態下，宜採嚴格，甚至專斷管理的形式，所謂「亂世用重典」乃是此道理。

㈢效率與效果 (efficiency and effectiveness) 並重

管理目的在於達成組織目標，但在達成目標時所運用的手段亦須注意，因為「為達目的，不擇手段」的時代已經過去。在權變理論的觀念下，認為效率問題應考量效率及效果兩點，前者為為達成目標所運用資源的能力及情況（手段問題），後者則為達成目標的程度。事實上，最理

---

❷ 所謂控制幅度是指任何主管所指揮監督的下級人員（或單位）不可過多，一般主張為三到七人，以免超出首長的能力與有效駕馭範圍。

想的管理為兼顧效率與效果，缺一不可，在衡量組織績效時也可運用這兩項標準。

㈣殊途同歸性 (equifinality)

過去研究學者總是試圖建立「最佳法則」，認為組織若要達成目標，必須遵照一些固定的組織原則，認為組織目的和手段只有單一絕對因果關係，但整合理論時期的學者卻否定所謂「唯一最佳方法」的見解，認為組織所處環境不同，所採用的方法也應有所差異，對甲組織有效，對乙組織不見得有效。組織應經充分研究後選擇最適合其本身狀況的各種方法，不必也不應拘泥於某一原則，此乃是「條條大路通羅馬」的真意。換言之，任何方法都能達成組織目的，如圖 4-3 所示：

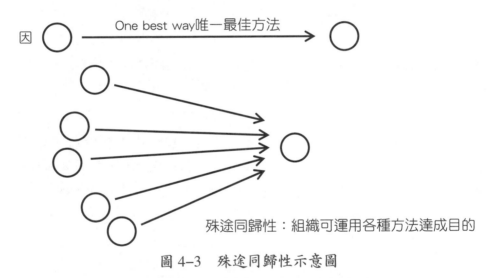

圖 4-3　殊途同歸性示意圖

資料來源：吳定等，2007: 80。

㈤管理的階層 (managerial levels)

該理論認為組織不僅由許多次級系統所構成，而且組織的管理也有階層性。一般而言，管理有技術階層、協調階層及策略階層三階層，這三個階層的管理方法與運用手段不盡相同。此外，對不同層級的人員，由於人員教育水準、工作內容及團體個性不同，追求滿足慾望的程度不

同，故所採行的激勵手段也應有所差異。

㈥管理人員職責 (managerial task)

權變理論下的管理人員，其職責相當複雜且富技巧性，具體而言，管理人員具有策略制定 (strategy formulation)、組織設計 (organization design)、資訊決策系統之設計 (information-decision systems)、塑造影響力及領導 (shape influence systems and leadership)、組織改善 (organization improvement) 五項職責。換言之，根據權變理論，管理人員應針對不同之情境加以分析，選擇適合該特定情境的決策、組織設計、資訊或領導方式，同時配合內外在環境的變遷與員工需求的改變，不斷尋求改善方法。

㈦「假如……則……」(if...then...) 的解釋

權變理論也可用「假如……則……」的論點來加以解釋，其中「假如」是獨立變數，而「則」是相依變數。舉例而言，「假如將二分子的氫與一分子的氧結合，則成為水」。因此，在權變理論下，「假如」可以代表「環境」，「則」乃意味是「管理」。也就是說，假如產生某種環境，則運用某種管理方式，以有效達成組織目標。因此，管理人員必須確實瞭解所處的情境，進而採取適當的處理或管理方式。

總結上述，權變理論強調注意環境條件與適切的管理觀念及技術關係，明確指出影響管理行動與組織績效的內外在變項，因此能提供特定的指引以供管理者遵循，進而有助於組織目標之有效達成。

第五節　整合理論的檢討

如前所述，整合理論時期最具代表性的理論應屬系統理論和權變理論。然而，系統觀點是否真能應用在管理實務上？或是該注意哪些內外在變項，以提高組織效率？都因說明模糊而令人質疑，以至於影響該理論後續的發展。相形之下，權變理論因強調依照情境來思考管理方式，被認為較富邏輯性。但「視情況而定」的結果，是否容易衍生出千百種

不同的「情況」，那又如何選出合適的管理模式？故在本章最後，乃以系統理論和權變理論為基礎，先說明系統理論在組織研究中的功能，進而探討所可能產生的限制；最後則論述權變理論的評價，茲分述如下❸：

一、整合時期理論在組織研究的功用

㈠系統理論能夠更明確地解釋組織的現象

傳統時期或修正時期對組織的研究均採取封閉型的觀點，卻忽略了許多外在環境因素，這些因素往往是無法預料與控制的，會對組織產生滲透作用，造成各種不同的影響。因此，組織實為一個內在確定因素與外在不確定因素的混合體 (a mixture of certainty and uncertainty)。相形之下，由系統理論來解釋組織現象較為完整，能彌補過去對外在環境因素的忽視，對於組織也能有更深刻的瞭解。

㈡系統理論對組織的研究產生整合作用

系統理論注重組織的總體分析，如開放系統理論重視一般環境和特定環境對組織和管理的影響，而社會系統理論強調三個次級系統的管理，皆不像過去般支離破碎。該理論一方面採取開放的觀點，將環境因素納入組織，成為主要的研究項目之一；另一方面研究組織內在的次級系統，並加以整合，藉以形成完整且有系統的組織與管理理論。

㈢權變理論使組織的管理具有彈性

管理並非一成不變，這可從過去就有「通權達變」的說法得到印證。但傳統的管理學家或行為學家卻認為，組織與管理有「萬變不離其宗」的原則，只要根據這些法則來管理組織，就能達成組織的目標，例如傳統管理者認為應集中心力於組織中的事務，以提升效率，而行為科學則著重於組織內在的人的管理。惟權變理論否定這種絕對的說法，認為世

---

❸　這部分的內容參考整理自陳德禹 (1996: 38–41)、吳定等 (2007: 81–93)、張潤書 (2009: 103–107) 等文獻，然主要內容仍基於作者本身的邏輯而撰寫。

間並無絕對的好壞，一切要視情況而定。

二、系統理論的限制

系統理論雖有許多優點，但也非絕對真理，只能提供更多元、客觀的方法來研究行政現象，本身也會產生若干限制，茲整理分述如下：

㈠系統理論純屬研究者的推論卻未經實證

系統理論所提出的各種相互關係理論（例如組織與環境、組織與次級系統、次級系統之間），並未獲得經驗的證明，只是一種合理的推論，何況組織與環境之間的關係太過於動態，使得研究者幾乎無法建立法則以說明其關係。

㈡系統理論否認個別組成分子的存在，且過度強調開放系統觀點

系統理論將所有組織系統，一律看成有秩序、有目的的互動體系，否認組成分子有個別目標的存在。然而任何一個次級系統都有其目標，且未必和整體目標相符。過分強調組織系統內次級系統的存在，是否能合乎初衷達成整合目的則有待商榷。此外，系統理論研究僅限著眼於「開放系統觀點」(the open system view)，然此論點也僅是觸及與討論組織系統的其中一個面向。因為在整個組織的運作過程中，如就其內部的各種規範及其自我控制 (self-control) 的面向來看，是屬於一種「封閉迴路的系統」(closed loop system)。由此可知，系統理論過度強調「開放系統觀點」，容易導致概念上的模糊。

㈢系統理論隱含偏袒管理者的意識型態

系統理論主張「生存」為組織的首要目標，凡是與預先規劃結構角色不一致的行為，皆視為負面偏差行為。又系統理論強調「均衡與穩定」，組織目標為「既存的共識」(given consensus)，由管理階層訂定，負責組織成員達成各次級系統的單位目標。

此外，系統理論對處理目標的方式，明顯與民主參與精神不符。因

為凡是與系統規劃的角色不一樣的行為，不問是非，均以負面眼光看待的作法，容易使組織系統「內部同質性」日趨升高，組織活力與創意逐漸遞減，違反系統理論原先欲達成「新陳代謝作用」(negative entropy) ❹的本意，而形成諷刺的弔詭。最後，系統理論強調的穩定特質，雖有助於既得利益階層的管理，卻甚少關切「民主參與」和「大眾諮商」的重要性，故被批評為是一種對於管理者較友善的意識型態。

㈣系統理論高估「同形主義」的適用性，卻忽視組織文化的重要性

同形主義 (insomorphism) 原為生物學的概念，是指成功存在的有機體，其活動模式會為其他有機體所仿效。仿效成功的程度愈高，生存的機率也愈大。系統理論也採用這種說法，認為組織內部結構若能根據外在環境變遷而予以調適，就可增加生存機會。若組織結構調整的方向與幅度，愈能與「外在環境的變遷方向與幅度」趨同一致，則其生存、成功的機會則愈大。

但晚進組織論者不認同前述觀點，組織文化論者認為每個組織皆有其特殊歷史與傳說，很難經由模仿過程完全移植到另一個組織中，從組織文化和組織生態角度觀之，同形主義存有其限制。俗諺也云：「組織是成長的，並非移植的」。換言之，組織能否生存非僅是制度表象的移植模仿，組織文化因具有深遠的影響力，不是一朝一夕可模仿或移植的，所以更無法忽視其重要性。

㈤系統理論過度簡化其方法論與分析層次

系統理論是基於成長假設 (growth-based) 的思維方式，顯然過度簡化組織生命週期的分析，而無法解釋組織的衰退現象。從方法論的觀點來看，系統理論是借用生物學的有機喻象，來建構其理論內涵。有機喻象

---

❹ 「墒」或「能趨疲」是指封閉系統會因能量遞減，而趨向退化和死亡。因此，一個開放的組織體系應不斷地輸入新的能源以維持自身，減低「能趨疲」的趨勢。故「反能趨疲」作用是指組織透過新陳代謝和維持輸入與輸出的循環，以減低或遏阻趨於解體或死亡的傾向（林鍾沂，2005: 131）。

固然可擴展組織分析的視野，但也容易令人陷入「危險謬誤」(dangerous fallacies) 中，亦即系統理論只能解釋組織的成長面，有其限制之處。有機的生命體是單一現象，而社會整體則為整體現象，不同的分析單位，在轉換過程中，容易產生「以偏概全」或「以全概偏」的謬誤。

三、權變理論的意義

雖然權變理論比系統理論更具前瞻性，使組織與管理的研究較以往更為周延，但權變理論最後還是難以發展成為一個完美的整合性架構。不過，這不意味該理論毫無貢獻。關於權變理論所代表的時代性意義可以分述如下：

㈠打破傳統單一面向的思維模式，提出「權變」的彈性思維

無論是傳統時期或修正時期的研究者，皆相信本身所提出的理論是可以普遍適用的，如泰勒所提出的「論件計酬制」，就是立基在人們對物質的欲望與追求之假設上，卻忽略不是所有人都有相同的物質需求與欲望，所以此假設有其限制。然而，權變理論的出現打破傳統習慣從單一面向提出假設或建立原則的思維模式，強調「依情勢」的彈性思維。權變取向的管理，認為組織型態、規模、目標、工作內容皆不同，所面臨的內外在環境也有相當差異，因此提出組織或管理方法的適用性是依情況而定，視組織從事工作的種類及其所處環境而權宜選擇，才能有效達成組織目標。例如金字塔型的層級組織結構在很多情況下相當有效（如追求效率與服從的中央集權式組織），但有些時候若應用其他的結構設計則較為有效（如強調彈性、分權與專業的事業機構）。有鑑於此，權變理論的提出實有其特殊意義。

㈡整合理論與經驗研究，提供管理者實務性參考

不同於模糊的系統理論，權變理論因強調組織的多變性，以及彈性、多元的管理方式（如無一套絕對的組織原則），故提醒管理者在做決策或進行組織設計時，不要固守或沿用、抄襲某些體制或方法。因為環境是

不斷地在變動，須仔細評估當時的情境與需求，甚至是組織目標，才能建立合適的體制或管理模式。由於該理論將理論與實務的經驗研究予以整合，可以說為日後的管理研究提供了一項實用的立論基礎。

行政櫥窗

臺北市環保局「再生土」計畫

臺北市環保局「溝泥溝土製成『再生土』供市民及行政機關植栽環境綠美化（臺北市政府環境保護局溝泥溝土再利用計畫）」，近年來在環保局各單位通力合作下，除獲得臺北市政府 2011 年「政府服務品質獎」特優獎殊榮，並於 2012 年 6 月榮獲行政院第四屆「政府服務品質獎」頒獎表揚；臺北市環保局於防汛期前各區清潔隊就清疏側溝、箱涵之淤泥與溝土，避免大雨造成積水，使市民免受水患之苦，清疏出之溝泥溝土製成「再生土」免費提供市民，解決市民在都市取得環境綠美化土壤介質的困難。

為提供民眾進行居家環境綠美化之需求，臺北市環保局除原來掩埋場及再生家具展示場可領用再生土外，於各區清潔隊新增領用點，便利民眾能就近便利取得，為環境永續及鼓勵資源回收再利用，並籲請民眾自行攜帶裝土的袋子或其他容器，以減少塑膠袋的使用及浪費❺。

北市開放再生土供民眾種植❻

內湖垃圾山清理過後產生的沃土，富含有機質，臺北市環保局將這些沃土與溝泥、溝土改良製成的「再生土」，開放民眾及學校、機關領取種植使用。臺北市政府環保局利用清理內湖垃圾山產生的沃土，試種大波斯菊、萬壽菊及孔雀草共 50 盆，因為土質

---

❺ 資料來源：臺北市政府環境保護局。取自：http://www.dep.taipei.gov.tw/ct.asp?xitem=14867691&CtNode=39399&mp=110001。

❻ 資料來源：台灣立報／中央社 (2011/8/21)。取自：http://www.lihpao.com/?action-viewnews-itemid-110064。

肥沃從發芽至開花皆未施肥,種植的草花根系植物生長情況良好。

環保局表示,內湖垃圾山掩埋的有機垃圾經過數十年分解腐熟,並與覆土混合形成陳年沃土,不論是在土壤的肥沃度及透水性都優於溝泥、溝土製成的「再生土」,除可再利用於種植外,也可與溝泥、溝土混合改良透水性製成「再生土」。據環保局評估,「再生土」的再利用可減少環保局新臺幣 645 萬元代處理費支出、綠美化購土支出 560 萬元、節省公帑 1,205 萬元、節省掩埋處理費 2,312 萬元,並節省掩埋場掩埋容積 5,600 立方公尺。

環保局已再報准環保署以溝泥、溝土製成「再生土」後續再利用計畫,開放民眾領取有機再生土,民眾可至環保局內湖、文山、萬華再生家具工廠領取,或至垃圾衛生掩埋場領用。臺北市機關、學校再生土申領數量達 2 公噸以上,將提供免費運送服務。

參考文獻

一、中文文獻

- 吳定、張潤書、陳德禹、賴維堯、許立一,2007,《行政學(上)》,臺北:國立空中大學。
- 林鍾沂,2005,《行政學》,臺北:三民書局。
- 高劍平,2007,〈論貝塔朗菲「機體論」的系統思想〉,《廣西民族大學學報》,第 29 卷第 4 期,頁 81–84。
- 張邦輝、彭洪洋,2008,〈行政生態學理論研究述評〉,《雲南行政學院學報》,第 10 卷第 6 期,頁 17–19。
- 張潤書,2009,《行政學》,修訂四版,臺北:三民書局。
- 許南雄,2000,《行政學概論》,增訂四版,臺北:商鼎文化。
- 陳德禹,1996,《行政管理》,修訂二版,臺北:三民書局。
- 陶學榮,2005,《公共行政管理學導論》,北京:清華大學出版社。

- 雷飛龍，2002，《行政學與各國行政制度》，臺北：韋伯文化。
- 蔡文杰、陳木金，2004，〈社會系統理論及其在學校行政之應用分析〉，《學校行政雙月刊》，第 31 期，頁 97–118。
- 蕭全政、林鍾沂、江岷欽、黃朝盟譯，Nicholas Henry 著，2003，《行政學的世界》，*Public Administration and Public Affairs*，臺北：韋伯文化。
- 賴維堯、夏學理、施能傑、林鍾沂，1995，《行政學入門》，臺北：國立空中大學。

二、英文文獻

- Tittenbrun, J. 2014. "Talcott Parsons' Economic Sociology." *International Letters of Social Humanistic Science*, 2: 20–40.

歷屆考題

1. 根據美國學者亨利 (Nicholas Henry) 歸納，行政學的發展迄今，曾歷經那幾個典範時期？試略述各個典範時期的名稱、期間及主要論點為何？（092 年公務人員普通考試第二試試題一般行政）

2. 行政學的發展史上，為什麼 1980 年代是一個分水嶺？1980 年代之前和之後的行政學發展，有何重大不同？進入二十一世紀之後，行政學又有何新的發展？（099 年國立臺灣大學政治研究所丙組試題）

3. 回顧行政學理論在近三十多年來的發展，其學說匯集成為三大主流：新公共行政、黑堡宣言、新公共管理。試分別就其發展背景及主要論述觀點，概要說明之。（101 年國立彰化師範大學公共事務與公民教育研究所試題）

4. 請問何謂新制度論 (New Institutionalism)？請說明其流派與內容。另外，它對公共行政的研究有何影響？試舉出國內或國外有哪些學者利用新制度論進行研究，或是有哪些貢獻？（100 年國立彰化師範大學公共事務與公民教育研究所試題）

5. 美國公共行政學者亨利 (N. Henry) 在其所著之《公共行政與公共事務》
一書中，將公共行政學的演進與發展區分為五個典範 (paradigms)。試
舉出亨利所提出的五個典範及其大意，並針對其論點加以闡述與評論。

（096 年地方特考一三等考試）

第 5 章　新公共行政

　　隨著時代變遷，公共行政面臨許多重大挑戰，學者瓦爾多認為：「公共行政正處於一個『革命的時代』(in a time of revolution)」。由於其有感於社會、經濟與環境變動等問題日益加劇，遂於 1968 年發起贊助並聚集 33 位年輕的公共行政學者，在紐約雪城大學 (Syracuse University) 明諾布魯克會議中心 (Minnowbrook Conference Center) 召開會議，以「華山論劍」的方式徹底檢討公共行政所面臨的問題，以及未來的發展方向，並將討論成果由馬里尼 (F. Marini) 主編成《邁向新公共行政：明諾布魯克觀點》(*Toward a New Public Administration: The Minnowbrook Perspectives*) 一書，於 1971 年出版。

　　1988 年，認同新公共行政的學者們再度集會，回顧與檢討第一次會議並展望未來，1989 年《公共行政評論》(*Public Administration Review*) 刊登此次會議內容，主題就是「第二次明諾布魯克會議：公共行政變遷紀元」(Minnowbrook II: Changing Epochs of Public Administration)。由於其與十九世紀末期傳統主流公共行政研究之重心不同，較著重規範面、哲學基礎、社會關懷及社會行動層面，故被稱之為「新公共行政」(new public administration，簡稱 NPA)，以有別於自十九世紀末期至 1960 年代的傳統行政學主流理論，而其主張也常被稱為明諾布魯克觀點 (Minnowbrook perspectives)（賴維堯，1995: 76–77；林鍾沂，2005: 178、2009: 45；許世雨，2000: 68）。

　　在本章中，為釐清新公共行政的相關背景因素與複雜的學說內容，首先闡述新公共行政的興起背景；其次，分別整理第一次和第二次明諾布魯克會議的發生時代背景和主要學說內容，並比較兩次會議的異同；接著，分析新公共行政的影響與評價；最後，則介紹《黑堡宣言》(Blacksburg Manifesto) 的時代背景、主要學說內容，並探討《黑堡宣言》與新公共行政的關係。

第一節　新公共行政的興起背景

基本上，新公共行政的內容主要源自兩次（分別為 1968 年與 1988 年）在明諾布魯克會議中心所召開的學術研討會得出之結論，以及 1983 年的《黑堡宣言》，又被稱之為「新公共行政學派」。其興起的背景約可以簡單歸納如下（許南雄，2000: 436–437）：

一、對傳統公共行政的衝擊

傳統時期（1880 年代至 1930 年代）、修正時期（1930 年代至 1950 年代）與系統理論初期（1960 年代至 1970 年代）的公共行政學偏重學術理論與價值中立 (value free) 的觀點，如行政效率、官僚組織原理與集權管理等主題，有如象牙塔中的產物，無助於對 1960 年代美國徬徨迷惘的社會困境提供解決策略。為扭轉此一學術迷失的方向故引進社會脈動與公共倫理的觀點，此即行政學「焦點」的轉移。

二、公共政策學科的激盪

美國自 1950 年代興起政策科學 (policy sciences) 與調適科學 (science of muddling through)，此即 1960 年代以來 「公共政策」 學 (public policy) 的領域。傳統以來的行政學甚少觸及公共政策的討論，新公共行政學派則從組織管理的思維路線轉到公共政策問題，以政策實現公共倫理與公共利益，使決策品質有助於改變行政品質。

三、社會情境因素的影響

美國 1960 年代係甘迺迪 (John F. Kennedy) 與詹森 (Lyndon Johnson) 總統執政時期，此期至 1970 年代，皆是二次大戰後政治社會困境劇變時期（瓦爾多所稱 a time of turbulence），社會上因反越戰、毒品氾濫、種族（黑白）衝突、都市暴亂、青少年解放，甚至 1970 年代水門 (Watergate) 事件引起的困擾等問題，而滋生對政府信心與能力的危機感，瓦爾多所著《行政學任務》(*The Enterprise of Public Administration*)

一書所列舉十四項困境，包含危機、衝突管理等項，亟待行政學者跳脫傳統窠臼，而以新思維創說新組織 (new forms of organization) 並提出倫理正義與公共行政集合的新理論。

四、公共倫理與社會正義的援引

「新公共行政」之援引社會倫理正義法則，猶如其後「新公共管理」（政府改造）之引進企業精神。換言之，「新公共行政」欲建構「倫理型政府」（民主參與）猶如其後「新公共管理」欲確立「企業型政府」，可謂相得益彰。自 1960 年代起，美國社會逐漸興起行為科學的反響，此即人文主義的學風。許多學者對於社會公平、公共倫理與正義、公共利益（公共價值）、公共福祉等政策、行政之指導原理頗為嚮往，此等學風亦導致新公共行政學派的茁壯。

新公共行政學派受諸上述背景影響，形成兩次研討會與一次黑堡會議，並發表擲地有聲的學術宣言，蔚為 1960 至 1980 年代美國行政學的主流學派之一。

第二節　第一次明諾布魯克會議

一、時代背景

1960 年代，世界各地尤其是美國接連發生許多動盪與不安，如參與韓戰、校園民主運動、嬉皮運動、暗殺事件、社會貧富不均、黑人民權等問題，使得青年人和弱勢團體對於中老年人所主宰的社會機制（如家庭、教會、政府等）逐漸失去信心，大學校園成為重大事件的辯論中心，學者因而無法置身事外，須一改過去與社會疏離的心態，深切體認社會和經濟上的不平等，重新探討公共行政理論與實務的問題（許世雨，2000: 69；林鍾沂，2005: 178；吳瓊恩，2011: 100–101）。此外，新公共行政除前述大環境影響外，尚肇因於：

㈠學術研討會與期刊論點顯然與社會環境脫節

如 1967 年瓦爾多與年輕學者討論當時 《公共行政評論》 期刊內容時，發現文章有關「公務人員高等教育問題」的論點並無新意，與社會混亂局勢有相當大的脫節，未能直指問題核心。

又以同年召開的「公共行政理論與實務研討會」為例，該會議結論遭受下列猛烈的批判：

1. 忽略對當時重要問題的探討，如種族衝突、貧窮衝突及公務員的責任問題等。
2. 探討觀點、概念與理論皆為 60 年代以前發展出來的，未能提出新概念和理論。
3. 對社會及組織變動認識不足。
4. 太過相信專家和組織能力，甚少質疑組織官僚模式。
5. 未充分探討公民需求及如何回應議題。
6. 對政府能夠和應該達成事務的能力過於樂觀。

㈡公共行政研究出現學術代溝

瓦爾多發現，當時公共行政理論與實務研討會，與會學者多在五、六十歲間，幾乎沒有年輕學者參與，加上當時《公共行政評論》中並無年輕學者的看法，因而擔憂公共行政的未來。為解決上述問題，瓦爾多邀請年輕行政學者與實務界人士於 1968 年 9 月 3 日至 7 日期間，至紐約雪城大學明諾布魯克會議中心召開研討會，其會議成果主要收錄於 1971 年馬里尼《邁向新公共行政：明諾布魯克觀點》、瓦爾多《動盪時代下的新公共行政》(*Public Administration in a Time of Turbulence*) 以及 1980 年傅德瑞克森 (H. G. Frederickson) 《新公共行政》 (*New Public Administration*) 等三本書中。

二、主要內容

根據馬里尼的分析，除了整理第一次明諾布魯克會議的議題外，也

在該書結論中歸納新公共行政的理論觀點如下（Marini, 1971: 348–353，轉引自許世雨，2000: 74；林鍾沂，2005: 147–151、2009: 45–48）：

㈠主張入世相關的公共行政 (relevant public administration)

傳統公共行政認為專業知識為手段或工具，但這種直線式的思維模式 (linear thinking) 卻有將問題簡單化的疑慮。對此，新公共行政認為應深入反思基本價值和事實分析前提，重新探索「知識何用」(knowledge for what?) 的問題，且須運用研究成果來增進人類福祉。因此，馬里尼歸納幾個公共行政應致力研究的問題，如：

1. 研究動盪時代的相關問題，如分權、組織衰退及參與概念等與日常生活相關的問題。
2. 研究社會面相關的問題，如都市行政、行政區域和組織單位異同比較研究。
3. 研究行政實務者的相關問題，如設計規劃預算制度 (planning programming budget system, PPBS) 及如何分權化和具有參與管理精神，以成為變遷的機制等。

整體而言，新公共行政認為公共行政不應侷限於學術象牙塔內，行政應走向理論切合實際，合乎社會需要，至於行政學者應致力研究與環境、社會相關的問題，尋求解決途徑。

㈡倡導後邏輯實證論 (postpositivism)

傳統行政研究常侷限於資料的蒐集與統計分析的經驗性理論 (empirically based theory) 建構，以及價值中立的實證論思維中，以致其所構築出的理論常脫離現實又欠缺政治道德本質。因此，新公共行政學者意識到不能僅主張單純經驗事實研究，應重新正視價值在研究過程中的影響，並強調社會公正 (social equality) 與社會道德的重要性，以彌補實證論所忽略的規範面缺失。換言之，新公共行政反對價值中立，認為行政應從事價值判斷，強調社會公平、正義，故以社會公正為研究主要價值，倡導「第二代的行為主義」(the second-generation behavioralism)，

主張較少「一般」而較多「公共」；較少「描述」而較具「規約」；較少「制度取向」而較具「受益者影響取向」；較少「中立」而較具「規範」；而且希望能夠做到兼顧「科學」。

(三)適應環境的動盪不安

新公共行政學者認為面對社會與日漸增的複雜性及不可預期的挑戰，應修正傳統將環境視為靜態組織的觀點，重新調整組織型態與設計新工作程序，如參與式管理、顧客導向組織與公開程序等，同時，亦鼓勵被服務者和政府互動，使之能適應變遷快速的環境。

(四)發展新的組織型態

基於行政的相關性、對抗、動盪不安的環境考量，傳統官僚制度愈來愈無法迎合時代需求。對此，學者柯哈特 (Larry Kirkhart) 提出協和式模式 (consociated model) 組織型態，並認為此種組織型態結構有下列幾項特徵：

1. 專業團隊是基本的工作單元。
2. 多元的權威結構。
3. 所有組織均基於時間的迫切性 (time imperatives)：解決特定問題須在特定時間為之。
4. 以不同次級（專案）計畫來處理相同的基本問題。
5. 社會關係是以高度獨立自主和相互倚賴為特徵。
6. 顧客的需求得以在組織中表達。
7. 組織講究短暫僱用，而非終身職。
8. 以電腦來保存文獻紀錄。
9. 專業角色除注重技術技能外，更要避免形成額外的社會階層。

除上述協和式組織所提及的面向之外，如何增進公共組織面對環境的能力，以及以服務對象為導向的組織設計，甚至是提升行政人員的道德，都是相關的重點主張。

㈤建立顧客導向的組織

新公共行政的基本要旨即是在傳統行政所要回答的兩個問題：一是「如何在可資運用的資源下提供更多更好的服務（效率）？」另一是「如何以減少支出來維持目前的服務水平（效率）？」外，再加上一個重要課題，那就是「此一服務是否在增進社會公正？」換言之，新公共行政學者認為，未來組織除重視服務提供的效率面與維持服務水平外，還應瞭解服務對象的真實需求，以促進服務更趨社會公正的方向發展。同時，行政人員也須比過去更強調顧客忠誠和計畫忠誠 (program loyalty) 的概念，凡無法迎合顧客需求，其運作正當性將遭受質疑。因此，建立具有社會正義的顧客導向行政，為刻不容緩的課題。

第三節　第二次明諾布魯克會議

一、時代背景

1988 年召開的第二次明諾布魯克會議距離第一次會議,已有整整二十年。在這段期間，美國政治、經濟、社會環境有重大改變，亦即 1972 年水門事件後，美國政府威望大跌，民眾看不到所期望的行政改革，政府也未能提出有效的因應。大眾認為既無法改變政府，那就運用公民投票進行減稅，並透過選舉的方式，對腐化和浪費的行政首長表達抗議，一股貶責官僚之風盛行。另一方面，政府改變過去事事管制的角色，嘗試推行民營化、解除管制、簽約外包等行政行為（許立一，2002: 4）。又因當時經濟大幅衰退，服務業和資訊業漸次取代製造業、農業和礦業等產業，年輕人面臨比上一代更惡劣的環境。而政府雖然推行權利平等促進行動 (affirmative action) 和反歧視運動,但實際上仍存有許多無家可歸者、窮人和失業者等，造成嚴重的社會問題。

此外，當時公共行政學界也產生劇烈改變，各大學所開設的課程，已脫離 60 年代附屬於政治學的附庸地位,公共行政逐漸成為一門獨立學科，研究範圍日益複雜，學術性刊物也愈來愈多，公共行政碩士學位被

正式認可，且成為擔任政府行政工作的要件（林鍾沂，2000: 7–8；吳瓊恩，2011: 101）。

二、主要內容

基本上，第二次明諾布魯克會議所探討倫理 (ethics)、社會公平 (social equity)、人群關係 (human relations)、公共行政與民主政治調和 (reconciling public administration and democracy) 等領域的相關問題，都是在第一次會議的範圍之內。

關於第二次會議的結果，古依 (M. E. Guy) 將之歸納為下列十一項，其中前五項是以歷史觀點作省思，後六項則為討論公共行政現在發展和未來展望（Guy, 1989: 219–220，轉引自沈淑敏，1999: 27–28；林鍾沂，2005: 154–155）：

1. 第一次會議強烈主張社會公平議題，第二次會議則以較溫和的態度，來改進民主法治和制度運作。
2. 對民主價值的高度關注，並認為這是公共行政的核心，因此著重焦點在行政倫理、行政責任及行政領導等議題上。
3. 規範性觀點和行為主義觀點間的爭論未曾消減。
4. 同意社會和勞力多樣性，而多樣性主要表現在三方面：(1)專才 (specialists) 和通才 (generalists) 的對比。(2)種族和民族的多元。(3)性別差異。
5. 學者已不像 1968 年般樂觀，而對公共行政抱持著「審慎的希望」(constrained hopefulness)。由於 80 年代民營化的趨勢，政府不再被視為變遷推動者 (change agency)，而是變遷維護者 (conservator)，但此點仍有爭議。
6. 學者們以較務實的態度去探討公共問題，並尋求可著手解決的辦法，而不若 60 年代激進，且較著重短期的未來，較少討論長期規劃。
7. 由於專業自我中心主義 (ethnocentricity) 和本位主義 (parochialism) 的盛行，顯示公共行政的科際整合仍有漫漫長路。
8. 對企業採取強烈的反對態度，在許多與會者的論文與評論中，均顯示

出對資本主義和企業加以蔑視的態度。然而美國的成功來自於民主制度與資本主義間奇妙而緊張的關係，因此，公共行政學的挑戰即是建立在其與企業、非營利組織及公共部門的交接點上。

9. 對人事體系的限制感到不耐煩，故與會者要求改革人事制度，撤換能力不足的管理者，建立有期限的僱用制度，擢升最好的員工及加強員工的生產力。

10. 不願提及科技議題，因為其為增進公共服務之輔助工具而非重要工具，故未積極處理。

11. 不願正視政府應做的種種細節，即使行政人員在行使職權時無可避免地會控制政策議程，但行政與政治二分法似乎存在和運作良好。

三、兩次會議之比較

　　關於兩次明諾布魯克會議的差異，可參閱如表 5-1 所示。研究指出，兩次會議給人在氣氛、基調和感覺上呈現明顯的差異，1968 年的會議中，辯論、對立和革命氣息濃厚。但在 1988 年的會議上，則是比較文明且更為務實（Frederickson, 1989: 99，轉引自許立一，2002: 5），且第二次會議的討論內容更能觸及「新公共管理」（new public management）的論點。

表 5-1　兩次明諾布魯克會議之比較表

	第一次明諾布魯克會議	第二次明諾布魯克會議
時　間	1968 年 9 月	1988 年 9 月
地　點	美國雪城大學	美國雪城大學
參與者人數	33 人	68 人
參與者年齡	30 歲左右	40～50 歲間
參與者性別	女性 1 名，男性 32 名	女性 14 名，男性 54 名
參與者種族	少數民族比例高	少數民族比例低
參與者進入領域時間	皆為 60 年代	60 年代與 80 年代各約占一半
參與者學術	皆為政治學領域	包括政策分析、政策規劃、都

專長		市研究、法律、公共行政學
參與者職業背景	學術研究者較多 （實務者 6 名）	學術研究者較多 （實務者 11 名）
會議討論氣氛	較具爭議性、革命性	較溫和、實際
參與者態度	較激進	較溫和
知識論基礎	後實證論，反行為主義	後實證論，肯定行為主義部分成就
公共行政的學術地位	政治學的分支	為獨立自主學科
社會背景	動盪但成長的年代	平和但衰退的年代
共同主題	社會公平、公共利益、公民參與、民主行政、倫理	
其他主題	人群關係、責任、行政改革	憲法、法律、政策、經濟、資訊科技
會議特性	對主題作強烈呼籲	針對第一次會議部分主題作檢討和修正
論文出版品	《Toward a New Public Administration: The Minnowbrook Perspective》(1971)、《Public Administration in a Time of Turbulence》(1971)、《New Public Administration》(1980)	《Public Administration and Democracy: The Minnowbrook Perspective》(1997)、《Public Policy and Administration: The Minnowbrook Perspective》(1998)

整理自許世雨 (2000: 101)；沈淑敏 (1999: 30)。

整體而言，根據馬里尼（1992: 1–2，轉引自許立一，2002: 5–6）的觀察，兩次會議在整體特徵方面有下列幾項共同點：

1. 對於公共行政及未來皆有深刻的承諾。

2. 深切關懷社會與存在其中的問題。

3. 對於公共行政能夠創造更美好的未來表示極為樂觀的態度。

4. 關注公共行政的認識論和本體論 (ontology)，並且對於公共行政應該抱持的適當以及達成此種價值的途徑亦表高度重視。

5. 認真看待社會理論的啟發性。

6. 重視公共行政及其實務人員與學界人士的真誠態度。

　　然而，受到時空背景因素之影響，即便有上述的相同之處，兩次會議的內容與關注焦點依然有所差別。第二次明諾布魯克會議雖部分承襲了第一次會議的主題，如社會公平、公共利益、民主行政、倫理等議題，但對照 1968 年會議主題，學者認為第二次會議具有問題解決導向的特質，著重憲政基礎，精進公共理論的建立，且部分新議題開始受到關切，尤其是憲法、經濟、管理實務和資訊科技等領域。

　　研究指出，兩次明諾布魯克會議觀點之差異如下（許南雄，2000：439-440）：

　　1. 第一次研討會議開風氣之先，直指傳統公共行政 (old public administration) 偏重組織理論與官僚組織之窠臼而欠缺與社會動盪環境的適應，故「新公共行政」也自稱為年輕（活力）行政 (young public administration)。第二次研討會議雖已逾二十年歲月，仍蕭規曹隨，未更改主調，前者的成就較後者凸顯。

　　2. 兩次會議均重視解決社會困境，亦強調社會公平、正義與倫理責任。但後者則更深入於民主、法治與制度之實踐層面，故就民主行政價值體系立論，第二次研討會較為深入具體，且承先啟後而更能切入社會情境之適應。

　　3. 第一次研討會開宗立派，但就影響層面而言，第二次研討會受新公共行政學派（1968 年）、《黑堡宣言》（1983 年）與新公共管理途徑（政府改造論，尤其歐洲新右派主義、管理主義……）影響，故能守經達權。第二次研討會若干重要論點已能與「政府改造」論相與爭鋒或相契合，此一情勢與二十年前第一次研討會之形勢，自有不同。

第四節　新公共行政的影響與評價

一、新公共行政的影響

　　根據前述兩次明諾布魯克會議的觀點，學者傅德瑞克森和馬里尼認為對公共行政的影響歸納如下（Frederickson & Marini, 1998: 1804，轉引自林鍾沂，2009: 50-51；詹靜芬，2009: 576）：

1. 公共行政研究重點已從機關管理轉移到政策議題上，並促使公共政策途徑的興起，對政府品質產生明顯影響。
2. 社會公平成為政府除效率和經濟外，第三個須注意的政策立場和觀點。
3. 拒絕行政中立觀點後，何者為行政人員所應支持和信仰者將成為問題所在。
4. 行政人員應培養倫理自主性 (ethnical autonomy)，除對長官的命令負責外，還須回應自身專業技術所效命的系絡環境及服務對象，並重視多元行政倫理價值。
5. 促使政府重新強調「倫理」、「誠信」及「責任」。行政官員不再僅被認為是一政策執行者，其角色應為公眾信託者，為民眾公平分配成本及利益，盡可能提供最好的服務。
6. 政府組織結構應重新調整，以符合「民主行政」之價值，如強調分權觀念與開放由下而上的決策參與管道，改變主管單一權威的領導，降低行政人員的無力感程度。此外，新公共行政學者認為，政府若無法配合公共需求改變，將產生許多駢枝機構，所以裁撤不需要或無效率的組織方案，為行政上的責任，也因此關於「精簡管理」(cutback management) 的文獻也有長足發展。
7. 著重變遷而非成長，已成為更重要的理論問題。當回應的政府在成長（當新需求非常清楚）和衰退（當機關提供的服務不再重要）時，管理變遷，而非只是成長，已成為公共行政效能的標準。
8. 透過主動參與的公民意識系絡，界定具有效率的公共行政。
9. 1950 和 1960 年代決策制定研究是行政的主要課題，然而，到了 1970 年代，如何執行決策將成為困難的挑戰，所以應發展執行理論和行動理論。
10. 理性型模的正確性和層級節制遭受嚴厲批評和挑戰。
11. 儘管多元主義 (pluralism) 仍廣泛被解釋為公權力有效運作的設計，但其已無法成為公共行政實務的準則。

二、新公共行政對行政人員角色的看法

新公共行政學者巴頓 (Rayburn Barton) 認為現今社會中，行政人員應扮演下列角色，提供多元功能，以促進公共福祉和公共利益，為大眾服務（詹靜芬，2009: 574–575）：

㈠社會公平的促進者 (social equality advocator)

行政人員不僅是既定政策的中立執行者、客觀實踐者，且往往同時肩負實質決策功能，而必須考量不同團體的不同利益，以實踐社會公平正義。

㈡機關變遷的催生者 (change agent)

過去層級節制式的官僚組織雖可發揮穩定的功能，但欠缺因應外在環境變動的能力而流於僵化，所以行政人員應以其對行政業務的嫻熟，促使機關自我調節以因應外在環境。

㈢代表性官僚 (representative bureaucrat)

行政機關中之組成分子應能適度代表社會母體結構，以公平回應多元族群的要求。

㈣倡議性行政者 (advocacy administrator)

行政人員應致力於宣揚憲政價值及理念，成為憲政價值理念的倡導者、教育者，教導人民有關民主概念，及如何參與民主等。

㈤非單一性行政者 (non-consolidating bureaucrat)

行政人員代表的既是多重的多元利益，因此並非單一角色的行政者，更可能是多元利益的協調者、危機處理的管理者、決策者及執行者等多重角色，是統合社會多階層利益並規劃執行的多元代表，必須在法令授權範圍內作出裁量。

整體而言，行政人員不僅是政策的施行者，同時因其代表公眾利益而具有權力，並為公眾提供效率和公平服務，使得社會公正、代表性、回應性等倫理價值成為新公共行政的理念基礎。

三、對新公共行政的評價

總括而言，新公共行政提出對當代環境背景的批判，促使學者以規範性的角度重新思考公共行政的發展，但因多從行政倫理和行政哲學探討，其常被譏為立意過高，而形同形式主義。在本小節最後乃整理新公共行政所面臨的批評如下（沈淑敏，1999: 48–53；許世雨，2000: 87–88；詹靜芬，2009: 576–578；吳瓊恩，2011: 108）：

㈠政治與行政二分法的迷思

新公共行政核心要旨即為打破政治行政二分迷思，但有學者曾批評，政治與行政根本從未分離，分離的說法只是為了修辭與象徵的目的，或是讓論述更具說服力的說法及策略。因此，政治與行政只是概念上的分離，實際狀況中，政治是無所不在的。其次，新公共行政的訴求有部分與現實脫節，在現今政策與政治過程中，行政人員具有相當影響力，並享有自主裁量的判斷餘地。

㈡欠缺原創性 (originality) 和可行性

新公共行政理念雖標榜社會正義和社會公平的概念，但僅是延續人群關係學派或瓦爾多所倡議的「民主行政」的觀點，欠缺創新的觀點。同時，又如公民參與、分權化的服務輸送等觀念，雖有其正面意義，可協助政府機關專業人員將問題看得更透徹，但將公民納入組織決策過程中，公民利益可能與公共利益和政府專業考量相互衝突，反而難以達成有效公共管理所宣示的目標，且新公共行政學者並未針對如何協調這些衝突，有更進一步的解答。因此，新公共行政所主張的內容欠缺可行性，僅是列舉許多價值倫理的陳述，並沒有提出達成這些價值的具體與實用的建議。

㈢過於理想化而陷於形式主義

　　新公共行政著重規範性研究，但卻過於理想性，其強調的價值，如社會公平、正義、公民參與等，這些概念本身即相當抽象而難以明確界定與操作化，往往須仰賴行政人員的自我意志加以判斷，並依據行政倫理的準則行事，無具體可行的辦法，所以易被譏為過度理想化。

　　由於新公共行政提出的時點為水門醜聞案之際，人民對政府信任度低落，所以民眾也不願行政權擴張；再者，分權及行政授權的理念挑戰當時民選官員及機關首長的決策權威而遭受抵制。另外，當時的總統卡特 (J. Cater) 及雷根 (R. Reagon) 對於行政人員從事公共服務的觀點，也停留在執行的效率層次，而不願其權力擴及其他決策層次，加上新公共行政的理念使行政人員責任更趨於多元複雜，更令行政人員抗拒而難以落實。

㈣規範性價值難以界定

　　新公共行政所提倡的規範性價值，若實際運用於法律制度上，除了可能有實行上的困難外，沒有明確標準界定，須經由行政人員自由意志判斷，這種難以衡量的情勢，可能形成行政菁英主導，反而形成另一種不民主的局面。

　　此外，這些價值的影響過程為漸進的，並非短期即可見到成效，且期間因果關係難以推估，績效亦難以量化。而這些規範性價值間，也可能彼此相互衝突，以人事制度為例，政治中立與代表性為相互衝突的價值，因為強調用人唯才，就有降低代表性的可能，強調代表性就無法適才適所。

㈤無法解決公共行政實務的雙環困境

　　許多批評者認為新公共行政對行政實務的雙環困境 (catch-22 situation) 解決並無太大助益，尤其從新公共管理的角度來看，儘管新公共行政學者對傳統公共行政的典範提出嚴苛的挑戰，並企圖轉變研究方

向，但深究其研究觀點，仍難脫離公共部門的優越性，過度輕忽企業管理技術的學習。

㈥需要組織結構及法令制度的大變革作為配套

新公共行政下為分權式的決策過程，以及扁平式的組織結構，然而根據白京生定律 (Parkinson's law) 與寡頭鐵律 (iron law of oligarchy) 等法則可得知，組織規模愈大、層級愈多，組織權力愈趨於集中。新公共行政意圖打破組織成長模式的創新理念，須具組織結構及法令制度的變革作為基礎，否則在實務上較難推動。

㈦零散的新公共行政觀點

學者萬斯萊 (Gary L. Wamsley) 曾對新公共行政提倡者各自皆有不同論述的分歧狀況，提出一「不同頻道」(different channel) 的比喻，藉以批判新公共行政論點零散，難以建立一個統合性的觀點。

第五節　黑堡宣言

一、時代背景

《黑堡宣言》，又被稱為制度化的《明諾布魯克宣言》(Institutionally Grounded Minnowbrook Perspective)，基本上承襲前述新公共行政的主張，尤其是 1968 年第一次明諾布魯克會議的觀點及方法論，但其訴求重點已經從較為抽象的哲學探討轉向較為關注實務的面向 （許立一，2003c: 121)。在本小節中將分別整理《黑堡宣言》產生的時代背景及其相關主張（余致力，2000: 5–6；許立一，2003a: 72–74)。

1970 與 1980 年代間，美國政治環境正值政黨交替執政之際，美國維吉尼亞理工學院暨州立大學 (Virginia Polytechnic Institute and State University) 公共行政與政策中心 (Center for Public Administration and Policy) 教授萬斯萊，眼見政治人物輕視與敵視常任文官，政治對話中充斥著一股反官僚、反權威、反政府的風氣，並且新公共行政觀念的倡議

已有時日，卻未被落實。萬斯萊擔憂公共行政學術與實務仍未能掙脫早期行政管理和行為主義的窠臼，且為因應後工業或後現代社會的全球化局勢，所以認為有必要針對前述現象做深入探討。

因此，萬斯萊與其同仁顧賽爾 (Charles T. Goodsell)、羅爾 (John A. Rohr)、懷特 (Orion F. White) 與沃夫 (James F. Wolf) 等人交換意見後，發現大家皆有類似的感觸與看法，為進一步溝通觀念與交換意見，決定利用 1982 年 1 月的教員渡假會議，在 「聯邦主管學院」 (Federal Executive Institute) 會議室對此議題進行深入探討。這次的討論，主要以顧賽爾的專書《為官僚辯護》(*The Case for Bureaucracy*) 為楔子，以腦力激盪方式，對公共行政提出一些基本看法，並將腦力激盪的討論成果撰寫成一份宣言， 即 〈公共行政與治理過程： 轉變政治對話〉 (Public Administration and the Governance Process: Shifting the Political Dialogue)，又稱之為《黑堡宣言》，或為了與「明諾布魯克觀點」取得形式上的協調，亦稱「黑堡觀點」(Blacksburg Perspective)。宣言草稿經多次修正後，於 1983 年春，由萬斯萊等人在紐約希爾頓飯店進行第一次宣讀發表，獲得熱烈回響。會後，萬斯萊等人將宣言廣為發布並轉寄，同時亦在 「美國公共行政協會」 (American Society for Public Administration; ASPA) 與 「美國政治學會」 (American Political Science Association; APSA) 的年會與研討會中發表。

1984 年 《黑堡宣言》 首度刊載於 「公共行政網絡」 (Public Administration Network) 所發行的一份非期刊式的文獻 《對話》 (*Dialogue*) 之上。 1987 年，《黑堡宣言》 內容正式刊印於錢德勒 (Ralph C. Chandler) (1987) 編輯的 《美國行政國百年發展史》 (*A Centennial History of the American Administrative State*)。 1988 年，第二次明諾布魯克會議召開，在該次會議舉辦完畢之後兩年，這群作者再將該宣言以及幾篇延伸宣言觀點的論文合編成 《重建公共行政》 (*Refounding Public Administration*) 一書，並將歷年來許多對宣言的回應與批評收編於附錄。

1996 年，為回應該宣言發表以來，不斷改變的系絡環境與更進一步宣揚《黑堡宣言》，萬斯萊及沃夫又出版了一本《重建民主的公共行政：

現代的弔詭、後現代的挑戰》(*Refounding Democratic Public Administration: Modern Paradoxes, Postmodern Challenges*)，以補充該宣言重建公共行政的理念，並呼應二十世紀末的局勢。

二、主要內容

黑堡學者指出，儘管行政組織設計及其管理技術仍需不斷精進，但政府施政困境絕非單純僅肇因於此。換言之，行政改革的面向不應僅止於管理技能的提升，重新檢視公共行政在民主憲政運作中的地位和角色，也是不可或缺的一環。而《黑堡宣言》提出的幾項重要核心價值，正可以呈現其對公共行政的基本態度。以下分述之（余致力，2000: 7–13；許立一，2003b: 40–52；吳定等，2007: 248–257）：

㈠公共行政的意義

《黑堡宣言》認為公共行政一詞所指涉的意涵不應僅止於政府、官僚體系，而應以更宏觀的角度予以界定，並從憲法確定其位階。

㈡公共行政的權威特質：公共行政與企業管理的差異

黑堡學者認為公共行政異於企業管理，因為：

1. 常任文官不像企業經理人與對手們在競爭追求市場與利潤，常任文官是在政治過程中與其他參與者競逐轄區、正當性與資源。
2. 公部門行政人員必須互動的對象，如市民與利益團體等，不同於私部門的消費者與供應商，因為這些市民與利益團體對行政體系的效能各有特殊的認知與期待。
3. 行政體系運作所需的技能、關注的焦點以及工作的特質，與私部門有很大的差異。公共行政不但要能在較複雜的政治環境中有能力進行管理工作與展現管理能力，更要維持機關觀點、公共利益，以及合於憲法的治理過程。因此在私部門很成功的管理者到了公部門未必能有同樣的成就，而師法企業絕非解決公部門諸多問題的良方。

㈢機關觀點❶

黑堡學者認為公部門為了分工必須從事部門劃分，部門劃分後自然會產生許多不同的立場與觀點，而各種立場與觀點都應有其表達的權利與正當性，就像多元民主政治過程中充滿各個利益團體的競賽角力般，行政體系充斥著各種不同機關觀點相互競爭辯論。雖然機關觀點可能淪為本位主義或偏狹主義，但機關觀點不同於本位主義或偏狹主義，因為行政人員除了要表達機關觀點外，還要注意到公共利益。

㈣公共利益

關於公共利益的定義，黑堡學者認為雖無法明確界定公共利益的內涵，但此概念在常任文官的思維決策中卻有十分重要的實用價值。即使不是提供各種利益衝突的解答，但至少控制了各種利益衝突。因此，黑堡學者將公共利益定義為決策時的幾種心智：

1. 試圖處理問題的多元面向，而非刻意選擇其中的少數。
2. 試圖從長程觀點來思考決策的利弊得失，而不將眼光侷限於短期的效果。
3. 考量各方面受到影響的團體或個人相互衝突的需要與要求，而非只站在一個位置來衡量問題與決策。
4. 在決策進行過程中盡可能地蒐集相關知識與資訊。
5. 體認到公共利益的概念雖然不是完美無瑕的，但也絕對不是毫無意義的。

整體而言，黑堡學者認為，雖然公共利益的概念不易界定，但文官若能養成宣言中所提示的決策習慣，建立此思維模式過程，則有可能追求實質的公共利益。總之，在黑堡學者的心中，公共利益是一個有生命力的規範概念，也是一個有影響力的政治符號。

---

❶ 機關 (agency) 觀點也有翻譯成「施為」觀點，也就是「行動者」(actor)（許立一，2003b: 43；吳定等，2007: 250）。

㈤常任文官應扮演之角色

由於公共利益的意涵並不明確，黑堡學者認為文官集團比民意機關、民選首長更具代表性，因為文官集團在組成分子的結構上，例如年齡、教育、族群、社會階層等變項的分布情形，與一般民眾較為相似，因而文官集團在政策的制定與執行過程中的諸多裁量，是與民眾的偏好相仿，可能更具有代表性。因此，為打破民選高於一切的迷思並建立起公共行政在民主治理過程中的正當性，黑堡學者呼籲常任文官應扮演下列五種角色：

1.扮演執行與捍衛憲法的角色

常任文官在就職時已宣誓要護憲與行憲 (to run a constitution)，所以有義務瞭解與支持憲政原則。法律賦予文官們行使裁量權時，仍須以憲政價值為依歸，而非僅止於以當下和短期的眼光考量。

2.扮演人民受託者的角色

常任文官受人民的託付，因而不能屈服於強烈短視的壓力，要以全民利益為依歸，且須不懼強權、不妄自菲薄，運用專業能力以追求公共利益為職志。

3.扮演賢明少數 (judicious few) 的角色

常任文官要扮演「賢明少數」，而不是隨波逐流的「喧嚷的多數」(vociferous many) 或「有權的少數」(powerful few)。賢明少數並非小型而封閉的菁英團體，其意指行政人員藉由激發公共利益的理性論辯和促進公民實質地涉入治理過程，以理性態度說服無知的、喧嚷的多數，使賢明之少數在經溝通討論後轉變為多數。

4.扮演平衡輪 (balance wheel) 的角色

常任文官應在總統、國會、司法機關和利益團體間，以其專業知識與責任平衡各種利益衝突，並維持機關觀點、公共利益及憲政運作的平衡。換言之，常任文官應以其合法權力及專業判斷在治理過程各種勢力中，扮演平衡輪的角色。

5.扮演分析者與教育者的角色

常任文官應讓民選首長、民意代表及所有參與治理過程的相關人員瞭解公共政策和公共事務的要義，提出專業分析並做好教育者，以增加民選首長、民意代表、所有在治理過程中的參與者，乃至一般民眾對公共事務的瞭解，並灌輸他們公共利益的概念。

總之，《黑堡宣言》從專業主義重新詮釋常任文官的內涵，指出文官集團應跳脫傳統公共行政對常任文官應抱持中立的期許，而在治理過程中扮演重要的、有價值的、正當的角色。常任文官參與治理的正當性來自於人民，所以常任文官必須獲得人民的信任。常任文官應該是治理過程中的助力而非阻力，是解決治理問題的答案，而非產生治理問題的成因（余致力，2000: 13、19；吳定等，2007: 255–256）。

整體而言，《黑堡宣言》明白宣示四項主張（賴維堯，1995: 59）：

1. 行政人員應成為具有自我意識的公共利益受託者 (conscious trustees of the public interest)。
2. 行政組織基本上是一個具有專業能力來提供特定社會功能，以達成公共利益的制度性寶庫。
3. 公共行政應可成為憲政秩序下政府治理過程的正當參與者。
4. 公共行政的權威實繫於政府治理過程中能夠涵蓋不同的利益，藉以促進公共利益的實現。

由於《黑堡宣言》強調行政價值的重塑與社會變遷的推動，均經由「集團懷抱的價值、認知、態度以及行為」的改變，從行政人員與科層體制之個人與結構兩方面雙管齊下，才能提升行政績效。如果說新公共行政運動是屬於行政理念的個人主義，那麼《黑堡宣言》就是「制度化的明諾布魯克觀點」。

三、《黑堡宣言》與新公共行政的關係

《黑堡宣言》在理念和基本價值觀方面，源自於新公共行政，但《黑堡宣言》卻對新公共行政，尤其是第一次明諾布魯克會議中所提出之主張流於過度抽象、缺乏實用性感到不足，因此希望以制度為根基，彌補

此一缺憾，故《黑堡宣言》與新公共行政的關係應可以整理如下（許立一，2003a: 77–82）：

㈠理念上志同道合

新公共行政本質上為對於傳統的公共管理——行政管理與行為主義的反動。誠如萬斯萊所言，《黑堡宣言》本質上多依循第一次明諾布魯克會議的價值和主張，諸如對於更大的社會公正之承諾、關注於更為廣泛的參與、將價值與規範視為公共行政理論與實務的核心、重視理論與行動之間的連結、正視多元主義的缺陷，以及批判當代公共行政所隱含的實證主義和經驗主義的色彩等。

惟黑堡學者認為，新公共行政的主張如僅寄望行政人員個人實踐前述價值仍有不足。因為任何的社會變革都涉及個體的行動與集體的制度結構，個人的意義、道德、責任皆受社會制約與形塑。因此，社會的變革如果僅試圖從個人的心智著手，而不考慮宏觀的結構或制度，顯然只是不切實際的華麗辭藻而已。1996 年，萬斯萊和沃夫再度指出，《黑堡宣言》所提倡的重建公共行政的觀念，亦為新公共行政之目標，同時，《黑堡宣言》可以彌補新公共行政之不足，但對於新公共行政無法在行政實踐上獲得有力的著力點而感到遺憾。換言之，在學術定位上，《黑堡宣言》可說是與新公共行政志同道合，但黑堡學者卻認為，新公共行政流於抽象的哲學思考，因而期望在延續新公共行政的價值主張之餘，還能彌補其缺乏實用性的缺憾。

㈡以制度為根基的論述彌補新公共行政之不足

《黑堡宣言》揉合美國聯邦主義 (federalism) 與反聯邦主義 (anti-federalism) 兩者的優點，一方面強調聯邦主義的精神，重視憲政體制，希望《黑堡宣言》能夠帶動行政論述回歸憲政體制，重建公共行政參與治理的正當性，以此解決新公共行政缺乏實用性的困境；另一方面則主張反聯邦主義的論點，強調社會對話 (social dialogue) 與合作 (collaboration) 的重要性。

　　總之，《黑堡宣言》一方面認為公共行政應該作為治理的核心，但另一方面又強調公共對話的重要性，主張公共行政在治理過程的正當性，來自於公共行政有能力服務公眾、促成公共利益並且維護民主的治理程序，而這些能力，實受到憲政傳統、法律以及人類歷史的約束。其中不但承襲了新公共行政對於民主價值的堅持，更隱含了對於制度的關懷，對於新公共行政缺乏制度的憑藉予以補充。

　　新公共行政與《黑堡宣言》兩者的內涵，都彰顯了行政人員是「主權的受託者」的理念角色，行政人員必須秉持專業知識的良知，善用職權與裁量，以高尚情操擇善固執，追求政府治理體系及過程中利益最大化，並爭取弱勢族群的公道正義，實踐「倡導型或護國型行政」(advocacy administration) 的真義（賴維堯，1995: 59）。最後整理新公共行政與《黑堡宣言》之比較，如下表 5–2 所示。

表 5–2　新公共行政與《黑堡宣言》之比較

	新公共行政	黑堡宣言
出現時間	1968 年（第一次）、1988 年（第二次）	1982 年舉行會議，1983 年正式發表宣言
主要發起者	瓦爾多	萬斯萊
會議地點	雪城大學明諾布魯克會議中心	美國維吉尼亞州立大學
共同點	1.糾正多元民主的缺失與建構民主行政規範理論 2.彰顯了「主權受託者」的理念角色 3.行政人員必須秉持專業知識的良知，善用行政職權，以高尚情操擇善固執、為政治體系的弱勢族群爭取社會公平，實踐「守護型的行政」的真義（人文行政的追求） 4.現代社會中，行政專業與裁量權的擴張，藉由行政人員的各式專業組織與倫理規範，在憲法的合理限制下，積極地造福民眾，實現公共利益。強調常任文官應以「專業（倫理）責任」積極參與治理過程	
主張	1.主張入世相關的公共行政 2.主張後邏輯實證論 3.主張適應動盪不安的環境 4.主張建構新的組織型態：如「協	1.行政人員應成為自我意識的公共利益受託者 2.行政組織係達成公共利益的機構

		3.行政管理係憲政治理過程的參與者 4.政府治理過程應代表多元利益並兼顧公平就業機會 5.落實「新公共行政學派」之管理體制
論　點	1.公共哲學的建構 2.行政倫理的重視 3.社會公平的倡導 4.公民論精神與公民參與 5.方法論的「後邏輯實證論」	1.文官集團的代表性 2.尊重市場機制，「反對」小而美政府 3.強調公共利益重要性及文官應扮演的角色 4.方法論上強調規範價值與理論的建構主義
相異點	1.行政理念的「個人主義」 2.行政人員的五種角色 　⑴社會公平促進者 　⑵機關變遷催生者 　⑶代表性官僚 　⑷倡議性行政者 　⑸非單一性行政者	1.制度化的明諾布魯克觀點 2.呼籲常任文官應扮演五種角色： 　⑴扮演執行與捍衛憲法的角色 　⑵扮演人民受託者的角色 　⑶扮演賢明少數的角色 　⑷扮演平衡輪的角色 　⑸扮演分析者與教育者的角色
重大 影響	使行政學有了正當性與獨立性地位	憲政、民主行政與官僚結構和角色的重視及強調

行政櫥窗

免試入學志願序制度❷

　　會考第一次免試入學於 2014 年 6 月 23 日報到，根據全國高級中等學校免試入學委員會公布的統計結果，全國高職平均報到率為 75.33%、高中平均報到率則是 75.17%。教育部國民及學前

---

❷ 台灣醒報，2014，〈刪除志願序扣分，家長要議員表態〉，奇摩新聞網頁，https://tw.news.yahoo.com, 2014/6/24；東森新聞，2014，〈會考完拚特招考試，自辦模擬考〉，奇摩新聞網頁，https://tw.news.yahoo.com, 2014/6/24；華視新聞，2014，〈不甘高分低就，7 千人模擬考拚特招〉，奇摩新聞網頁，https://tw.news.yahoo.com, 2014/6/24。

教育署長吳清山表示，首次國教免試入學在沒有參照點的情況下，一免報到率約 7 成 5 的結果還算不錯。然而，若進一步分析各就學區，澎湖和金門區報到率達 90% 以上，臺灣本島以花蓮區報到率最高，達 86%，基北區和高雄區最低，約 71%。而舉辦特招的就學區，以桃連區和彰化區報到率較高，超過 80%，基北區和高雄區則較低。

國中會考第一屆，由於志願序扣分制度，令許多考生沒有填到志願學校，除明星高中之外，社區高中報到率僅有 5 到 6 成。針對某些中段學校報到率較低，吳清山表示會和基北區、相關學校共同討論，希望找出改善對策。針對志願序扣分的制度，有 10 多位家長到市議會門口舉牌，為第二次免試入學請命，希望能取消志願序積分，由於一免放榜後，有些學生為了避免志願序被扣分而選擇高分低就，有些則因為志願序被扣分，造成名次一路狂跌而高分落榜，加上二免分發名額比一免少，選填志願難度相對更高，故家長們呼籲議員督促政府刪除二免志願序扣分機制。對此，十二年國教家長聯盟表示：「誰挺家長，家長挺誰，不分藍綠，只看政策」。

一免落幕後，不少考生表示會再拚 7 月中的特色招生，就特招而言，雖然不同的高中，會針對國、英、數三科各自採取加權計分，但少了會考最為人詬病的志願序扣分制度與作文，以北北基為例，7 萬 5 千名的考生當中，還有近萬人打算繼續拚特招。基北區特招 7 月 12 日登場，只考國、英、數三科，總共 5,500 個缺額，由於是第一屆特招，北北基各校與家長於 6 月 24 日自行舉辦特招聯合模擬考，用國、英、數三科算出 PR 值，7 萬 5 千名考生，大約有 7 千人參加這次的考試，以大安國中為例，到考率還有 7 成，其中不少五科都拿最高分 5A++，卻因為作文沒滿分，沒上第一志願的考生。

參考文獻

● 余致力，2000，〈論公共行政在民主治理過程中的正當角色：黑堡宣言的內涵、定位與啟示〉，《公共行政學報》，第 4 期，頁 1-29。

● 吳瓊恩，2011，《行政學》，增訂四版，臺北：三民書局。

● 吳定、張潤書、陳德禹、賴維堯、許立一編著，2007，《行政學（下）》，修訂再版，臺北：國立空中大學。

● 沈淑敏，1999，〈民主行政的建構：新公共行政與新政府運動的回應〉，臺中：東海大學公共行政碩士論文。

● 林鍾沂，2000，〈新公共行政與新公共管理之比較〉，《人事月刊》，第 30 卷第 6 期，頁 2-21。

● 林鍾沂，2005，《行政學》，臺北：三民書局。

● 林鍾沂，2009，〈科層官僚制的發展〉，收錄於吳定等著，《行政學析論》，初版，臺北：五南圖書公司，頁 35-73。

● 許世雨，2000，《新公共行政與新政府運動之辯證與比較》，臺北：國立政治大學公共行政學系博士論文。

● 許南雄，2000，《行政學概論》，增訂四版，臺北：商鼎文化出版社。

● 許立一，2002，〈黑堡觀點的興起及其與公共行政的關係〉，收錄於銓敘部發行，《行政管理論文選輯》，第十六輯，頁 1-28。

● 許立一，2003a，〈新公共行政的後續發展——黑堡宣言產生的系絡及其與新公共行政的關係〉，《空大學訊》，第 308 期，頁 72-85。

● 許立一，2003b，〈黑堡觀點的核心價值及其內在弔詭〉，《空大行政學報》，第 13 期，頁 39-74。

● 許立一，2003c，〈新公共行政的再現與新詮：黑堡宣言的主張（上）〉，《空大學訊》，第 312 期，頁 121-126。

● 詹靜芬，2009，〈行政倫理的演進〉，收錄於吳定等著，《行政學析論》，初版，臺北：五南圖書公司，頁 571-600。

● 賴維堯，1995，〈新公共行政與黑堡宣言〉，《空大學訊》，第 174 期，頁 56-59。

歷屆考題

1. 何謂新公共行政 (New Public Administration)？其主要論點為何？對我國當前行政運作有何啟示？試分別析論之。（097 年公務人員高等考試三級考試一般行政）

2. 新公共行政學派和「黑堡宣言」(Blacksburg Manifesto) 的擁護者十分重視常任文官體系，原因為何？他們主張常任文官在治理過程中，應該扮演那些重要的角色？（098 年公務人員高等考試三級考試一般行政）

3. 何謂全球化？全球化對公共行政產生那些挑戰？政府該如何因應？（100 年公務人員高等考試三級考試一般行政）

4. 美國學者 Kenneth J. Meier 曾提出「多一些官僚，少一些民主」(more bureaucracy and less democracy) 以剖析美國官僚體制的問題，試從參與式治理的角度，評論 Meier 的上述觀點。（098 年國立臺灣大學政治研究所丙組試題）

5. 試分析與比較傳統公共行政及新公共行政其「公共性」之概念意涵。（098 年國立臺灣大學政治研究所丙組試題）

6. 回顧行政學理論在近三十多年來的發展，其學說匯集成為三大主流：新公共行政、黑堡宣言、新公共管理。試分別就其發展背景及主要論述觀點，概要說明之。（101 年國立彰化師範大學公共事務與公民教育研究所試題）

7. 請問何謂「新公共行政」？與傳統的公共行政理論在本質與內容上有何不同？（100 年國立彰化師範大學公共事務與公民教育研究所試題）

8. 何謂新公共行政 (New Public Administration)？何謂新公共管理 (New Public Management)？試進行申述，並對兩者發展趨勢及異同加以分析比較。（099 年國立臺南大學行政管理研究所試題）

第6章　新公共管理

傳統行政理論之本質乃是奠基於大有為政府的觀念之上，並以韋伯所提出之官僚體制作為公共組織設計的原理。然而，在 1960 年代末期到1970 年代，激進的反國家主義思維大為盛行，民眾對於政府無所不在的管制作為日漸感到不耐，取而代之的是，小而美的政府觀念逐漸受到重視，使得公共行政的論述朝向嶄新的內容發展（吳定等，2007: 277）。

也因此，在跨越二十一世紀的前夕，公共行政學術領域最重要的大事毋寧是「公共管理」(public management) 的崛起。公共管理肇始於美國 1970 年代，而在 1990 年代大放異彩，其著重目標達成、績效獲致，而非死守程序；強調顧客導向、解除管制 (deregulation)、授能(empower)；行政機關只須領航，無須操槳 (steer, not row)，應盡量利用市場式的競爭 (marketlike competition)，以獲致績效等觀念，在在顛覆傳統公共行政的中心思想，改變了公共行政學術理論與實務的原本面貌，成為世界各國行政管理學、政兩界矚目的焦點。正如同休斯 (Owen E. Hughes) 所形容的，這是傳統公共行政「改變的年代」(era of change)，此種改變不僅是管理技術與管理公式的改變，也涉及政府在社會中的角色以及政府與民眾之間關係的改變（吳瓊恩等，2006: 3）。

受到公共管理相關理論的影響，自 1980 年代開始，世界各國掀起了一股政府再造的風潮。公共管理企圖顛覆，或者轉化舊有公共行政的本質——僵硬、層級節制的官僚體制，取而代之的是形塑一個彈性的、市場導向的公共部門，而這樣的理念正好被視為解決過去政府組織積弊的一帖良方。不但政府層面，就連民間社會皆對這股再造風潮的預期效應寄予厚望（林鍾沂，2005: 160；吳瓊恩等，2006: 3）。然而，公共管理的興起是否真的意味傳統公共行政已經過時？或代表典範的移轉已經從行政移轉到管理；從官僚移轉到市場？公共管理的興起背景、意涵與特性為何？其與新公共管理在概念上有何差異？主要論點為何？這些問題都是本章中所欲探討的。

　　由於公共管理涵蓋的內容相當廣泛多元，受限於篇幅，在本章中僅能針對重要的基本概念進行重點介紹。因此，在本章中先說明公共管理的興起背景與公共管理的基本概念；其次，描述新公共管理的發展背景，藉以釐清公共管理與新公共管理之間的差異，以及分析新公共管理的主要論點；接著以新公共管理中最常被提起的「企業型政府」為例，逐一闡述企業型政府的形成背景、意涵、原則與特質；最後則嘗試將新公共管理與傳統行政理論進行比較，探討新公共管理的優點以及可能產生的限制。

第一節　公共管理的興起背景

　　關於公共管理理論研究的起源，各家說法歧異。基本上可溯至威爾遜於 1887 年所發表的〈行政的研究〉一文，威爾遜倡議以「師法企業的公共行政」(businesslike public administration) 的方法來轉換政府的職能。不過，此一「企業管理」的概念在當時只是曇花一現，並未受到各界所重視（吳瓊恩等，2006: 5）。其後，美國由於越戰、大社會方案等推行不順，導致政府背負龐大的赤字預算，而其他西方先進國家也面臨相同的財政危機，公共組織也因規模龐大導致運作失靈。面對此一困局，許多人開始思考「大規模政府」存在的必要性；主張「小政府」的新右派理論遂在英國柴契爾政府和美國雷根政府的推波助瀾下奉為圭臬。另一方面，各國政府為解決此一困局，也試圖將顧客至上、彈性、競爭、績效等企業管理之元素注入政府部門，以解決政府所面臨的困境，此即公共管理的起源（孫本初，1999: 4；吳瓊恩等，2006: 8）。

　　關於公共管理興起的背景有很多，許多學者採用不同的觀點加以分析。米洛格 (Martin Minogue) 指出推動公共管理的理念，係因為受到財務、服務品質及意識型態等三大壓力之下而興起的；另一位學者凱德爾 (Donald F. Kettl) 則認為公共管理的興起，應從政治、社會、經濟與制度四個角度來分析。而我國學者丘昌泰 (2010: 50–66) 則指出，公共管理發展的背景大致可分別從內生因素及外生因素來觀察；內生因素包括新右派意識型態出現以及來自新古典經濟理論的批判；而外生因素則是指面

對全球化的挑戰以及資訊化社會的衝擊，迫使傳統的政府管理思維必須轉型以為因應。此外，孫本初 (2009: 30–31) 則認為，公共管理出現的原因，可分為理論面及實務面觀之。在理論層面上，公共管理是一種跟隨對公共行政舊典範進行挑戰的「後官僚典範」而來，企圖跳脫傳統官僚典範陷入於層級節制的嚴密控制、狹隘的效率觀、空泛的行政執行程序（依法辦事）和抽象的公共利益等問題；另外，在實務上則是受到 1980 年代新公共管理浪潮及各國行政改革運動的影響，導致公共管理的產生。

　　綜上所述得知，公共管理的出現，即是肇因於理論界與實務界均普遍感受到傳統建構在韋伯式系絡下的公共行政已經出現「合法性危機」，因為在其偏狹的理性主義之下，已明顯地發生理論無法指引行動，以及無法忠實地實現人民的需求等現象。公部門不僅背負著龐大的財政壓力、也必須面對人民的不滿與抨擊，再加上時逢意識型態與經濟理論的變遷，導致傳統公共行政的理論在二次大戰後、後工業社會來臨之際的時代環境下欲振乏力，於是開始有學者從管理面向著手研究，試圖改變傳統公共行政層級節制、嚴密控制的思維，以挽回人民信心。

第二節　公共管理的基本概念

一、公共管理的意涵

　　公共管理是一門新興的學科與學派，旨在幫助公共管理者（即負責督導人員從事公務之政府官員）獲致解決公共問題、滿足民眾需求及處理公眾事務所需的知識、技能與策略，以造就一個績效卓越，也就是負責任、有反應、講效率、重公平的政府（余致力，2000: 38）。

　　公共管理的意涵，就狹義而言，係指公部門的管理 (public sector management)；就廣義而言，則包含公共事務的管理，從政治面向到行政面向，從公部門、私部門到第三部門 (the third department) 的事務皆包含在內。一般學界的通說是指涉公共事務的管理，意即政府部門（具有公權力）及非營利組織（如慈善機構、學校、社團法人等）的管理。然由於公共管理是一門多元、複雜的學科，不同的學者可能以不同的概念來

定義公共管理，如我國學者丘昌泰即從「管理主義」、「公共行政」、「政策管理」、「新公共管理」的角度來界定公共管理，並歸納出公共管理的綜合性觀點，賦予公共管理較具體的樣貌如下（丘昌泰，2010: 15–16）：

㈠公共管理不是意識型態或文化形式，而是一種新興專業或管理實務

英國的學者比較會強調公共管理是新右派的意識型態，且相關文獻多從這個角度切入，但就許多國家而言，公共管理只是一種專業或管理實務。

㈡公共管理不是公共行政，而是一種新修正的公共行政

傳統公共行政關注的重點在民主與行政間的關係，如公平、正義等價值觀；公共管理則偏重機關內部結構的安排、人員激勵及資源分配等管理面向。

㈢公共管理與新公共管理為同義詞

兩者皆強調師法私部門的企業管理實務與技術；且同時也都是一種手段，企圖將官僚權威式的作風轉換成有效率、回應性及顧客導向的新典範。

另一位學者孫本初則綜合多位學者的見解，提出公共管理是繼承科學管理的傳統，為一種應用性的社會科學，反映出科際整合的取向；且其雖自公共政策與企業管理知識領域中，獲取部分知識，但卻未自限於政策執行的技術性質，以及企業管理追求營利的狹隘目標。公共管理的重點，在於將公共行政視為一種專業，並將公共經理人視為專業的執行者，不僅重視組織內部運作程序的有效性，同時也重視組織與外部環境的關係（孫本初，2009: 33–34）。

二、公共管理的特性

公共管理發展至今，已累積相當多的文獻與政府實務經驗，而其特

質為何？各家說法分歧互異。博茲曼 (Barry Bozeman) 在 1993 年所主編
出版的論文集中，認為整合後的公共管理，不僅專注於組織內的經營管
理，更重視組織外部的問題，特別是外部政治因素對公共管理的衝擊與
影響，以及如何與其他組織間協力合作以貫徹政策方案，解決公共問題
等（吳瓊恩等，2006: 12）。而凱德爾 (1993) 則從公共政策的角度理解公
共管理，認為公共管理的特質在於：擺脫傳統公共行政與政策執行之研
究途徑，其研究領域比傳統的公共行政更具前瞻性及規範性，而且以最
高管理者的策略設計為焦點，偏好以個案研究與個人經驗發展管理知識，
並且認為公共管理與政策分析是一體，並非分立的。余致力 (2000: 27)
認為公共管理的特徵有四：首先，其以公共管理者為教學研究對象；其
次，重視公共系統或政治環境，亦重視管理知能與策略；再者，公共管
理以政府方案為關注焦點，重視績效，並強調部際關係與府際關係；最
後，公共管理採科際整合與個案研究的途徑，強調實務與理論並重。而
國內學者丘昌泰 (2010: 16–22) 則歸納出公共管理的幾個共同特質如下：

㈠將私部門的管理手段運用於公部門之上，並未改變公部門的主
　體性

　　公共管理者並不否認形成公部門特性的公共利益、公共道德、公共
責任、公共服務等價值的重要性。公共管理在維持公共性格的實質基礎
上，主張應該謙虛地學習與吸收私部門管理策略與方法等手段，以實踐
公部門所揭示的效率 (efficiency)、效果 (effect)、公平 (equity) 及卓越
(excellence) 的「四E」目標。

㈡選擇性地運用市場機制手段，並非將公共服務完全市場化

　　公共管理由於受到公共選擇學派的影響，主張引進市場機制，將公
共服務民營化，以加強競爭、降低預算與權力的極大化，故稱之為「市
場取向的公共行政」(market-oriented public administration)。不過市場取
向的公共管理是指選擇性地運用市場機制的手段與方法，並非實質上將
政府予以「市場化」，在將公共服務交給市場之前，通常都會經過審慎的

可行性研究，如英國的續階計畫 (Next Steps)，係將可能民營化的業務進行市場測試，可以交給市場經營的項目大都是例行性的、作業性的、非管制性的公共服務。

㈢既非公共行政，亦非政策執行，並非排斥兩者的內涵，主張予以吸收修正

1.公共行政與公共管理的區別

公共管理重視目標的設定與成果的衡量，也強調個人的責任；公共行政則強調管理過程與規則。

2.政策執行與公共管理的區別

⑴就研究焦點而言，政策執行重視執行組織的結構與過程研究，公共管理則重視公共計畫的成果與績效。

⑵從知識基礎而言，政策執行是放在政治學、公共行政與政策領域內；公共管理則立基於科際整合觀點，知識基礎較廣。

因此就公共管理學者而言，公共行政的管理程序與原則值得吸收，政策執行強調以公共計畫為單元的概念亦應重視，故公共管理吸收且修正了公共行政與政策執行的論點。

㈣重視外部環境的關係，強調最高管理者的策略設計為焦點

公共管理兼顧內部與外部的環境關係，特別是重視外部環境，故主張採取策略性的觀點進行資源管理，包括：如何認定顧客的需求、如何研擬因應的計畫與如何進行資源的配置。但傳統的公共行政僅重視組織內部的環境因素，強調以標準作業程序與官僚控制完成組織目標。

此外，傳統的公共行政將官僚體系視為分析單元，主要分析官僚人員的行政管理程序與原理❶；但是公共管理者的分析單元為官僚部門中最高管理者的策略，其所面對的問題是：如何為本身的計畫或官僚結構設計適宜的管理策略。

---

❶ 如探討的主題是：行政人員應解決哪些問題？解決程序為何？如何能達到效率目標等。

㈤不完全等於政府管理，是與私部門、非營利部門、公民社會或個人進行「公私合夥」的合作模式

公共管理中所謂的管理者不一定是政府部門，私部門、非營利部門等都是公共管理者的一環，且都扮演積極角色，故公共管理非常強調「公私合夥」(public-private-partnership) 的合作關係。

㈥與政策分析有密切關係，不可分離

政策分析主要是關切政府做什麼 (what) 的課題，公共管理則關切如何做 (how) 的問題，兩者密切相關。

綜合上述，或許可以借用吳瓊恩等 (2006: 12) 所提出的幾個較簡單的概念來協助釐清公共管理的特質：公共管理重視政治系絡與府際關係，強調管理知能與管理策略、科際整合與個案研究並行，以及理論與實務並重。

三、公共管理與企業管理之比較

有關公私部門管理異同之爭議，長年以來，一直是公共行政與企業管理學者專家所關心的課題。有部分學者認為，管理就是管理，無所謂公私部門之差異。無論是在政府機關或私人企業從事管理工作者，都需要類似的管理知識、技能、概念與工具，來幫助他們發揮相同的管理功能（如規劃、決策、組織、領導、溝通、控制等），俾將組織的資源（如人力、財力、物力與資訊）加以妥適地配置運用，以期有效地生產財貨與提供服務，達成組織的目標（余致力，2000: 3）。

但另有部分學者專家並不認同「公私管理無異」的理念，認為公共管理與企業管理在本質上有許多差異，可分別從下列幾個面向來分析 (Denhardt, 1990: 16–18；丘昌泰，2010: 22–23；徐仁輝，2000: 62–67)：

㈠底　線

公共管理者很少有一清楚的底線，亦即沒有損益考量的限制；民間

企業的經理人則必須時時刻刻以利潤、市場績效或企業存活作為任何經營決策上的考量底線。

㈡時間水平

主張公私管理差異者認為，公共部門管理人面對政治的需求與政治時效性，經常是只有相對較短的時間可做政策制定與改變；相對而言，私部門經理人顯然有較長的時間去做市場開發、技術創新、投資與組織重建等。

㈢人事任免

在政府機關無論考試、任用、升遷、考績、解僱、退休等皆有詳細的法令規章與一定的作業程序，公部門管理者很難從效率的角度，善用人力資源。反之，私部門經理人對於人事的任用、調任與免職皆有很大的權限，可對人力資源作較佳的利用。

㈣分權與負責

主張公私管理差異者認為，公部門基於憲法均權與制衡的設計，公部門組織的權力與責任是分散的，結果是任何一個公共政策的推動，公共管理者皆需不斷地與其他機關進行溝通協調。相形之下，私人企業則較無須花時間資源去做外部的談判。

㈤決策過程

主張公私管理差異者認為，私部門經理人在經過專注的研究過後做決定性的決策；相對的，公部門管理者則是不斷地在做、重新修正或不做決定，而且是處於草率的分散狀況下。公部門管理者可能面對較多急迫性危機問題，暴露在來自各方利益的干擾，因此其決策經常是無法像私部門經理人一樣可以在有計畫的時程表下進行。

㈥公開性與封閉性

主張公私管理差異者認為政府管理必須攤在公共的目光監督下，因此較公開；相對的，私部門企業管理皆是內部進行，不需經過大眾的審視，因此較封閉。

四、公共管理的「公共性」

公共管理的公共性可以說是核心特質，失去「公共」二字，公共管理即與企業管理無異。學者認為公共管理一旦失去對於公共的堅持，則很容易發生學科的認同危機，所以，有必要理解並解析公共性的概念（Rosenbloom & Kravchuk, 2002: 6，轉引自丘昌泰，2010: 25–26）。

㈠恪遵憲法規範

公共行政的行動準則是代表國家最高法律位階的憲法，公共行政的組織設計與運作功能都必須在憲法架構下進行；依憲法規定而頒布的法律與行政命令，公共行政亦必須信守遵從。基此，對於公共行政而言，其與企業管理最不一樣之處為其必須完全受制於憲法的規範。

㈡公共利益中心

相對於企業所強調的股東、董事長、管理階層與員工的私人利益，公共管理者所欲實現的是公共利益，一旦公共管理者無法展現以公共利益為中心的行政行為，則必然被認為是以私益為導向而備受抨擊。基此，公共管理必須回應公民的利益，否則民主政治無以為繼。

㈢部分市場制約

私人企業必須以市場為導向，亦須在市場競爭中依據市場遊戲規則求生存與發展。但是公共管理並不需要直接面對一個完全自由、競爭性的市場，政府對於某些業務項目收費標準的訂定，往往不能完全依據市場供需定律來決定，而是根據政府預算的編製、審議與執行的既定程序

進行。

㈣服從政治主權

主權是一個國家最終的政治權力。在民主國家中,人民掌握主權,但必須找到一個代表性的政府實現主權的意志,公共管理者就成為公眾信任的來源。公共管理接受政府與人民的託付,制定與執行公共政策,以有效、公平的配置資源,使社會民眾得以團結一致,完成國家發展目標。因此,公共管理是確保主權得以實現的執行者,這是一般私人企業所無法擁有的權力。

第三節　新公共管理

自 1980 年代以來,全球盛行起管理的風潮,而這波以「新右派管理主義」為基礎的行政改革運動,是以「市場機制」及「效率」為其核心理念,被稱之為「新公共管理」(new public management, NPM)。廣義而言,公共管理與新公共管理雖為同義詞,但仍有些微差異:公共管理興起於美國,雖強調將企業管理手段運用於公部門,但其實並未改變公部門的主體性,且公共管理僅是選擇性地運用市場機制,並非實質上將政府予以市場化 (marketized);而新公共管理則起源於英國,並盛行在紐西蘭、加拿大、澳洲等地,由效率觀點出發,重視企業家管理精神的植入,並主張政府機關應盡量將公共服務交由市場來處理,才能確實達成小而美的政府改造目標 (吳英明、張其祿,2006: 119;丘昌泰,2010: 18、86)。簡言之,公共管理與新公共管理主要在於「興起國家」及「公共性程度」的不同,形成兩者之間的差異。

一、新公共管理的發展背景

一般認為,新公共管理思維的興起,乃是肇因於兩股力量的影響:一為反國家主義 (anti-statism) 思潮的衝擊,使得以經濟學之市場理論為基礎的公共選擇理論,其小而美的政府觀,被納入了公共管理的論述當中;其次,則是 90 年代美國柯林頓 (Bill Clinton) 總統主政後,授權副總

統高爾 (Al Gore) 所進行的行政改革，試圖屏除官僚體制的僵化，為公共組織帶來活力以提升政府績效，一般稱之為政府再造 (reinventing government) 運動（吳定等，2007: 277）。而這股自 1980 年代以來即盛行於各國的政府再造風潮，使得各國政府的行政管理文化產生「轉移」(transformation) 的現象——從公共行政轉變為公共管理（孫本初，2010: 17）。學者休斯亦指出，自 1980 年代之後，一項新的公部門管理模式已出現在大部分先進國家中，而這個模式被賦予不同的稱號，包括：管理主義 (managerialism)、新右派 (the new right)、新治理 (new governance)、市場導向的公共行政 (market-based public administration)、後官僚典範 (post-bureaucratic paradigm) 或企業型政府 (entrepreneurial government) 等，名詞雖異，然所探究的實質內涵卻大致相同，可統稱為「新公共管理」（吳定等，2009: 52；孫本初，2010: 17；林鍾沂等譯，2003: 63）。

　　然而，為何世界各國於 1980 年代以降，風起雲湧地加入政府再造的行列之中？此乃因為 1970 年代隨著石油危機而導致全球性的經濟不景氣，面對停滯的發展、持續的通貨膨脹、能源成本的提高、生產力的降低、失業率的節節升高，加上政府財政收入的減少以及社會福利成本的持續擴張，使得凱因斯 (John M. Keynes) 經濟理論顯得無力處理，而引發了福利國家的種種危機。若細加探討，這種危機可分為：

1. 經濟危機：因石油危機導致的世界經濟不景氣。
2. 財政危機：福利國家因經濟蕭條導致稅收減少，不足以支應持續增長的公共支出。
3. 官僚危機：福利國家為分配龐大的福利，勢必建立起龐大的官僚體制來執行，而其所關心的是預算經費的擴張，將造成不正確的公共財觀念、過度供給及官僚政治的竊盜行為等後果。
4. 合法性危機：當一個國家出現了經濟危機、財政負荷過重，人民的需求又不斷增加，若政府無法有效的因應，不但不能表現施政的效能感，也喪失民眾的信賴感，如此的政府體制勢必喪失其合法正當性。上述這些危機亦為新公共管理產生的背景系絡（林鍾沂，2005: 166–168）。

　　簡言之，1980 年代以來，市場取向的論述促使政府的觀念從大有為

轉向小而美,再加上各界對傳統行政理論所採行之政治控制行政的模式有所質疑,也不滿傳統官僚體制的組織設計不符合民主的要求且缺乏效率(吳定等,2007: 277-280),因此英、美、紐、澳等先進民主國家先後出現強大的民意壓力,要求行政革新、提升政府績效與加強公共服務品質,而新公共管理之改革運動隨即成為一股世界潮流席捲全球。

二、新公共管理的主要論點

歸納言之,新公共管理係以市場取向的公共選擇理論為基礎,發展出一套有別於傳統行政理論的論述內涵,並希望對行政實務進行改造。主要可以三項核心觀念涵蓋之(吳定等,2007: 281):

㈠顧客導向

新公共管理以市場取向為起點,強調將人民視為消費者,標榜以顧客導向作為政府行動的方針。

㈡公共組織內部市場化

新公共管理的支持者相信市場的運作較官僚體制更為有效率,因此行政改革的正確道路應該是將市場的競爭概念注入公共組織當中,論者謂之「組織內部市場化」,其實務上的作為即學者薩瓦斯 (E. S. Savas) 所謂的「將政府民營化」(to private government)。

㈢企業型政府

新公共管理的倡議者目睹了許多成功企業的經驗,皆認為政府的成敗與民選首長、政務官,以及行政人員是否具有企業家精神息息相關,此一概念意謂大膽創新、追求變革、前瞻視野以及接受挑戰 (Denhardt & Denhardt, 2000: 550) 應成為公共經理人 (public managers) 的特質,論者將具有此種企業家精神的政府稱為「企業型政府」。

第四節　企業型政府

提到新公共管理，多數學者都會提及企業型政府的概念，認為師法企業的管理技術有助於改善政府部門長期以來的各項缺失，透過企業管理的方法有效的將政府部門的資源做妥善的運用，並設法提高民眾對政府的施政滿意度。因此，在本節中乃簡述企業型政府的相關概念。

一、企業型政府的形成背景

奧斯本與蓋伯勒 (Osborne & Gaebler) 在其著作《新政府運動：如何將企業精神轉換至公務部門》(*Reinventing Government: How the Entrepreneurial Spirit is Transforming the Public Sector*) 一書中指出，如果政府管理文化與行為能夠加以改革，則可以從「官僚型政府」轉變為「企業型政府」，並且像私人企業般，積極為人民解決問題。因而兩人認為：政府機關唯有具備企業精神，以企業精神經營政府機構，才能建立企業型政府，以滿足人民的需求與社會的期待。研究顯示，企業型政府的形成背景，可分別從理論與實務層面來探討（莫永榮，1998: 75–76；丘昌泰，2010: 108–109）：

從理論層面而言，政府再造的壓力來自於現代生活的三項特徵：

1. 社會大眾對公共服務需求的質和量大幅成長，但官僚體系提供服務的模式卻未能滿足民眾，因而期待透過企業型政府的能力來恢復社會大眾對於政府的信心。

2. 因科技的進步擴大服務範圍，並促使其多樣化，不僅提高了政府服務的成本，同時降低其效率和效能。因此希望藉由企業型政府的建立來改善上述的情形。

3. 官僚體系行事遲緩、缺乏效率的特質，使得社會大眾對於官僚型政府的運作情形普遍不信任，甚至認為政府經費的運用是缺乏效率的。

就實務層面而言，大多數推動政府再造的領導者，經常面臨內外交迫的「雙環困境」。對內方面，改革者需撙節施政成本，如裁撤機關、精簡員額，但卻容易遭致公務員的抗拒及既得利益者的排斥；對外方面，

改革者若欲提高服務效能，滿足民眾的期望需求，則需要增加稅賦、擴大稅基，以增加可用資源，然此舉極易引發民意機關的質疑，與一般公民的負面回應。

基於上述，為解決理論和實務上的困境，乃考慮引進企業型政府的理念，作為政府和企業組織型態之外的第三種選擇。

二、企業型政府的意涵

「企業型政府」係指政府在既有的文官體制中，培育「政府的企業精神」與「企業型官僚」。所謂的「政府的企業精神」係指在政府的體制及運作之中，具有某些變遷導向的內在特質，這些特質能夠積極引發革新理念，並將此種革新理念轉化成具體的方案設計，並以實際的行動體現方案設計，協助政府部門處理公共事務、解決政策議題與善用行政資源（孫本初，2009: 142）。

而奧斯本與蓋伯勒在 1992 年出版的《新政府運動》是形塑「企業型政府」最重要的概念架構，其不斷強調公共部門對於企業家精神的迫切需要，藉以去除陳腐的官僚文化積習。換言之，企業型政府強調揚棄舊方案和舊方法，不但求新求變且願意承擔風險，取消傳統的預算制度，與民間企業合作，真正運用商業頭腦來經營（吳瓊恩等，2006: 47）。

然而，政府和民間企業在本質上仍存有差異，無法完全像民間企業般經營。政府的最終目的是謀求公共利益，而企業是創造產品和追求利潤，基於截然不同的組織目標，公私部門成員的誘因和面對風險及報酬的看法自然有所不同，況且民眾也不希望政府像企業般牟取私利。因此，企業型政府並不是要政府部門完全像商業機構一樣，人民所期望的是政府不要太官僚化（江岷欽，1995: 15–16），而能擁有如企業般的彈性與機制。

三、企業型政府的十項原則

根據奧斯本與蓋伯勒所言，企業型政府運作或治理需遵循下列十項原則，茲分述如下（江岷欽等，1999: 74–77；張潤書，2009: 458–459）：

㈠導航型的政府：強調導航而非操槳

強調政府的職能在於導航 (steering)，而非親自操槳 (rowing)。奧斯本與蓋伯勒認為高層的領導和實際的執行運作應予分開，以便高層全力做好決策和領導，而實際的運作則可交由基層人員負責，否則決策者恐將陷溺於運作細節，以致導航功能無從發揮；如藉契約外包、抵用券、特許制或租稅誘因，來達到以「導航」替代「操槳」的轉型。

㈡社區性的政府：授權公民參與監督政府

政府應該提供有效的意見發表管道，鼓勵民眾關心並參與公共事務，如此政府才能確實掌握社會問題，瞭解民眾需要，進而對症下藥。透過公民參與和公眾監督，有助於提升人民對政府施政的認同感。

㈢競爭性的政府：鼓勵公共服務提供者之間的競爭

競爭機制雖不是萬靈丹，卻是紓解官僚體制運作失靈的良方。官僚體制最大的問題在於其獨占的特性，會造成政府機能的僵化、保守、浪費和無效率，若是提供公共服務的組織，彼此之間能形成競爭態勢，將有利於效率的提升，並刺激政府機關改變作法。

㈣任務導向的政府：以目標和任務為導向，而非以法規命令為策力

官僚體制強調藉由法規命令控制成員，然此種作法不僅無法確保課責性，反而造成政府管理成本過高、組織成員的消極抵抗和目標錯置等病症。而以目標和任務為導向的治理方式，強調政府要以民眾福祉為依歸，在合法範圍內，行政人員以所欲達成的目標成果為指引，發揮效率、創意、彈性，並提升士氣。

㈤結果導向的政府：以實際成果為施政重點

一般官僚機關只重投入、不重產出，其後果是政府只重視施政形式，

而不重視實際績效。企業型政府企圖改變此種本末倒置的現象，強調施政的實際結果，預算和績效並重，企圖建立目標導向、分工協力與結果導向的管理體制。

㈥顧客導向的政府：強調建立即時回應系統並重視顧客滿意度

民主政府以創造民眾利益、服務民眾為目的，從市場的觀點來說，就是針對顧客的需求提供服務。因此，企業型政府強調政府的服務要以滿足顧客需求為優先，應建立即時的顧客回應系統，政府的施政績效和品質也應由顧客（人民）的滿意度決定。

㈦企業型的政府：強調開源，而非一味講求節流

傳統的財政理論，強調國家應該撙節支出，達到收支平衡。企業型政府則強調如何增加利潤的觀念，認為機關應該發揮企業經營的精神，進行有效投資，以解決困窘的財務狀況，達到自給自足的境界；如藉由開創基金 (enterprise funds)、配合使用者付費 (user fees) 或影響受益費 (impact fees) 等來解決財政困境。

㈧前瞻性的政府：具有防範未然的能力

傳統官僚組織僅著重眼前問題的解決，習慣以被動姿態來處理問題，而容易引起民怨。但企業型政府重視策略思考和長期性規劃，能夠以遠見來治理國家，危機管理能力較強，能面對未來的需求和問題預作因應，是一個具有前瞻性的政府。

㈨分權化的政府：講求分權，並鼓勵參與式管理

企業型政府講求分權的管理觀念，授權地方政府或派出機關發揮因地制宜的功能。對內則講求參與管理的觀念，授予部屬決定的權力，並透過集體參與凝聚向心力，以提高生產力和工作效率。

㈩市場導向的政府：強調市場機能優於官僚機制

現代政府在有限的資源條件下，無法扮演過去大有為政府的角色，所以企業型政府相信市場機能優於官僚機制，認為透過市場競爭機制能創造資源的有效運用，如民間機構能共同分攤營運風險，協助處理公共事務，將有助於政府效率的提升；如以課徵汙染費、環境維護費等來取代原有行政管制機制，以解決公共問題。

四、企業型政府的特質

企業型政府中的企業型官僚若欲推動行政革新，落實「政府的企業精神」，抽象宏觀的概念架構固然重要，但具體實際的外顯行為尤不可缺。就行為的實踐觀點而言，企業型官僚需具備某些特質，才能體現「政府的企業精神」。茲整理企業型政府的共同特質分述如下 （林水波等，1999: 49–53；林水波編著，1999: 41–44）：

㈠重視成本效益關係

企業型政府必須改變過去重視預算而不關心產出的作法，重視政策或計畫的成本效益關係。特別在非管制性的政策領域內，經濟效益的重視可以減少政府開支，並獲得更大之產出。基本上，要求政府重視成本效益關係，源自各國普遍面臨預算赤字與債務危機，就如 1997 年所爆發的亞洲金融風暴，國際貨幣基金會趁機要求接受援助國家必須進行經濟改革、撙節政府開支、提高行政效率即是相同的道理。

㈡重視績效評估

企業型政府的運作講究產出與績效，因此必須重視評估工作，以衡量政府機關是否達到產出極大化、資源利用最適化的目標。績效評估通常需以量化的形式來進行，但政府機關本質上和企業並不相同，無法單純從利潤、收益或成本的角度來考量，而造成政府機關在規定評估標準時的困難。基本上政府機關衡量績效的標的包括成果 (outcomes) 和產出

(outputs) 兩項。

㈢對執行者授權與課責

　　企業型政府的管理者必須賦予執行者自由裁量權來完成其所執行的計畫，並保證其能達成目標的責任。由於創新的政策與管理必須使行政人員充分瞭解本身的工作目標，並給與其足夠的資訊與裁量權，這同時也蘊含支持、資助與包容錯誤。也因此，具有企業家精神的行政組織會提出一套清晰且涵蓋各組織功能的績效標準，並鼓勵行政人員達成這些目標，也就是負有履行達成績效結果的責任。

㈣重視選擇與競爭

　　競爭是市場運作的主要手段，企業型政府若欲滿足民眾對公共服務的需求，則可考慮透過競爭的手段，在公私部門中尋求多元選擇的機會。選擇與競爭機制的重視，促使企業型政府發展「標竿管理」(benchmarking) 的技術，也就是以其他部門或民間企業的服務水準或產出訂為標竿，藉以督促該機關行政朝此標竿邁進；如 BOT 的引進、結合社區參與和非營利組織合作等，皆可以有效提高公共服務的品質，而選擇的結果也提高政府機關間的競爭機會。換言之，選擇與競爭的意義不僅是簽約外包，還包括政府機關之間的競爭。

㈤強調創新與改革

　　創新與改革乃是企業型政府的主要特徵，故解除規則枷鎖、打破結構慣性、活化官僚思維等便成為創新與改革之先決條件。創新與改革的需求來自環境變遷的壓力與現實問題之困境，以致無法使用舊方法加以解決，若政府體系本身過於保守、僵化，也無法提出因應之道。因此，創新與改革必須根據環境的特性與發展，找尋另外一條出路，故具有權變的意涵。

㈥主張法令鬆綁

官僚體系最受詬病之處乃是繁複的行政作業程序與規定，並以此作為管理控制的目的，但卻造成公部門為了遵守規定，必須花費更大的交易成本。因此，如何簡化法規與行政流程，改以較具彈性與效率的方式替代，便成為企業型政府努力達成的目標。其中的一項作法乃是法令鬆綁，授權管理者或下級，以彈性作法因應各種狀況之變化，進而達成活化官僚體系之目標。

㈦重視顧客導向

企業型政府高舉為民服務的口號，希望藉由顧客導向的行政管理方式，改善目前的作業流程，朝向結果導向的目標邁進。企業型政府不但認為公共服務不應先考量投入，而應更重視產出，認為公共服務不應只站在政府供給面的角度來看，也應以顧客需求面的立場來看，才能真正落實「民之所欲，常在我心」之理念。

第五節　新公共管理的優缺

一、新公共管理與傳統行政理論的比較

傳統公共行政基本上係建立在官僚主義的基礎上，企圖建立行政中立，樹立公部門的優越地位。然而，這種以官僚體系為基礎的公共行政遭遇到如政治對行政的干預與控制問題、官僚體系效率低落的問題以及追求政府規模與預算的極大化問題，必須加以改革。因此，在理論發展上，傳統公共行政逐漸變遷為新公共管理，並且有逐漸被其取代之趨勢（丘昌泰，2010: 72–73）。

承前所述，新公共管理採取了公共選擇理論中，源自於經濟學市場理論的基調，並據以針對傳統官僚體制的弊端進行修正。關於上述論點，可從學者羅森布隆等人針對傳統與新公共管理二者所進行的比較，獲得更完整的理解，如下表 6–1 所示（吳定等，2009: 284–285）：

表 6-1　傳統行政理論與新公共管理的比較

課　題	傳統行政理論	新公共管理
價　值	經濟、效率、效能	成本效能、對顧客的回應性
結　構	理念類型的官僚體制	競爭、師法企業
對個人的觀點	非人化的個案、理性行動者	顧　客
認知途徑	理性一科學的	理論、觀察、測量、實驗
預　算	理性的（成本利益）	以績效為基礎、市場導向
決　策	理性一廣博的	分權化、撙節成本
政府功能特色之所在	行政部門	行政部門

資料來源：Rosenbloom et al. (2002: 39)，轉引自吳定等 (2009: 284)。

如表 6-1 所示，新公共管理在內涵上不同於傳統行政理論的重要面向，大致如下：

1. 相對而言，新公共管理更關注於顧客的需求。
2. 新公共管理認為公共組織的設計應該彈性化，而此一彈性化的措施則為引入市場的競爭機制於公共組織之中，而被喻為「公共組織內部市場化」。
3. 新公共管理將傳統上公共服務的對象之認知意涵，由非人化 (impersonalized) 的個案轉換為如同私部門一般所稱之顧客。
4. 新公共管理基於小而美的國家觀念，不再著重於理性、廣博的政策規劃，並且不認為大有為的政府是公共行政的使命。

二、新公共管理的優點

一般而言，新公共管理的提出被人肯定的地方，乃是它因應過去經濟不景氣、財政惡化和正當性危機等險惡環境，企圖克服雙環困境而提出解決良方，希望釋放官僚，使治理工作更具彈性、創新與回應，並導入民間活力，運用授能手段等來執行服務傳輸功能，以使政府不必事必躬親，而擺脫萬能政府，實現「小而能、小而美」的自由主義和新保守

主義的理想（林鍾沂，2005: 173–174）。其產生的優點如下（丘昌泰，2010: 95–96）：

1. 許多國家的政府確實裁撤了多餘的人力，生產力在許多領域中也確實提高甚多，且並未減少對於公共服務的數量與品質。
2. 公共服務的決策制定更能採取理性途徑與策略設計導向，而且以契約管理方式兼顧了服務品質、效率與責任標準。
3. 公共服務對消費者更具回應力，公開的管道使顧客參與，並提供快速的服務方式。
4. 將公共官員的權力由專業者與工會轉移到管理者與僱主團體，減低工會對公共部門決策的影響力。
5. 使公共部門保持更大的彈性，能夠提供各種創新與改進計畫，逐漸形成企業型文化。

三、新公共管理的限制

近年來公部門的改革深受新公共管理意識型態之影響，強調結果導向 (result orientation) 要求公部門之表現應該以結果或績效作為衡量的指標。新公共管理探討焦點侷限於組織內部，探討行政人員如何有效生產，並未討論與剖析行政人員對政治社會的相關責任。因此，新公共管理是以組織導向、技術導向與生產導向為特質，在此特質之下，新公共管理即可能產生下列幾項問題（林鍾沂，2005: 174–175；顧慕晴，2009: 8–15；蘇偉業，2009: 113）：

㈠未注意公共行政的政治本質

新公共管理從管理技術面向改善政府績效，只能治標不治本，未能就公共行政的政治面向所應追求的價值，如社會公義、公平等進行深入地探討，將導致行政人員成為缺乏倫理思維的技術官僚，再次陷入傳統行政理論只重視工具理性的迷思中。

㈡新公共管理無法協助達成社會正義

新公共管理強調以市場機制、競爭使生產效率、生產成果更高，行政機關在此觀點下以生產為導向，充其量僅能達到平等的目標，對所有大小團體一視同仁，卻無法達到調處社會中各種團體的勢力之社會目的，使各團體立足於平等的社會公正目標。

㈢使社會大眾無法參與決策

行政人員被期望成為具有前瞻性之遠見、創新能力的公部門企業家，而此種特質與民主政治鼓勵人民參與決策過程悖離；其次，行政人員想保有競爭力，勢必在決策中保密，此與民主政治要求開放資訊，容許人民參與的精神相左；最後，新公共管理視人民為顧客，剝奪人民參與決策、分享權力的基礎。

㈣公眾利益遭到棄置

在強調績效的體制下，新公共管理只重視行政方法的問題，而非行政目標的問題，此為以往政治、行政相分離的觀點，為了提升行政效率，將犧牲政治，無論國會議員或人民的觀點都將遭到忽視。簡單來說，欲求有效率的服務觀點，行政人員會盡量選擇容易達成的工作作為目標管理的指標，避開任何的燙手山芋，使得公共利益成為被棄置的概念。

㈤限縮行政人員的思考範圍與倫理角色

新公共管理強調企業取向，希冀行政人員成為有效率的生產者，此種角色要求將壓抑行政人員的施展空間，限縮行政人員的思考與角色，忽視其所擔任更廣泛的教育與代表的倫理角色。此外，中下階層行政人員雖被賦予一定的裁量權，但並未改變科層體制，政策方向仍把持在最高決策者上，整體運作仍是由上而下，政府機關的中下階層行政人員仍是處在被動狀態。

㈥忽視社區意識的培植

新公共管理視人民為同質性高的市場內個體，均在追求個人的最大利益，在此情況下，人民沒有意願參與公共事務，也不願和他人、行政人員分享觀點，建立整體的社區意識。

㈦新公共管理產生課責問題

政府在面對日漸拮据的財政狀況，勢必賦予官僚體制更大的行政裁量權，運用企業手段解決財政上的困境。為使官僚體制更具效率與效能，促使官僚所擁有的自主性愈大，愈讓民主課責更難發揮制衡的能力，民主課責即愈受到威脅與挑戰。

行政櫥窗

幸福保衛站

幸福保衛站愛連線　助學童不挨餓 ❷

新北市政府首創「幸福保衛站」，其與境內 2,000 家超商合作，讓超商成為弱勢孩子安全、安心的避風港。此計畫秉持著「救急不救窮」的理念，提供每餐 80 元的餐費關懷飢餓求助的孩子，並利用通報系統與學校聯繫，提供最即時且全面的協助與照顧，在實施一年多來，已經幫助超過 5000 名學童。

新北市幅員大，貧富差距也大，許多弱勢的孩童往往隱身在家中，難以被社會發現，因此新北市政府與全臺密度最高的便利商店合作，將統一、萊爾富、OK、全家等四大超商，打造成弱勢學生的關懷據點，讓就讀、設籍於新北市，家中發生急難而有飢餓求助需求之十八歲以下高國中小學生（含中輟生）及兒童，能到超商免費飽餐一頓，並藉此讓社會局的輔導機制進入，以提供

---

❷　資料來源：中國時報／池雅蓉 (2014/1/15)。取自：http://www.chinatimes.com/newspapers/20140115000543−260106。

適切的處遇協助與關懷輔導。超商業者表示,過去門市店員若觀察到學童有類似情況,也會自掏腰包,但透過幸福保衛站則可回報給學校,能結合更多管道,讓更多孩子得到協助,除此之外,有些學校的校長也會主動到門市關心,讓超商與學校彼此間建立良好的雙向溝通,使超商變成了社區關懷的重要環節,提早發現需要幫助的孩童,使這些高風險家庭的弱勢學生能健康、安心地求學。

雖然,「幸福保衛站」的推行起初有誤發疑慮,部分民眾擔心會有不肖人士假冒弱勢、濫用資源,不過此現象僅出現在 2013 年 1 月,當時超過 4,000 人取餐,但在經過不斷地修改及檢討後,在計畫施行滿周年時,人數已趨於穩定,從約 500 人到現在約 300 人。截至 2013 年 12 月,已有 1 萬 247 人取餐,從中發現有 5,193 個孩子需要幫助,而原本計畫預計需要 200 萬元經費,最後也因社會捐款贊助實際支用僅 102 萬元。而在超過 5,000 個案例中,目前就讀某國小五年級的阿森,因上課注意力不集中,老師經家庭訪問後才瞭解,家中 3 個兄弟姊妹皆為同母異父,繼父因案服刑中,母親則在檳榔攤工作,每月薪資約 2 萬元,無法給孩子零用錢。寒假時,3 個孩子因無人照顧,阿森想起老師曾提及「幸福保衛站」,便到學校附近超商取餐充飢。阿森在寒假期間到學校附近超商取餐 5 次,學校也經由通報系統,實際瞭解家中狀況,隨即安排提供「幸福晨飽」與午餐補助事宜,同時也通知社會局社工協助並輔導訪視阿森家庭,一家人從幸福保衛站為起點,得到更多協助。

而市府表示,幸福保衛站的推行成功,是公部門與民間企業成功合作的案例,也是企業願意承擔社會責任的優良典範,政府透過超商找到更多需要協助的孩子,並從中減少了高風險家庭所帶來的社會成本。

參考文獻

一、中文文獻

- 丘昌泰，2010，《公共管理》，臺北：智勝文化。
- 江岷欽，1995，〈企業型政府與行政革新〉，《臺灣月刊》，第 156 期，頁 14-19。
- 江岷欽、劉坤億，1999，《企業型政府——理念、實務、省思》，臺北：智勝文化。
- 余致力，2000，〈公共管理之詮釋〉，載於黃榮護（編），《公共管理》，臺北：商鼎文化，頁 4-48。
- 吳定、張潤書、陳德禹、賴維堯、許立一，2007，《行政學（下）》，臺北：國立空中大學。
- 吳定、林鍾沂、趙達瑜、盧偉斯等著，2009，《行政學析論》，臺北：五南圖書公司。
- 吳英明、張其祿，2006，《全球化下的公共管理》，臺北：商鼎文化。
- 吳瓊恩、李允傑、陳銘薰，2006，《公共管理》，臺北：智勝文化。
- 林水波、陳志瑋，1999，〈企業精神政府的政策設計與評估〉，《中國行政評論》，第 8 卷第 2 期，頁 45-73。
- 林水波編著，1999，《政府再造》，臺北：智勝文化。
- 林鍾沂、林文斌譯，2003，《公共管理的世界》，臺北：韋伯。譯自 Owen E. Hughes. *Public Management and Administration.*
- 林鍾沂，2005，《行政學》，臺北：三民書局。
- 孫本初，1999，〈公共管理及其未來的發展趨勢〉，收錄於 Golembiewski、孫本初、江岷欽（編），《公共管理論文精選 I》，臺北：元照出版社，頁 3-32。
- 孫本初，2009，《新公共管理》，臺北：一品文化。
- 孫本初，2010，《公共管理》，臺北：智勝文化。
- 徐仁輝，2000，〈公私管理的比較〉，載於黃榮護（編），《公共管理》，

臺北：商鼎文化，頁 49–83。

- 張潤書，2009，《行政學》，修訂四版，臺北：三民書局。

- 莫永榮，1998，〈建構企業型政府之探討〉，《空大學訊》，第 223 期，頁 75–80。

- 蘇偉業，2009，〈公共部門事前定向績效管理：反思與回應〉，《公共行政學報》，第 30 期，頁 105–130。

- 顧慕晴，2009，〈新公共管理理論下行政倫理的強化──新公共服務的理念〉，《T&D 飛訊》，第 87 期，頁 1–25。

二、英文文獻

- Penhart, R. B (1990). Public administration theory: The state of discipline. In N. B. Lynn& A. Wildavsky (Eds.), Public administration: The state of discipline. Chatham, NJ: Chatham House.

歷屆考題

1. 組織再造的意涵為何？中央行政機關組織基準法規定行政院的部會，應精簡為 13 部、4 委員會及 5 個獨立機關，此一規定是否符合組織再造之精神？精簡部會將面臨何種困難？（098 年公務人員高等考試三級考試一般行政）

2. 請說明 1980 年代以來，採行市場模式的政府再造運動，其主要主張為何？論者對於市場模式的批判及反思又為何？（099 年公務人員高等考試三級考試一般行政）

3. 行政學的發展史上，為什麼 1980 年代是一個分水嶺？1980 年代之前和之後的行政學發展，有何重大不同？進入二十一世紀之後，行政學又有何新的發展？（099 年國立臺灣大學政治研究所丙組試題）

4. 有論者認為：如果政府能如同企業般重視績效管理，就可以杜絕電影中的悲劇（即主角與女兒意圖從天橋跳落自殺）。請解釋績效管理的核心概念，並提出贊成或質疑此論點的至少各一理由。（099 年國立政治大

學公共行政研究所試題）

5. 說明傳統行政官僚、新公共管理與新公共服務理論之要旨與其特質差異為何？（099 年國立政治大學公共行政研究所試題）

6. 自從 90 年代以來，以新公共管理為理論基礎的政府再造風潮席捲全世界。試問：

　⑴新公共管理所代表的意涵為何？

　⑵新公共管理與傳統公共行政之差異又為何？

　⑶新公共管理的產生對日後政府再造帶來哪些啟示與影響？（099 年國立臺北大學公共行政暨政策研究所甲組試題）

7. 1980 年代以來，市場式政府 (market government) 盛行，並且挑戰傳統的公共行政模式，試就所知，說明此一政府治理模式的主要理念 (ideas) 為何？從政府的治理結構觀察，市場式政府具有哪些特徵？並進一步評論此一政府治理模式存在哪些限制或問題？（098 年國立臺北大學公共行政暨政策研究所甲組試題）

8. 近年來「治理」(Governance) 已經成為公共行政領域中的熱門議題，由於它被應用到不同的情況中，產生多種的見解，試說明其興起的原因、相關的涵意、運作模式及發展的趨向。（097 年國立臺北大學公共行政暨政策研究所甲組試題）

9. 公部門組織長期以來均使用企業管理的方法或技術，以改善組織運作的效率。近年來，更引進許多企業管理大師的概念或理論，應用在公部門的管理中，目前有哪些已被廣泛運用的新管理方法？其運作的方式為何？有何效能？試分別析論之。（096 年國立臺北大學公共行政暨政策研究所甲組試題）

10. 公共事務的處理一直是政府的責任，然而在快速變遷的社會中，新興公共事務不斷出現，其複雜性已非單獨的政府所能應對，必須有效結合社會資源，方能完成任務，因此政府需釋出權力，採取與社會各界合作的方式，試問政府可採用哪些方式，來達成此目的？分別舉例說明之。（096 年國立臺北大學公共行政暨政策研究所甲組試題）

11. 「績效」(performance) 可說是行政學研究的重要課題。請你任舉一個

關於「提升政府機關績效」的策略或主張，說明其內容及對行政學研究所形成的影響為何？同時，也請分析此策略或主張對於今日我國行政運作實務，又可以帶來什麼啟發？（096年國立臺北大學公共行政暨政策研究所甲組試題）

12. 回顧行政學理論在近三十多年來的發展，其學說匯集成為三大主流：新公共行政、黑堡宣言、新公共管理。試分別就其發展背景及主要論述觀點，概要說明之。（101年國立彰化師範大學公共事務與公民教育研究所試題）

13. 在公共政策領域中，政策網絡已成為吾人重視的議題。現請回答：何謂政策網絡？政策網絡具有何種特性？網絡管理的模式為何？（101年國立彰化師範大學公共事務與公民教育研究所試題）

14. 請申述新公共管理 (new public management) 運動的意義，並探討此一運動的缺點以及改進之道。（100年國立中央大學法律與政府研究所政府組試題）

15. 政府再造與組織變革的基礎是「新公共管理」的理論，請概述新公共管理理論的緣起、發展與未來趨勢。（101年國立東華大學公共行政研究所試題）

16. 請說明1980年以來，採行市場模式的政府再造運動，其主要主張為何？論者對於市場模式的批判及反思又為何？（100年國立東華大學公共行政研究所試題）

17. 何謂「空洞化國家」(hollow-out) 現象？這是如何形成的？（099年國立東華大學公共行政研究所試題）

18. 何謂企業性政府 (entrepreneurial government)？何謂政府再造 (reinventing government)？兩者之特點與效益分別為何？請詳述之，並試以此評析我國政府組織再造政策方案。（100年國立臺南大學行政管理研究所試題）

19. 民營化為政府再造運動所採用的重要方法之一，現請評析何謂民營化？民營化的方式有那些？請一一回答。（094年公務人員普通考試第二試試題一般行政）

20. 何謂民營化 (privatization)？民營化的主要方式有那幾種？我國政府推動民營化工作所遭遇到的主要困難為何？試一一回答之。（092 年地方特考一三等考試）

21. 新公共管理 (New Public Management, NPM) 自 1980 年代蔚為公共行政學術與實務的重要潮流後，發展已逾 30 年。試申論 NPM 對今日（二十一世紀）公共行政學研究的重要性，以及未來在 NPM 基礎上可以繼續探索研究的研究主題（請至少舉出 2 項）。（102 年國立臺北大學公共行政暨政策學系研究所試題）

22. 若將「新公共管理」(New Public Management) 理論應用於政府預算過程，㈠請列出兩項具體做法；㈡請說明應用新公共管理理論於政府預算過程的主要障礙為何。（102 年國立臺灣大學政治學研究所試題）

23. 全球公共行政的理論與實務發展，已開始進入一場所謂「後新公共管理」(post-NPM) 的反思與改革。試請就所知，說明在「後新公共管理」時代下，其所強調的政府改革重點及所期望解決的問題為何？並請闡述比較「後新公共管理」改革與新公共管理 (New Public Management) 所主張的論點和立場，有何異同之處？（103 年國立臺北大學公共行政暨政策學系研究所試題）

第7章　新公共服務

近年來，公共行政理論出現了所謂新公共服務的轉向。此一轉向是公共行政學者對於古典公共行政及新公共管理發展的一些限制所提出的反省，並且逐漸建立一些理論據以討論民主參與模式（歐崇亞，2009: 120）。

之所以會有如此的改變，或許可以歸因於「對政府公共服務應以哪些核心價值為主？」之反思。事實上，自威爾遜於 1887 年〈行政的研究〉一文中，指出行政研究應專注的兩項重點：一是「政府可以適當成功地做哪些事？」另一項則是「政府如何能以最大的效率及最少的金錢或成本來運作？」之後，「效率」相關的概念似乎成為政府從事公共服務最核心的價值。即使 1970 年代，新公共行政學派為傳統以重視效率和效能為主的公共行政理論與研究注入社會公平新元素，但並未否認以效率、效能和績效等作為政府內部管理運作的主要價值觀，仍是政府公共服務的重要核心價值。

而 1980 年代引領各國政府再造的公共管理學派，更是以效率、效能、績效等管理主義導向作為政府公共服務的主要價值觀。然這些價值均屬於典型管理高權的範疇，當這些價值在政府輸送公共服務過程中被過度強調時，即意味著政府在政策制定、執行與治理各面向，都扮演主導的角色。而且為了減少決策過程參與者過多，以致延宕決策時間與提升溝通成本，影響效率、效能的表現，政府決策者的最佳決策就是減少治理過程中，公民和民間的參與。然而，若對照當代國家民主政治發展，強調政府治理應以「主權在民」的民主作為公共服務的核心價值觀，和以強調效率、效能和績效為主的公共管理學派則顯得有些不一致（蔡秀涓，2009: 112–113）。

在上述的背景之下，促使新公共管理成為全球性的行政革新浪潮近二十年後，在理論與實務的交互印證下，逐漸浮現出管理主義所造成的限制與困境，且開始受到各界的批評，有識之士更提出重新省思新公共

行政的訴求。而「新公共服務」(new public service, NPS) 的相關理論即是在此情況於 2000 年由丹哈特夫婦 (Janet V. Denhardt & Robert B. Denhardt) 所提出，以「服務，而非導航」(serving, not steering) 為新公共服務論的口號，並作為對傳統公共行政及新公共管理的批判，頓時在公共行政學界中受到重視與討論，成為新治理時代中行政倫理變革探討的代表。有部分學者甚至認為，新公共服務將取代新公共管理（企業型政府），成為政府再造、行政革新的重要價值主流。

由以上所述得知，新公共服務的概念對現代國家治理的影響具有相當深遠的意義。因此，在本章首先說明從新公共管理到新公共服務的演變過程；其次，整理新公共服務的意涵，比較傳統公共行政、新公共管理與新公共服務的差異；接著闡述新公共服務的理論基礎、核心概念與策略途徑；最後則探討新公共服務的實踐與困境。

第一節　從新公共管理到新公共服務

1980 年代各國政府爭相推動再造之因，主要是受到 1970 年代所爆發的石油危機，嚴重影響各國經濟成長之故。由於經濟衰退導致福利國家支出相對應的成長，預算赤字不斷擴大，使得政府時常面臨財政與人民不滿的雙重危機。此外，隨著政府職能不斷擴張，勢必需要建立龐大的官僚體系來執行，然而行政機關所關心的僅只於預算的擴張，因為唯有預算的增加，才能創造更多的工作，增加升遷的機會，導致政府產生不正確的公共財觀念、過度供給與竊盜行為等結果❶。而當國家面臨經濟危機、財政危機與官僚危機，又無法有效因應民眾的需求時，將產生人民對於政府的不信任。也因此，1980 年代以降，政府部門與人民間的關係趨於惡化，人民對於政府的信任度不斷下降，使得政府面臨失去合

---

❶　不正確的公共財觀念：政府部門試圖影響民眾，使最後的決策內容符合政府官僚所認定「正確」的公共利益，而不是讓社會大眾獲得真正最大滿足的公共利益；過度供給：政府部門為突顯績效，常不計成本地生產遠比需求還多的服務；竊盜行為：政府官僚犧牲人民利益，以成就官僚本身的權益，亦即政府謀取私利的多，貢獻社會的少（林鍾沂，2001: 166–169）。

法性與正當性之危機。

面對兩次全球石油危機所造成的經濟停滯與蕭條，歐美各國亟思尋找政府體制與公共服務提供方式的改革，包括：推動公共服務民營化，引進民間資源改革公共服務提供的品質與水準；建立小而美的政府體制等，開創了企業型的政府體制，形成一股全球性的政府治理改革風潮。這股風潮強調經濟市場自由化和公營事業民營化，引進企業精神來管理政府機關之運作與公共服務的提供，不僅緩解 1980 年代各國財政支出的不足與公共服務短缺的窘境，也改變了傳統治理的風貌，從強調威權、層級節制、依法行政的保守官僚轉化為重視組織願景、問題解決、顧客優先與成果為重的現代化服務機關。然而，過度強調市場機制與去官僚化的結果，不但導致領導角色漸為企業菁英所取代，且受企業菁英所影響的政府也逐漸遠離公共利益的守護角色，而此種對公民權利的漠視更導致民主法治行政的疏忽以及民主課責機制的蕩然無存（廖俊松，2009: 3-4）。

有鑑於近世以來政府治理革新風潮中過分傾向管理主義的危機，部分人士不斷呼籲致力尋找新的公共行政價值，重建社群主義與憲政精神，以矯正過分偏重管理主義的不當價值傾向（廖俊松，2009: 4-5）。在學術界也開始展開深切反省，其中以丹哈特夫婦所提倡的新公共服務為代表，強調以服務導向來取代績效導向之政府（蕭武桐、陳衍宏，2009: 11）。新公共服務理論最早是起源於丹哈特夫婦在《公共管理評論》(*Public Administration Review*) 期刊中發表的〈新公共服務：以服務代替導航〉(The New Public Service: Serving Rather than Steering) 一文，主張「信任合作」、「公共利益」、「服務」與「共享」等理念，並在 2003 年改以〈新公共服務：是服務而非導航〉(The New Public Service: Serving, not Steering)，對於以公共利益為規範基礎的公共行政之民主價值、公民資格以及服務等重新進行深層探究。下圖 7-1 乃是新公共服務發展的歷史脈絡。

圖 7-1 新公共服務的發展

資料來源：林志鴻，2009: 16。

第二節　新公共服務之意涵

一、新公共服務之意涵

在新公共管理制度下，各國政府所強調的是企業型政府，政府必須在最小的成本下發揮最佳的績效；以顧客導向來對待一般民眾；鼓勵民營化來代替公共服務的生產等。針對此一改革風潮，許多學者發現，新公共管理在實行上有許多矛盾之處，包括價值提升、公私協力的緊張關係、泰勒的新管理主義對民主和制度價值是有所威脅與傷害的 (李宗勳，2003: 135)。哈克 (Haque) (1999，轉引自丘昌泰，2011: 9) 即指出：隨著新公共管理提出建立企業型政府的理念，公民與行政之間的關係也隨之發生變化，一方面是公民成為公共服務的促進者，而非領導者的被動角色；另一方面是公共服務能力的下降，無法積極處理公民關心的公共事務。因此，新公共管理是市場偏頗的新自由主義者 (market-biased neoliberals)。其對公共服務造成的惡劣影響是：第一、阻礙公民對於公共領域的專業認同感；第二、政府與公民之間的關係愈來愈像顧客與公司之間的關係，導致公民不再相信政府機關是代表公共利益之特殊機構；第三、公共行政者整合公共規範與目標之能力受到懷疑。而丹哈特夫婦所提出的「新公共服務：是服務而非導航」概念，正是出自於對新公共管理的省思之重要論述。

新公共服務一詞最早出現於英國布萊爾政府的執政藍圖之中，主要融合傳統文官體制與企業型政府之特徵，以及自我觀點形塑而成之執政

理念。在現代化政府白皮書中，提出新公共服務理念如下 （Cabinet Office, 1999，轉引自蘇俞如，2003: 12-13）：

1. 具服務性質之政策應具備前瞻性，而非反映短期之壓力。
2. 公共服務之傳送應符合民眾之需求，而非只求提供服務者之便利。
3. 政府應該具有高品質與高效率的服務態度。
4. 政府應運用嶄新之科技，以因應現代企業與公民之需求。
5. 政府應重視公共服務，藉由行政體系的改革，以提高服務品質。

　　而丹哈特夫婦在〈新公共服務：是服務而非導航〉一文中，更明確說明新公共服務的相關概念，指出新公共服務概念較能彰顯公共利益，而新公共服務的核心主題有二：一是「提升政府公共服務的尊嚴與價值」；另一則是「重視公民、公民權與公共利益等價值內涵及實踐。公部門不僅應該提供服務給社會大眾，更要運用公民對話與公民參與的方式，強化公民精神」（吳瓊恩、藍夏萍，2008: 4），顯示新公共服務試圖從公民權利、公民參與與公共對話三個面向，勾勒出一幅當代政府與公民社會民主治理的新圖像。

二、傳統公共行政、新公共管理與新公共服務之差異

　　傳統公共行政以權威作為主要的協調機制，偏向層級節制的治理模式；新公共管理則以價格作為主要的協調機制，偏向市場的治理模式；新公共服務乃以網絡互動作為主要的協調機制，偏向社群的治理模式。這三種治理模式以不同比例存在於各式各樣的組織中，各有其立論基礎。丹哈特夫婦提出十個重要指標來區別傳統公共行政、新公共管理與新公共服務之間的差異，相關內容如表 7-1 所示 (Denhardt & Denhardt, 2007: 28-29)：

　　1. 傳統公共行政的治理模式著重由上而下，但新公共服務的治理模式則講求內外領導共享的合作結構；政府角色由領航者轉變為服務的提供者，並站在公民的立場提供真正的需求與服務，以創造共享的利益與價值。

　　2. 新公共管理模式認為個人利益的總和等於社會的整體利益，卻忽

略公民參與的過程,並非靜態地從個人利益的加總即可得出公共利益。新公共服務則認為公部門、私部門與第三部門應該相互合作,藉由不同角度來整合多元意見,制定出相互滿意的政策,才能有效解決問題。

3.新公共服務強調的是人際關係網絡,牽涉到組織內外多面向的社會關係,因此強調社會資本的累積,建立人際間的信賴,將有助於公民參與,並建立以公民為中心的治理,以培養長期的專業規範與合作信任。

4.新公共管理理論多視公民為「顧客」,新公共服務卻認為政府應該視服務對象為「公民」而非「顧客」。

5.新公共管理理論認為公部門涉及的程度愈少愈好,利益的創造僅需依賴私部門與非營利組織間的合作就能產生最大利益;新公共服務則認為公部門、私部門與非營利組織彼此間應該相互合作,透過不同的角度彙整多元意見,以設計出能滿足不同需求與期待的政策。

6.新公共管理理論認為組織只要能夠達成最終目標,可以無限擴大權力範圍;新公共服務則認為公共行政人員的職權是有限度的,且必須主動為民服務,積極回應人民需求,提供全方位之服務。

表 7-1　傳統公共行政、新公共管理與新公共服務之比較

	傳統公共行政	新公共管理	新公共服務
基本理論與認識之基礎	政治理論,以簡樸的社會科學所延伸的社會與政治評論	經濟理論,奠基於實證的社會科學為基礎的更精緻之對話	民主理論,包括實證、詮釋、批判與後現代的各種知識途徑
對於理性的主要論述與有關的人類行為模式	概要理性,「行政人」	技術與經濟理性,「經濟人」或自利的決策者	策略理性,理性的多元檢驗(包括政治、經濟與組織)
公共利益的概念	公共利益由政治界定並在法律層次中展現	公共利益乃個人利益之整合	公共利益乃共享價值與對話之結果
接受公共服務者(公共服務人員對誰回應)	委託者與選民	顧　客	公　民
政府角色	操槳者(著重單一	領航者(扮演市場	提供服務者(公民

	的政治界定之目標，負責政策之設計與執行）	力量的媒介）	與社群團體利益的談判與協商，以創造共享之價值）
達成政策目標之機制	藉由既有的政府機關執行方案	藉由民營化與非營利機構創造機制與誘因結構以達成政策目標	建立公營、民營與非營利機構聯盟以滿足相互之需求
課責之途徑	層級節制：公共行政人員向民選政治領袖負責	市場導向：自利的加總將導致廣大的公民團體或顧客所要求的結果	多面向之途徑：公共行政人員必須關注法律、社群價值、政治規範、標準與公民利益
行政裁量	允許行政官員有限的裁量	寬廣的自由裁量空間以達成企業的目標	裁量是必要的，但必須受到限制
組織結構的假定	官僚組織，機構乃由上而下的威權結構，強調對服務對象的控管	分權化的公共組織，機構內保有基本的主控權	內外共同領導的合作結構
公共服務人員與行政人員激勵基礎的假定	薪資與福利，文官服務的保障	企業精神，意識型態上縮減政府規模	公共服務，要求貢獻社會

資料來源：Denhardt & Denhardt, 2007: 28–29。

第三節　新公共服務之理論基礎與核心概念

一、新公共服務的理論基礎

　　新公共服務的主要理論基礎來自「民主的公民資格理論」(theories of democratic citizen)、「社群與公民社會的模型」(models of community and civil society)、「組織的人文主義與新公共行政」(organizational humanism and the new public administration) 與 「後現代公共行政」(postmodern public administration)，以下分述之 (孫本初等，2004: 10–13；顧慕晴，2009: 15–17；孫本初，2009: 161–165)：

㈠民主的公民資格理論

民主的公民資格理論乃公民應主動積極參與治理。學者沈岱爾 (Michael J. Sandel) 認為政府與公民間的關係基礎是政府藉由民主程序與個人權利（如投票），來保證公民可以選擇與其一致的個人利益。此觀點所強調的是個人的權利與利益，新公共服務則認為應該超越此種狹隘的公民資格論，更加重視公共精神的實現。其強調公民在參與治理的過程中，個人將超越自我利益的考量，將公共利益置於自我利益之上。而在新公共服務的公民資格論中，行政人員應該視民眾為公民，而非僅是選民或顧客，並且減少對公民的控制，主動分享決策權，建立起信任合作的基礎與效力。

㈡社群與公民社會的模型

近年社群概念與如何重建社群的連結重新在實務界與學術界受到重視。社群具有凝聚共識、整合各種團體，以及能使社會整體產生穩定的作用；而公民社會乃是一群具有社群意識、情感與共同意見的公民所組成，被視為制衡政府的機制，以防止政府集權。在建構社群上，政府扮演關鍵性的角色，促進與支持公民與其他社群的連結；社群是一個媒介，可以將公民的需求予以彙整，擴大公民參與政治的實質經驗，在參與的過程中體現社群建構與民主治理的本質。

㈢組織的人文主義與新公共行政

行政機關不應該受權威與控制所主導，更要注意公共行政人員與公民的需求與觀點。葛蘭畢耶斯基 (Robert T. Golembiewski) 認為唯有透過創造開放的解決問題環境，才能使組織成員面對問題，而不是逃避問題。因此，新公共行政的學者期盼公部門創建一個更人性化的組織，具備開放、信任與誠實的網絡，以取代傳統官僚組織；並針對管理者在公共政策發展上，應該扮演更積極的批判角色，對於公共問題提供解決之道，意味著對所有人提供相同或更高的服務，並將平等、公正與回應等概念

都納入討論。

㈣後現代公共行政

後現代公共行政觀點特別強調「對話」的概念，認為公共問題透過對話來面對問題，會比透過「客觀的」觀察或理性的分析更容易解決問題。此理想將行政人員和公民視為集合在一起充分討論、理性的自利個體，且被視為充分參與的討論者，在討論的過程中，不僅充滿相互關懷的人性，也具備理性、經驗、直覺與情感，而這正是新公共服務所強調的精神之一。

二、新公共服務的核心概念

如上所述，新公共服務是由「民主的公民資格理論」、「社群與公民社會的模型」、「組織的人文主義與新公共行政」與「後現代公共行政」等理論構築而成，強調民眾回應性以及公民參與的過程，回歸政府設立的初衷非僅在於追求效率、生產力等理性表現，而是回歸憲政價值以及對人性問題的探討，以真正瞭解並回應公民需求。新公共服務的核心理念簡述如下 (Denhardt & Denhardt, 2007: 42–43)：

㈠服務公民而非服務顧客 (serve citizens, not customers)

公共行政人員應該著重於公共利益，所要回應的是公民的需求而非顧客，其焦點在與公民建立信任及合作的關係。而所謂的公共利益是公民透過對話、價值分享逐漸累積而成，而不是個人自我利益的總和。政府必須能敏銳地感受公民需求，並對於公民需求及利益負責。

㈡公共利益的追求 (seek the public interest)

公共行政人員要建立一個集體共享的公共利益，不同於傳統公共行政中的文官僅是扮演恪守本分、依法行政與價值中立的消極角色，而是必須扮演建立共享的公共利益之積極角色。企業追求私利，而政府強調公平與公正的價值，新公共服務則更著重在提升公民資格與維護公共利

益的責任，並指出這不只是政府的責任，也是每個人的共同責任。

㈢重視公民精神更勝於企業家精神 (value citizenship over entrepreneurship)

有別於傳統公共行政重視權力集中、形式化規範與有效的控制，以及新公共管理強調政府必須師法企業精神與作為，新公共服務則強調公民應涉入政府決策的過程，真正地參與、改善決策過程。換言之，新公共服務主張公共利益要由公共行政人員與公民共同努力創造，而不是操控在管理者之手。

㈣策略思考與民主行動 (think strategically, act democratically)

新公共服務認為政策執行的重點，在於促進公民聯盟與社群的建立，政策執行是政府與公民兩者的共同責任；公民與公共行政人員有相同的責任，憑藉公民由下而上且多元的參與途徑，來共同界定公共問題與落實解決方案，使治理更具正當性與成長性。

㈤體認到課責並非單純簡單之事 (recognize that accountability is not simple)

有別於新公共管理過於強調利潤與成果的追求，忽略課責的重要性，新公共服務則體認到課責是複雜且多面向的。新公共服務不只是回應市場需求，其主張公共行政人員除了必須依法行政外，還必須恪守憲法、法律、命令、社會價值、政治規範、專業標準與公民利益。所強調的課責是透過資訊公開、多元對話、公民授權等途徑化之行動，明確化其內外在課責性，進而保障公民相關權益。

㈥服務而不是掌舵 (serve rather than steer)

有別於傳統公共行政的政府角色，在於界定問題與主導政策過程，新公共管理則強調必須效法企業管理策略與原則，來引導政策之走向；

而新公共服務強調公共行政人員要運用共享價值為基礎的領導，政府作為公民的公僕，應該幫助公民並共享利益，藉由分享互動與對話，尋求對社會問題與政策方案的共識與共同認知，而不是控制與領導政府施政作為與政策方向。

㈦重視人性價值，而非僅是生產力 (value people, not just productivity)

新公共管理強調以誘因來達成生產力；新公共服務則認為公共組織的成功有賴於人性價值的重視及透過合作共享的領導，著重在提升公共行政人員體認工作價值、榮譽及自我成就的重要性，而不是單純生產力的評估。

三、新公共服務的策略途徑

新公共服務旨在提升政府施政滿意度與公民參與的滿意度，藉此提升整體公共服務之形象以及政府整體的競爭力。而新公共服務的策略途徑，根據學者林水吉所言，可以分為下列四點（施偉仁，2004: 21；林水吉，2005: 106–109）：

㈠建立公私協力的夥伴關係

公私協力關係 (public-private collaboration) 指在處理公共服務上，公私部門以互惠的對等地位進行經常性的互動，形成共同參與及責任分擔的互動關係，並各自保有獨立自主性。建立共識是驅動協力關係的基礎，在面對多元化的組織與利益追求，為使政策執行、執行結果更為順利與完善，促使參與者以對等方式，在瞭解彼此情況後所產生的對話與合作。此外，新公共服務強調社會資本的累積，建立人際間的信賴關係，將有助於公民參與並建立以公民為中心的治理，培養長期的專業規範與合作信任。

㈡解決跨域的政策議題

跨域政策議題強調制度上、組織疆界或管轄權間所忽略的議題。其中，夥伴關係在跨域政策議題中，具有相同的重要地位，當部門間藉由協議形成信任，可以避免各單位在組織文化、本位主義與立意上的堅持，促使合作更為順暢，以提升公共服務遞送品質與績效目的之達成。

㈢以催化型領導形塑新公共服務精神

在急劇轉變的社會環境中，公部門應以服務公民為目標，並擴大公民參與，才能提升政府的形象與服務品質。催化型領導 (catalytic leadership) 涵蓋四個特質：領導者專注於將議題提升至公共政策議程中；參與多元議論以界定利害關係人與解決問題之本質；鼓勵多重的策略選擇；推動制度化的合作及促成網絡的建構。因此，公共行政人員應以催化型領導促進公民團體間的合作，以建構相互連結的網絡。而在此網絡中的公部門，不僅是參與者也是對話平臺的建構者，促進公民團體間的對話，以滿足公民參與的需求，提升公共服務之品質。

㈣聚焦願景並描繪出價值曲線

新公共服務必須提出願景，藉由願景來構想建立組織發展的策略草圖並描繪價值曲線。新公共服務策略草圖的功能包括：清楚地指出新公共服務成員的競爭因素；展現目前競爭對手的策略組合；顯示新公共服務的策略組合與價值曲線。總而言之，新公共服務的行政人員必須扮演服務的先驅者，創造服務願景、聚焦願景，以便創新價值，把服務推向新的境界。

第四節　新公共服務的實踐與困境

一、新公共服務在公共價值上的形塑

公共價值在新公共管理的研究中並非主要的研究議題，卻突顯出市

場取向治理模式的核心問題。新公共管理師法企業的改革方式，顯示出若缺乏國家或政府的規範，市場並無法有效自我管理以及克制人性的自利行為，將對公共利益造成極大的危害（鄭國泰，2011: 37–38）。其中尼克萊特 (Nicolette van Gestel) 即認為要鑲嵌公共價值，可以從下列三個主要途徑來分析（轉引自鄭國泰，2011: 41–43）：

㈠普及途徑 (universalistic approach)

普及途徑認為公共價值是放諸四海皆同，所以必須由政府來保護。普及途徑認為天賦人權、生而平等，公共價值應該是客觀、不可更改與統一的，也認為公共價值由私部門供給時將被忽略，因此有必要由政府來保護公共價值，建構績效稽核於契約、法令與管制中，以有效地監測。

㈡利害關係人途徑 (stakeholder approach)

利害關係人途徑認為公共價值具動態性與相互主觀性，利害關係人或許同意大致的價值形成，但當具體政策開始實現時，利害關係人就會有所謂價值操作化的產生，如利害關係人可能會支持再生能源的價值，卻會反對在其鄰近地區興建相關設施。在價值操作化的過程中，妥協與協調 (trade-offs) 必須先予以瞭解，包括公共價值實現過程與實現成本的妥協，或公共價值間的妥協，如環境保護與經濟發展間的雙元困境。因此，利害關係人所強調的是在公共價值間的平衡妥協。

㈢制度途徑 (institutional approach)

制度途徑在公共價值的看法上與利害關係人途徑相同，但其認為公共價值並非單純利害關係人間的互動結果。政策行動者認為公共價值會因不同時空背景、文化與部門而有所差異，因此不同時空背景、文化與部門的妥協，也會受歷史、國家與制度系統的影響，這也明確說明移植最佳經驗到其他環境是有所限制的。

二、新公共服務對政府再造之啟示

新公共行政與新公共管理均有其理想與主張，而丹哈特夫婦所提出新公共服務之觀點，乃針對新公共行政之價值主張做出修正，增加新公共行政在實務界具體實現與嶄露頭角的機會。學者丘昌泰則針對新公共服務之內容與論點，提出幾項討論，以探悉新公共服務對政府再造之啟示（丘昌泰，2010: 649-651）：

㈠彌補新公共管理過於重視顧客的缺失

新公共服務可以扭轉公共管理過於重視顧客、過分強調服務提供者與顧客之間的關係，以致於忽略公民作為國家主人的角色。其實，顧客滿意只是公共服務的手段，而不是最終目標，公共行政的目標是培養高素質的公民，由這些公民來治理國家，才能真正落實「主權在民」的意旨。

㈡避免陷入管理主義的瓶頸

新公共服務彌補新公共管理忽視公民精神與民主內涵的面向，不致陷入管理主義的瓶頸。事實上，國家治理與企業管理在本質與內容上有很大的差異，國家的目標是多元的，且強調和平、安定和公平正義，照顧弱勢族群。但這些目標都無法以新公共管理的手段加以實現，而必須運用足以彰顯國家多元目標的新公共服務才能達成。主要的原因在於新公共管理的許多管理工具，只有在具體而又能以績效指標來衡量的基礎下才能發揮效用，而這些管理工具和績效指標卻未必適用於國家治理所欲達成和平、安定與公平正義等目標上。

㈢拓展公務員的視野，改變其角色並增加貢獻度

新公共行政可以拓展公務員在公共行政發展過程中的視野，提升其對國家的貢獻度。在舊公共行政時代，公務員只是服務政治人物的行政機器，為使公務員確實貫徹政治領導者的意志，發展出十分僵化的官僚

體系，而在此體系中，公務員享有一定的保障與福利。新公共管理則強調應該實施績效管理與人力資源管理，以激勵公務員，設法從僵化的官僚體系中解放出來，但其最終目的仍是政府的生產力目標，公務員只是提升生產力的行政機器，並無長遠而偉大的目標，導致淪為著眼於短期的利益。至於新公共服務眼中的公務員，其責任是以謙虛態度為各種不同利害關係人建構一個公平對話的平臺，最終目標是培養民主公民的精神與社區意識，更重要的是，實踐民主精神的過程符合民主價值。

三、新公共服務的實踐

新公共服務強調公民資格、公共利益與公共服務，其中，公民參與占據重要的核心地位，因此培育成熟的公民乃是公共行政最重要的任務，協助公民創造與分享公共利益，並藉由平等對話形成公共利益之共識，以累積互信互惠的社會資本。而關於新公共服務的實踐可分為五點：教育與改變公共行政人員的公共服務觀、鼓勵與補助公民結社參與公共事務、鼓勵社區居民參與社區公共事務提振公共意識、政府必須體認到公民參與相關制度的缺乏以及透過教育從小灌輸與培育人民實踐公共事務之知識與能力，以下分別詳述之 （廖俊松，2009: 12-14；陳衍宏，2011: 34-35）：

㈠教育與改變公共行政人員的公共服務觀

倘若公共行政人員擁有較高的新公共服務相關理念，整體行政組織與對外網絡將具有較高的利他行為，而公民社會也會在網絡中逐漸生成；而公共行政人員在教育養成的過程裡，多是問題導向或技術導向為主，在新公共管理時期則師法企業，導入管理機制企圖藉此提升組織績效，卻逐漸忽略行政機關之存在，其目的是公共利益的追尋。故新公共服務認為公共行政人員必須扮演積極主動的角色，促進公民參與、執行法律與政策，以及確保公共服務品質。此外，公共行政人員應該成為促進公共對話的平臺，並且確保公民在治理過程中的每一個階段都有發言權，而非僅在選舉中有所表現。其次，身居領導者的政府官僚必須堅定信仰、

堅持公民參與價值，護衛公共利益，才能達到社會公平理念的實踐。

㈡鼓勵與補助公民結社參與公共事務

新公共服務秉承後現代主義對對話的尊崇，期盼透過政府、公民以及公民社會組織間平等地溝通與協商，以累積彼此間的信任與社會資本的存量，彌補新公共管理下過度提倡經濟資本重要性而導致社會資本匱乏的現象。因此，政府應該制定相關法律，提供資源補助鼓勵公民參與公共事務，並輔導公民社會組織的專業能力與活動能力，與政府協力合作共同創造公共利益。

㈢鼓勵社區居民參與社區公共事務提振公共意識

就治理角度觀之，網絡規模愈大則背後因素愈趨複雜，彼此間的共識愈難形成，故從社區或地方政府出發，從該層級導入新公共服務相對可行，透過共識的凝聚，擁有共同的語言與願景後，推動將更為容易。因此政府要積極推動社區營造，輔導社區居民藉由社區參與，凝聚社區意識、關心社區環境與營造社區特色，打造民主化與公共化的生活環境；透過社區參與的民主行動方式，來提升社區居民的公共意識，形塑一個富含生命共同意識的社區社會，實踐公民社會的理想。

㈣政府必須體認到公民參與相關制度的缺乏

首先，公民應該被視為民主治理政策中的必要組成分子，因此政府必須積極健全公民參與法制，建立無障礙的公共議題之討論與空間；其次，藉由政府公開透明的決策過程，利用充分流通的資訊，建立政府與公民間互信的合作基礎；接著，發展多元的參與決策模式，以包容多元之意見，及培育公民參與之能力；最後，留意相關參與式決策與代議士決策間之輕重，並務實調和公民與政治人物決策間公共利益之共識。

㈤透過教育從小灌輸與培育人民實踐公共事務之知識與能力

新公共服務精神的實踐有賴社會眾多公民的積極參與，因此政府須

透過教育培養人民參與公共事務的興趣與習慣，使其具有成熟的公民意識與思想，以及實踐公共利益的能力；此外，教育人民從小即認識政府相關法律制度，實際學習相關公共參與之知識與能力，如集會、對話技巧、政策規劃、執行與評估等機制，使其成為未來公民社會之中堅分子。

四、新公共服務之困境

傳統公共行政主張依法行政；新公共管理強調節省 (economy)、效率 (efficiency) 與效能 (effectiveness) 等三個 E 的價值主張；新公共服務則強調公民參與與社群主義的價值。然而，丹哈特夫婦並未對行政學三分法之源由作出說明，因此學者韓保中乃針對理論內容，提出數項疑義，以下分述之（韓保中，2009: 135–138；丘昌泰，2010: 650–651）：

㈠分析架構方面

在對美國行政學發展進行探討與分類上，丹哈特夫婦選取威爾遜、泰勒、古利克及賽蒙作為傳統公共行政理論之代表；這四位學者，所探討之主題雖有相關卻重心不同，而且未必是 1990 年代前行政學唯四代表。丹哈特夫婦將四者相連結成傳統公共行政理論代表，並賦予支配行政學意象，實有「以偏概全」與「過度化約」之嫌。

㈡批判內容方面

丹哈特夫婦以划槳 (rowing)、導航 (steering) 與服務 (serving) 分別代表傳統公共行政、新公共管理與新公共服務等三階段下官僚與行政倫理的意象 (image)；新公共服務理論的口號：「服務，而非導航」乃是對傳統公共行政與新公共管理的批判，而划槳、領航、服務之意象便是符號化的結果。丹哈特夫婦以符號化的作法，讓人簡單快速知道其行政學的三分法，即傳統公共行政、新公共管理與新公共服務；傳統公共行政與新公共管理是支配行政的元兇，而新公共服務則可供參考作為解決支配行政問題的理論。言過其實的符號化是否導致傳統公共行政與新公共管理兩大理論體系被汙名化，或是以提升自己學說影響力，進而創造丹哈

特夫婦在美國行政學圈的地位。

㈢知識啟發方面

丹哈特夫婦依年代劃分三個主要理論體系，卻未明示所引用之分析途徑；而以時代氛圍與年代劃分，傳統公共行政橫跨百年，新公共管理僅有十年時間，而新公共服務卻是未來式，此種區分方式卻有探討比例不對等之嫌。歷史演進的詮釋與重要理論的歸結，看似具有科學歸納之意義，但歸納後卻導向價值批判，此種連結似有邏輯過度跳躍之爭議。

㈣理論運用方面

丹哈特夫婦與阿里斯蒂格塔 (Maria P. Aristigueta) 於 2002 年共同出版 《公共與非營利組織中的行為管理》 (*Managing Human Behavior in Public & Nonprofit Organizations*)，其內容偏重組織與人力資源管理，而未能完全超越恪遵權力分立、行政中立等固有行政倫理規範，雖可視為新公共服務理論實踐的代表作，然而尚有努力之空間。此外，也有論者認為，新公共服務不過就是新公共行政學派的觀點，再融合後現代主義、批判理論的思維，並無特別創新之處，實難以稱為是一種理論或研究途徑。

㈤在實務運用方面

新公共服務的公民觀點過於理想化，是一種應然面的思維，在實然面上難以做到；因為放眼全球所謂民主國家，哪個國家領袖不重視公民精神？然而，真正落實的又有哪些？可見公民精神不是那麼容易可以形塑的。新公共服務雖然被認為是不僅止於新公共管理的反思，但在實務上究竟可以實踐、落實到何種程度，則是較受到質疑之處。

🖥 行政櫥窗

臺北市 YouBike 微笑單車

臺北市政府為推廣民眾騎乘自行車作為短程接駁交通工具，推出公共腳踏車系統，期許藉由市區自行車道路網搭配自行車租賃站服務，鼓勵民眾使用低汙染、低耗能的公共自行車作為短程接駁運具，減少及移轉私人機動車輛之持有及使用，以達改善都市道路交通擁擠、環境汙染及能源損耗目的。因此，臺北市政府在 2009 年與臺灣捷安特公司共同合作，規劃出臺北市公共自行車租賃系統服務計畫，簡稱為「YouBike 微笑單車」。

在實際的營運上，YouBike 是使用電子無人自動化管理系統，提供自行車甲地租乙地還的租賃服務，期望能夠帶動民眾利用自行車作為大眾運輸系統最後一哩接駁工具的風氣，同時藉此提升更多民眾使用大眾運輸系統的意願，亦可達到環保與節能之目的，塑造臺北新的城市通勤文化。

臺北市政府交通局長即認為 ❷：「在歐洲許多重要的城市裡，常見民眾騎著自行車自在穿梭城市每個角落，他們用慢速的方式體驗城市不同時空的迷人風情，這何嘗不是城市自由移動的新選擇。在巴黎、倫敦等大城市，公共自行車已經廣為市民使用，不僅提供市民便利的接駁工具，同時還兼具了休閒運動與娛樂的特點，讓市民及遊客體驗騎乘自行車是一種生活與旅遊的最佳方式。」

然而，相關配套措施的不足使 YouBike 亦有被詬病之處。特別是腳踏車專用道的設計不良讓腳踏車得和汽車爭道，因此為了安全民眾往往將腳踏車騎上人行道與路人爭道，如此與 YouBike 其中一項目標，改善都市道路交通擁擠背道而馳。知名作家劉克

---

❷　YouBike 臺北市公共自行車資訊網（http://taipei.youbike.com.tw/cht/f31.html；檢視日期：2014/7/23）。

襄便撰文投稿平面媒體提出批評，相關內容節錄如下段。

我無法喜歡 YouBike❸

　　YouBike 的出現，主要是搭配現有臺北的捷運和公車系統，為節能減碳而設計。有此公共單車的方便和快速來去，可以鼓勵市民減少使用汽機車，避免製造更多的空汙和噪音。在此前提下，現今若設置 YouBike 的停車場，按理應該針對這一族群所使用的空間挪移，例如利用現有的汽機車停車格設置停放點。小小黃上路後，更應該規劃允當的專用車道。

　　但我們在街上看到的情形並非如是。如今大臺北一百三十多個租借站，四千五百多輛小小黃，多半利用行人休閒散步的空間，或挪用公園的環境。例如雙連捷運站二號出口，原本是市民廣場，還有市政府捷運站出來的草皮綠地，如今都成為 YouBike 停靠和租借維修之地。

　　多數 YouBike 使用者也不太愛騎在馬路上，因為現有街道少有單車用道的規劃。在馬路不安全下，使用者便與路人爭道。騎樓和人行道到處可見小小黃。導致喜愛走路散步的市民，原本享受的城市空間又被剝奪了。

　　光是這些配套不足所產生的後遺症，就足以讓許多沒機會租借，或只想走路的人抱怨不已。繼而之，YouBike 是否為好政策，便有待商榷。希望相關單位努力朝此方向改善，不要推給租借者也要守法為由，簡單地搪塞過去。

---

❸　蘋果日報新聞／劉克襄 (2014/3/27)（http://www.appledaily.com.tw/realtimenews
　　/article/new/20140327/367716/；檢視日期：2014/7/23）。

一、中文文獻

- 丘昌泰，2010，《公共管理》，臺北：智勝文化。

- 丘昌泰，2011，〈當代政策管理與新公共服務〉，《T&D 飛訊》，第 110 期，頁 1–18。

- 李宗勳，2003，〈新公共服務視野下行政法人化的未來走向〉，《中央警察大學警政學報》，第 45 期，頁 133–154。

- 吳瓊恩、藍夏萍，2008，〈檢視新公共服務之實踐：臺灣社區治理制度現況〉，發表於《2008 TASPAA 夥伴關係與永續發展國際學術研討會》（5 月 25 日），臺中：東海大學行政管理暨政策學系。

- 林鍾沂，2001，《行政學》，臺北：三民書局。

- 林水吉，2005，〈新公共服務的七個向度分析：由理論基礎邁向政策倫理的論述〉，《理論與政策》，第 18 卷第 1 期，頁 97–128。

- 林志鴻，2009，《新公共服務與國家競爭力之研究：跨域治理的觀點》，桃園：開南大學公共事務管理學系碩士論文。

- 施偉仁，2004，〈從新公共服務理論看公民社會在公共行政中的角色〉，《行政試訊》，第 11 期，頁 15–23。

- 孫本初、羅晉，2004，〈新公共服務理念的民主實踐：公民數位參與機制的發展〉，《城市發展》，第 4 期，頁 6–21。

- 孫本初，2009，《新公共管理》，臺北：一品文化。

- 陳衍宏，2011，〈迎向「新公共服務」的具體實踐〉，《研習論壇》，第 125 期，頁 25–36。

- 廖俊松，2009，〈新公共服務的理想與實踐〉，《T&D 飛訊》，第 88 期，頁 1–17。

- 鄭國泰，2011，〈新公共服務之公務行為芻議：公共價值的途徑〉，《研習論壇》，第 125 期，頁 37–47。

- 蔡秀涓，2009，〈臺灣文官的公共服務價值觀與新公共服務精神的比

較〉,《文官制度季刊》,第 1 卷第 4 期,頁 111–135。

- 歐崇亞,2009,〈新公共服務下之行政倫理〉,《空大行政學報》,第 20 期,頁 119–156。

- 蕭武桐、陳衍宏,2009,〈從新公共服務 (NPS) 觀點論我國關務人事制 度改革〉,《公務人員月刊》,第 155 期,頁 11–25。

- 韓保中,2009,〈新治理的行政倫理意象:新公共服務論後設語言之分 析〉,《哲學與文化》,第 36 卷第 1 期,頁 121–140。

- 蘇俞如,2003,《新公共服務理論之政府與社區合作關係探討:以花蓮 縣壽豐鄉池南村為例》,花蓮:國立東華大學公共行政學系碩士論文。

- 顧慕晴,2009,〈新公共管理理論下行政倫理的強化:新公共服務的理 念〉,《T&D 飛訊》,第 87 期,頁 1–25。

二、英文文獻

- Denhardt, R. B. & J. V. Denhardt. 2007. *The New Public Service: Serving, Not Steering*. New York: M. E. Sharp.

歷屆考題

1. 試就主要學者及其論點,說明新公共管理 (New Public Management) 與 新公共行政 (New Public Administration) 兩種途徑之間有何異同?其對 我國政府再造之啟示為何?(094 年公務人員高等考試三級考試暨普通考試 第二試一三等一般行政)

2. 1980 年代間的政府改革浪潮,延續至 1990 年代末期,或可以「新公 共管理」論之,主張政府應多領航而少操槳;然而 Denhardt 夫婦卻從 「公民參與」的觀點,主張政府應強調服務而非僅只領航,進而提出 新公共服務 (New Public Service) 的主張。請您說明其理論基礎,及對 未來政府再造的啟示。(095 年公務人員特種考試身心障礙人員考試一四等一 般行政)

3. 新公共行政 (NPA) 運動的主流價值之一,乃是從人道精神與人本主義

的觀點倡議對弱勢團體的關懷，進而有「弱勢優先」(Affirmative Action) 的主張。請問：我國對於身心障礙人士的相關政策規劃，是否符合這樣的精神？並請從「多元化管理」(Diversity Management) 的理念論述將來的政策規劃方向。（095 年公務人員特種考試身心障礙人員考試－四等一般行政）

4. 學者 R. Denhardt 與 J. Denhardt 檢討傳統公共行政與新公共管理的理論缺失，而提出新公共服務 (new public service) 的主張，新公共服務觀點的主要核心概念為何？試分析陳述之。（096 年公務人員特種考試原住民族考試－四等一般行政）

5. 何謂「新公共服務」(New Public Service)？其理論基礎為何？其對政府再造又有何啟示？（096 年交通事業公路人員升資考試－員級晉高員級事務管理）

6. 新公共行政 (New Public Administration) 理論的特點為何？其對我國之政府再造有何啟示？（096 年特種考試地方政府公務人員考試－三等一般行政）

7. 請問何謂「新公民精神」(New Citizenship)？其對當代所流行之「新公共管理」(New Public Management) 概念和實務有何批評？試請解析之。（098 年三等退除役軍人轉任考試－三等一般行政）

8. 試論述並比較傳統公共行政、新公共管理、新公共服務對於「政府角色」的主張；在從事公共管理時，如何攫取上述三種論點之精華？（099 年公務人員高等考試三級考試暨普通考試－三等一般行政）

9. 公部門的某些獨特性往往與私部門有著基本上的重大差異，使得公共管理在課責與績效的方法與技術也必須適時調整。試論述公部門在本質上有那些異於私部門的特徵？（100 年公務人員高等考試三級考試暨普通考試－三等一般行政）

運作管理篇

第 8 章　現代政府體系

第 9 章　人事行政

第 10 章　行政組織

第 11 章　公共政策

第 12 章　行政溝通

第 13 章　行政資訊管理

第 14 章　行政倫理

第 15 章　行政領導

第 16 章　行政責任

第 17 章　行政革新與政府再造

第 18 章　行政系統與環境的互動

第 8 章 現代政府體系

現代憲政民主國家為防止專制獨裁政體的復活，依權力分立 (separation of power) 理論來組織政府。其中，權力分立又分為垂直的權力分立與水平的權力分立：垂直的權力分立，是指將政府的權力分屬二個層級以上的政府組織分別行使；而水平的權力分立則是指將某一層級的政府權力分配給同一層級之不同政府機關行使（林子儀、葉俊榮等，2003: 379）。

二十世紀後期，隨著福利國家的形成與行政國家化的產生，各國政府的行政活動範圍與內容不斷擴大、增加，倘若僅靠中央政府的行政組織來提供直接的服務，自然無法迅速滿足多元的民眾需求，因而需仰賴較貼近民眾的地方政府與之協力。在此情況下，中央與地方的關係開始有所改變，逐漸形成緊密的相互依存關係（千草孝雄，1998: 57）。

事實上，任何國家的政府體系都攸關和影響該國行政的運作方式。換言之，國家所建構的政府體系因會涉及內部權力的分配，以及執行行政事務之官僚組織的運作，故被視為行政學的重要內容。在政府體系中，中央政府究竟擁有多少權限或財源？又將多少權限移轉給地方政府？這些乃是屬於中央集權和地方分權範疇的問題，也涉及到中央與地方之間的關係（西尾勝，2001: 55–56）。另一方面，除了垂直的中央與地方關係外，一國政府體系的運作還涉及到水平的權力運作，多數國家在三權分立的制度下，設有行政部門、立法部門與司法部門，分別扮演不同的角色與功能，有時需相互合作，有時又需監督制衡，才能促使國家政務順利地推行。究竟這三大政府機構有何特質？具有哪些功能？對於研習行政學的人而言，不可不知。因為即使立法部門和司法部門的運作，乍看之下與行政毫不相關，但政府政策的立法、審查，與立法部門息息相關，甚至萬一不幸發生訴訟時，更需有司法部門的解釋或說明。

針對上述，在本章中將檢視當代政府體系的主要分類與組織設計特性。首先，從權力分配的垂直面向上，說明中央政府與地方政府之間的

關係，及兩者之間依權力劃分不同所產生的制度設計；其次，在水平面向上，將介紹組成政府組織的三大機構，亦即行政、立法與司法部門，分別說明這三大機構的組織特性與功能；接著以「行政權歸屬」和「行政權與立法權之間的互動」為依據，將當代政府體系分為總統制、內閣制與半總統制，再分別介紹各種體制的特徵，並整理其優缺點。最後，在理解政府體系的相關制度後，將論述的焦點轉移至國內，說明並分析我國中央與地方間的關係、政府的組織及現行政府體制的現況。

第一節 政府的垂直分權：中央與地方

　　在複雜的群體生活中，公共事務（包含國家事務與地方事務）可能經由各種管道或機構處理，這包括著國家層次與地方層次兩個主要類型的政府。國家層次的政府乃是一種與主權權力相結的單元，其重要性不言可喻，然在現今複雜的環境下，任何國家層級的政府皆難以獨立處理所有公共事務，故絕大多數的國家都另設有地方政府，這也意味著國家並非全能，甚至可說是無法獨存的（楊日青等譯，2001: 210；任德厚，2003: 337）。以下乃分別說明中央與地方的相關概念：

一、中央與地方的區分原則

　　各國對於地方政府 (local government) 的體認雖非一致，但如果說地方政府是中央政府的對稱，大概很少有人反對。然而，中央政府與地方政府有何區別？又要以何種標準來區別？約可以整理出下列幾項區分原則（薄慶玖，2001: 2-4；彭懷恩，2013: 18-19）：

㈠以「管轄區域的廣狹」為標準

　　這是最普遍的說法。持此說者認為，凡國家統治機關，其管轄區域及於全國領土之全部者，為中央政府；反之，僅及於全國領土中之一部分者，為地方政府。

㈡以「統治權的來源」為標準

持此說的學者認為,凡國家統治機關,其統治權力是由憲法所授與,並不得由國家任何機關予以任意變更者,為中央政府;反之,其統治權力由中央法令所授與,而得由中央酌情予以伸縮變更者,為地方政府。

㈢以「管轄事務的性質」為標準

持此說的學者認為,凡國家統治機關,其管轄事務涉及全國人民的利害關係或關係整個國家利益者,為中央政府;反之,僅涉及地區部分人民的利害關係或僅涉及地區利益者,為地方政府。

㈣以「有無主權」為標準

所謂主權,是指國家所具有的一種對內至高無上、對外獨立自主的權力,亦即最高統治權。持此說的學者認為,具有這種主權者,是國家的最高權力機關,對外代表國家,對內代表人民,且不受任何其他的權力支配,這種政府即是中央政府,否則便是地方政府。

二、地方政府的特性與功能

㈠特 性

由以上四項標準判之,雖然每一項標準都有其侷限之處,但仍可根據上述四項標準,歸納出地方政府共通的特性。我國學者任德厚 (2003: 338–339) 認為,地方政府的特性包括下列幾項:

1.地方政府乃是政府

意即地方政府是一個依法行使公權力,且具有某些統治作用的制度化結構體。舉例來說,人們為了追求公益,或解決其他眾人之事,可能經由各種組織管道來達成,譬如教會、廟宇或社會公益團體等。然而,這些團體組織本身並沒有公權力,也未具有統治目的,所以其與地方政府仍有本質上的差別,無論這些組織如何具有聲望或受到尊重,都不是

政府。

2. 地方政府乃是地區性的政府

意即其公權力所及的範圍，空間上受限於本身管轄的領域之內，而對象上則以特定管轄領域內的居民為主。在其管轄領域之外的公共事務，由其他的政府依法負責。

3. 地方政府乃是層級性的政府

此意味著除了國家政府之外，其以上或以下可能另設有層級相異的其他政府。換言之，特定層級之政府有其法定的職權及功能，且不可排除其他層級政府的統治權。

4. 地方政府是地位及職權不及於國家政府的政府

由於國家政府的層級最高，而其目的功能也必然最為廣闊，因此地方政府的地位及職權可能不及於中央政府。然而，這並不意謂中央政府的意志必然可以凌駕於地方政府之上，因為現代國家之政府體制是依據憲法及相關法律規定而建構，所以層級較低的地方政府仍受到制度上的諸多保障。

5. 地方政府無國防與外交之職權

一般而言，地方政府沒有諸如國防與外交方面的職權，而即使是涉及經濟或交通事務，也較屬於地區性質，故地方政府的活動，除了貫徹上級交辦或委記事項外，多以回應其管轄領域內的居民需求為其主要內容。

6. 地方政府因其管轄領域內依制度管道表現出的民意而組成

相對於國家級上層政府之權力，這也意謂本地人民有要求其地方政府處理本地事務的權力及權利，意即所謂地方自治 (local self-government)。

另外，綜合我國學者所論，可以將地方政府界定為：「所謂地方政府，是一個得到授權的公共組織，在一個國家中相對較小的領域範圍內，依憲法或中央法令之規定，自行處理地方區域事務、決定和執行有限的公共政策，且建立在管轄區域民意基礎上而無主權之地方統治機關。」（薄慶玖，2001: 5；陳義彥等，2004: 379）

㈡功　能

從前述可知，任何國家除了中央層級的政府之外，必然存在地方層級的政府。然而，為何一個國家既有中央政府之後，還需要地方政府或實施地方自治？自因地方政府具有其特殊的功能（薄慶玖，2001: 13-19；彭懷恩，2013: 22-23）：

1. 減輕中央政府負擔，適應地方特殊環境

一個國家的政務通常都相當繁雜，因此須設有地方政治組織，為之分層負擔以便逐一有效推行。況且政治事務若均仰賴中央，不但有欠合理，在情勢上也不允許。除此之外，由於各地風俗習慣、地理環境及政治情勢等不盡相同，中央實難做統一的規定或相同的處理。為了能適應地方特殊環境且進行周密而完善的控制，設置地方政府是有其必要的。

2. 奠定建國基礎，保障人民權益

國父曾提：「地方自治者，國之礎石也，礎不堅，則國不固。」基此，地方自治的健全，實為民權與民生主義實現的基礎。其次，因地方政府所辦理的事項，幾乎與在地居民息息相關，因此人民生活之所需，有賴地方政府，也唯有地方政府才能滿足民眾的生活需求，保障其權益。

3. 促進民主實現，培養民主政治人才

民主與自治實為一體之兩面，推行自治制度，才可促進民主政治，故地方政府為推行民主制度的基礎。此外，地方政府不但能使人民就近參與政權之行使，使其在無形中完成對民主政治的認識與訓練。此外，被人民所選出之公職人員，也因在地方政府中之鍛鍊與學習，從而獲得豐富的從政經驗，進而參與整個國家之政治事務。

4. 發展地方經濟，解決民生問題

地方政府本身即負有經濟上的任務，解決人民民生問題亦為其主要職權，此從我國《憲法》第 109 及 110 條關於省與縣之實業、財產、農、林、漁、牧之事項，乃以經濟事業為主要部分可觀之。

三、中央與地方之關係

關於各種政治體系下所存在的各式各樣中央與地方政府間的關係，會依各國的歷史、政治文化、地理、經濟與憲政發展之差異，而呈現不同的互動方式與制度形式（徐子婷、何景榮譯，2006: 436），其中最顯著的就是《憲法》上有關國家結構的設計。在現代國家中，最常見者為依領土而建立的組織形式：聯邦制和單一制；另有第三種形式稱為「邦聯制」，但是經驗顯示出邦聯通常無法支撐太久。茲分述三種型式如下（楊日青等譯，2001: 214–228；林鍾沂，2005: 579–583；徐子婷、何景榮譯，2006: 412–415；王業立等譯，2007: 327–338；丘昌泰，2010: 25–26；彭懷恩，2013: 52–53）：

㈠聯邦制 (federal system)

聯邦一詞源自拉丁文 "foedus"，意指聯盟、協定或盟約。聯邦體系的基礎概念是指政治體之間一種永久的契約，並藉此創造出一個新的政治實體，但同時並未廢除原有的組成單元。默瑞・福西斯 (Murray Forsyth) 將這種體系形容為「由國家組成的國家」。伊萊莎 (Daniel Elazar) 則認為聯邦制乃是「自治加上共同治理」。而根據法國學者戴雪 (A. V. Dicey) 的看法，聯邦制的根本要素在於人們渴望在中央集權與地方分權之間達到一種完美的均衡，人們想要的是合併，但又並非內部完全一致的概念。

基於上述，可以採用學者萊克 (Riker) 之見解，為聯邦制的政治體系下一個定義：「係一個以地域為基礎的政治體系，其權力分屬中央政府及地方政府。在此體系中，中央單位和地方單位的權威都是來自一部成文憲法的規定。」一般而言，在聯邦體系中，地方單位是固定的，而唯有他們同意才能加以改變。此種制度具有以下特色：

1.權力分立

在聯邦制中，權力為中央政府和地方政府所瓜分。美國聯邦主義被視為一種由中央政府和州政府各自處理某部分公共政策的制度：中央政

府在外交、國防和州際貿易政策上扮演主導角色，州政府則主要負責教育、警察權及維持公共秩序。美國的這種配置被稱為雙元聯邦主義(dual federalism)，即一種在各個領域中，國家和州都有特定權力的制度。

2.成文憲法

大部分採行聯邦制的國家，皆有規定中央和地方政府基本權限的成文憲法，但其規定各有不同。例如《美國憲法》將特定的權力賦與聯邦政府，而第 10 條憲法修正條文規定，未授權給中央政府的權力，則保留給各州或人民。反之，《加拿大憲法》則將特定權力授與省級政府（地方政府），而將其他的權力保留給中央政府。總而言之，聯邦制的成文憲法維護每個自治單位的權力，使其能獲得永久的承認。

3.憲法解釋

基於地方和中央政府之間在憲法理論和實行上可能出現不少衝突，設立某些仲裁的制度就變得非常重要。美國的最高法院 (Supreme Court) 即具此種功能，而其他國家也存在類似的法院。

4.分享責任的共識

聯邦制不僅劃分權力的法定契約而已，還標示著中央和地方領導者分享統治責任的共識。例如《美國憲法》即提供此種本質上是合作關係的正式法律設計，如憲法修正過程（需要全國性和地方性層級的行動）及州立議會推選參議員的方式等。此種分享也成為中央和地方政府經常以合作方式制定法律之歷史發展過程的一部分。此外，中央和地方政府在運輸、衛生和教育等領域上共同挹注計畫資金的配合款 (matching grants) 也是一例。

從現今情況看來，全世界三分之一以上的人口是被某種形式的聯邦制政府所統治，這些國家包括美國、巴西、澳洲、墨西哥、馬來西亞與加拿大等國。儘管沒有任何兩個國家的聯邦體制結構是完全一樣的，但從前述的分析中可以探知，每個層級政府的特徵在於：主權是由中央政府與地方政府所分享。至少在理論上，這確保了沒有任何層級政府的權力可以侵蝕其他層級政府的權力，此即為聯邦制國家的最大特徵之一。

審視過聯邦制的特徵之後，則進一步探討採行聯邦制國家的背景因

素，大致可以分為：歷史因素、地理因素、國防因素及文化因素等，說明如下：

1.歷史的相似性

聯邦制經常是由一些既有政治社群結合而成，但仍希望保有其個別社群的認同以及在某些程度上的自主性，美國是典型的案例。幾個大州原本不願意將大多數權力交給聯邦政府，只肯讓渡一部分權力，同時保有較多的剩餘權。

2.領土廣大

領土面積廣大的國家多半採行聯邦制度，如美國、加拿大、巴西、印度等。如同美國開國元老傑佛遜 (Thomas Jefferson) 所言，一個國家的領土面積過於廣大，就無法由一個政府來管理所有的事情。因此只有當政府負責管理的空間範圍不會太大，才能照顧到人民的需要。

3.外在的威脅或期望集中力量和資源

例如在十九世紀，日耳曼各邦之所以有意願加入聯邦體制，主要歸因於強敵環繞，特別是來自奧國與法國的威脅。而在某些情況下，幾個分子邦欲組成聯邦則是要建立比較強大的國家，例如埃及多次試圖和鄰國共組聯邦，以統一阿拉伯世界，從而擴張其政治和經濟權力。

4.文化與族群的異質性

幅員較廣大的國家，在文化上多半呈現多樣性，並且經常有較強的地域傳統，而聯邦制就是一個反映社會差異與多元特性的制度。以印度為例，其二十五個省主要是根據語言差異來做劃分，而旁遮普省與喀什米爾省則是以宗教差異來做考量。

(二)邦聯制 (confederation)

邦聯制國家較為少見，現今幾乎已不見蹤影。它是一種較為鬆散的地方單位聯合體，主要由地方單位保留主權權力，而非將主權交予中央政府。換言之，邦聯係由許多自主的分子國組成，而這些國家是為促進和完成某些特殊目的，如對外對付共同敵人以維護國家安全，或對內維持各國的和平繁榮等，而成立的一種聯合組織體。

　　舉例來說，尚未行憲前的美國即是屬於邦聯的型態。行憲前的美國，其憲法權威實際上是屬於所謂的邦聯章程 (Articles of Confederation)。在此制度下，州保有主權，只有在獲得各州全體一致的同意下，邦聯章程才能加以修改。此外，在某種程度上，今日的聯合國 (United Nations) 也可被歸類為邦聯制，因為其主權和權力仍然為各會員國所有，而未交予國際組織本身。而由前蘇聯十二個共和國所組成的獨立國家國協 (Commonwealth of Independent States)，則是晚近邦聯制的例子。

(三)單一制 (unitary system)

　　當代大部分的國家都採行單一制政府，這些國家將主權授與單一的、全國的機構來行使：中央政府擁有最高的統治權，並可依其意志隨意變更地方單位；相對地，地方政府則不具有權威，其所做的一切必須得到中央政府的授權或認可。簡言之，在單一制中，中央政府為滿足現實環境的需要和因應政府施政的要求，會將全國劃分成若干次級行政區域，並賦與相當職權及地方自治權，但此種權力的劃分、賦予、回收等決定權，係完全操控於中央，地方只能被動地接受。

　　依學者黑吉 (R. Hague) 的看法，單一制國家可再細分為「雙元制」與「混合制」兩種：

1.雙元制 (dual system)

　　以英國為代表。地方政府的運作與中央政府的行政系統有明確區分，地方政府的自治權力是不受中央指揮的，此一部分類似聯邦制，但差別在於英國地方政府並沒有排除中央監督的權力。

2.混合制 (fused system)

　　以法國為典型。法國政府的權力運作是由中央向下擴展至地方，中央政府擁有最高主權，省與市（地方政府）的權力全由中央賦予，各區域行政首長統一由中央政府任命。

(四)邦聯制、聯邦制與單一制之比較

　　由於中央政府與地方政府權力劃分的不同，以及各級政府彼此間之

互動關係的不同，形成了聯邦制、邦聯制與單一制三種不同類型的政府體系。一般說來，邦聯制與聯邦制的差異如下：

1.在邦聯制的組織體下，邦聯對各分子國人民不得直接命令或指揮，邦聯要與各分子國發生關係，須經由分子國政府為之；在聯邦制度之下，聯邦政府得直接命令各邦人民。

2.邦聯協約如要修改，須經分子國全體同意始可；聯邦憲法的終止，則只需多數邦之批准即可，無須全體同意。

3.在邦聯制之下，邦聯當局倘有違法行為，分子國得將之宣布無效，而予以取消，且分子國有退出邦聯之自由權；在聯邦制之下，聯邦政府倘有違法行為，各邦只得訴之於法院，以圖補救，不得自由宣告其為無效，更不得自由退出聯邦。

4.邦聯只有議事機構，沒有行政及司法機關，且其所有議決事項，亦乏強制執行的權力；聯邦政府則有國會、行政首長及司法機關處理各種政務，且國會之決議必須全國遵行。

相較於前述兩者之差異，聯邦國與單一國地方制度之間的歧異則較容易被看出，可分為五個面向討論：

1.就中央與地方權限劃分而言

聯邦國多以「憲法」來劃分中央與地方的權限；而在單一國家中，中央與地方權限的劃分實際上是由中央決定。

2.就對地方政府地位的保障而言

由於聯邦政府與各邦政府的權力都由憲法規定，故在聯邦國中，對地方政府的保障較強；相反地，單一國地方政府的權力，係由中央政府經法律程序賦予，地方政府在此種情形下雖享有自治權，但因這種自治權不是由憲法所授與的，故在單一國家中，對地方政府的保障較弱。

3.就地方政府有無自主組織權而言

聯邦國地方政府有自行決定其根本組織法之權；而單一國地方政府則無，其地方政府的根本組織法由中央制定。

4.就地方有無參與中央政治的權力而言

在聯邦國家中，各邦為使其憲法所賦予的權力得有保障起見，可推

舉代表參加聯邦的國會，以便邦代表在聯邦國會中有發言權、表決權及直接參與中央立法之權；與聯邦國相反，上述聯邦國參與國家政務之權是單一國地方政府所沒有的。

5.就地方政府的體制而言

因聯邦國地方政府各有自主組織權，因此聯邦國地方制度通常較為分歧；而在單一國家中，地方政府根本組織法多由中央或上級政府制定，是故地方政府體制大體上都是統一的。

綜前所述，即便中央政府與其他政府層級之間的權力分配情況在每個國家中都有所不同，但必須瞭解的是，這些權力分配關係也可能會隨著經濟、社會與政治發展等因素而改變。因此，即使該國的憲法建立了一套特定的權力分立體系，但是這套體系並不會是永久不變的定律，仍會隨著各種因素而產生變化（徐子婷、何景榮譯，2006: 406）。

四、中央與地方之權限劃分

若從中央政府與地方政府間權力控制與分配來區分，大致有兩種：即中央集權制與地方分權制（蔡天助，2010: 41）。另一種是「均權制」，為孫中山先生所提倡，雖較少為外國學者所討論，但由於我國採行均權制度，且當前世界各國在中央與地方之權限劃分關係上亦朝向整合制的方向發展（丘昌泰，2010: 151），均權制仍有其重要性存在，以下乃針對這三種權限劃分方式加以說明之：

㈠中央集權制 (centralization)

所謂中央集權制，是指認定國家政治是一整體，一切權力皆為中央政府所有並集中於中央政府掌握，地方政府只是中央政府為便利施政所分設的派出機關，對於事務的處理皆必須聽命於中央的一種制度（薄慶玖，2001: 98；趙永茂，2002: 53）。依此，地方政府之成立與裁撤、地方首長之任命、調派與解職均屬中央政府之職權，地方政府不能以自己主動之意思，行使中央未授權之職權，當代國家如法國、英國等均是屬於中央集權制國家之典型案例（丘昌泰，2010: 149）。

1.特　質

中央集權制一般有以下幾個特質（薄慶玖，2001: 98–99；趙永茂，2002: 53–56）：

(1)中央與地方的分權，實際上僅為分治，並非真正分權。換言之，只是一種職務上的分配而已，權力仍為中央政府所有，只不過由地方行政機關以中央代理人的資格代為行使而已。

(2)地方政府一般很少擁有裁量權，因地方政府只是中央政府之派出或代理機關，主要職能係代中央或上級政府執行委任或委辦事項，因此只有很有限的裁量權，一切地方政府行為幾乎等於是在中央政府指揮、控制或監督下的行政執行行為。

(3)地方與中央以行政上的隸屬關係為主，其權力之行使，雖有透過國會立法者，但大多基於中央行政機關的指揮命令。

(4)國家政策無分中央或地方性質，一般均統由中央政府規劃，以達其控制、指揮及監督國家的目的。地方政府不似分權制國家有其一定自治權，得以在一定的自治權之下，因地制宜，便宜行事。

2.優　點

中央集權制能夠為一些國家採納，自然有它的長處，論者認為它有以下優點（彭懷恩，2013: 140–141；丘昌泰，2010: 149）：

(1)治權集中於中央政府，不易造成地方割據與四分五裂的局面，可以提高全國法律、政策和行政上的統一性，使中央與地方不會發生衝突，可以加強國家之統一。

(2)事權集中於中央政府，則全國有整齊劃一之制度，不致造成中央與地方的步調不一，有礙行政效能，既可謀各地均衡發展，又可使國家政策順利推行。

(3)既然事權集中於中央，則中央亦應負起國家興亡的全部責任，不致造成權責上的混淆不清。

(4)中央政府統籌全局，可以迅速有效地調配全國各地方之資源分配，不致發生畸重畸輕的偏頗，妨礙地方均衡發展。

3.缺 點

簡言之，國家視其統治的需要，可能因全國的統一性、政策法律的一致性、地方發展的平等性等原因而採行中央集權制（楊日青、李培元等譯，2001: 212–213）。然而中央集權制固然有著上述的優點，但其亦會因而產生相對的弊端，約而言之，至少有以下諸端（薄慶玖，2001: 99–100；丘昌泰，2010: 149；彭懷恩，2013: 141–142）：

⑴在中央集權的體制下，中央政府集中所有權力，各級政府處處受其指揮與監督，這種型態的權力分配，容易形成層級節制的官僚系統，不免導致中央政府專制或個人獨裁的可能。

⑵權力高度集中於中央政府，易導致政府的一切措施，都只見整體而忽略部分，無法因地制宜，普遍顧及某些特定地方之特殊需求。

⑶地方官吏只是中央政府的代表，難免為討好上司而犧牲地方利益，甚至違反地方人民的意志，故容易引起人民的反感，因而形成地方政府對中央政府的離心力。

⑷中央集權制往往重視全國整齊劃一的領導，而漠視地方民眾的特殊需求，對於人民地方自治之發展產生不良影響。

㈡地方分權制 (decentralization)

由於國家政務經緯萬端，中央政府不可能獨攬其政，因此必須將其治權的一部分，特別是屬於地方事務性質者，授權地方政府自行處理，此時即產生了與中央集權制相對的地方分權制（丘昌泰，2010: 150）。所謂地方分權制，乃是一個國家，將其治權的一部分賦予地方政府，而中央政府僅立於監督地位的一種制度（薄慶玖，2001: 100；趙永茂，2002: 69）。

地方分權制大都為聯邦制國家，此類制度都是先有地方自治之事實，然後地方政府聯合起來，共同授權給一個高於地方政府的中央政府處理共同的全國性事務，因此，地方自治權力是優先於中央權力，具有高度的自治權。如美國、德國、加拿大、瑞士等國家，在中央與地方政府的權限劃分上皆採行地方分權制（丘昌泰，2010: 150；彭懷恩，2013:

142)。

1.特　質

地方分權制一般有以下幾個特質（薄慶玖，2001: 101）：

⑴地方政府的權力多源自憲法或法律，非經修憲或修改法律，中央不得任意變更或剝奪。

⑵地方政府機關為地方統治權的行使者，有很多自由裁量權，非僅為中央政府的代理人而已。換言之，地方政府在其自治領域內，具有最高的政治權力得以處理其自治事務，對其自治事項獨立自主。

⑶中央政府對地方政府僅有立法監督權，而無指揮權，而且監督權的行使必須依法為之，無法任意指揮與控制。

2.優　點

主張地方分權制者，認為分權制足以消除集權制所發生的流弊，其優點如下（薄慶玖，2001: 101；徐子婷、何景榮譯，2006: 407–408；丘昌泰，2010: 150）：

⑴國家政事由中央與地方分別負責處理，可以防止中央政府之專制與獨裁。

⑵施政決策取決於地方政府，得以因地制宜，適應各地方之特殊需求，特別是少數族群與偏遠地區之需求容易充分受到照顧。

⑶地方由人民自治，讓人民勇於表達自己的意見，並以自己之意思選出心目中之代表，可培養人民的政治興趣，使地方成為民主的實驗室。

⑷地方政府擁有自治權，無須事事請示中央，地方政府遇事可以自行處理，可回應地方民眾需求，行政效率也因而提高。

3.缺　點

承前所言，地方分權制不僅可防止中央專斷、提升行政效率、促進人民參與，亦可加強政府的回應性（楊日青等譯，2001: 213–214），不過過度的分權制度，其自身亦將發生嚴重的不良後果。是故，地方分權制的缺點如下（丘昌泰，2010: 150；徐子婷、何景榮譯，2006: 410–412）：

⑴地方擁有高度的自主權，不易接受中央政府的指揮監督，容易影

響國家施政的完整性,導致地方失衡發展;由於國內不同地區的人所接收到的服務程度(包括服務品質、多寡、種類等)有所差異,也不可避免地會增加社會上的不平等程度。

⑵地方分權制雖有助於制衡中央政府的專制,但卻無法保證地方分權同樣可以保障個人或弱勢團體的權利,使之避免於地方政府的壓迫性政策。

⑶地方職權強化,難免尾大不掉,形成地方割據狀態,國內政治不穩定,國家難具競爭力。

⑷地方政府由於管轄區域較小,易養成人民偏狹的地方觀念,影響全國政治、經濟及文化的進步;地方政權容易被少數土豪劣紳所把持,地方派系於焉產生。

㈢均權制

前述有關中央集權制與地方分權制之劃分,僅屬理論上之當然,並非實際上之必然,故上述所稱的優缺點,均有商榷之餘地。畢竟當前世界各國由於全球化的共同趨勢,各國政府已相互學習地方自治之運作經驗,許多中央集權制國家採納地方分權的優點,而地方分權制國家也能吸納中央集權制之優點,因而朝向「整合制」的方向發展,在此趨勢下,均權制就是其中最典型的代表(丘昌泰,2010: 151)。

所謂均權制,就是以「事權之性質」作為中央與地方權限劃分的標準。申言之,凡事務有全國一致之性質者,劃歸中央;有因地制宜之性質者,劃歸地方;不偏於中央集權制或地方分權制(彭懷恩,2013: 144)。基此,均權制並非指中央與地方政府擁有平均的、相等的權力,而是指因事務之性質而各自擁有「均衡的」權力。如此一來,中央政府擁有全國一致性之事權,可以加強國家之統一,以鞏固國權;地方則擁有因地制宜之事權,可以適應地方需求,以保障民權。既無中央集權制及地方分權制之缺失,反而兼具其優點,可謂一種理想的國家與地方事權劃分之制度(丘昌泰,2010: 151)。

論者認為,均權制具有下列優點(彭懷恩,2013: 144–145):

1. 適合國情

過度的中央集權容易形成中央專制，引起地方反抗；而過度的地方分權，則容易造成地方割據。要使中央與地方的關係適當，彼此恰得其分，均權制度係最合理的原則。

2. 避免極端

均權制不偏於中央集權或地方分權，故能取二者之長而去其短，避免走極端的流弊困境。

3. 賦有彈性

均權制僅將中央與地方的權限作概括性的規定，使此項權限劃分賦有彈性，能適應事務性質，隨時改變。

不過，雖然均權制對中央與地方政府關係的論述，在若干方面相當符合現實中中央與地方關係發展的趨勢，然而在許多事務的權限劃分上，卻很難找出一條明確的界線，以致中央與地方間的權限劃分常會產生爭議。特別是在現行地方政府分具國家官署及自治體的雙重性格下，一項業務是屬委辦事項或自治事項之區分，難以一概而論。故仍有論者認為採行中庸之道的均權制，雖意在中央集權與地方分權中求均衡，以調和兩者的極端理論，其陳義雖高，但實則係一種空泛的思索指引，標準過於抽象而不具實效性，而對於均權制之實行持保留態度（趙永茂，2002: 193；卓播英，1975: 54；轉引自羅得華，2011: 22）。

第二節 政府的水平分權：三個政府的主要機構

檢視當前全球國際社會，除少數共產主義國家之外，不論是君主制或是共和制大多數之民主國家，因受法人孟德斯鳩 (Montesquieu) 三權分立學說之影響，中央政府之組織架構，若從水平層面的事權劃分加以檢視，大都設有行政、立法、司法三個部門（苗永序，2006: 1）。在此體制下，立法部門旨在制定法律，行政部門執行法律，而司法部門則詮釋法律或判定政府和個人的行為是否符合法律的規定。在本節中將討論組成政府機關的三大要素：行政部門、立法部門與司法部門，除簡述各部

門的組織外，並探討其在政府中所扮演的功能。

一、行政部門 (executive)

㈠組　織

　　行政部門是國家內部負責提出並執行政策的機構。在政治運作過程中，行政部門居於中心地位，從政策的擬定、監督政策的執行、到評估政策的成效等，皆為行政部門的主要任務，這種情形在所有的政治體制中皆然。大體而言，行政部門可以區分為兩個部分：一為政治性的行政部門，包括行政首長（擔任總理、首相或總統等行政職位的政治人物）及其所屬政務官員；另一則是非政治性的行政部門，亦可稱為官僚體制或文官部門（楊日青等譯，2001: 522；徐子婷等譯，2006: 456；陳義彥等，2004: 247）。

　　在政治性的行政部門（或稱為政務部門）中，行政首長主要有「國家元首」(chief of state) 和「政府首長」(head of government) 兩種區分。國家元首被視為國家的主要代表人，享有國內的最高地位，然而，國家元首經常僅是個具有象徵或形式重要性的人物而已，真正的權力則是掌握在政府首長身上（楊日青、李培元譯，2001: 524）。國家元首的名稱各國不一，在英國、荷蘭及瑞典，國王或女王是國家元首，而其他如德國、印度及以色列等國家，其國家元首則稱為總統。另一方面，政務部門中的政府首長則是主導政府實際運作的政治領袖，在內閣制國家，政治領袖一般稱為首相或是總理（王業立等譯，2007: 359）。

　　而非政治性的行政部門（或稱事務部門）則由公務人員或文官所組成，包括基層的官僚人員、行政人員等，廣義來說，亦包括軍隊和警察（楊日青等譯，2001: 523）。

㈡功　能

　　關於行政部門所扮演的功能，可從政務部門及事務部門兩個層面來探討。簡言之，政務機關的職能是在提供「領導」。從這個角度來看，行

政部門的功能形同國家機關的指揮所,是國家本身的中樞。政務官的功能如下(楊日青等譯,2001: 524-527;陳義彥等,2004: 250-255;王業立等譯,2007: 360-361):

1.儀式與象徵性功能

　　國家元首、政府首長以及各高級部長或大臣,均有代表國家的功能。當國家權威被賦予至個人身上時,便代表較大的社會,或者更精確而言,他們象徵著社會的團結性。此一角色大部分表現在一種形式或儀式上,例如當行政首長身兼國家元首時,必須代表全國人民主持慶典儀式、接待外國貴賓、弔唁陣亡將士,以及授予榮典等。

2.政策制定

　　相對於儀式與象徵性功能,政策制定則屬於政府首長的實質權限,或是政務官最重要的職責之一。行政首長掌握實際政治權力,負責政策的制定與監督政策的執行。此外,其不僅能以同意或保留的方式來影響法案的命運,亦能在諸多政策選項中,決定優先順序,作為政府施政依據,當然,最終任何政策的成敗,皆由行政首長承擔政治責任。

3.官僚的領導

　　行政首長及其所屬政務官員(如部長及大臣)構成「高層管理」,職司政府機關的運作。這些高級部會首長對特定政策領域,以及在這些領域內從事行政工作的官僚人員負有責任,除了較高層次的政策協調之外,亦須監督官僚體制執行政策,並在必要時懲處違法失職人員。

4.危機的領導

　　政務官的優勢在於有能力採取迅速而果斷的行動。無論發生國內或國際情勢的緊急事故,幾無例外地皆由行政首長擔任應變領導者,透過層級組織結構,負起協調與政府回應的重責大任。

　　在非政治性的事務部門中,官僚則扮演不一樣的角色,同時也涉入眾多的活動。大致而言,官僚具有以下功能(楊日青等譯,2001: 567-569;王業立等譯,2007: 385-387):

1.執行法律

　　文官部門負責輔佐行政首長及其所屬政務官員制定政策、詮釋施政

內容、擬定施行計畫以及實際執行政策，這是其最主要職責。

2.政策建議

官僚由於掌握專業知識及政策資訊，可提供政務首長可行的政策方案，以及評估政策方案可能帶來的影響與後果，而成為政策建議的主要來源，也在立法過程中扮演日益重要的角色。

3.利益表達

雖然這並非其正式功能之一，但由於官僚組織負有政策執行的職責，以及對政策制定與建議的涉入，使其不免和利益團體有所接觸，故官僚組織也時常有助於利益的表達，亦對利益的匯集有所幫助。

4.政治穩定

官僚組織提供政治體系一個穩定和持續的重心。在發展中國家裡，這個因素有時被認為是最重要的，因為當政治人物和政府不斷輪替時，官僚組織依然堅守崗位，此時或許唯有訓練有素的專業官僚，才能引領政府走向穩定與秩序。

二、立法部門 (legislature)

㈠組　織

立法部門是制定法律的代議機構，在不同的國家中有不同的名稱，例如美國的立法機關稱為國會 (Congress)，在英國則稱為議會 (Parliament)（王業立等譯，2007: 354）。無論其名稱為何，立法部門在政府的運作過程中，占有重要的地位，主要原因在於其是由宣稱代表人民的政治人物所組成；其次，它是全國性辯論的殿堂，當前政府政策與主要議題，皆可在此公共論壇公開討論與分析。此外，還擁有正式的立法權，具備某些塑造或至少能影響公共政策的能力（楊日青等譯，2001: 489）。

立法機關之主要組織包括院會、議長、委員會、委員會主席及議員等。在民主國家中，民選的議員組成立法院會，議長由議員互選或推舉產生。而立法機關主要結構差異為一院制或兩院制議會。一院制的議會

由民選議員所組成；而兩院制的議會，是由民選代表組成第一院或下議院，第二院或上議院則經常由人民選出，或由其他如地位、出身或經濟階層所選任的代表而組成。

一般而言，立法機關成員眾多，可能無法全體集會來行使所有職權。基於此，會依據專業組成不同委員會 (committee) 以執行立法與審查任務，常設的委員會包括國防外交委員會、文化教育委員會等。委員會被形容是國會中的權力議堂，也是立法過程的真正樞紐所在，因此幾乎所有的國會皆具有某種類型的委員會制度。國會委員通常具有下列功能：首先，可提供法案或財政提案較詳細的思慮，因此不僅有助於減輕院會的立法負擔，而且可以比院會進行更徹底、更精確的審查；其次，由於委員會成員具備足以與行政部門相比擬的詳細知識與專業能力，因此可能為調查政府行政和監督行政權運作而設立，具有相當的重要性（楊日青等譯，2001: 501–505；王業立等譯，2007: 355）。

㈡功　能

立法機關所扮演的角色，因各國制度的不同而有所差異。歸納各國立法機關的功能，主要有：立法、監督、代表性、正當性及政治甄補五項，分別說明如下（楊日青等譯，2001: 495–500；陳義彥等，2004: 305–309）：

1.立　法

立法常被視為國會的關鍵功能所在，因為立法機關由社會各界代表所組成，有代表人民意志的作用，且具有立法權，有權提出法案，修改政府提案，並議決各種議案。

2.監　督

國會除了可以透過調查、聽證、質詢、彈劾及倒閣，來揭發政府缺失，追究政府違法或失策的責任外，對政府的政策法案、收支經費預算、主要行政官員的任用等，均須經過國會審查或同意等，顯示國會的監督功能有日益受重視的趨勢。

3. 代表性

在代議民主政治中，立法機關是代表人民、反映民意、將公眾意見與利益提交公共討論，並決定利益分配的主要機制，因此在連結政府與人民之間的關係上，國會扮演了相當重要的代表性角色。

4. 正當性

立法機關成員由選舉產生，具有代表人民的性質，因而經過國會通過的政策法案或議案，無異表示得到人民的同意。由於國會以人民的名義為政府背書，故政府的決策、立法、施政乃具有正當性或合法性。

5. 政治甄補

在許多已開發與開發中國家，國會經常是人才甄補的主要管道。國會甄選並訓練下一代政治領袖，賦予其政治辯論與政策分析的經驗，因而提供了未來領袖決策者的人才儲備庫。

三、司法部門 (judiciary)

(一) 組　織

基於三權分立的原理，無論立法、行政或司法部門，其權力運作皆以「法」為核心，是三者之間的共同特色。大體而言，立法部門的功能偏重在「制定法律」；行政部門的功能以「執行法律」為主；而司法部門則著重爭訟案件「適用法律」的功能（陳義彥等，2004: 318）。

司法機關為國家司法權運作的主體，也是建構司法制度的核心。在許多國家中，法院的建構是有階層性的。初審法院 (courts of original jurisdiction) 接受第一次的告訴；上訴法院 (appellate court) 乃審理初審法院的上訴案件；最高層級的法院則審理最重要的司法問題。

至於法官的選任也有不同的方法，通常是由行政機關提名，經立法機關同意而任命；另亦有法官由人民直接選出的國家，如瑞士。法官的任期不盡相同，在某些國家中，法官是終身職，只有失職才能使其去職；然而也有某些被提名的法官是有固定任期的，或是由定期選舉產生的（王業立等譯，2007: 361）。

㈡功　能

司法機關大致包括三種功能，即裁判、監督執法及創造新法，茲分述如下（陳義彥等，2004: 335）：

1.裁　判

司法機關最重要的功能就是解決紛爭，而此種解決必定是應用法律的結果。

2.監督執法

司法機關監督執法的範圍甚廣，如信託的履行、人民不服政府機關法律執行結果而提出行政訴訟，甚或是法律本身是否有牴觸憲法之疑慮，司法機關均得根據法律或憲法的規定，進行司法審查。

3.創造新法

司法機關進行審判雖是以「應用法律」為一般性原則，但事實上，法官也經常透過「解釋」進而達到創造法律的效果，故謂司法機關亦有創造新法的功能。

第三節　當代政府體制

現代民主國家受孟德斯鳩三權分立學說，及美國分權制衡制度之影響，普遍設有行政、立法、司法三部門。有些國家尚設置其他機關，如我國尚有考試、監察等機關。而學者為了比較與說明各種不同的政府制度，嘗試擷取某一事項作為政府體制分類的標準，同時由於所採取的標準不同，因而有各種不同的分類。其中，以「行政權歸屬」以及「行政權與立法權之間的互動」為區別標準，是目前最受學者重視的政府分類方式。若依前述兩種指標將當代政府體制分類，大致可分為：總統制、內閣制（或議會制）及半總統制等三種常見的政府體制（陳義彥等，2004: 218–219）。以下說明三者之特徵及優缺點：

一、總統制 (presidential system)

㈠總統制的特徵

實行總統制的國家，以美國為首。受孟德斯鳩三權分立之主張影響，美國自建國以來，其行政、立法、司法三權即各自獨立且相互制衡 (checks and balance)——行政權屬總統；立法權屬國會；司法權屬聯邦法院。該國認為三權各自獨立運作，不受任何干擾的政府，才是保障人民生命自由財產的最好政府（苗永序，2006: 12）。論者指出，美國總統制的特徵主要是：權力分立和制衡、分權式政黨、成文憲法及司法審查（任德厚，2003: 324–327；陳義彥等，2004: 221–223；苗永序，2006: 12–13；王業立等譯，2007: 366–368）。

1. 權力分立和制衡

國會、總統和最高法院等不同部門的創設乃是依照權力分立的原則。民選的總統，一人扮演國家元首與政府首長兩種角色，獨攬行政大權；而亦由民選產生的國會（包括眾議院和參議院）則與行政部門相分離，行政首長與部長均不得兼任議員，亦不得出席國會之院會，行政與立法主要成員各自獨立。此外，在權力制衡方面，總統有覆議權與咨文權，可防止國會立法專制；而國會除了有立法權、預算審議權、官員任命同意權之外，亦有調查權及彈劾權，以防止總統濫權不法，彼此相互制衡。

2. 分權式政黨

美國的政黨組織在結構上相當分權，黨中央並不能如同英國一般以黨紀來約束其議員。由於政黨的分權與總統及國會選舉時程分開，政黨政府在美國並不存在。甚至有可能總統屬某一黨，而參眾兩院屬另一黨。因此，總統不必面對信任投票，政府所要推動的計畫儘管遭到否決，亦不會危及行政部門的存續。

3. 成文憲法

美國憲法以成文方式將其政治體系的基本原則和結構加以具體化。自 1791 年最早的 10 條憲法修正案通過以來，迄今只有 27 條修正案被通

過。然而，美國憲法亦允許法律、習慣及司法審查來適應時代的變化。

4.司法審查

自馬歇爾 (John Marshall) 大法官在 1803 年之 「馬伯里控告麥迪遜案」(Marbury v. Madison) 中正式主張有此權力之後，法院即在政治過程當中扮演重要角色。由於最高法院具有宣告州法律違憲的權力，當州法律與全國性立法相衝突之際，最高法院經常行使此權力以對抗州法律。

㈡總統制的優缺點

美國政治學者林斯 (Linz, 1994: 6–19) 曾對總統制提出下列批判（陳義彥等，2004: 224–225；蘇子喬，2013: 5–7）：

1.總統與國會同具民選的合法性，彼此共享權力又分立制衡。然而一旦兩者發生衝突，尤其是當總統與國會多數分屬不同政黨或政治陣營時，彼此並無不信任投票與解散國會制度來化解僵局，相互抗衡牽制不僅導致政府施政缺乏效率，也陷入雙重合法性的危機。

2.總統及國會各有固定任期，不能如內閣制透過辭職或解散機制來化解僵局，制度缺乏彈性。

3.在總統制下，單一職位的總統為零和賽局 (zero-sum game) 的選舉，容易激化政治衝突。

4.總統制下的總統由人民直選產生，擁有全國的民意基礎，身為全國最高領袖，易產生權力幻覺，誤以為自己是全民利益的化身，易訴諸民粹動員，不利政黨協商與妥協。

另有一些學者對於總統制的批評不以為然，提出總統制的若干優點（陳義彥等，2004: 225–226；蘇子喬，2013: 12–13）：

1.總統制由於任期固定，選民定期改選總統，在兩次總統大選之間，總統原則上不會發生更迭，人民在選舉時可以透過選票表達對總統施政的評價，因此政治責任歸屬較明確。

2.總統制強調行政與立法權力分立且相互制衡，將有助於避免政府權力過度集中和濫用，能有效防止政府濫權或總統獨裁，較能保障人民權利。

3.總統與國會各有法定任期，總統在任期內，除了被國會以違法失職為由提出彈劾外，並不能以不信任投票迫使總統提前下臺，可避免倒閣危機；另外，國會議員也擁有固定任期，因此總統不能中途解散國會重新改選。是故總統與國會都能各安其位，維持政治穩定。

4.總統制的任期可避免單一政黨或政治陣營長期壟斷政權，有利菁英的新陳代謝。

二、內閣制或議會制 (parliamentary system)

㈠內閣制的特徵

實行內閣制（又稱為議會制）的國家，以英國為代表。英國內閣制之政府，有一個虛位元首以象徵國家，但行政權屬於總理與內閣構成的內閣所有；其司法部門之權力運作並不如立法部門、行政部門活躍，所以學者研究內閣制之政府，大多著眼於「立法」與「行政」二者權力運作之關係及其影響（苗永序，2006: 10）。基本而言，內閣制的特徵如下（任德厚，2003: 323–324；陳義彥等，2004: 228–230；苗永序，2006: 11–12；徐子婷等譯，2006: 471–472；王業立等譯，2007: 363–365）：

1.議會至上

英國國會可以通過和任何議題有關的法律，而議會所通過的法律在位階上是至高無上的。換言之，沒有法院能宣布議會的行動無效，因為司法審查權在英國並不存在。

2.行政和立法部門融合

行政與立法結合的具體方式，在於閣員與其他部會首長皆同時具有議員的身分。也就是說，內閣是由國會內多數黨的領導核心所組成，他們出席國會、討論政策、答覆質詢，並推動法案的通過。同時，國會議員可以透過質詢、立法與不信任投票來考驗內閣的領導地位。如果時機恰當或面臨不信任投票的挑戰時，內閣也可以決定解散國會，重新舉行大選。

3.政黨政府

就英國而言，強勢的政黨政府是其重要特徵。英國的政黨領袖常將黨紀強加於黨員身上，對於重要的議題必須依政黨的決定來投票。而針對不服從黨紀指揮的黨員，除了本身要有重新投入選舉的心理準備之外，黨中央更可因此拒絕再次提名任何頑固的議員。

4.依賴傳統

英國憲法是由一些如《大憲章》(The Great Charter)、《權利法案》(Bill of Right)、《改革法案》(Reform Act) 等重要文獻以及數世紀演變而來的傳統所組成，其中一項重要的傳統即是：只要首相認為時機適當，即可宣布平民院重新改選。此外，反對黨被認為是忠誠的反對派，亦為其特殊的傳統。換言之，由反對黨議員所組成的影子內閣 (shadow cabinet)，在平民院中與政府內閣成員相對而坐，準備挑戰政府，並在執政黨失去信任投票和下次選舉時取而代之。

(二)內閣制的優缺點

由上所述，可知內閣制有若干優點（陳義彥等，2004: 231；蘇子喬，2013: 8–10）：

1.彈性的倒閣與解散機制，能使行政與立法衝突得以化解，不致形成長期僵局，使政治運作富有彈性。

2.行政與立法權力融和，行政權與立法權匯集於內閣，可提升政府的經濟效能。

3.國會由多數組閣，有聯合內閣的可能，使各政黨或政黨聯盟有權力分享的機會，能夠保障少數，也不致產生贏者全拿的結果。

4.內閣制強調集體決策，閣揆只是內閣成員與國會議員之一，不致衍生過多的權力幻覺。

內閣制縱然有許多制度上的設計得以彌補總統制的缺失，但仍有其缺點，茲分述如下（陳義彥等，2004: 232；蘇子喬，2013: 14–16）：

1.在內閣制下，內閣可能隨時被國會倒閣或發生內閣更迭，政治較不穩定，政治責任歸屬亦不明確。

2.行政與立法融合，容易造成政府濫權的危機。

3.若國會無法形成穩定多數，聯合內閣也有可能削弱政府的內聚力，不易整合政治歧見，將導致政府難以穩定。

三、半總統制 (semi-presidential system)

半總統制以法國第五共和為典型。因為總統有強大的民意基礎，內閣總理通常被貶成其部屬，因而杜瓦傑 (Maurice Duverger) 首度稱其為「半總統制」，另也因為此制度兼有總統制和內閣制的部分特徵，故有學者稱其為混合制或雙首長制。

㈠半總統制的特徵

美國學者薩托里 (Giovanni Sartori) 沿用杜瓦傑的半總統制概念，指出此制度的特徵有五 （Satori, 1996: 121–140 ， 轉引自陳義彥 ， 2004: 235–236）：

1.總統為國家元首，由人民直接或間接選舉產生，有固定任期，亦享有相當權力，並非虛位的儀式性角色。

2.總統與總理共享行政權力，形成二元的權力結構。

3.在二元結構下，總統獨立於國會之外（國會不能以信任投票或罷免方式逼迫總統下臺），而內閣則是主要的國事治理機構（總統之下無執行機關，仍需由總理之下的各部會執行）。

4.總理獨立於總統，但依賴於國會多數，其去留端憑是否有國會的多數信任與支持，故有左右共治的現象存在。

5.總統與總理各有獨立行事的潛力，故兩位首長的權力大小是變動不居的。

值得注意的是，根據薩托里的見解，半總統制中，總統的權力通常是非經常行使的權力，且都是傾向於阻撓的權力。例如解散國會權、行使否決權、將法律交付公民複決等。因此，就憲法的規定來看，總理應該享有組織政府及決定政策的實質權力，乃是政府的第一個頭，而總統的決策權較居於弱勢。

㈡半總統制的優缺點

一般而言，半總統制主要的優點有二：

1.法理上，倒閣與解散機制可化解行政與立法僵局。

2.總統由人民直選產生，任期固定，除非國會以特殊的彈劾程序令其去職，否則其任期不受影響，有助於政治穩定。

然而，即便半總統制兼有總統制與內閣制的部分特徵，似可採取中庸之道而避免走向極端，但此制度仍有其限制：

1.二元權力結構，總統與閣揆之權力界限不易明確區分；若兩者意見不一、相互抵抗，則可能激化政治對立、引發政潮。

2.行政權割裂，缺乏統一領導，可能阻礙行政效率。

3.總統與閣揆同一政黨時，總統有權，但不對國會負責；而閣揆無權，卻須對國會負責。形成總統有權無責，閣揆有責無權，不符責任政治之原理。

4.總統若缺乏民主素養，可能僭越抓權，按己意組成內閣或少數政府，導致國會多數反彈，行政與立法僵局難解，形成施政難以推動的無能政府。

第四節 我國政府體系之現況分析

在對當代各國政府體系理論或制度設計有初步的瞭解之後，在本章最後乃整理分析我國中央與地方、行政組織等政府體系之設計與運作現況。

一、我國中央與地方

㈠就中央與地方之關係而言，我國為「單一國」體制

我國是屬於單一制類型的國家。中央政府宰制並支配地方政府，而地方政府經常需仰賴中央政府的經費補助，也因此地方政府必須聽命於中央政府。自 1997 年，省級虛級化（或稱「凍省」）以後，縣級政府權

力大增，但是中央政府的權力依舊凌駕於地方政府之上。這是因為在中央與地方《財政收支劃分法》尚未充分授權地方政府享有財政自主性之前，地方政府永遠無法具有獨立自主的地位，縣政府充其量只是中央的派出機關而已，若地方政府想要擴大其影響力，必須繼續向中央政府爭取人事、預算和立法的權力，否則，依然只能受到中央政府的支配。故就現實情勢而言，我國仍屬於中央政府占優勢地位的單一國體制（楊日青等譯，2001: 210）。

㈡以中央與地方的權限劃分觀之，我國屬於「均權制」

關於我國中央與地方之權限，完全採納了國父孫中山先生均權制度的主張，以「權之性質」而非地域，來分配中央與地方的權力，並具體實現在《中華民國憲法》第 107 條「中央立法並執行之事項」、第 108 條「由中央立法並執行，或交由省縣執行之事項」及第 109 條「由省立法並執行之，或交由縣執行之事項」中。另我國《憲法》第 110 條更規定：「除第 107、108、109 及 110 條列舉事項外，如有未列舉事項發生時，其事務有全國一致之性質者，屬於中央；有全省一致之性質者，屬於省；有一縣之性質者，屬於縣。遇有爭議時，由立法院解決之。」由此觀之，對於剩餘權之劃分，亦採均權的原則，視剩餘權之性質而定其歸屬（薄慶玖，2001: 103–104）。

二、我國的政府組織設計

政府的權力分配有兩種方式，一種是水平分配，例如行政權、立法權、司法權，分別由行政機關、立法機關及司法機關所擁有；另外一種是垂直分配，即中央政府的權力由中央政府各部門分享，而地方政府也有其權力，分別由地方政府的行政機關或立法機關所掌有（陳義彥等，2004: 376）。

由垂直面觀之，我國政府可分為中央及地方政府。而從水平面檢視，中央政府包含總統及五院（行政院、立法院、司法院、考試院、監察院），採五權分立制，有別於西方的三權分立；而地方政府組織則包含地

方行政機關及立法機關。地方行政機關包括：直轄市政府、縣（市）政府及鄉（鎮、市）公所；而地方立法機關則包括：直轄市議會、縣（市）議會、鄉（鎮、市）民代表會等組織。另省政府在精省後已非地方自治團體，成為行政院之派出機關；而省諮議會在精省後不再為地方自治立法機關，而僅係中央派出機關，為省政府提供興革意見之諮詢機關。簡言之，省政府組織已無實權，象徵性意義大於實質（彭懷恩，2003: 272–279；丘昌泰，2010: 192–197、214–223）。

三、我國現行政府體制——傾向「半總統制」

我國《憲法》制定於 1946 年，在政治協商會議所達成的十二項共識前提下，《憲法》起草人張君勱先生曾明確指出我國中央政府體制的精神為「修正式的內閣制」（隋杜卿，2002）。不過，在 1990 年代我國經過六次的修憲，其中 2008 年第四次修憲後，我國中央政府的型態又與憲法本文中所謂「修正式內閣制」之精神有很大的變革（陳宏銘，2004）。

修憲後，我國總統改由直接民選、行政院長由總統直接任命，又規定立法委員不得兼任官吏、退回覆議制度、副署制度範圍縮小等，都使我國有朝向總統制的跡象。但是，現行《憲法》仍規定：行政院為最高行政機關、行政院向立法院負責，增修條文又增列國會的不信任投票和倒閣權，顯示仍舊擁有濃厚內閣制的色彩。因此，修憲之後，我國的體制傾向半總統制的類型已廣為政治學界所認定。若再深究總統和行政院長兩者的關係，由於行政院長的權力係由總統所賦予，故我國的半總統制實際上是傾向於優勢總統的半總統制定位（蘇子喬，2010: 190–193、199–204；陳宏銘，2012: 13）。

行政櫥窗

交通部為愛啟程方案[1]

「為愛啟程」現象

　　根據聯合國世界衛生組織資料顯示，道路事故已成為十五～二十九歲年齡層的首要死因，交通事故的發生，除造成受害者家屬的痛苦外，亦造成國家經濟上的損失，影響國民生產毛額約 1–3%。為此，聯合國衛生組織與世界各國積極推動各項道路安全措施，並發起道路安全行動十年計畫。臺灣也順應此一趨勢，交通部於 2014 年發起「為愛啟程，臺灣道路安全年」活動，設有主題曲，並舉辦全國道路安全扎根宣誓大會，正視交通安全的重要性。

　　同時，交通部道安委員會為推廣活動，要求全國公車及客運業者在車頭打上「為愛啟程」四字，希望經由柔性標語呼籲用路人當心，希望民眾能「牽掛所愛，珍視家人；注意安全，為愛啟程」。不過，卻因宣傳不力，雖在街頭上，可看見一大堆客運巴士車頭一直變換著「為愛啟程」的標語，但民眾卻普遍不清楚這個標語所代表的意涵。不少公車族一頭霧水，以為是愛情巴士或連續劇的宣傳。

「為愛啟程」道安計畫的批評

　　公車車頭上的「為愛啟程」標語，引發若干批評浪潮：

1.政策行銷工具不力

　　為愛啟程方案雖舉辦有扎根活動，並設計宣導貼紙、貓頭鷹吉祥物、主題曲等工具，但較為明顯的仍為公車及客運的 LED 顯

---

[1]　整理自洪致文，2014，〈這是開往楊丞琳演唱會嗎〉，蘋果日報焦點評論，網址：http://www.appledaily.com.tw/appledaily/article/headline/20140605/35873423/；高詩琴、李承宇，2014，〈公車顯示「為愛啟程」　乘客看嘸〉，udn 新聞網：http://udn.com/NEWS/LIFE/LIF1/8806959.shtml；交通部為愛啟程官方網站，網址：http://www.roadsafety.com.tw/index.php，檢閱日期：2014/7/20。

示，但又未說明標語的實質內容，顯示政府政策行銷規劃不足。

2. 公車車頭標示旨在顯示路線資訊，不應作為政策宣傳工具

交通部道安會執行祕書表示，曾實際觀察公車顯示宣導字樣時間，大約僅一秒鐘，不會妨礙公車族辨識車頭路線、起迄點等資訊，但若干民眾認為在公車 LED 指示燈中顯示標語，造成民眾不易判讀公車路線及目的地，若遇上天候不佳，辨識更顯困難。政府完全忽視車頭標示是交通運具最重要的資訊指示，遭批評為缺乏交通專業考量，以作秀心態在挽救道路安全。

3. 欠缺同理心，不該出賣車頭標示

雖能理解交通部原先用心，提醒民眾不要忘了「愛」的用心，但以客運巴士車頭 LED 來宣傳，其實帶來更多的「交通不安全」。未來，或許應研擬車頭 LED 燈禁止做任何路線標示以外之廣告或文宣的規範，否則未來客運巴士的車頭指示若出現其他不相干的指示，如票價優惠、政令宣導等資訊，跑完一輪才短短出現一次路線號碼與起迄資訊，豈不本末倒置！

4. 亂選字體辨識困難

溯及其他的交通部政策，交通部與其轄下的各單位，對於交通運具的資訊指示相關知識非常缺乏，對於字體的選用、顏色的選取是否考慮色弱者需求都完全狀況外。以桃園機場標示的「新細明體」為例，交通部表示這是取經香港機場「仿宋體」成果，但問題是，新細明體筆劃纖細，在辨識上非常困難，特別是做成「背板透光、字體不透光」時，容易糊成一團。

參考文獻

一、中文文獻

- 王業立、郭應哲、林佳龍譯，2007，《政治學：議題與爭辯》，臺北：

韋伯文化。譯自 Herbert M. Levine. *Political Issues Debated: An Introduction to Politics.*

- 丘昌泰，2010，《地方政府與自治》，臺北：三民書局。
- 任德厚，2003，《政治學》，增訂六版，臺北：三民書局。
- 林子儀、葉俊榮、黃昭元、張文貞，2003，《憲法：權力分立》，臺北：元照出版社。
- 林鍾沂，2005，《行政學》，臺北：三民書局。
- 苗永序，2006，《各國政府制度及其類型》，臺北：三民書局。
- 徐子婷、何景榮譯，2006，《政治學的基礎》，臺北：韋伯文化。譯自 Barrie Axford, Gary K. Browing, Richard Huggins, Ben Rosamond. *Politics: An Introduction.*
- 陳宏銘，2012，〈半總統制下總統的法案推動與立法影響力：馬英九總統執政時期的研究〉，《東吳政治學報》，第 30 卷第 2 期，頁 1–70。
- 陳義彥主編，2004，《政治學（上）》，臺北：五南圖書公司。
- 彭懷恩，2013，《地方政府與地方自治 Q&A》，臺北：風雲論壇有限公司。
- 楊日青、李培元、林文斌、劉兆隆等譯，2001，《政治學新論》，臺北：韋伯文化。譯自 Andrew Heywood. *Politics.*
- 蔡天助，2010，〈中央集權與地方分權——兩岸地方菁英態度傾向之比較研究〉，高雄：國立中山大學中山學術研究所博士論文。
- 薄慶玖，2001，《地方政府與自治》，臺北：五南圖書公司。
- 羅得華，2011，〈臺灣中央與地方關係的變遷與發展〉，臺中：東海大學政治學系碩士論文，未出版。
- 蘇子喬，2010，〈臺灣憲政體制的變遷軌跡 (1991–2010)：歷史制度論的分析〉，《東吳政治學報》，第 28 卷第 4 期，頁 147–223。
- 蘇子喬，2013，〈兼容並蓄或拼裝上路？——從內閣制與總統制優劣辯論檢視半總統制的利弊〉，《臺灣民主季刊》，第 10 卷第 4 期，頁 1–48。

二、日文文獻

- 千草孝雄，1998，〈地方自治〉，森田朗編，《行政学の基礎》，東京：岩波書店。
- 西尾勝，2001，《行政学》，新版，東京：有斐閣。

歷屆考題

1. 根據報載，針對縣市合併的中、南、高三都，前臺北縣長周錫瑋表示，「第一年根本沒辦法做事情，而且如果首長一上來不能控制情況，一定天下大亂！」（中國時報，12/12/2010）試說明縣市合併升格可能產生哪些亂象。舉出公共行政相關理論說明縣市合併升格產生以上亂象的原因。並提出政府該如何處理這些亂象的實務建議。（100 年國立政治大學公共行政研究所試題）

2. 任舉兩個政府組織結構分化和一個結構整合的原則，說明其內涵並討論使用該原則可能產生的正、負面影響性。你認為 2012 將實施的行政院和所屬部會新組織架構中，運用哪些分化和整合原則進行結構設計。（100 年國立政治大學公共行政研究所試題）

3. 請申述獨立機關 (independent agency) 的意義與功能，並舉出在現今（民國 100 年）我國行政部門之中現存那些獨立機關及其未來發展。（100 年國立中央大學法律與政府研究所政府組試題）

4. 請問何謂地方自治？國內學界常以「制度保障說」來說明地方自治的本質，請問何謂「制度保障說」？（097 年國立暨南國際大學公共行政與政策研究所試題）

第 9 章　人事行政

人事行政 (personnel administration) 又稱為「公務員制度」或「文官制度」(civil service)，係指政府機關為完成其使命時，對其需要的人員所作的選拔、任用及管理等制度（張潤書，2009: 491）。因此，人事行政的論述重點在於政府機關人事管理的研討，舉凡人事行政的基本原理、人力運用的各種管理措施，以及人事行政問題的癥結等，皆為其討論的範圍。

一般容易將「人事行政」與「人事管理」這兩個名詞混淆在一起。雖說無論是「人事行政」或「人事管理」，其基本重心皆以「人」為主，亦即講求尊重人性的價值與尊嚴，但人事行政一般是指政府機關的人力作業問題，而人事管理多指企業機構的人力運用問題。整體而言，人事行政比人事管理更具政策性，層級範圍也比較高而廣（林欽榮，2002: 4）。人事行政或人事管理之所以重要，主要是因組織中所有大大小小的活動，都需要透過「人」來執行或管理，唯有「人」才能跳脫「純資源」的地位，運用其他資源，進而替組織創造更高的價值。而且相較於其他資源，人力資源之所以重要，是因原料、設備與資金都可以在短時間內設法獲得，唯獨人力資源的取得需要花費較長的時間。因此，學者舒勒 (Randall Schuler) 在其發表的一篇經典論述中即指出「人是公司最重要的資產，特別是在服務密集的產業裡」（吳美連，2005: 6）。此外，人力資源不同於土地、原料或資金，是無法儲存，必須不斷地維持或提升，才能保持其價值。但基於「人」的特性，所產生的價值與影響常超出想像，若能藉由知識的充實與技術的更新，將可為組織創造無限的價值，特別是在全球化的挑戰下，提升競爭力是強化全球國力競爭的重要指標，而作為國家基石的公務人員，素質的良莠與否將攸關國家運作之成效，影響國家人民之福祉，因此各國無不重視公務人員之人事制度，我國自然也不例外。

基於上述，本章首先介紹西方文官制度的演進，簡述人事行政的意

涵、內容與範圍等基本概念；其次從品位分類和職位分類來說明人事行政管理體制；接著分別整理我國考選、任用與訓練、俸給與考績等人事制度的內容；最後則論述我國人事行政的新趨勢。

第一節　西方文官制度的演進

從西方國家的歷史觀察發現，一國的政治發展會對政府結構與功能，以及人事制度與運作產生影響。近代一直到二十世紀初，各國人事制度普遍帶有消極性人事功能的色彩，亦即防止政治因素介入文官行政，以及政府首長任用私人（許南雄，2000: 285–286）。基於此，可以將西方文官制度的發展分為恩賜制、贍詢制、分贓制與功績制四個時期。簡單說明如下（Rosenbloom, 1998: 211、215–216；林鍾沂，2005: 436–451；吳定等，2007: 156–158）：

一、專制君主：恩賜制

十四世紀末葉以後，英國出現了文官階層，但僅被視為國王的奴僕。隨著十六世紀中央集權國家的興起，國王掌握各級政務的推行與文官的任用。換言之，該時期的文官，其官職的獲得，多由國王恩賜，也有靠賄賂而取得。由於這些文官多由君王任命，因此效忠、服從的對象乃是該國君王。

二、資產階級權貴：贍詢制

1688 年「光榮革命」後，英國確立君主立憲制政體，然而該時期仍未出現法治化的文官制度，國王與議會依舊掌控官員任免，重要官員的任用逐漸由國會所掌握，一般官員則由國王與樞密院所控制。任用私人與賣官鬻爵等現象大量出現，政府官職成為個人贍詢制 (patronage) 與私相授受的贈品。

三、政黨政治：分贓制

進入十九世紀後，英國兩黨制度基本上已形成，隨著政權的更替，

官職成為執政黨的戰利品，合法且公開的進行肥缺分贓。典型的政黨分贓制度出現於美國，而傑克遜 (Andrew Jackson) 總統的上任，更意味著分贓制度的來臨。在他八年的任期內，用本黨黨員更換了五分之一的政府官員，甚至導致分贓制度越演越烈，新總統一上臺，大小官員幾乎被總統的同黨所更換。換言之，在該制度下，政黨候選人一旦當選，其同黨或支持者皆可獲得出任公職的回報。有研究指出，分贓制度對文官制度產生了行政倫理、效率與效能均嚴重衰微；公共行政與政黨政治徹底混合；高度的政治競爭；終結菁英公職人員發展的可能性，縮小公職人員在社會階級的差距等多項影響。

四、常業文官：功績制

美國社會步入工業化後，政府事務日漸複雜與多元，需要具備專業能力與知識之公職人員來解決複雜問題，但是恩賜制、贍詢制與分贓制皆使得文官容易產生良莠不齊且不穩定的弊病，無法解決日漸複雜的問題。因此為了改善此一缺失，重視專業能力與知識的功績制 (merit system) 遂於 1860 年至 1870 年代開始發展，而 1883 年《文官法》(The Pendleton Act) 的通過實施，更是意味著以功績為核心的競爭考試模式將成為主流，使功績制取代分贓制度。大抵而言，功績制的實施主要是希望達成透過公開考試來任用公職人員、文官制度去政治化、職位任期的保障，以及設置文官委員會以保護公職人員免受恩寵取向的政客之迫害等目標。

第二節　人事行政的基本概念

一、人事行政的意涵

任何公私機關皆有「組織與管理」的問題，政府機關之組織管理，通稱為「公共行政」，內容包含人、財、事、物等之管理。其中有關政府組織人員之任免運用及增進士氣與效能之管理，即屬於「人事行政」或「人事管理」的範疇。因此，學者蔡良文 (2006: 3) 將人事行政做如下定

義：為各機關組織之「人力資源運用」及「人員行為管理」之措施。而人力資源運用包括人員的分類體制、考選任用、考績獎懲、俸給福利、訓練進修、退休撫卹等業務；人員行為管理則有行為激勵、人性尊嚴、行政倫理、組織士氣、態度調查、工作情緒等動態管理方式。另一位學者傅肅良 (1994: 6–7) 認為，「人事行政係各機關為達成人盡其才、事竟其功目的，在設立組織體制、選用考訓、激發潛能意願、保障生活安定方面，所採取的各種措施」。此外，若從狹義與廣義來探討人事行政的意涵，則狹義的人事行政是指「各機關組織人事問題之處理，如考用獎懲以至休恤福利等項措施」，至於廣義的人事行政則是除了包含上述列舉的範圍外，更涵蓋各級機關主管對於人員監督或員工管理問題（許南雄，1997: 1–2）。

　　基於上述，人事行政起源於政府的管理，故有政府雛形以來，就有人事行政的存在。早期的人事行政與人事管理，有相當顯著的差異，前者為對於政府機關公務員的管理，後者為對於企業員工的管理。由於兩者管理對象的不同，故在原理、原則和方法上也有其差異。以人員進用為例，政府機關在進用公務員時，因公務員代表國家行使公權力，影響深遠，故需採用公開競爭的考試方式，以昭公信，同時明定於憲法或人事基本法中，對公開競爭的考試以資保證（趙其文，1996: 3–4）。

二、人事行政的內容與範圍

㈠內　容

　　人事行政所包含的範圍相當廣泛，因為機關中凡是與人有關的事務皆可包含在人事行政的範圍之內。若從我國《憲法》第 83 條規定：「考試院為國家最高考試機關，掌理考試、任用、銓敘、考績、級俸、升遷、保障、褒獎、撫卹、退休、養老等事項」來看，或許有助於對人事行政範圍之瞭解。以下簡述之（張潤書，2009: 495–496）：

　　1.人事機構：即主管人事行政各種業務之機構。

　　2.考選：公務人員在任職之前，應經過考試之通過，取得資格，而

政府如何才能選到最優秀的人才為政府服務，也屬於考選的範圍。

3.任用：公務人員正式取得政府職位時所需要具備的條件、應辦理的手續以及所獲得的等級。

4.分類制度：政府選拔、任用及管理公務人員的一套客觀的、科學的標準。

5.薪俸：公務人員向政府提供某服務時應獲得之報酬。

6.考勤：公務人員到公、請假的一套制度。

7.考績：政府對公務人員的服務成績予以評定，以作為獎懲、升遷、調動及運用的依據。

8.訓練：包括職前與在職訓練兩種，其目的在灌輸工作技能、培養理想人才。

9.保險：為保障公務人員生活、安定公務人員心理及促進社會安全制度的確立，政府及公務人員共同負擔保險基金，以備不時之需。目前我國係以政府負擔百分之六十五，人員負擔百分之三十五來籌措保險基金。

10.紀律：紀律乃是維持公務人員服務水準及增進工作效率時所採取各種懲戒措施，凡不能維持服務水準之人員，可以受到申誡、記過、減俸或免職等處分。

11.升遷：公務人員表現優異而機關給予地位之提高及薪水之增加。

12.撫卹：公務人員在職期間死亡或傷殘，由政府給予其遺族或本人一定之金錢，用以保障公務人員生活。

13.退休或養老：公務人員因年老力衰而不克在政府繼續服務時，使之退職而由政府給予一定數額之養老金，俾能終養餘年。

14.保障：為保障公務人員的權益，政府制定相關法律並成立專責機關來處理公務人員的各種保障事宜。

(二)範　圍

關於人事行政的範圍，各家說法不一。傳統人事行政偏重於考選、任用、銓敘、考績、獎懲、俸給、福利、訓練、進修、服務紀律、休恤

保險等管理措施及其原理。而現代人事行政則深入於員工關係、人群關係、行為激勵、態度調查、工作士氣等問題的研究（許南雄，1997: 10）。

三、重要概念之釐清

㈠公務人員的定義

在我國介紹人事行政時，必會提到公務人員一詞。如依照公務人員形式意義之不同，可以將其分為廣義的公務人員與狹義的公務人員，以下分別詳述之：

1.廣義的公務人員

根據我國《刑法》第 10 條第 2 項規定：「稱為公務人員者，為依法令從事於公務之人員。」而依《國家賠償法》第 2 條第 1 項規定：「本法所稱公務員者，謂依法令從事於公務之人員。」此外，《公務員服務法》第 2 條規定：「本法適用於受有俸給之文武職公務員及公營事業機構純勞工以外之人員。前項適用對象不包括中央研究院未兼任行政職務之研究人員、研究技術人員。」從上述相關法律之定義，對於公務人員給予最廣義之定義，包括文職、武職、公營事業機關服務人員以及編制內聘僱人員，但是擴大或試用的人員，並非真正的公務人員。

2.狹義的公務人員

我國《憲法》第 85 條規定：「公務人員之選拔，應實行公開競爭之考試制度」，又在同條規定「非經考試及格者，不得任用。」而《公務人員任用法施行細則》第 2 條規定：「本法所稱公務人員，指各機關組織法規中，除政務官及民選人員外，定有職稱及官等、職等之人員。前項所稱各機關係指下列之機關、學校及機構：⑴中央政府及其所屬各機關。⑵地方政府及其所屬各機關。⑶各級民意機關。⑷各級公立學校。⑸公營事業機構。⑹交通事業機構。⑺其他依法組織之機關。」從以上法律規定可知，狹義的公務人員並不包括政務官及民選人員，而依《憲法》第 140 條規定：「現役軍人不得兼任文官。」因此狹義的公務人員之定義也排除了軍官。

㈡政務官與事務官

現代政府行政部門大致是由常任文官與政治任命的兩類官員所組成。前者稱事務官，為政策執行層次的官員；後者稱為政務官，為政策制定層次的官員。簡言之，政務官乃參與國家大政方針之決策，並隨政黨選舉成敗或政策改變而進退之公務員，如行政院各部會部長、政務委員、政務次長。而事務官則是依照既定方針執行之永業性公務員，原則上政務官以外的一般公務員均屬之（吳定等，2007: 159）。

許南雄 (2007: 75–77) 在《各國人事制度：比較人事制度》一書中，針對政務官與事務官的異同進行比較，指出兩者在「皆具公僕 (public servants) 身分」和「皆屬於治者 (governing men) 的角色」上有相同之處，前者是指政務官與事務官都是政府的「官吏」、「公務員」，皆扮演為民服務的角色；後者是指政務官與事務官角色雖然有異，但皆以「公共政策」的制定與執行為其主要職能。政務官的決策有賴於事務官的專業協助，而事務官也需要政務官的政策領導，各守其位，各盡其職。然而，政務官與事務官因分別屬於「政治」與「行政」的不同階層，而有下列之差異：

1. 角色與功能不同

由於政務官是「決策者」(policy maker)，事務官是「執行者」、「諮詢者」，故政務官需為政策作決定與辯護，並負政策成敗的政治責任。至於事務官僅能扮演「政策合法化」的參與研議諮詢角色，為政策解釋與詳述，負責政策執行。

2. 責任制度不同

政務官除了集體與個別責任外，尚負政治責任、行政責任與法律責任，皆以政績、政策的取向與成敗決定去留與進退。至於事務官的責任除了行政責任（含懲處責任、懲戒責任）、法律（民事與刑事）責任外，還有專業、倫理與道德責任等項。

3. 任期不同

政務官的任期多屬於「短暫性」或「非久任性」，但事務官的任期則

是「永業化」，亦即具有「久任性」與「安定性」，以維持行政安定。

4.產生方式與離退方式不同

政務官的產生是政治任命或選舉，但事務官的產生則是始於公務人員關係的發生，包含公務人員、專業人員與技術人員之考選任用。在離退方式上，政務官有免職、撤職、退職、辭職與罷免。事務官則有退休、資遣、撤職、免職與辭職等。

5.人事管理方式不同

除了上述任免離退外，政務官並無需受政務官相關管理法之規範，但事務官必有「公務員法」及一般人事法規之保障與規範。會產生如此的差異，主要乃是人事管理體制不同所導致，如政務官有任命、官品待遇等，但並無考試、銓敘、升等、任用等，然事務官享有保障（職務、身分、地位、權義）、適用品位或職位分類體制，自考用以至於退撫之永業化體制。

6.政治權利不同

政務官具有「黨政取向」，擔任黨政職務，其政治權利極為明顯，而不受限制，如參加政黨活動，甚至政爭政潮、輔選，也不受行政中立體制的約束。至於事務官的政治權利則極受限制，得入黨而具黨籍，但不得參加政黨活動（如輔選助選），也不得發表政論或介入政黨分贓。

7.權責體制不同

政務官居政要職，多屬政治首長，如院長、部長、政務次長，多為機關之首長或主管。事務官則居於行政職位，不論為主管或屬員，皆受政務官的政策與政務領導，故事務官必須執行政務官的政策，並接受政務官的領導。因此，政務官的權責體系高於事務官之權責。

第三節　人事行政管理體制

體制是許多管理制度設計的基石，在某種意義上象徵著價值的選擇，不同的體制有不同的運作邏輯，而配合體制所設計的細部制度也有所差異（賴維堯等，1995: 187）。現今人事分類的主要功能，是在確定官階或職等的高低，分辨工作職務的性質與職務職責之繁簡難易，確定類別

與等第的高低，以作為處理考選、任免、俸給待遇等之依據。歸納各國主要的人事行政管理機關的制度分類，可以發現主要分為品位分類制度與職位分類制度兩種類型，以下分別介紹之（陳德禹，1996: 276–281；吳定等，2007，167–169；張潤書，2009: 519、526）：

一、品位分類制度

所謂「品位分類制度」是對政府文官官階等第之區分，以「人」為中心的分類制度，其基本特徵是重人而非重事，即將個人所具有的條件，如學歷、資歷等作為等級劃分的標準與依據。在品位分類結構中，官員既有官階，又有職位。官階顯示品位等級，代表地位之高低，資歷之深淺，報酬之多寡；職位顯示權力之等級，代表職責之輕重，任務之繁複。品位分類制度的特點是：

1.結構富於彈性，適應力強，有利於人事機構調整文官職務，安排培訓與進修等。

2.能夠保證文官在行政工作上的穩定性，由於官階的存在，使文官有較大的安全感，即便職務變動或另有任命，亦不至於引起人員的擔憂。

3.比較簡單易行，無需有經驗的專家參與，只需進行充分的準備即可實行。因此，在開始實行常任文官制度時，一般國家都採用品位分類制度。

4.在品位分類制度下等級劃分較少，晉升幅度較大。

5.品位分類是以「名分」鼓勵公務人員，因為只要取得較高的品位，便可獲得較高的報酬與尊敬。

然而進入二十世紀以後，隨著社會的迅速變遷，文官的職能範圍日益擴大，分工越來越細，在其工作領域出現許多專門性、技術性的工作，僅靠通才已無法滿足政府部門的需求，而需吸收各學科的高級專家加入政府的文官系統，故演變為含有職務之性質與職責程度的分類。

二、職位分類制度

職位分類是依據職位的工作性質、工作的繁簡難易、責任的輕重以

及所需資格條件的高低，將職位區分為若干具有共同特徵和運作便利的分類，以作為人事處理基準的一種科學方法。職位分類是以「事」為中心，等級隨職而定，而非隨人而走。職位分類制度的特點是：

1. 因事設職，按職擇人，人盡其才，同工同酬。
2. 重視專家的功能，強調專才專用。
3. 強調各種職務都要有詳細的分析與說明。
4. 強調權責分明，名實統一，守法負責，分工合作。
5. 執行職位分類必先完成工作評價、職位歸級等準備工作，故難度較高。
6. 強調多負擔責任，以工作鼓勵公務人員，工作職責繁重將得到較高的報酬。
7. 職位分類制度下，職等劃分較多，採專才專業的原則，非經考試不得升等。

　　而職位分類結構，則由下列要素所構成（吳定等，2007: 169；林鍾沂，2005: 462）：

1. **職位** (position)

　　分配給職員或官員，包括有職務與責任的工作。職位是職位分類結構的基礎，是由它構成各種職系和高低不等的職級。

2. **職系** (series)

　　指工作性質相同，而責任輕重和困難程度不同的職位系列。簡言之，一個職系就是一種專門職業。

3. **職組** (group)

　　指工作性質相似的若干職系的集合。

4. **職門** (service)

　　若干工作性質相似的職組歸納為職門，是職位分類中最粗略的輪廓，如政府機關工作可分為行政職門與技術職門。

5. **職級** (class)

　　職級是職位分類中最重要的概念。工作性質、職務、責任、技術或教育等因素相同的職位組成職級；不同職級所包含的職位數量是不同的。

6. 職等 (grade)

工作性質或主要事務不同，但困難程度、職責輕重、工作所需資格條件充分相同的所有職位歸納成職等。

總之，職位分類結構，以結構為基本要素，以職系、職組作為橫向座標，以職級、職等作為縱向座標，交叉構成，每個職位都可以在分類結構中找自己的位置。

第四節　考選制度

一、考選之目的

考選乃指國家運用有效的方法，從合格的人選中挑選出相對能力較優秀的人才（賴維堯等，1995: 193）。我國文官考試制度歷史悠久，自隋朝便已經開始。雖然延攬人才的方式有許多管道，但目前還是以考試制度最為公平與客觀，此種選拔人才的制度稱為「功績制」。考選之目的可以歸納為下列四點（黃一峰，2009: 182；張潤書，2009: 538-539）：

㈠消滅分贓制度，確保政治清明

分贓制度即官吏的選用不經過考試，而憑藉黨派或私人關係進入政府任職，而產生「一人得道，雞犬升天」的現象。現代民主國家希望透過考選制度，保持政治清明，而公務人員則必須具備工作知識與技能。

㈡選拔優秀人才，造就有為政府

透過公開的考試制度，尋找真正具能力與優秀之人才來替全民服務，而不致於任用無能之人，以造就有為的政府。

㈢救濟選舉之窮，使才俊出頭

過去西方各國過度重視選舉結果，政府職缺往往被具有財富或權勢之人所掌握，難以有效的選賢與能。透過考選制度，可解決盲從濫選的弊病。

㈣消除社會階級，人人可登仕途

以考試來選拔人才，是最為民主與客觀的方式，無論身分背景皆可以透過考試而成為公務人員，為全民服務。這也是一個民主開放的社會為國取才的最佳方法。

二、考選的方法

由以上所述可知，考選的目的是為了選拔真才，因此考選的方法與內容會影響人才甄補是否能夠選拔到所需要的人才。為國家選用人才，不應只重視學識，對於應考者之智力、性向或個性都應測驗之，以瞭解應考者是否適宜擔任公職。以下乃針對筆試、口試、心理測驗與智力測驗、著作與發明審查以及實地測驗等考選方式進行介紹（黃一峰，2009: 183；張潤書，2009: 541–542）：

㈠筆　試

包含論文式筆試和測驗式筆試兩種：前者是以長篇文章申論對某一問題的看法，並表達其所具有的知識；後者主要是以測試應考人之記憶力為主。整體而言，論文式筆試比較容易考察應試者的推理、創造、統合能力，但同時也容易陷入缺乏客觀的困境。相較之下，測驗式筆試雖有評分公正客觀、易於評閱等優點，但卻也容易衍生出只能測量應試者的記憶力，而無法測出推理與創造力的缺點。

㈡口　試

口試是以語言問答方式，評量應試者之知識、能力與相關事項，對於一個人各方面能力之考察，具有特殊之功效，故除了政府部門之外，企業或學校也都廣為使用。然口試卻也可能產生考試的正確性和可靠性不確定、主事者和應試者可能串通等弊病。

㈢心理測驗與智力測驗

　　由於心理學的發達，對於人類心理與智能之考察已有科學方法，故藉由心理測驗之方法，考察個人智力性向與其具有之特殊能力，以作為派任適當的工作，及擔任適當職務的依據。

㈣著作與發明審查

　　是指審查應試者檢送個人著作或發明之憑證、圖式、樣品或模型等。此乃是因許多高級職位之職務，非由博學之人難以勝任，而此類人員年紀均逾四十或五十歲以上，故不能以普通考試試之，改以著作或發明來審定資格。

㈤實地測驗

　　指以實地操作方式來考評應試者的專業技術與能力。有些職務因需有特殊技能及廣泛知識，故可以同時舉行筆試與實地考試，藉此考察其知識與技能。

三、我國現行考選制度

　　我國《憲法》第 85 條規定：「公務人員之選拔，應實行公開競爭之考試制度」，又在同條規定「非經考試及格者，不得任用。」因此我國公務人員資格必須經由考試來取得。根據法律與現行考選制度的特點，我國現行考試體系可以概分為公務人員考試、專門職業及技術人員考試。以下分述之（黃一峰，2009: 183–186）：

㈠公務人員考試

1.高等、普通及初等考試：每年舉行

⑴高考一級：取得薦任九職等資格

　　公立或立案之私立大學研究院、所，或經教育部承認之國外大學研究院、所，得有博士學位者，得應公務人員高等考試一級考試。

⑵高考二級：取得薦任七職等資格

　　公立或立案之私立大學研究院、所，或經教育部承認之國外大學研究院、所，得有碩士學位者，得應公務人員高等考試二級考試。

⑶高考三級：取得薦任六職等資格

　　公立或立案之私立獨立學院以上學校，或經教育部承認之國外獨立學院以上學校相當學系畢業者，或普通考試相當類、科及格滿三年者，得應公務人員高等考試三級考試。

⑷普考：取得委任三職等資格

　　公立或立案之私立高級中等學校以上學校相當類科畢業者，或初等考試及格滿三年者，得應公務人員普通考試。

⑸初考：取得委任一職等資格

　　中華民國國民年滿十八歲以上者皆可應考。

2.特種考試：視用人需要不定期辦理

　　基於機關業務之需要，對於應考人應考資格（年齡、學歷、體格）、考試方式、訓練或限制輪調，有較特殊之規定。特考多訂有考試年齡之上限，且及格人員在及格後六年內，不得轉調。

⑴一等特考（相當高考一級）

⑵二等特考（相當高考二級）

⑶三等特考（相當高考三級）

⑷四等特考（相當普考）

⑸五等特考（相當初考）

3.升官等考試

　　目的在使現職人員，透過考試升任高一官等之任用資格，以鼓勵久任；分簡任及薦任二官等考試。

4.國軍上校以上軍官外職停役轉任公務人員檢覈考試

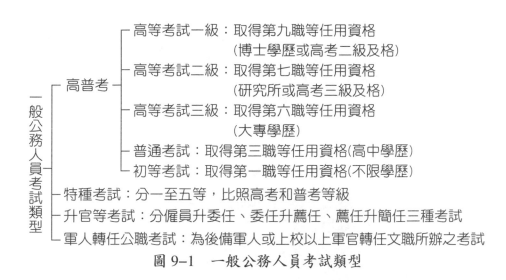

圖 9-1 一般公務人員考試類型

㈡專門職業及技術人員考試

1.高等考試

應考資格主要為專科以上學校相當科系畢業者，或普通考試相當類科及格並曾任有關職務滿四年者；具有相當資歷者，得申請減免應考科目。

2.普通考試

應考資格為高級職業學校以上學校相當科系所畢業者，或初等考試相當類科及格並曾任有關職務滿四年者；具有相當資歷者，得申請減免應考科目。

3.特種考試

為適應特殊需要，得舉行特種考試。

表 9-1 報考資格與初任資格

考試種類	報考資格	取得職級	初任薪資
高考一級／特考一等	博士	薦任第九職等	58,200
高考二級／特考二等	碩士	薦任第七職等	49,145
高考三級／特考三等	大學以上普考 3 年	薦任第六職等	46,225
		委任第五職等	43,350

普通考試／特考四等	高中職畢 初考 3 年	委任第三職等	36,275
初等考試／特考五等	年滿 18 歲	委任第一職等	29,345
備　註	報考資格於技術類科有科系限制		

資料來源：考選部。

表 9–2　官職等級對照表

官　等	職　等
簡　任	第十四職等
	第十三職等
	第十二職等
	第十一職等
	第十職等
薦　任	第九職等
	第八職等
	第七職等
	第六職等
委　任	第五職等
	第四職等
	第三職等
	第二職等
	第一職等

資料來源：黃一峰，2009: 187。

第五節　任用與訓練制度

一、任用制度

任用 (appointment) 是求職者或應徵者經過遴選程序後，由有任用權者決定進用為組織一員的一種過程（趙其文，1996: 221）。如以公部門為例，則是各機關首長對經由考選合格之人員，適才適所派以適當職務

的過程。此為公務人員制度中重要的一環，與考選制度有密切的關係。因此，考選為任用的前奏，而任用為考選的結果。依照任用方式的不同，可分為內升制、外補制與折衷制等三種（陳德禹，1996: 265–268；張潤書，2009: 545–547）：

㈠內升制

是指當機關職位有空缺時，由該機關內在職且職位較低的人員來升任補充之制度。

1.優　點

⑴在職公務人員升遷機會較多，因此肯安心工作，效率自然提高。由於升遷機會與希望較高，對於公務人員而言是一種有力且有效的策勵與獎進。

⑵新任為原有舊同事，對機關傳統較為熟悉，不致多所更張，易於保持機關之安定，且同事間在相處上也較為和諧。

⑶在長期服務的過程中，對一人才能、品行之優劣，相較於一時的考試，更能完全瞭解，以此作為升遷的根據，較易實現因材施用的原則。

2.缺　點

⑴難以吸收卓越的人才，因為有特別才具或較高資格的人員，至政府任職自不願從基層做起。

⑵不符「適才適所」的原則，所謂大事需大才，小事需小才；若才具平庸者僅能擔任低級職務，即便已具相當年資也不一定適宜於較高的職務。

⑶公務人員無新血或新分子加入，易陷於暮氣沉沉，難以期待有新計畫或改革的產生。

⑷由於可供選擇的對象不多，因此無法依廣收慎選的原則，來選拔所需的理想人才。

㈡外補制

指機關職位有空缺時，不從內部的低職等員工中進行升任，而是由

外界挑選具有公務人員資格者以資遞補的制度。

1.優　點

(1)能吸引優秀人才到政府服務。

(2)因事選才，因才任使，可以發揮「適才適所」之效能。

(3)機關內有新血或新分子的加入，易有所改革與進步。

2.缺　點

(1)由於晉升困難，降低工作熱情與效率。

(2)前途發展有限，難以安心服務。

(3)新進人員與原有部門毫無關係，容易造成同事間不合的現象。

㈢折衷制

內升與外補之任用制度各有所長，折衷制為考量其相對適用性，在機關有職缺時，部分採外補制，部分採內升制。至於該採何種方式最佳，其考量方法有三：

1.限定界限法

公務人員等級與任職考試皆分為高、中、低三等。初等考試及格者自初級公務人員任起（外補制），但可升至中等的中間級（內升制），依此類推均輔以升等考試。

2.規定比例法

即職位出缺時，規定內升制與外補制各占一定比例。

3.升等考試法

公務人員任職已至某一等最高階職位，且服務成績優良，可參加升等考試，經考試及格者準予以高一等的職位晉任之。

整體而言，我國公務人員任用制度除了初任公務人員採考試分發之外，其餘以內升和外補並重，甄審和甄選並採之任用方式。各機關職務如有出缺時，除依法申請分發考試及格或依《公務人員考績法》得免經甄審之職缺外，應就具有該職務任用資格之人員，本功績原則評定升遷。

二、訓練制度

訓練 (training) 是指「協助員工取得工作所需技能」的方法，透過訓練的學習過程，員工可以取得與工作相關的技能、觀念、規則或態度以改善或增進員工工作之績效（黃一峰，2009: 193）。公務人員訓練的功能在於更新與補充公務人員之知識與技能，期盼能與時俱進；提高組織的生產力；促使公務人員深入認識組織歷史、體系與工作程序，進而提高工作熱情與責任感，以及激勵個人進取精神；經由訓練，使發現人才、培養人才成為常態性的工作（陳德禹，1996: 289–290；林鍾沂，2005: 471）。訓練種類繁多，可依訓練對象、時機與職位高低等方式來區分，以下分別說明之（陳德禹，1999: 290–292；黃一峰，2009: 193–197）：

㈠訓練的種類

1.**依訓練對象區分**

⑴新進人員訓練：主要針對新進入機關服務之員工所舉辦的訓練活動。

⑵在職員工訓練：針對已經在組織內部擔任正式員工所舉辦的訓練活動。

2.**依訓練時機區分**

⑴職前訓練

針對剛被錄用尚未成為任職人員的預備訓練。目的在使新進人員瞭解自我使命與職責，具備應有的工作態度，熟悉工作環境與流程，初步地掌握一般所需的工作方式。

a.工作實習：我國高普考考試及格者，接受三至六個月的基礎訓練後，便分發至擬任機關試用一年，若成績及格則可進入正式的任用程序。

b.專門教育：即進行系統化的學習訓練。我國《公務人員考試法》第 21 條規定：「公務人員各等級考試正額錄取者，按錄取類科，依序分配訓練，訓練期滿成績及格者，發給證書，依序分發任用。」考試訓練可分為基礎訓練與實務訓練，基礎訓練是充實基本觀念、品德操守、服

務態度與有關業務之一般知識；實務訓練則以增進有關工作所需知能、考核品格操守與服務態度為重點。

⑵在職訓練

公務人員在任職後的訓練，可稱為在職訓練。通常由政府自設的培訓中心、訓練班所舉辦，並邀請各類專家擔任講座。在職訓練的目的：a.更新知識以適應環境，提高管理水準與能力；b.使受訓者獲得更高資格，為培養高級文官做準備。

⑶職外訓練

即在工作外的時間進行訓練，可兼具充電學習、跨機關聯誼、休閒等多方面之功能。

3.依職位高低區分

⑴員工訓練

針對一般職員所進行的訓練，通常針對該職務所需具備的共通能力與知識的養成。

⑵管理者發展訓練

針對組織管理者或高階幹部，內容多是領導能力、溝通協調技巧、危機處理等實務運用的訓練。

㈡訓練的程序

組織進行訓練需有一定的程序與步驟，才能有效達到訓練效果，使每次的訓練都可達到組織目標。如圖 9-2 所示，關於建立完整的訓練實施程序，目前行政院訂有「公務人員訓練作業規範」，提供具體的標準與程序，以下乃分別說明之。

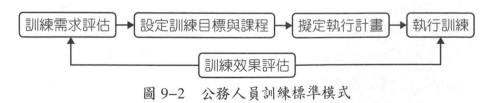

圖 9-2　公務人員訓練標準模式

資料來源：黃一峰，2009: 195。

1.訓練需求評估

訓練的最終目的是要幫助組織達成目標，所以一個組織應該要將有限的資源運用在最有助於達成組織目標的活動與人員上，因此在執行訓練前必須要做需求評估 (needs assessment)。需求評估指根據組織分析、工作分析、人員分析等系統性分析的結果，以瞭解機關與公務人員本身之訓練需求，常用的分析方式如下：

⑴工作分析 (job analysis)

工作分析是組織人力資源規劃與管制的基礎，主要係為了可以有效運用人力資源，因此進行蒐集、檢視及解析某職位的主要活動，及從事這些活動所需具備特質作客觀性、系統性描述及分析的過程。

⑵技能差距分析 (skills gapping analysis)

藉由工作分析的結果，對照屬員是否具有該工作所需的技能，藉由技能差距來判斷是否應進行訓練以消除差距。

⑶績效分析 (performance analysis)

指評估員工績效，以及決定是否應藉由訓練或其他方式（如轉換部門或調整薪資）來改善績效的過程。

⑷重要程度－滿意程度分析 (importance-satisfaction analysis, ISA)

重要程度與滿意程度的矩陣 （I-S 矩陣） 是在進行 ISA 時的主要工具，用來探討重要程度和滿意程度方面的相互作用所產生的改進機會和策略。利用此矩陣能夠找出最迫切需要修正的項目，亦即指重要程度高和滿意程度低者而言，如圖 9–3 所示。

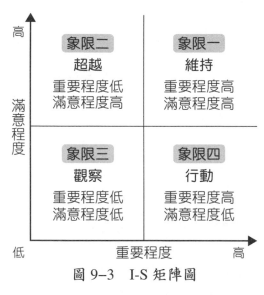

圖 9-3　I-S 矩陣圖

資料來源：黃一峰，2009: 196。

2. 設定訓練目標與課程

在確定訓練的需求後，就要設定訓練目標以配合需求，如此才可在訓練設計時不會忘記當初為何要進行員工訓練，避免流於「為了訓練而訓練」等目標錯置 (goal displacement)（即將達成目標的手段誤置為目標本身）的情況。

有效的訓練目標必須說明在訓練完成之後，整體會為組織、部門以及個人帶來哪些成果與效益，並且要以書面的方式呈現出來。當訓練的目標被完整且清楚地界定後，即可依據訓練目標去訂定訓練效果評價之標準，以在訓練進行間有效地進行品質控管及事後對訓練做評估。組織亦可依照此目標去設計適當的教材、內容及教學方法，以達到最好的訓練效果。

3. 擬定執行計畫

設定明確的訓練目標後，就要以此研擬訓練的執行計畫或方案，其中應包括課程規劃、訓練師資之延攬方式、訓練所使用的多媒體器材、訓練場地與布置等。

4.執行訓練

　　根據擬定的訓練執行計畫，完整將訓練活動按步驟完整執行，其中應包括：訓練教師選擇、訓練教材編撰、學員之輔導與成果考核、訓練行政資源分配等。

5.訓練效果評估

　　在訓練執行完畢後，必須針對實際的訓練學習情況以簡潔或複雜之方式進行評估，讓受訓者與相關單位瞭解訓練之結果，並作為日後辦理類似訓練，或提供訓練機構間經驗交流之參考。大致可以將訓練效果的評估簡單分為四個領域：

(1)反應評估：受訓者對此訓練計畫的喜好程度。

(2)學習評估：受訓者在訓練計畫中學到的概念、知識與技能。

(3)行為評估：受訓者之後的工作行為是否有因為參加此訓練計畫而改變。

(4)結果評估：訓練的最終是否有達到當初所設定的訓練目標。

㈢我國行政組織現行訓練進修概況

1.訓練種類

　　依《公務人員訓練進修法》中所定，分別有公務人員考試錄取人員訓練、升任官等訓練、行政中立訓練、專業訓練、一般管理訓練、進用出任公務人員訓練與其他相關之公務人員訓練等。

2.進修種類

　　公務人員進修可分為入學進修、選修學分及專題研究。依《公務人員訓練進修法》第 8 條規定其實施方法如下：

(1)赴國內外專科以上學校入學進修或選修學分。

(2)赴國內外機關（構）學校專題研究。

(3)赴國內外其他機關（構）進修。

(4)以上進修時間可以分為公餘、部分辦公時間或全時進修行之。

3.訓練進修辦理方法

　　依《公務人員訓練進修法》規定，公務人員參加訓練或進修之辦理方式相關規定如下：

⑴訓練：由機關（構）學校主動提供辦理，包括機關（構）學校自辦、委辦訓練，或列入該機關（構）學校年度訓練計畫之其他訓練。

⑵進修：由各機關（構）學校選送或由公務人員自行申請參加進修。

第六節　俸給與考績制度

一、俸給制度

㈠定　義

俸給 (salary) 是指國家對經任用之公務人員為酬勞其服務、安定其生活、維持其地位，而定期所給予之待遇。簡言之，乃是公務人員的基本所得或正常所得（趙其文，1997: 229）。根據《公務人員俸給法》可以將相關名詞定義如下：

1.本俸：指各職等人員依法應領取之基本給與。

2.年功俸：指各職等高於本俸最高俸級之給與。

3.俸級：指各職等本俸及年功俸所分之級次。

4.俸點：指計算俸給折算俸額之基數。

㈡種　類

我國公務人員的俸給大致可分為一般俸給，以及各種加給和津貼兩類，茲說明如下（張潤書，2009: 554）：

1. **一般俸給**

⑴俸額：亦即本俸，指員工各等級應支領的待遇，事實上每一個官等、職等就是一個俸給額。

⑵俸階或俸級：指在同一俸級額內劃定幅度，包括本俸及年功俸。其目的在於承認初任職的工作人員與久任者的差別，後者因隨經驗的增加而給予適當的報酬藉以提高效率。因此在一般俸級表中，通常都有所謂俸級的最低額、中間額及最高額。例如委任分五個職等，第一個職等分為七個俸階，年功俸分為六個級。

⑶年功俸：依人員之服務成績而取得，即在獎敘考績優良無級可晉者。

2.各種加給及津貼

⑴職務加給：對主管人員或職責繁重或工作具有危險性者加給之。

⑵技術加給：對技術或專業人員加給之。

⑶地域加給：對服務邊遠地區或特殊地區與國外者的給予。

⑷眷屬津貼：為安定公務人員的生活，對於其眷屬，往往計口給予津貼。

⑸房租津貼：為解決公務人員住的問題，有些國家對其公務員給予若干數目的房租津貼。

⑹加班津貼：凡在正規上班時間之外工作者，應發給加班津貼。

⑺其他：實物配給、服裝費、交通費等。

㈢原　則

各國政府為了增進公務人員之士氣，增進工作之效率，無不在薪給制度上加以改善，以期達到理想的薪給制度。何謂理想的薪給制度，可歸納為以下四項原則（賴維堯等，1995: 202；陳德禹，1996: 294–295；張潤書，2009: 552–554）：

1.公平性

薪給應該本於「同工同酬」原則，無論在何部門，從事相同工作或相同等級的工作人員，其薪給應該相同，才不致於產生差別待遇的現象。薪給的公平包括實質公平和程序公平兩個面向，實質公平或稱分配公平，衡量的是某一分配結果本身是否公平；而程序公平則是指作成該分配決定的過程是否公平。俸給政策的實質公平原則主要可由俸給水準具備的內在衡平、外在衡平與個人衡平三個面向來加以評估。

⑴內在衡平性：追求的是「同工同酬」的理念，也就是使俸給能反映出因不同職務所需具備不同條件的相對價值。在此情況下，衡平的比較基礎是工作（職務）程度的狀況。

⑵外在衡平性：強調的是某一職務工作者所獲得之俸給水準，應與外部市場中從事相當工作者獲得相同的薪給。在此原則下，衡平比較的

基礎是員工所任職務的市場機能程度。

⑶個人衡平性：指績效俸給制度，是根據員工個別的工作表現狀況，給予各種形式的獎金報償。此衡平性是對於同工同酬原則的進一步補充，用以解決同工卻不同績效的情境。

整體而言，俸給實質公平原則的主要功能與內涵請參閱表 9–3。

表 9–3　俸給實質公平原則的功能與內涵

項　目	主要功能	待遇內涵
內在衡平性	留住人力	本俸
外在衡平性	吸引、留住人力	本俸、（地域）加給、福利
個人衡平性	激勵	（地域）加給、福利

資料來源：賴維堯等，1995: 203。

2.適應性

薪給應該與物價指數保持平衡，只要物價指數上揚時，俸給有必要隨之調整。雖然政府無法像企業般機動調整，但至少要根據物價指數在每年會計年度做適度調整。

3.效率性

薪給不能只夠維持公務人員的三餐溫飽，尚有育、樂方面的需求，而這些活動也能促進人員身心健康，保持精神愉快，自然能增進工作效率。

4.年資性

公務人員年資增加，雖未獲得升遷，俸給仍應增加，用以獎勵人員工作的辛勞，更何況年資就是經驗的累積，也具較高的工作能力，與一般新進人員相比，貢獻當然也較高。因此即使地位相同，年資多者所獲得的薪給應較多。

表 9–4　公務人員職等、俸點及俸額對照表

職　　等														公務人員俸點	月支數額
委　任					薦　任				簡　任						
1	2	3	4	5	6	7	8	9	10	11	12	13	14		

						四	三	800	59,250
					五	三	二	790	56,190
				五	四	二	一	780	55,480
				四	三	一	三	750	53,330
				三	二	五	二	730	51,910
			七	二	一	四	一	710	50,480
				六	一	五	三	690	49,050
				五	五	四	二	670	47,620
				四	四	三	一	650	46,190
			六	三	三	二		630	44,770
			五	二	二	一		610	43,340
			六	四	一	一		590	41,910
			五	三	五			550	39,050
		六	四	二	四			535	37,980
		十	五	三	一	三		520	36,910
		九	四	二	五	二		505	35,840
		八	三	一	四	一		490	34,770
		七	二	五	三			475	33,700
		六	一	四	二			460	32,630
	八	五	五	三	一			445	31,560
	七	四	四	二				430	30,490
	八	六	三	三	一			415	29,420
	七	五	二	二				400	28,340
	六	四	一	一				385	27,270
	五	三	五					370	26,200
	四	二	四					360	25,490
	三	一	三					350	24,770
	二	五	二					340	24,060
六	一	四	一					330	23,350
五	五	三						320	22,630
四	四	二						310	21,920
三	三	一						300	21,200
二	二							290	20,490

									俸點	月支數額
六	一	一							280	19,780
五	五								270	19,060
四	四								260	18,350
三	三								250	17,630
二	二								240	16,920
一	一								230	16,210
七									220	15,490
六									210	14,990
五									200	14,480
四									190	13,980
三									180	13,480
二									170	12,970
一									160	12,470

1.各職等表格內，粗線以下之圓體字部分為本俸，粗線以上之楷體字部分為年功俸。
2.各等級俸點之數額係分段累計：按其應得俸點在 160 點以下之部分，每俸點按 77.9 元折算；161 點至 220 點之部分，每俸點按 50.4 元折算；221 點至 790 點之部分每俸點按 71.4 元折算；791 點以上之部分每俸點按 305.8 元折算。如有不足 10 元之畸零數均以 10 元計。
3.本表自 2022 年 1 月 1 日生效。

資料來源：考試院全國人事法規釋例資料庫

表 9-5　公務人員職等及專業和主管加給對照表

官　等	專業加給表		主管職務加給表	
	職　等	月支數額	職　等	月支數額
簡　任	14	43,530	14	40,410
	13	40,540	13	32,740
	12	39,320	12	29,520
	11	34,980	11	19,130
	10	32,100	10	13,110
薦　任	9	27,620	9	9,710
	8	26,470	8	7,520
	7	23,270	7	5,750
	6	22,280	6	4,720

委　任	5	20,260	5	4,190
	4	19,360	4	
	3	19,110	3	
	2	19,050	2	
	1	18,980	1	
本表自 2024 年 1 月 1 日起生效				

資料來源：考試院全國人事法規釋例資料庫。

二、考績制度

㈠意義與功用

考績即是公務人員的工作成績與服務狀況，在一定期間內，由監督人員做總評。考評之結果，將作為升遷、調轉以及獎懲的依據。關於考績制度的意義有研究指出，現代政府考績制度，不僅只是建立一套考核法制，更重視法制面與運作面的結合，亦即藉由考績來推動公務人力績效管理（許峻嘉、呂育誠，2012: 3）。考績的功用可分為下列五點（陳德禹，1999: 298-299；張潤書，2009: 607-608）：

1.考績為健全人事制度的基礎

理想的人事制度，在於開發公務人力資源，配合國家建設之需要，使人盡其才，適才適所。透過考績結果作為獎優汰劣之依據，使得人事制度得以健全。

2.考績可以提升行政效率

藉由考績制度使得人員為了爭取更好的調升與獎勵，或是避免降級與懲罰，將勤奮工作來取得更佳的考績結果，或是維持基本工作標準避免受罰。考績也可幫助上級主管瞭解工作管理上的缺點與漏洞，立即地給予補救與改進。

3.考績有利於發現人才與培養人才

考績制度促使上級主管更加瞭解部屬的品行與能力，作為人事運用上的重要參考，以及培訓方式選擇上的依據，進而提高人力素質。

4.考績可以強化上級主管的領導，增進與部屬間的關係

上級主管掌握對部屬工作表現考核的權力，可強化上級主管的領導，而且健全合理的考績制度可使部屬信任主管，無形間增進上下的關係。

㈡原則與項目

1.原　則

(1)公平確實：考績不能採取片斷及臨時資料，也不應受主觀因素的影響，因此考績應加以制度化、體系化，以客觀公正的態度來辦理。

(2)重德識才：依現行《公務人員考績法》的規定，考績項目有工作、操行、學識及才能四種。這四種項目實包含了工作員的內外修養，只有操守而工作能力差，不是最優秀的工作員，反之亦有問題，所以應該才德並重。

(3)客觀周密：考績應就各種人才職能之內涵，分別評定客觀的考績標準，自不必強求一致。因職位與性質不同，所需要的條件與標準也因此而異。如軍人應考核其是否忠勇奮發、有膽有識，主計人員需考核其是否細密周詳、廉潔有守。

(4)認真嚴格：信賞必罰，使每一個人員都感到考績有作用，一則可以產生積極的鼓勵作用，另一方面，也能產生積極的阻嚇作用。

2.項　目

究竟應該對公務員考核哪些項目並給予成績，論者的意見不一，有的主張以工作表現為考績項目，即從工作的質與量來衡量計算；但也有人主張以德性為項目，即依工作的性質來考核公務員的能力與其所具的性格是否相適；此外還有人主張考核公務員的知識。考績的項目主要可歸納為下列幾項：

(1)人的方面

有學者指出可分別從品德、才能、學識和體格四個面向來考核。首先在品德方面，可以從公務員的性情、操守、志向、氣度及生活行為等方面著眼，分為忠誠、信心、合作、負責、熱情、實踐、公平、廉潔等項目，以觀察其品德的好壞。其次在才能方面，強調評估公務員所具之

才能、能力及技術等，分為領導、思維、主動等項目來考察之。接著在學識方面，可觀察公務員的教育程度、學術造詣、著作發明、語言、文藝、常識及辦識經驗等。最後在體格方面，可著眼於公務員的體力、精神、儀表、風度等，以觀察其有無勝任繁劇工作及克服困難的能力。

⑵事的方面

可從工作實況和工作成績兩方面來考核：前者應注意公務員是否用其所學，人地是否相宜，職位是否相稱，工作有無興趣；而後者應按各人所任之職位及所擔任之職務性質，分別詳訂細目，實施分題考績，除一般性之項目由人事主管機關制定外，各機關並得按其業務之實際需求，加列細目予以考核。

㈢我國公務人員的考績

我國公務人員的考績已相當法制化，無論是考績的進行方式或評量標準，都具有一定的程序和作法。實際進行方式如下（賴維堯等，1995：209-210；許峻嘉、呂育誠，2012：27）：

1.評估時間

每年年終時任職滿六個月以上者，均要接受績效評估，稱「年終考績」或「另予考績」。平日若有特別優劣表現，則可隨時辦理「專案考績」。

2.評估面向

我國公務人員考績的評量面向有四，分別是工作、操行、學識和才能，每一面向所占權重不同，每一面向又細分為多項指標。

3.評估結果

考績結果分為甲、乙、丙、丁四等第，考列乙等以上才有晉級和支領考績獎金的機會，列丙等者維持原俸級，列丁等者受免職處分。所以，考績等第也直接影響升職等，如欲升高一職等必須在過去三年中有一年甲等、二年乙等以上的考績。

公務人員考績向來與考試、任用以及俸給，併稱為人事管理的四大基本課題，可見其影響並非只限於考績本身，而是會牽動各項人事管理

作為，並影響人員的生涯發展。

第七節　人事行政的新趨勢

現代人事行政逐漸由消極性邁向積極性，以往重視規範公務人員的忠誠、嚴謹及執行人事法規命令，如今則運用行為科學與管理科學，使工作條件更合乎人性，而人事制度的建制以配合組織之需要為著眼。前考試院院長關中曾指出，我國文官制度主要有文官體制的相對封閉與僵化、公務人力激勵與發展性的功能不足，以及行政中立文化有待建立等三項缺失（蔡良文，2009: 2）。基於此，人事行政在運作上應有以下明顯的改變（許南雄，2000: 285；吳定等，2007: 154–155；張潤書，2009: 498–501）：

一、人事行政由消極邁向積極性

人事行政的發展由過去的消極控制與防範，漸漸邁向積極性的成長與發展。以往人事行政以防止政府任用私人、阻擋劣才進入政府為主要考量。功能明顯偏重於規範公務人員的忠誠、嚴謹與執行人事法規命令，至於實質內容方面應發揮的功能反而忽略。由於政府職能不斷擴張，行政日漸專業化，非有高度人力發展，無法提高行政效能，完成政府任務，因此開始轉趨積極性，積極延攬與培訓人才、發展公務人員潛能提升士氣，以及重視對人員行為的誘導。

二、人事行政法制化

現代文官只對法律或法定職權負責，所以各國法律都有明確規定公務人員的法定地位、權力、責任、權利與義務，且公務人員對國家、人民、上級與部屬都有法定關係，行政行為如果超出法律授權之規定與範圍，便是違法瀆職，將受到司法或行政制裁。

三、人事行政功績制

在非功績制之下，文官的任用、升遷、賞罰往往根據主事者的好惡，

缺乏客觀的衡量標準；而功績制體現「用人唯才」與「獎優罰劣」的精神，包括公開考試，擇優錄用；嚴格考核，論功行賞。

四、人事行政專業化

在現代政府的功能中，政府公務日趨複雜且專門化，一般文官若無所需的專門知識或技能不能勝任。因此，各國一般都規定相對應的學歷，作為一定職能文官考試錄用的條件。

五、人事行政科學化

面對越來越龐大的文官數量，管理文官之工作將越趨複雜，非用科學的管理方法無法應付。人事的科學管理方法包括以下四項：

1.人員分類：使文官結構標準化、明確化，以利管理有所依循。分類的方法可分為品位分類與職位分類兩種。

2.統一管理：管理機構根據統一的法律、法規對文官進行一致性的管理，以使各部門互相協調，減少混亂與勞逸不均，促進人才流動。

3.智力開發：注意文官知識的更新和能力的提高，以各種方法對文官進行培訓。

4.動機誘因：運用行為科學及管理心理學的理論與方法，加強團隊意識、調節人際關係、培養競爭與合作精神，發揚責任感與榮譽心，誘導文官的主動性與積極性作為。

六、人事行政民主化與人性化

民主已成為當前的普世價值，落實於政治、經濟、社會與文化等生活領域，人事行政也難免受到影響。人事行政工作從過去的集權制度，演進至少數主管集思廣益的分權制度，近年來更引進共同參與的集體管理，讓所有員工都有共同參與、發表意見的機會。

自行為科學發達以來，人性化管理已成為趨勢。人性化強調「人為管理的中心」，人力資源居行政資源中的首要地位，「機器受制於人，而非人隸屬於機器」。換言之，人事行政不再以處理科技的方法來處理人事

問題，也不再用操縱機器的手段來管理人員。

七、公務倫理的重視

公務倫理乃指公務人員對國家、機關、上司、同事、部屬與民眾，還有公務所應有的態度及行為規範。當前公共行政倫理強調行政價值與倫理，認為對公務人員最有效的控制，是內在控制而非外在控制。所謂的「內在控制」是由自己內心控制自己的行為，其中最重要的是指職業道德或行政倫理。

🖥 行政櫥窗

老農津貼新制 ❶

為防堵「假農民」請領老農津貼，立法院於 2014 年 6 月 27 日三讀通過《老年農民福利津貼暫行條例》修正案。老農津貼請領門檻，將由現行農保年資六個月，提高到十五年，加保六個月以上不滿十五年者，則津貼減半。農委會推算，此修正案通過後，約 2.6 萬人受影響，占不到總農民人口的 2%，預計新法上路第 1 年可為國庫省下 6 億元，第 11 年省 40 億元，15 年後，可省下 465 億元。

在此條例修法前，年滿六十五歲、入農保滿六個月的農民，即可請領每月 7 千元的老農津貼。農委會主委表示，現行規定使短暫從事農業或長期旅居國外者都可領取津貼，無法真正「照顧長期從農者」，並且造成農業經費配置失衡，資源無法確切地用在需要照顧的農民上，除此之外，這些「假農民」使得領取津貼的人數上升，農委會每年必需投入 500 億元來發放津貼，此種情況嚴重排擠其他社福資源，而為了杜絕資源的浪費，農委會在 2013 年年底提案修正此法。

---

❶ 資料來源：聯合報／陳乃綾、李昭安 (2014/6/28)。取自：http://money.udn.com/storypage.php?sub_id=5648&art_id=83814。

在新修正條文中明定，請領老農津貼需年滿六十五歲且農保年資合計十五年以上，或已領取勞工保險老年給付的漁會甲類會員，年資合計十五年以上，才能請領老農津貼。至於施行前已加農保，年資合計六個月以上未滿十五年者，津貼金額減半為 3500 元，但未來年資達十五年時，即可領全額津貼。另外，新增「戶籍與居住條款」，老農除了需年滿六十五歲，還須在國內設有戶籍，且最近三年內，每年都要在臺灣居住超過一百八十三天，才符合請領資格，以免有農民申請津貼後卻長期旅居國外，沒有實際務農，卻在六十五歲前鑽法律漏洞，購買農地、入農保，成為「假農民」的情況。

農委會強調，老農津貼修正條例通過後，可找回社會的公平正義，並且聲明法案的通過對長期務農的農民，不會有任何影響。此外，新法不僅可節省不必要的經費支出，將經費改用於農業建設、輔導青年農民、改善農田水路等，讓農業經費運用更有效率之外，更可以增加照顧年輕農民的機會，鼓勵年輕人投入農業行列。在未來，農委會期望農保可與國民年金接軌，使農民享有與國保、勞保等相同的年資規範，讓年輕農民未來不再以領津貼作為退休金，也有退休給付可請領。

參考文獻

一、中文文獻

• 吳美連，2005，《人力資源管理：理論與實務》，第四版，臺北：智勝文化。

• 吳定、張潤書、陳德禹、賴維堯、許立一編著，2007，《行政學（上）》，修訂再版，臺北：國立空中大學。

• 林欽榮，2002，《人力資源管理》，臺北：揚智文化。

- 林鍾沂，2005，《行政學》，臺北：三民書局。
- 陳德禹，1996，《行政管理》，修訂二版，臺北：三民書局。
- 許南雄，1997，《人事行政學》，增訂三版，臺北：商鼎文化。
- 許南雄，2000，《行政學概論》，增訂四版，臺北：商鼎文化。
- 許南雄，2007，《各國人事制度：比較人事制度》，第八版，臺北：商鼎文化。
- 許峻嘉、呂育誠，2012，〈建國百年文官制度的回顧與前瞻——考績制度意涵的演變與發展〉，《文官制度季刊》，第 4 卷第 2 期，頁 1–35。
- 張潤書，2009，《行政學》，修訂四版，臺北：三民書局。
- 黃一峰，2009，〈行政組織的人力資源管理〉，收錄於吳定等著，《行政學析論》，臺北：五南圖書公司，頁 169–209。
- 傅肅良，1994，《人事行政學》，臺北：三民書局。
- 趙其文，1996，《人事行政學兼論現行考銓制度》，臺北：華泰書局。
- 趙其文，1997，《人事行政學（全）》，臺北：中華電視公司。
- 蔡良文，2006，《人事行政學——論現行考銓制度》，臺北：五南圖書出版公司。
- 蔡良文，2009，〈文官體制變革之論證〉，《文官制度季刊》，考試院八十周年慶特刊，頁 1–24。
- 賴維堯、林鍾沂、施能傑、許立一編著，1995，《行政學入門》，臺北：國立空中大學。

二、英文文獻

- Rosenbloom, David H. 1998. *Public Administration: Understanding Management, Politics, and Law in the Public Sector.* 4th ed. New York: McGraw-Hill, Inc.

 歷屆考題

1. 試就相關理論與個人之見闡述建構公共人事制度應依憑那些主要價

值？（092 年公務人員高等考試三級考試一般行政）

2. 一般咸認，公務人員缺乏創新的誘因和能力。請分別由我國政府的科層體系、人事管理與財務行政等三大層面之特徵著手，說明我國公務體系創新力不足之理由。（099 年國立臺灣大學政治研究所丙組試題）

3. 過去一年中，我國文官制度有關公務人員考績、退休、待遇等議題，由於制度變更的提議或立法，引起朝野廣泛的討論。請就人事行政的角度，深入評析各議題所牽涉的文官制度問題，以及未來可能改革的方向和理由。（100 年國立臺灣大學政治研究所丙組試題）

4. 請就激勵理論的角度，說明我國文官制度的優缺點，以及未來改進的方向。（101 年國立臺灣大學政治研究所丙組試題）

5. 基層行政人員 (street-level bureaucrat) 的主要特徵有那些？試根據相關學理說明並加以評論。（093 年地方特考一三等考試）

6. 歐美先進民主國家從 1980 年代以來，不斷改革文官制度，理由為何？方向和重點為何？請就歐美國家改革的重點，檢討我國文官制度面臨的問題，並提出解決之道。（102 年國立臺灣大學政治研究所試題）

第 10 章　行政組織

　　人是社會的動物，不能離群索居，為了共同的方便與生存，自然而然地形成了各種組織，以便藉集體的力量來達成共同的生活目的。因此，所謂組織至少應有二人以上之結合，並且應有其共同之目的，否則只能稱之為「人群」或「群眾」，不能稱為組織（張潤書，2009: 121）。對此，日本學者村上弘和佐藤滿 (2009: 38) 則更進一步定義組織，指出除了集結在一起的這群人需超過兩人以上之外，同時還會根據其不同的立場和職能，集結成協力系統，並制定規則，凡是其成員都必須遵守。由此可知，組織對其成員具有約束的力量。

　　至於行政組織，所指涉的範圍相當廣泛，一般是以政府部門為對象，從中央政府到地方政府，甚至是外圍的公營事業機構都屬於行政組織的範疇。然而，近年來隨著公共服務的委外、民營化，民間部門也開始提供和政府部門類似的公共服務，故公私部門間的界線也有模糊的趨勢（村上弘、佐藤滿，2009: 39）。

　　基本上，行政學所討論的焦點多集中在「正式」的行政組織或官僚制度的運作上，然而，影響行政組織功能的發揮或目標的達成，絕非僅靠「正式」的行政組織，「非正式組織」的存在，以及組織內部的文化、氣候往往也是攸關行政目的達成與否的重要因素，只不過這些因素容易被遺忘或忽視。

　　由於行政組織涵蓋的內容很廣，本書中其他章節所介紹者也都屬於正式的組織或制度，故在本章中除了整理組織與行政組織的一般性概念外，乃將部分論述的重點放在影響行政組織效率因素的非正式組織以及組織文化與組織氣候上。首先說明組織之意義及特質；其次，整理行政組織的重要分類，如首長制與委員制、集權制與分權制、業務部門與幕僚部門、中樞機構與派出機構、公營事業機構，並討論行政組織的特性；接著，則將焦點轉移到組織文化與組織氣候，除介紹其概念外，還比較兩者之差異；最後，闡述常見的行政組織病象及其改進之道。

第一節　組織的意義與特質

一、組織的意義

關於「組織」(organization) 一詞，由於各學者專家所採取的研究途徑不同，而有不同的定義。有的從靜態的觀點來解釋組織，也有從動態或生態（發展）或心態（精神）的觀點來討論。以下分述之（吳定等，2007: 100-102；張潤書，2009: 111-113）：

㈠靜態的 (static) 意義

這是從組織的結構上 (structural) 來研究組織的意義，認為組織是由許多不同的部分所共同構成的完整體，正如一個沒有發動的機器。而行政組織就是機關權責分配的關係或層級節制體系 (hierarchy)，亦即權力的運用，屬於命令與服從的關係。

㈡動態的 (dynamic) 意義

這是從組織人員的交互行為來說明組織的意義。所謂動態的組織，是將組織看成一個活動體，乃一群人為完成工作時的一致行動或動作，所以可視為是一種功能 (functional) 的觀察，而行政組織就是指機關人員在執行職務時，分工合作的工作狀況。這正如人的身體一樣，靜態的結構有各種器官與系統，但是這些器官與系統是為了共同的目的而協調一致，若要對人有所瞭解，不能只研究身體結構，還要研究各器官的功能、心理現象，以及行為上的種種問題。因此，行政組織也不能僅從結構上來觀察，還需研究人員之交互行為。

㈢生態的 (organic) 意義

組織不僅有靜態的結構、動態的功能與行為，而且還是一個有機的生長體，是隨著時代環境的演變自求適應、自謀調整的團體。所謂「制度是生長起來的，不是製造出來的」，正足以說明組織的發展性。

㈣心態的 (psychological) 意義

這是由心理或精神的觀點來解釋組織，認為行政組織不僅是權責分配關係，同時也是組織機關成員對權責觀點的認識，感情交流與思想溝通所形成的一種團體意識。而基於這種團體意識，才能促使大家在合作與協調下完成組織的使命。

二、組織的特質

一般認為，組織有下列幾項特質（陳德禹，1996: 45–46；林鍾沂、江岷欽，2003: 6–7）：

㈠組織需是一群人的組合

組織必須由兩個或兩個以上各具有特殊功能之人，向某共同目標齊力工作，而個人之行為又受到正式法規所管制。

㈡組織需有共通的目標

組織是人們為實現特定目標而結合在一起的集合體，而這些目標通常是個人難以完成，或是「以團體方式較有效率」完成，故需藉由組織的力量使每個成員都能在某種程度上達成目標。因此，目標的共通性是成員選擇組織和組織接受成員之關鍵所在。

㈢組織需有一定的結構

當人們結合在一起以實現其目標時，會產生某種形式的結構。換言之，結構乃是組織成員所建立的定型關係。此關係可能是正式的或非正式的，其區別標準乃是根據是否經由組織正式認可而定。

㈣組織是一種過程

就動態而言，組織需要各種的過程來識別、獲取與轉化資源，並進而從事於產品和服務的產出與分配；而組織也需要各種過程以從事溝通、

資訊處理、績效評估、作業規劃等工作。

㈤成員與組織的權責關係類似長期契約 (continuing bond)

這種長期契約，並非意指「終身的成員身分」。成員一旦犯錯，或是主動求去，這種長期契約即告終止。除此之外，組織不可無故終止該項契約。

第二節　行政組織的分類與特性

一、行政組織的分類與設計

㈠首長制與委員制

首長制與委員制是依機關最高首長之人數來區分。

1.首長制

又稱獨任制或部長制。若行政機關的行政管理職權由一人單獨負責處理者乃是首長制。此制以美國為代表，亦即行政大權集中於總統一人，國務員僅是部屬，國務會議乃備詢之用。

2.委員制

又稱合議制，是指行政機關的行政管理職權操諸於若干人數的委員，並由其共同負責處理者，稱之委員制。此制以瑞士的聯邦政府為代表，所有決策由開會決定，總統並無權決定大政方針，為名義上的元首，聯邦委員會才是真正掌握實權的機關。

3.兩制的優劣

這兩種形式的組織在實際的運作上各有其優點與缺點。首長制的優點是：(1)事權集中、責任明確；(2)指揮靈敏、行動迅速，容易爭取時效；(3)易於保守祕密；(4)易於減少不必要的衝突與摩擦。

然首長制同時也具有下列的缺點：(1)首長易於操縱把持、獨斷獨行，不符合民主原則；(2)一人思慮有限，對問題的考慮有時欠廣博周詳；(3)一人精力有限，日理萬機，有時不勝負荷；(4)無人牽制監督，易於營私

舞弊，造成私人勢力。

至於委員制也有優、缺點。其優點為：(1)能容納各方意見，集思廣益，反映人民的意見；(2)彼此相互牽制監督，不易營私舞弊；(3)多數人分工合作，可以減輕負擔；(4)不受上級長官的過分干涉，合乎民主的精神。但其缺點也有以下幾項：(1)責任不確定，事權不專一，功則相爭，過則相諉；(2)委員之間，因地位相同，權責相若，易形成彼此的傾軋與排擠；(3)力量不能集中，行動遲緩，以致效率減低，延誤事機；(4)多人參加，難於保守機密。

基本上，首長制與委員制的優劣並非絕對的，端視如何善為運用。大體說來，凡行政的、行動的、執行的、事務的、技術的、軍事的、速決的、紀律的等性質事務之辦理，宜採用「首長制」，至於顧問的、討論的、立法的、調節的、政策的、設計的、裁決的等性質事務之辦理，則可以採用「委員制」。

4.混合制

所謂混合制是指涉有合議制的委員會或決策機關，並設有首長，首長職稱通常為委員長、主任委員或主席等。混合制首長並不能獨攬機關大權，重要事項均由委員會議決，首長的職權限於主持會議、執行委員會決議、綜理機關日常業務及指揮監督所屬單位人員等事項。

(二)集權制與分權制

集權制與分權制乃是依行政權行使之性質與範圍來區分（許南雄，2000: 109；張潤書，2009: 208-210）：

1.集權制

集權制是指行政權責的範圍集中於組織的領導階層或總機關，不設置或授權下級或派出機關，而下級或派出機關處理事務也須完全秉承中央或中樞機關之意志者。其優點在於：事權集中與貫徹、標準一致、行動迅速，且可加強政府效能等；但缺點則是不能因地制宜、地方利益及需要易被忽略，而地方或下級機關容易仰賴中央，不求自立。

2.分權制

分權制是指行政權責分散於各階層或由分支機關獨立行使自主權限，不必請命於上級機關者。其優點在於：分權制較符合民主政治精神，可避免專斷獨行，使各機關及人員實事求是，以充分發展本身事業；然其缺點也包括：過度分散、不易於統一與團結，且中央及地方權責易於混淆，有可能導致衝突增多，反而失去民主精神。

㈢業務部門 (line) 與幕僚部門 (staff)

機關組織為求達成既定目標，常以內部活動加以劃分，以求能分工專業。因此有些部門是專責直接的執行職能，有些則擔負協助工作推行的間接職能，前者稱為「業務部門」，後者稱為「幕僚部門」。詳細分述如下（許南雄，2000: 101；村松岐夫，2001: 157–161；吳定等，2007: 125–128；張潤書，2009: 187–200）：

1.業務部門

業務部門又稱實作部門、直線部門，乃是行政組織中實際執行及推動工作之部門，是擔任直接完成組織目標的工作單位。業務部門是對外的，對社會及人民發生直接關係與來往，直接對服務對象提供服務及執行管制。其工作的主要內容包括：對上級提供意見、實際進行業務、對業務設計執行。總之，業務部門是權力單位，保有決定權，具有管轄性質，且為實作部門。如以教育部為例，高等教育司、社會教育司等皆屬業務部門。

2.幕僚部門

幕僚部門的工作是對內的，與組織目標不發生直接的執行關係，凡不屬組織中的層級節制體系，而專司襄助或支援業務部門的單位，皆可稱為幕僚部門。其工作的主要內容為組織中人、財、事、物的管理，包括協助首長瞭解組織性質、職掌活動，替首長蒐集各種有關資料，以明瞭各部門實際的工作狀況，或是代替行政首長釋答各單位提出的諮詢與疑義等。簡言之，幕僚部門為輔助單位而非權力單位，具有調劑及建議、參贊的性質，如機關中的人事、總務、企劃單位等。

㈣中樞機關與派出機關

國家設置政府或機關的主旨在為人民服務，由於人民散居各地，因此不得不分別在各地設置機關，以便就近為民服務。故各國在首都地區所設置負責領導與統籌的總機關即稱為中樞機關，而在各地設置的分機關即稱為派出機關或分支機關。換言之，派出機關乃是中央總機關為服務各地人民，在各地分設的業務機關。以我國為例，內政部警政署為中樞機關，而各縣市警察局、派出所為其所屬機構。

不過，派出機關並不等同於地方政府，前者為功能性業務組織，屬於單純的管理組織，經指定辦理某種特別業務，而後者是地域性行政組織，屬於綜合性統治組織。此外，派出機關為上級機關之代理人，無本身權力，須以上級之意志為執行的基礎，但地方政府則具有法律規定的權力，此為兩者之差異所在。

㈤公營事業機構

所謂公營事業機構，乃是政府在職能日漸擴張的趨勢下，除了憑藉科學知識與技術，為人民提供直接的服務工作外，更進而經營工商、交通、金融業務，而設置公營企業機構，以交易方式供應勞務或商品，為人民服務。其與一般行政機關在性質上有二點不同：一是公營事業與人民交易係基於商業平等與自由原則，並無權力關係存於其間；另一是行政機關的維持經費全仰賴政府的撥款，而公營事業機構的維持，則不能仰賴政府撥款，須以自身的營利所得支應開支，亦即自負盈虧。因此，公營事業主要包含政府獨資經營及公私合營兩種類型。大抵而言，公營事業機構的經營主體為各級政府，因而政府握有控制的權力，其經營目的為特定之公共利益，如國庫收入、社會服務等，產物為有形財貨或無形勞務。

二、行政組織的特性

行政組織的運作屬於政治系統的範疇，受政治勢力的影響，而私人

組織屬於經濟系統的範圍，按照市場的法則來運作 (Dahl & Lindblom, 1953)，以下根據波殷 (Boyne) 的分析架構，討論行政組織實務方面的特性（轉引自盧偉斯，2009: 97–100）：

㈠環境的複雜程度較高

就組織經營所需考量的利害關係人來說，行政組織面對的環境變項顯然較為複雜，不只有政治系統中的公民大眾、民意代表、利益團體或是媒體輿論，還包括行政系統中的各級機關與各級政府。行政組織面對的是無法以市場區隔觀念加以選擇界定的選民，所謂民眾的需求往往是相互矛盾衝突而非統一的，使組織的策略制定顯得較為困難。行政組織也不像私人公司是上下一體的，其間存在太多相互競合的依存關係，如中央與地方政府的政策網絡關係、地方政府間的資源競爭關係，這些複雜的互動關係加深了行政決定的非理性程度。

㈡環境的穩定程度較低

現代的企業可以透過垂直整合、策略聯盟或是市場定位的方式，加強其對環境變化的控制。但隨著資訊流通的發達和民眾對公共事務的涉入，行政組織面對的是對需求的認知不穩定、政策偏好時常改變的動態環境。再加上民主定期選舉的壓力，使行政組織高層的決策過程，瀰漫短期的視野和象徵性的口號。

㈢受不特定社會事件影響的程度較高

若以系統論的概念架構來說明，公私組織都受到政治、經濟、社會、文化等一般環境的影響，亦各有其應關注的特定環境因素，但對行政組織來說，一般環境與特定環境是不容易區分的，兩者皆可能產生直接性的影響，因此無法明確劃定組織與環境的交切面。行政組織的作為不但動見觀瞻，受社會行動者多方矚目，亦須留心注意各種不同社會事件的發展，任何風吹草動皆可能成為公共問題。此種特性不僅說明了行政組織吸納社會事件的責任，更凸顯行政組織處理不特定危機管理能力之重

要性。

㈣組織目標設定的凝聚程度較低

　　行政組織不像營利企業可以明確的利潤收益為目標，並成為課責的具體標準，所謂公共利益的目標不但是意義模糊的象徵性符號，也可能只是一種道德訴求。行政組織政策目標的設定，是為調和利害衝突的政治妥協結果，故欠缺目標間的邏輯一致性。行政組織目標的指導作用，必須依賴從抽象的立法原意到具體行政規則的層級過程，故其手段與目標間的因果關係不易確定。

㈤組織績效考評的合理性較低

　　對私企業組織來說，資源使用的效率性是達成獲利成長目標的方法，具有工具理性的價值；行政組織因為目標抽象的特性，不易設定績效考評的標準，而效率是有關設備、技術、速度等投入與輸出的比率關係，可以數字、客觀化的方式來表達，所以往往被視為機關運作的目標，亦因此使得行政組織合理的績效考評較為困難。以警察機關為例，效率的指標（如：破案率）實在無法敏銳反映機關的效能表現（如：公民對治安良好的感受），故再多的效率指標（如：開單告發的比率、破案率）也無法取代效能的成果。

㈥組織結構設計的彈性程度較低

　　一般來說，行政組織結構設計的「官僚體系化」程度較私人企業組織為深，但這點並不是公共組織的原罪，而有根本的必要性。在依法行政的原則下，行政組織的權威範圍與行使方式、組織設計與人員配置，皆須有法定的基礎，並受法規的限制。這種設計的目的，一在形成對行政組織外部民主控制的條件，另一則是在建立行政組織內部的課責機制。也因為這種結構的特性，行政組織決策的可擇方案範圍較為狹窄，管理制度的改變較無彈性，各階層管理者的自主空間有限。

第三節　非正式組織

㈠研究源起與意涵

　　早期學者對組織的研究多偏重於正式的、結構的和法制的面向，但是自從行為科學的方法被運用在組織的研究以後，即發現了許多過去所沒有瞭解到的問題，這些問題對組織有重大影響，其中有一項便是非正式組織 (informal organization)。

　　首先將行為科學的觀點與方法應用在組織與管理的研究上者，即是哈佛大學教授梅堯 (Elton Mayo) 等人所主持的霍桑實驗，尤其在實驗中第五階段所進行的小團體研究，奠定了後來非正式組織的理論。其後，巴納德及賽蒙對非正式組織理論曾做了有系統的研究，不過賽蒙大多承襲了巴納德的論點，所以後世多認為巴納德為非正式組織研究的先驅學者（張潤書，2009: 259–262）。

　　巴納德將組織區分為正式與非正式兩種，其認為正式組織是有意識地協調與互動的系統，有固定的結構 (structures)，屬於層級節制的組織。組織中個人地位與權責關係是透過精心設計的，故正式組織中的成員，均有法定的職位與權責，並依據法令規章行事。由此可知，正式組織為一層級、結構、權威、決策及執行的系統體系，呈金字塔 (pyramid) 型態。相形之下，非正式組織則是附隨在正式組織中而存在，屬於無意識的、不定型的組合，以「小團體」(small group) 為共同基礎。巴納德認為，非正式組織是組織中個人接觸交互影響，自由結合所產生的認同關係而形成之結果。此一認同關係包含許多共同點，凡共同點越多，其非正式的關係越密切，如同學、同鄉、同事等。由於其因社會關係而結合，因此並無正式的職位、權責及法制規範，是一種非制度化的組織關係（許南雄，2000: 105；吳定等，2007: 109；張潤書，2009: 262）。

㈡類　型

　　賴格羅 (Felix A. Nigro) 依據非正式組織成員所屬的組織單位及等

級位置，將非正式組織區分為水平內部團體、水平部際團體、垂直內部
團體及垂直部際團體等四類 ； 而達爾頓 (Melville Dalton) 的分類較為簡
單易懂，以下茲分述之（張潤書，2009: 267-268）：

1. **垂直集團** (vertical clique)

　　由同部門內不同層級地位之人員所組成者，又可分為兩類：

　　⑴垂直共棲團體 (vertical symbiotic clique)：此種非正式組織人員之
間具有高度的依賴性，長官多維護其下屬，而下屬也會維護長官之利益。
此種非正式團體較他種非正式組織鞏固且更能持久。

　　⑵垂直寄生團體 (vertical parasitic clique)：此種團體人員彼此提供的
相互協助並不相稱，下級人員多寄生於上級主管，只享權利而不盡義務，
這種團體的成員多係主管的親戚朋友，憑著與主管的血親關係，透過主
管的權力，設法榨取機關的利益。

2. **水平集團** (horizontal clique)

　　乃由地位差不多、工作範圍相近的一群人之結合，跨越部門界線，
可包括多數部門的地位平等者。又可分為下列兩類：

　　⑴水平防守集團 (horizontal defensive clique)：此團體形成之因，係
由於組織隨其業務之發展或技術之不斷更新，而重新改變其內部的權力
關係時，對某一類型人員構成了一項威脅，而被迫不得不借重團體之力
量，以維護本身的權力地位。此集團多由資深、既得利益者組成。

　　⑵水平攻擊集團 (horizontal aggressive clique)：此種集團與前者之主
要不同點乃在其目的及其所採的行動方向，其目的在改變組織內現行的
不合理狀態，所採取的態勢是積極的影響改變，而非消極的抵抗。此集
團多由組織的新進人員，或尋求升遷發展者所組成。

3. **混合集團** (mixed clique)

　　此種集團是來自不同地位、不同工作地點的人們所組成，常是因為
共同興趣、友誼及社會滿足感，或為了完成與組織無直接關係的功能需
要而產生。

㈢非正式組織的優缺點

如前所述，由於非正式組織是因正式組織而生，為一種必然現象，所以非正式組織的存在勢必對正式組織有某種程度的影響。以下將說明非正式組織的優缺點（吳定等，2007: 112-115；張潤書，2009: 269-272）：

1.非正式組織的優點

⑴維持團體所抱持的文化價值：非正式組織的成員彼此抱持了相同的觀念與價值，會為了此目的而精誠團結，其關係的密切增強了團體的內聚力。

⑵提供人員社會滿足感：非正式組織能夠給予其屬員地位之承認，及與其他人員聯繫之機會，給予人員歸屬感和地位的滿足。

⑶有效的溝通：非正式組織有利於建立迅速傳播消息之網狀體系，使參與者能快速且有效地瞭解資訊及消息。

⑷社會控制：係一種約束成員的力量，又稱為「團體的拘束力」；可分為內在的控制及外在的控制兩種，前者是引導成員順從文化價值的力量，後者則是指非正式組織以外之團體所加諸於其成員的力量。

⑸高度彈性：非正式組織不受工作程序的約束，對於臨時的急迫問題，可循非正式的途徑予以解決。

⑹分擔主管人員領導的責任，減輕其負擔：主管如與非正式組織成員建立良好關係，則人員會與主管採取合作態度且自發性工作，使得主管不必事必躬親，節省時間與體力。

2.非正式組織的缺點

⑴反對改變：非正式組織的成員會為了保持現狀而不願改變，此即為什麼組織在推行某一新制度時會遭遇到很大阻力的主要原因。

⑵角色衝突：一般人在組織中往往扮演多重角色，也就是在正式組織扮演一種地位與角色，但在非正式組織中又扮演另一種。在此多元的關係下，常會使人員產生一種左右為難的僵局。

⑶傳播謠言：在非正式組織內，成員有頻繁的溝通，消息幾經相傳

後，往往失去真實性而變成謠言。

⑷順適：由於非正式組織具有「社會控制」的作用，成員會順應團體的行為標準，將自己的特色收斂起來，因此會抹煞了人員的創始性和個性。

⑸徇私不公：非正式組織成員凝聚力強，上級會偏袒部屬，甚至貪贓枉法以尋私利。

第四節　組織文化與組織氣候

一、組織文化

㈠意　涵

在瞭解組織文化 (organizational culture) 前，需先瞭解文化一詞所代表的概念。所謂「文化」(culture) 是指一群人共有的、可以影響成員態度與行為的各種價值觀、規範、規則、信仰及假設、穿著、語言、習慣等所有的有形或無形事物。換言之，文化是社會中的人群所共有的一種約定成俗的心理狀態 (the collective programming)，這種狀態係由人群所培育出來的價值觀、共同信念以及特有的行為方式所組成 （Kast & Rosenzweig，1985: 621–622；呂育誠，1998: 66；朱金池，1999: 345）。文化具有「是學習而得」、「是集體共有」、「影響行為」、「文化符號與意義是相互關連」❶、「文化結合工具性的與表意性的要素」❷等五項要素（吳瓊恩，2011: 419–420）。

至於組織文化鮮少有一致的定義。由於文化是指一群人表現在外的共同行為樣式，以及支持行為何以如此表現的信念、價值與規範，所以組織文化的意涵雖與一般文化的概念具有共通性，但兩者所涵蓋的範疇與研究重點卻不盡相同。學者多將組織文化的意義限制在較小的領域中，

---

❶　亦即其中一要素的變化會引起其他相關要素的變化（吳瓊恩，2011: 419）。

❷　就工具性的意義而言，文化使一社會中個人的行為標準化；就表意性的意義而言，文化著重於社會中的自發要素（如計畫、藝術形式）。

也就是以組織為範圍。此乃是因為組織常被視為一個小型社會，組織本身即是培育文化的環境，故表現出來的是特定的文化風格。目前有關組織文化的定義以著名的組織理論學者席恩 (Edgar Schein) 最具代表。他認為，所謂組織文化是由特定的組織團體發展出來的一種行為基本假設，用來適應外在的環境，並解決內部整合問題。因此，組織文化指的是可以觀察到的人員行為規律、工作的團體規範、組織信奉的主要價值、指導組織決策的哲學觀念、人際相處的遊戲規則、組織中瀰漫的感覺或氣候。簡言之，組織文化即組織成員所共同持有的較深層的基本假定與信念，而為組織對自我及其環境認為習焉不察、理所當然的基本行為方式，並在潛意識的狀態下運作（Schein, 1985，轉引自張潤書，2009: 214），故組織文化是深層內化到組織成員心中的一套行為、情緒及心理的架構，而此架構是由組織成員所共享。

㈡內涵層次

若就組織文化的層次而言，席恩將組織文化的構成區別為：器物與創造物 (artifacts and creations)、價值觀念 (values) 和基本假定 (basic underlying assumption) 三個層次（參圖 10-1），茲說明如下（林鍾沂，2005: 201-202；蔡培村、武文瑛，2013: 193-194）：

1.器物層次

「器物層次」是文化中最容易被看見的層次，亦即外顯與最表淺的層次，包括地理位置、技術、產品、說話語言、藝術成品和成員的外顯行為等。唯成員不必然會瞭解這些器物，也不會經常對之加以質問，而僅是加以觀察而已。

2.價值層次

「價值層次」指的是個人或團體社會所偏好的事物、行為方式，或有關生存的終極目標，如「正派經營」、「追求卓越」即是。不同的價值觀念將會影響組織所採行的管理方法、管理制度，也會影響到組織決策的著眼點。

3.基本假定

「基本假定」是組織文化的內在精髓，如果假定的特質在問題解決的答案中一再地呈現和認知，那麼就會被視為理所當然，而不被質疑和批判，無形中內化為成員心中的基本假定。

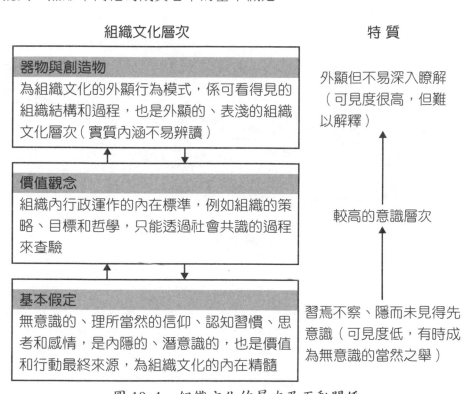

圖 10-1　組織文化的層次及互動關係

資料來源：修改自張潤書 (2009: 216)；林鍾沂 (2005: 202)。

大抵可以將上述三種層次約略分為兩種類別：一是顯性的組織文化，直觀或是聽能感受到的部分，如組織標誌、制度規章、工作環境、管理行為等；另一則是隱性的組織文化，是內化、根本，也是最重要的部分，如組織哲學、價值觀念、道德規範、組織精神等。

㈢類　型

組織文化是一種既複雜又抽象的概念，為了研究需要，專家學者常

須將組織文化予以分類，以降低抽象程度。一般而言，常見有以下幾種類型（洪啟昌，2005: 40–47；林朝夫，2000: 48–64；張潤書，2009: 218–219、221–222）：

1.**奎恩 (Robert Quinn) 及麥克葛雷斯 (Michael McGrath) 的分類**

以組織對環境確認程度為縱軸，以組織所需採取行動的急迫性為橫軸，並以組織目標、績效標準、權威所在、權力基礎、決策取向、領導風格、人員順從等作為比較項目，將組織文化分為下列四種類型，如下圖 10–2 所示：

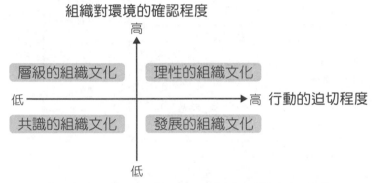

圖 10–2　Quinn 與 McGrath 之組織文化分類

資料來源：張潤書，2009: 221。

⑴理性的文化 (rational culture)：環境穩定、行動急迫性高、權力集中、整合性的活動並有其他組織作為競爭對手。其核心價值是效率、生產力與利潤。有清晰的目標、個人的判斷與決斷力，皆為促使組織績效極大化的手段方式。

⑵發展的文化 (developmental culture)：環境複雜易變且亟需採取因應對策，權力分權、組織強調外部的競爭與成長，因此必須培養危機意識，其抽象的願景與魅力的領導激發成員對組織及其價值的效命，組織運用洞識、創新等方法爭取外界支持與資源，以求擴張與轉變。

⑶共識的文化 (consensual culture)：環境複雜易變、充分授權、活動分化、著重內部的系統維持，交互行動建立在討論、參與、共識的基礎

上，因此互動友善且合作，促成團隊工作，有高昂的士氣與信任，類似Z 理論文化。

(4)層級的文化 (hierarchical culture)：權力集中與整合的活動，並重視內部的系統維持，行為的推動受行事的法規與規則的執行所限制，因而重視穩定、控制、可預期性、合作與課責等價值。此種文化與機械的科層體制有關。

2.雷曼 (B. C. Reimann) 及韋納 (Y. Wiener) 的分類

雷曼和韋納將組織價值觀念的焦點區分為「功能性價值」和「菁英價值」兩種，將價值觀念的由來區別為「來自於個人領導魅力」和「來自於組織傳統」兩類，形成四種不同的組織文化型態，如下表 10–1 所示：

表 10–1　Reimann 和 Wiener 的組織文化分類

		組織價值來源	
		來自於個人領導魅力	來自於組織傳統
組織價值判斷的焦點	功能價值	企業家型文化	策略型文化
	菁英價值	盲從的文化	排他型文化

資料來源：張潤書，2009: 218。

(1)企業家型文化：組織的價值文化主要來自於創辦人或最高領導者，人治色彩濃厚，組織決策判斷的焦點在於能掌握環境動向並做適時調整，但以人為主導的文化風格較強，有人亡政息之危機。

(2)策略型文化：組織的價值觀念已透過制度化過程確立，決策作成主要依循經驗例規，以理性進行策略性規劃，對環境的變動狀態較為敏銳，以「日本企業」為代表。

(3)盲從的文化：組織的價值與決策為反映少數領導菁英之洞見而少做理性分析，人員對領導者盲目崇拜，對儀節過度重視，反而不易建立長遠體制，而形成團體盲從現象。

(4)排他型文化：組織的價值來自傳統經驗，但非經由成員互動交流，而是由少數領導菁英所操縱。為維繫此一文化風格而有強烈排他傾向，

決策獨斷、不容異議，一切皆以領導集團為主。

二、組織氣候

㈠意　涵

　　組織氣候 (organizational climate) 的概念最初始於 1939 年，由李文等 (K. Lewin, R. Lippitt and R.White) 提出，但真正提及組織氣候者，則是 1958 年在葉啟賜 (C. Argyris) 的著作《組織氣候概念化的問題：銀行的個案研究》 (*Some Problems in Conceptualizing Organizational Climate: A Case Study of a Bank*)。組織氣候係組織內部環境持久的特質，組織成員會感受到這種特質，而行為也會受其影響，這種特質可用一組特別的屬性價值予以描述。換言之，組織成員對於「組織中最重要者為何（如服務或安全感）」 的認知，就是組織氣候 （林鍾沂、江岷欽，2003: 189）。

　　近年來，哈佛大學教授黎特文 (George L. Litwin) 與史春格 (Robert A. Stringer, Jr.) 倡導以「整體」與「主觀」的環境觀念，來研究組織成員的行為動機及其表現的行為，於是形成了「組織氣候」理論。這是行為科學產生以後，對組織研究較為具體的方法之一 （Litwin & Stringer, 1968，轉引自張潤書，2009: 223）。

　　就組織氣候的意義而言，學者們有不同見解。黎特文 (Litwin) 與史春格 (Stringer) (1968: 1) 將組織氣候定義為：「在一特定環境中個人直接或間接地對於這一環境的察覺。」 而莫蘭 (Moran) 與佛克韋恩 (Volkwein) (1992) 則採用文化取向來說明組織氣候的形成，認為組織氣候是經由一群有著共有組織文化的個體，在互動後所產生對周遭環境的知覺與解釋；盧梭 (Rousseau) (1998) 認為文化是組織較深的層面，而氣候則是組織可見的日常生活面，所以有些成員可能無法完全經驗到組織的文化面，但所有的組織成員都可以經驗到組織的氣候面（轉引自吳志男，2003: 15）。

㈡組織氣候之重要理論（類型）

關於組織氣候之類型，學者們有不同的分類方式。以下列舉較為重要之組織氣候理論予以說明（張潤書，2009: 226–227）：

1.李克特 (Rensis Likert) 之理論

李克特著有《人類組織》(*The Human Organization*) 一書，曾以四種不同類型的組織來說明組織氣候：

⑴系統一 (system 1) 的組織：領導者不信任部屬，部屬不能參與決策，常以威脅強迫的方式要求部屬貫徹命令。

⑵系統二 (system 2) 的組織：領導者以謙遜態度對待部屬，部屬可以在規定範圍內負擔決策。惟在上下關係中，部屬仍小心翼翼，心存畏懼。對員工的激勵是獎勵與懲罰兩者兼具。

⑶系統三 (system 3) 的組織：管理階層對部屬有相當的信任，但仍對部屬的決策有若干控制，惟部屬有若干自由，可做低層次的決策，有雙向溝通。對員工的激勵是獎勵為主，懲罰及參與為輔。

⑷系統四 (system 4) 的組織：管理階層對部屬有完全的信任，決策採高度的分權化。組織當中上行、平行、下行溝通一應俱全。對員工的激勵是採參與和獎勵方式。

2.布萊克 (Robert R. Blake) 與毛頓 (Jane S. Mouton) 之理論

布萊克與毛頓於 1964 年以《管理格道》(*The Managerial Grid*) 所建立的組織型態為例來說明組織氣候。他們以兩項變數：一為關心工作，二為關心人員，來衡量與測度組織的氣候，並加以區化為九種程度上的差別，因此產生八十一種不同的組織氣候，其中最具有代表的五種型態如下（吳定、吳復新，1998: 9–10；許南雄，2000: 234；張潤書，2009: 235–236）：

⑴業績中心型，又稱為「9.1 型」領導：此種領導方式是對產量顯示最大關心與對員工顯示最少關心的管理方式。管理者藉行使專斷的權力與職權而專注於達到最高生產量（績效水準）。

⑵懷柔型，又稱為「1.9 型」領導：此為對員工顯示最大關心與對產

量顯示最少關心的管理方式。管理者的主要努力在於增進同僚及部屬的好感（人際關係）。

⑶無為型，又稱為「1.1 型」領導：此種管理方式對產量與員工均表示最小的關心。管理者只從事最少而必須的努力，以求在組織內保住其身分地位而已。

⑷中庸型，又稱為「5.5 型」領導：此為主管同時對產量與員工顯示中度關心的管理方式，為中庸型的方式。根據學者的看法，大多數管理者採行此種管理方式。

⑸理想型，又稱「9.9 型」領導：此為主管同時對產量與員工展現最大關心並整合到最高績效水準的管理方式，重視團隊合作，以工作目標為取向，透過參與、投入、承諾與衝突解決等措施，獲得高數量與高品質的結果，所以被稱為「理想型的管理方式」。也因此，布萊克與毛頓主張，管理者應朝向團隊管理方式努力。

三、組織文化與組織氣候之比較

組織文化與組織氣候雖然均是組織環境中影響組織行為的互動因素，且兩者都具有多元層面，且不固定。但組織文化與組織氣候仍有部分的差異需予以明確釐清，茲整理說明如下（許南雄，2000: 155；林鍾沂、江岷欽，2003: 188-192）：

㈠特性概念的差異

組織氣候係組織內部環境持久的特質，組織成員會感受到這種特質，而行為也會受其影響。組織成員對於組織中最重要者為何的認知，就是組織氣候；至於組織文化，則指組織共同的信仰、價值觀與基本假定。學者席恩認為，組織氣候只是一種組織氣氛 (organizational mood)，可以刻意營造與改變；而組織文化擴及於組織內外環境中的價值理念、行為規範、適應互動、整合過程等組織行為互動模式。所以文化是比氣候更為深刻、更無法意識的意義體系。故組織氣候是組織文化的一部分，但絕不等同於組織文化。

㈡方法論的差異

　　組織文化與組織氣候源自不同的科學傳統，前者來自人類學，而後者來自心理學，因而在方法論上旨趣互異。組織氣候論者大都採取律則化的、定量的方法從事研究，此途徑係採實證觀點；組織文化論者則鮮少主張或採用定量途徑研究組織文化，大都以定質途徑為主。

㈢管理面的差異

　　由前所述可知，組織文化係一種潛意識存在組織內的歷史傳統，包含了外顯價值以及對外顯價值的詮釋，屬於一種情境，成員早已習慣，較不易被感受及管理。舉例而言，公部門欲以新的價值觀（如企業型組織文化）取代原有的價值觀（如官僚型組織文化），卻可能因公部門成員根深蒂固的價值文化，而不易改變。至於組織氣候則為一種知覺，是組織成員對組織文化的特性與特徵，所懷有的一套持久認知，故可以刻意營造與改變。也因而，大體來說，組織氣候比組織文化更易管理與控制。

第五節　行政組織病象

　　一個行政組織正如人體或機器一般，儘管當初設計時如何的完善，經過一段時期的運轉與發展，再加上外在環境衝擊的影響，就不免發生故障或生病，而引發出一些有礙組織正常運作的副作用。這些副作用在經歷時間的累積後便會轉而成為組織的不良徵候，俗稱為「組織病象」(pathology of organizations)。在本章最後乃說明一般較為著名的組織病象如下（賴維堯等，1999: 188–196；吳定等，2007: 137–141、264；張潤書，2009: 339–343）：

一、五大病象

㈠由於「規模龐大」所引起的病象

　　1.人員之間溝通不易，缺乏瞭解，即使是同一組織的人也互不認識，

因而缺乏團體意識，無法為共同目的而努力。

　　2.機關組織的首長控制幅度太大，超過能力範圍，導致難以發揮有效的指揮與監督，甚至產生「天高皇帝遠」的現象。

　　3.失去個人的自我價值感：在龐大的組織當中，個人相對地顯得渺小而微不足道，以致內心產生疏離感與自我輕視感，久而久之更產生工作不力、缺乏熱忱的病象。

　　4.決策上推、首長獨裁：由於大家缺乏勇於任事的精神，既無抱負亦不願意負責，所以把一切需做決定的事都往上推，以致造成首長萬能、無事不管，而使首長成為一位「獨裁者」。

　　5.個人難以發揮其創造力及工作潛能：由於組織龐大，凡事均有一致性及制度，個人自然不易亦不願表現其創造的才能，工作潛能因而難以發揮。

㈡由於「法規森嚴」所引起的病象

　　由於組織業務繁雜，人員與單位又多，為便於工作之順利以及防止弊端之發生，乃訂定許多法令規章。這種法規繁多所產生的具體病象如下：

　　1.職員一切依法辦公、循例行事，時間一久，志氣與創造力殆失，人員乃成為一個缺乏自動自發精神與創造性的「機器」，完全在被動的、機械化的情況下工作。

　　2.法令規章的修正往往曠日廢時，以致不僅無法配合社會變遷及時代的需要，更成為進步的絆腳石。

　　3.法規往往缺乏彈性，使組織無法隨機應變，因地、因事制宜，以致造成組織的僵化。

　　4.法規森嚴造成行政手續的繁瑣，產生了嚴重的「形式主義」，抑制了行政效率；此外，也造成官僚作風及科員政治，甚至因此而引發「紅包」現象的盛行。

㈢由於「權力集中」所引起的病象

組織龐大、單位數繁、人員眾多及工作複雜的結果，造成了權力集中於首長一人的現象，而這種現象又容易導致下列各種病象：

1.決策品質受影響，凡事均待首長定奪、裁決，然而首長一人的能力、時間均有限，所做的決定往往失之偏頗或不夠周詳，對機關而言容易產生莫大的危險性。

2.缺乏民主精神，使部屬不能發揮自己的長處，阻塞了部屬的上進之心。

3.組織成員聽命於首長，缺乏主動任事、積極進取的企圖心，造成組織內出現「多做多錯、少做少錯、不做不錯」的消極態度與風氣。

4.增加部屬的自卑感，甚至對工作及機關產生厭倦的心理。

㈣「白京生定律」(Parkinson's law) 下的病象

英國學者白京生 (C. Northcote Parkinson) 教授發表許多諷刺性的文章，以詼諧的筆調探討現代行政組織的許多問題。1957 年他將這些文章輯印成 《白京生定律及關於行政的其他研究》 (*Parkinson's Law and Other Studies in Administration*) 一書，而該書的主要論點為：

1.行政首長均喜好增加部屬，以形成自己的一股權勢（此即一般機關組織中常見的「建立王國」(empire building) 的現象）。這些人乃是各級人員相互製造工作而增加的。因此，不論機關之實際工作量為多少，人員每年總要增加 5% 左右。

2.機關成立的年代越久，成員的素質越低。因為首長用人多選不如自己的人，以免製造職位上的競爭者。

3.機關開會時間的長短，與議題的重要性成反比。因為小事無關痛癢，且大家都懂，發言踴躍。然遇大事則因不懂，或因關係重大為免負責，而噤若寒蟬、不願發言，會議自然很快就結束。

4.機關採用「委員會」型態的組織越來越多，而委員的數目也越來越多。但由於人數過多，即無效能可言。而在委員會內部，必將出現較

小的非正式核心小組，這個核心組織又逐漸發展而日趨龐大。

　　5.機關內部的行政效率日趨低落，但建築外觀及辦公設備卻日趨壯麗豪華。故凡是大興土木建築華麗辦公廳處之機關，便可推測機關正在日趨腐敗之中。

　　6.機關有可用的錢必然盡量用完，因為如果用不完，下年度的預算必被刪減。

㈤「寡頭鐵律」(iron law of oligarchy) 下的病象

　　德國政治社會學家密歇爾斯 (Robert Michels) 認為，「寡頭政治」是最普遍的組織運作模式。其在《政黨》(*Political Parties*) 一書中曾說：「機關組織自其成立之初起，至其漸趨龐大的過程中，勢必慢慢走上寡頭控制之途。」密歇爾並認為，領導者權力的增加與組織之龐大成正比，卻與成員之權力成反比。易言之，機關組織越大，領導階層之權力越大，而被領導者之權力則越小，機關組織容易發生以下的病象：

1.增加溝通的困難，使下情不能上達，上命也不能貫徹實行。
2.少數人決定多數人的命運，不合乎民主的要求，違反了時代的潮流。
3.少數領導人之間，往往因為爭權奪利，造成嚴重的傾軋與鬥爭，影響行政運作和組織目標的達成。

二、其他相關組織病象

㈠墨菲定律 (Murphy's law)

　　墨菲定律的原意係強調「看似細微或不起眼之處，經常是問題的根源」。換言之，小問題經常釀成大災禍，故管理必須防微杜漸、精益求精、無微不至，始能止於至善，實現無缺點目標。因此，簡言之，墨菲定律是指「做事如果過分自信、大而化之、滿腹樂觀，一定會出紕漏。」

　　美國公共行政學會 (ASPA) 發行的學術期刊《公共行政評論》(PAR)，在 1976 年曾刊載墨菲定律詳實的八點意義如下：

1.會出錯的事情一定會發生。

2.會出錯的事情一定會在最糟糕的時機發生。

3.事情絕不會像外表看來那麼簡單。

4.假如眾多事情都有機會出錯，那出錯者一定是為害最大的事情。

5.每件事情都會推拖拉遲。

6.不管事情，放手任它去，會把事情越搞越糟。

7.老天總是偏袒隱性缺失，亦即看不見的缺失，不容易被揭發。

8.假如任何事情看起來都運作順利，那一定忽略了某些事情。

㈡邁爾斯定律 (Miles' law)

邁爾斯 (Rufus E. Miles) 於 1949 年提出「邁爾斯定律」，用來形容組織及團體社會化對成員態度及主張的本位主義副作用。其原意為：「職位決定立場」(Where you stand depends on where you sit)；進一步闡釋，即「在什麼位置，講什麼話」、「人在江湖，身不由己」、「換了位置，就換了腦袋」。

邁爾斯對於行政學及管理學的貢獻，除了邁爾斯定律外，還有其他幾則卓見。 他將之整體歸結為以下的邁爾斯管理七定律 (Mile's seven maxims of management)：

1.職位決定立場。

2.權責不相當，責總大於權：管理者總是責任大於權力。

3.向上爭權、向下攬權：向上爭取最大授權，向下只作最小授權。

4.伺候多名上司非難事。

5.愛說話、不耐聽：管理者偏好說話甚於傾聽。

6.夾處上司部屬兩面光：行政人員身處主管部屬間夾層，而能公開坦然
　應對，則兩面光不是惡行，而是美德。

7.服務惡化、不滿就多：官僚龐大、態度冰冷、彈性不足，就算成本減
　少，不滿意見仍會升高。

㈢不稀罕效應 (bend it over, here it comes again; BOHICA)

組織的再造、革新是組織發展面臨瓶頸時，經常甚至是必須採行的

策略及作法。然而，我們不難發現許多組織往往因為組織文化的深層因素，以致無法成功實施較大規模或較強程度的革新計畫，既有的組織文化容易使成員產生「反革新情節」，進而在技術、制度甚至情感層面，抵制革新計畫的推行。

所謂「不稀罕效應」是指：組織成員對革新計畫（含新管理方法）的抵制態度，認為只要忍耐即可不受影響。將組織的革新計畫視為「舊酒裝新瓶」的管理伎倆，只要員工刻意忽視，久而久之，革新計畫最後必會無疾而終。

㈣彼得定律 (Peter's principle)

彼得定律係由美國學者彼得 (Laurence J. Peter) 及哈爾 (R. Hull) 在 1969 年發表《彼得原理》(*The Peter Principle*) 一書中提出。其指出社會上各種組織體系均發現其成員有「能力不足」的病象，亦即庸碌者多而賢才少，才能不足而無法勝任更高階層工作，終致組織退化。

三、組織病象的改進之道

從前述各項敘述中，可以發現現代行政組織有許多的缺點，這也是現代行政組織本身所具有無法克服的先天特點，以及人的權力慾望及其他因素所造成的後果。雖然無法完全避免這些病象，但如果運用某些方法，或許可減少或緩和這些病象（張潤書，2009: 343–346）：

㈠分權 (decentralization)

學者杜拉克 (Peter F. Drucker) 認為採用分權制度可以達到診治現代行政組織某些病象的目的，可藉下列兩種方式進行：

1.聯邦分權制 (federal decentralization)

這是指將美國聯邦分權制用於一般行政組織上，在此制度下，決策單位只負責訂定長期決策，而執行機關也可以自行制定辦事方法、規則等，類似國父所提出的均權制度。

2.**功能分權制** (functional decentralization)

即按照機關之性質與工作作橫向分權 (horizontal decentralization)，如教育部的工作有高等教育、中等教育、技職教育、國際文教等。此種分類與聯邦分權制並無衝突，但有可能造成各單位之本位主義，所以要加強彼此的合作協調關係。

㈡民主 (democracy)

現代行政組織所表現的官僚作風或權力集中，造成了許多不良的現象，除了要用分權的方式來矯正外，還要灌輸民主的思想，採行民主的領導，具體言之包括：1.多讓部屬參與決策，關心部屬需要；2.人員廣受人文教育，培養民主之風度與素養；3.提高人民政治教育程度，以便發揮民主控制力量；4.機關組織民主化，培養人民責任心與榮譽感。

㈢簡化 (simplification)

現代行政組織的病態包括組織龐大、法規及手續複雜等，因此改進之道應採行「簡化」。具體而言，包括：行政組織簡化、組織人員減少、法令規章簡化及工作流程簡化等。

行政櫥窗

托育政策

涵蓋率僅 1.2%　民團籲政府修正托育政策❸

少子化，已經被視為國安層次的問題，政府費盡苦心，希望能提高生育率，而臺灣的生育率之所以無法提升，經濟為其中的主要因素，生兒、養兒、育兒對於一般民眾而言是一龐大的花費。現代雙薪家庭居多，父母在外工作，無法長期陪伴在小孩身邊，而私人的托育機構、家庭保母收費又偏高，使許多夫妻都不敢輕易地生子。為了解決民眾的托育問題，讓年輕夫妻願意生養更多

---

❸　資料來源：中時電子報／洪欣慈 (2014/3/4)。取自：http://www.chinatimes.com/realtimenews/20140304003338-260405。

的下一代，各縣市陸續開設公共托嬰中心，如新北市府利用許多閒置空間與教室，結合民間團體、有證照的保母及托育資源，成立公設托育中心。

而公設托育中心由於收費低廉，大幅降低育兒成本，往往吸引大批父母前往排隊候補。然而，托育政策催生聯盟等民間團體指出，「公共托嬰中心政策」是所謂的「恩給制」，目前政府斥資近 12 億重金設立公設托嬰中心，卻只能涵蓋 2,640 名〇到二歲嬰幼兒，對有托育需求的母親而言，涵蓋率僅有 1.2%，面對這種高支出、低成效的情況，許多托育相關的民間團體紛紛呼籲政府盡快修正此政策。

托育政策催生聯盟召集人劉毓秀指出，目前政府托育政策是在各地蓋公共托嬰中心，或補助民間團體協力設置，這種方式僅能照顧到極少數家庭，且耗費大量經費，以公共托嬰中心各項成本來看，每個幸運抽到公托中心的家庭平均每年可獲 9 萬 7 千多元補助，但其他 98.8% 的家庭卻看得到、吃不到，且由於設置成本高，目前公托中心資源仍多集中在都會地區，過去兩年，55 家新設置的公共托嬰中心，有 44 家集中在新北市、臺北市及高雄市；有 13 個縣市則是完全沒有開辦新的公共托嬰中心，臺南市更是全臺唯一沒有公共托育中心的直轄市，如此的情況會導致城鄉差距擴大。

聯盟建議，政府應仿效臺中市政府的模式，採行「補助 + 定價 + 管理」的方式，加碼補助社區保母托育，避免片面地補助私立托嬰中心，因為在沒有配套、管理、定價的情況下，政府補助家長 3 千元，私立托嬰中心馬上就漲 3 千元，家長的經濟負擔並未減輕。聯盟認為，建立健全的社區保母制度，並同時訂定保母及托育中心收費標準，將有利於公托及生育率的上升，政府在此制度下，不僅財政上可以負擔，而且能夠支持家長就業，並讓許多社區婦女可以從事非低薪的托育工作，最終能使更多的幼兒和家庭受惠。

參考文獻

一、中文文獻

- 江岷欽，1995，《組織分析》，臺北：五南。
- 朱金池，1999，〈警政品質管理之研究〉，收錄於孫本初、江岷欽主編，《公共管理論文精選 I》，臺北：元照，頁 343–390。
- 呂育誠，1998，〈論組織文化在組織變革過程中的定位與管理者的因應策略〉，《中國行政評論》，第 8 卷第 1 期，頁 65–84。
- 吳志男，2003，〈組織文化、組織氣候與組織公民行為之研究〉，桃園：私立中原大學心理學研究所碩士論文。
- 吳定、吳復新，1998，〈格道組織發展技術應用於行政機關之研究〉，《中國行政》，第 44 期，頁 1–40。
- 吳定、張潤書、陳德禹、賴維堯、許立一，2007，《行政學（上）》，臺北：國立空中大學。
- 吳瓊恩，2011，《行政學》，增訂四版，臺北：三民書局。
- 林朝夫，2000，〈縣市政府教育局組織文化與組織效能關係之研究〉，臺北：國立臺灣師範大學教育研究所博士論文。
- 林鍾沂，2005，《行政學》，臺北：三民書局。
- 林鍾沂、江岷欽，2003，《公共組織理論》，修訂再版，臺北：國立空中大學。
- 洪啟昌，2005，《教育行政機關組織文化、知識管理與組織學習關係之研究》，臺北：國立政治大學教育研究所博士論文。
- 陳德禹，1996，《行政管理》，修訂二版，臺北：三民書局。
- 張潤書，2009，《行政學》，修訂四版，臺北：三民書局。
- 許南雄，2000，《行政學概論》，臺北：商鼎文化出版社。
- 蔡培村、武文瑛，2013，《領導學：理論與實務》，高雄：麗文文化。
- 賴維堯、夏學理、施能傑、林鍾沂，1999，《行政學入門》，修訂再版，臺北：國立空中大學。

- 盧偉斯，2009，〈行政組織理論的演進〉，收錄於吳定等，《行政學析論》，臺北：五南圖書公司，頁 95–126。

二、日文文獻

- 村松岐夫，2001，《行政学教科書　現代行政の政治分析》，第 2 版，東京：有斐閣。
- 村上弘、佐藤満編，2009，《よくわかる　行政学》，東京：ミネルヴァ書房。

三、英文文獻

- Kast, F. E. & J. E. Rosenzweig. 1985. *Organization and Management: A System and Contingency Approach*. New York: McGraw-Hill.

歷屆考題

1. 何謂正式組織 (formal oanization)？何謂非正式組織 (informal oanization)？非正式組織的正功能與負功能各為何？試分別回答之。（093 年公務人員普通考試第二試試題一般行政）

2. 試以教育部為例，說明業務單位 (line units) 與幕僚單位 (staff units) 的意義，以及此兩類單位的人員間時常產生衝突的主要原因。（093 年公務人員普通考試第二試試題一般行政）

3. 何謂「組織文化」？根據雪恩 (E. H. Schein) 的看法，組織文化又分為那些不同分析層次？試舉實例配合說明。（094 年公務人員高等考試三級考試一般行政）

4. 何謂組織結構？組織結構分化的面向及其原則各有那些？試說明之。（094 年公務人員普通考試第二試試題一般行政）

5. 組織學習成為組織變革的重要一環，唯學習的內涵不一，試就單圈學習 (single-loop learning)、雙圈學習 (double-loop learning) 與系統思考 (systems thinking) 的要義加以論述之。（095 年公務人員高等考試三級考試一般行政）

6. 何謂組織結構的分化？組織結構的分化可分為那些不同面向？「機械的」與「有機的」組織結構二者特徵差異為何？試分別說明之。（099年公務人員高等考試三級考試一般行政）

7. 矩陣組織 (matrix organization) 是一種彈性的組織結構，試說明此種組織型態的特性、優點與缺點。（100年公務人員高等考試三級考試一般行政）

8. 請分別從政治和行政的角度分析，行政院組織法的修正工作為何在過去十幾年中，一直無法成功的理由，以及修正的方向和內容。（098年國立臺灣大學政治研究所丙組試題）

9. 請從世界各國（包括我國在內）的例子，說明公部門組織多元化發展之下，包括哪些組織型態？並請說明，公部門的組織型態有哪些演變，以及這些演變所代表的含意。（099年國立臺灣大學政治研究所丙組試題）

10. 請就行政學角度，深入評析我國去年五都選舉，修正行政院組織法、中央行政機關組織基準法、中央政府總員額法立法等重大政策，對於我國政府運作所產生之影響與挑戰。（100年國立臺灣大學政治研究所丙組試題）

11. 我國行政院為了推動組織改造，正在規劃行政院組織調整，若從組織設計角度觀察，行政院有何原因需要進行組織調整？若要達到調整的最好結果，應考慮那些原則？同時行政院要如何有效得到各方的支持，達到預定的目標？（098年國立臺北大學公共行政暨政策研究所甲組試題）

12. 當前中央政府正在推動行政院組織調整，方案中指出現階段行政院組織運作的問題之一：「部會數量太多，超出合理管理幅度，增加橫向協調成本」。試從行政學相關理論中，選擇至少一項理論，解釋此一政府組織病象，並進一步分析有哪些組織改造的方法、策略，能夠改善、救治此類組織病症？（098年國立臺北大學公共行政暨政策研究所甲組試題）

13. 我國在縣市合併改制直轄市之後，直轄市的「區」之功能與定位受到相當多的討論，試問您對現今直轄市的「區」究竟應否具有自治法人資格，有何看法？而「區」是否具有自治法人資格對行政效能與府際關係將有何影響？請說明您的主張與理由。（101年國立彰化師範大學公共事務與公民教育研究所試題）

14. 請申述層級節制式 (hierarchy) 行政組織體制的特徵，並分析其優點與缺點。（101 年國立中央大學法律與政府研究所政府組試題）

15. 何謂組織結構的分化？組織結構的分化可分為那些不同面向？「機械的」與「有機的」組織結構二者特徵差異為何？試分別說明之。（100 年國立東華大學公共行政研究所試題）

16. 就組織結構而言，何謂水平分化？一般而言，水平分化可依據哪些原則進行？（099 年國立東華大學公共行政研究所試題）

17. 行政院功能業務與組織調整於民國 101 年 1 月 1 日正式推動，其中包括：升格部會、更名或重組部會／機關，以及成立新部會等型態。試就此三類組織調整的型態，各自舉例說明，並以組織理論相關內容分析行政院部會調整前後之優劣。（101 年國立臺南大學行政管理研究所試題）

18. 試從行政學理的觀點，簡述我國目前行政組織的主要缺失及改進作法。（092 年地方特考一三等考試）

19. 試說明衝突管理 (conflict management) 的意義；並闡述政務官與事務官發生衝突的主要原因，及調和二者衝突的作法。（092 年地方特考一三等考試）

20. 何謂業務部門？何謂幕僚部門？兩者關係如何？如何調和兩者之間的衝突？（094 年地方特考一三等考試）

21. 何謂組織衝突？請說明組織中部門間衝突之解決途徑。（097 年地方特考一三等考試）

22. 試扼要說明中央行政機關組織基準法的重要內容為何？並據以論述我國當前行政組織的主要缺失有那些？及相關改進之道為何？（098 年地方特考一三等考試）

23. 中央與地方財政關係常有論爭，請從學理上來分析主張財政集權與分權的理由各為何？（103 年公務人員高等考試三級考試一般行政）

24. 試說明在設計行政機關的組織結構時，若依功能 (function) 為標準來設計各部門（分部化），有何優缺點？（102 年地方特考一三等考試）

25. 何謂分部化 (departmentalization)？組織結構可依據什麼方式進行分部化？請就所知分別舉例說明之。（103 淡江大學公共行政學系研究所試題）

第 11 章　公共政策

「公共政策」(public policy) 目前已經成為國內外家喻戶曉的一個名詞，每個人每天的生活都離不開其影響範疇，所以，我們須對廣義行政學所屬的公共政策運作過程 (policy process) 有較深入的瞭解（吳定等，2007: 71）。

1950 年代至 1960 年代，歐美國家提出有關「政策科學」(policy sciences) 的研究理論，以探討政府政策的途徑，又稱之為「調適科學」(sciences of muddling through)。爾後，自 1970 年代起便形成「公共政策」的研究理論，凡是研究及分析公共政策學理者均屬於政策科學的範疇。惟近三、四十年來，各國重視的公共政策問題所涵蓋的範圍相當廣泛，舉凡政策的規劃、制定、執行、分析、評估與修正，皆屬於公共政策的內容，故可以將其視為一門泛科際整合的學科，而公共政策與公共行政的關係也更是密切（許南雄，2000: 203）。

從字面來看，公共政策一詞所涵蓋的「公共」兩字似乎具有特別的意義。根據學者丘昌泰 (2000: 7) 的解釋，「公共」兩字意味著政府部門對於私人生活具有「干預性」或「管制性」的權力，或是「政府部門必須採取某些共同的行動加以解決」；另一項則是，「公共」絕非僅是狹隘地指稱政府部門而已，還包含政府部門以外，如民意代表、非營利組織、公益團體等的政策。

資料顯示，公共政策的研究是 50 年代以後才開始的。一般追溯公共政策成為一個獨立學科，是在 1951 年賴納 (Daniel Lerner) 與拉斯威爾 (Harold D. Laswell) 合編的《政策科學：範圍與方法的新近發展》(*The Policy Sciences: Recent Developments in Scope and Method*) 一書，此後公共政策乃成為一門具有系統分析的學科（吳定，1999: 3；吳定等，2007: 71）。但嚴格來說，人類自有國家組成政府以來，公共政策即以施政的內容出現，故公共政策與政治是緊密結合的（曹俊漢，1990: 12）。換言之，公共政策的實務與人類組織的歷史一樣悠久，但成為一門學科

大約只有六十幾年的光景（吳定，1999: 3），然而人類政府存在之目的，即在於處理各種公共事務（汪正洋，2012: 2）。

　　大體而言，公共政策的研究主題在於政策規劃、分析、執行與評估，而此一管理過程適與行政管理的領導、決定、計畫、協調及溝通等體制相關，因而公共政策與公共行政實為相輔相成的關係（許南雄，2000: 203）。也因此，在本章第一節「公共政策與行政管理」中，依次釐清公共政策的定義、類型，以及政府機關對公共問題所持之態度，最後才探討公共政策與行政管理的關係；第二節開始到第五節則分別闡述「政策規劃」、「政策分析」、「政策執行」與「政策評估」的定義、類型與其他相關內容。

第一節　公共政策與行政管理

一、公共政策的定義

　　關於公共政策的定義，學者間有不同的說法，最常為人所引用者，不外乎是伊斯頓 (David Easton) 於 1953 年所提出，認為公共政策是整個社會所從事的權威性價值分配 (the authoritative allocation of values for the whole society)。在此定義下，公共政策應包括政府中官員權威性的或制裁性的決定，其中涉及到的是政府所為的實質而非做成的過程，故政策應視為政府過程的結果或產出（曹俊漢，1990: 13）。而 1978 年，戴伊 (Thomas Dye) 所提出的：「公共政策為政府選擇去做或不去做的任何事情」(whatever governments choose to do or not to do)，被視為是最廣義的定義。然因該定義雖廣泛指出公共政策是政府的選擇活動，但被認為界定方法過於簡化，且未能明確指出公共政策的特徵與其範圍（丘昌泰，2000: 7）。

　　相形之下，國內學者則試圖立基於國外學者的定義上進而賦予公共政策較明確與具體的內容。學者曹俊漢 (1990: 14) 曾整理多位學者的定義，歸納公共政策應含有三項要素：1.一個政治單元的目標、目的與承諾；2.實現或達成這些目標所選擇的方法；3.方法適用後所產生的效果。

而在此定義下，對政策的觀察應包含： 1.政策制定者的明示態度； 2.實際上政府的行為； 3.政府不作為的曖昧情況。而吳定 (1999: 5) 亦綜合多位學者的說法，提出公共政策是政府機關為解決某項公共問題或滿足某項公眾需求，決定作為或不作為，以及如何作為的相關活動，在此定義下包含以下數項要點：

1.公共政策是由政府機關所制定的。

2.制定公共政策的目的在於解決公共問題或滿足公眾需求。

3.公共政策包括政府所決定的作為與不作為活動。

4.政府以各相關活動表示公共政策的內涵，如法律、行政命令或服務等。

　　至於丘昌泰 (2000: 8–10) 則以包爾 (Pal, 1992) 所界定的概念著手，將公共政策的構成解析為下列四項要素：

1.公共政策是公權威當局所進行的活動。

2.公共政策的選擇行動是一種有意識的意圖行為。

3.公共政策包括公權威機構的行為或不行為的行為。

4.公共政策是問題導向。

二、公共政策的類型

　　政策分析人員必須瞭解，公共政策所涉及的內容及範圍極為廣泛，各項政策的性質又極為不同，因此應當對政策加以分類，以便在處理政策問題時，能夠針對不同政策類型採取不同的決策途徑，並針對不同政策類型事先想好對策，以減少抗爭情事，並增進政策的執行力。

　　羅威 (Theodore J. Lowi) 將公共政策分成分配性政策 (distributive policy)、管制性政策 (regulatory policy)、重分配性政策 (redistributive policy)，另外，沙力斯伯瑞 (Robert Salisbury) 則將上述三種類型再加上自我管制性政策 (self-regulatory policy)，使其更完整且具說服力，以下分述之（吳定等，2007: 73–74）：

㈠分配性政策

　　指政府機關將利益、服務或成本、義務分配給不同標的人口 (target

population) 享受或承擔的政策。此種類型的政策基本上是一種「非零和賽局」(non-zero-sum game) 的決策,因為該類型政策的執行,並不構成他方之所得,而是建立在另一方的基礎上。政府機關在制定此類政策時,主要考慮的是如何滿足各方的需求,使利益或成本的分配較為適當,故其所遭受的抗拒較為輕微。例如中央政府對各地方政府統籌分配補助政策、給付各類族群津貼的社會福利政策,以及其他提供醫療服務的政策等。

㈡管制性政策

指政府機關設立某些特殊的規則或規範,以指導政府機關或標的人口從事某些活動、處理不同的利益、減低受管制者的行動自由或裁量權之政策。此類政策屬於「零和賽局」(zero-sum game) 的政策,因為政策的執行,常會使一方獲利,而另一方失去利益,故此類型政策在執行時,常會招致巨大的抗拒。例如出入境管制政策、外匯管理政策、金融管制政策、環境保護政策、山海防管制政策、特種行業設立管制政策、槍砲刀械武器彈藥管制政策等。

㈢重分配性政策

指政府機關將某一標的人口的利益或成本,轉移給另一標的人口享受或承擔的政策。此類型政策屬於零和賽局的政策,故會引起受損失之標的人口的抗拒,例如綜合所得稅累進稅率政策及各種租稅政策,包括《促進產業升級條例》抵減營利事業所得稅、房屋稅、地價稅、營業稅等。

㈣自我管制性政策

指政府機關將某一標的人口的活動,僅做原則性的規範,而由該標的人口自行決定活動進行方式的政策。它是一種非零和賽局的政策類型,因為政策的執行通常不致於以犧牲其他標的人口之利益為代價,故可能引起的抗拒較小,例如政府機關授權各出口同業公會自行檢驗管制出口

商品的品質政策、「律師公會」等專業性社團對會員的資格及行為所做的自我管制等。

三、政府機關對公共問題所持的態度

公共問題透過各種管道提請政府機關注意後，並不見得就會順利地被政府接納，進入政府的政策議程內。首先，要看有關機關對這個公共問題採取什麼樣的處理態度而定。一般來說，政府機關對公共問題所持的態度，從最消極的反對態度到最積極的支持態度，大致上可分為四種，茲說明如下（吳定等，2007: 84–85）：

㈠放任問題發生的態度 (let it happens)

政府機關對於已經發生的公共問題，有時會採取消極被動的態度，並不協助個人或群體界定問題或處理問題。換言之，由問題的當事人自行界定問題、尋找問題提出者、爭取支持、影響政策過程等，政府機關只扮演相當被動角色。這種態度對於許多社會問題的解決是不公平的，特別是弱勢團體的問題，難以獲得政府機關的注意和接納，除非不得已，否則應避免採取此種態勢。

㈡鼓勵問題發生的態度 (encourage it happens)

政府機關有時會積極協助當事人界定問題，鼓勵當事人把問題具體化並提出。不過，政府機關僅指導民眾做好參與政策運作的準備，由民眾承擔主要提出及界定問題的責任。

㈢促使問題發生的態度 (make it happens)

政府機關有時會主動積極地促使問題發生或使其更為凸顯，製造輿論，並加以處理解決。換言之，政府機關並非在民眾提出問題及需求後，才界定問題，設定處理優先順序，建立解決問題的目標，而是有系統地檢討社會事件對民眾的影響後，對於某些問題主動納入政策議程內，並設法予以解決。

㈣遏阻問題發生的態度 (nondecision)

當公共問題發生後，政府機關基於該問題的處理，可能有礙機關之價值觀或利益，因而當問題發生時，就設法動員社會上支持該機關的力量，把問題壓抑下來，使其無法獲得重視，遏阻該問題進入政府機關的政策議程內。若政策進入政策議程中，則設法在政策規劃階段，機關再次動員讓解決問題的方案胎死腹中。其後如解決問題規劃成功，並付諸執行，該政府機關會使該方案在執行階段有頭無尾，執行不成功。此一系列行動，稱之為「遏阻性決定」，或「偏袒性決定」、「無決策制定」。

遏阻性決定，根據學者巴赫拉 (Peter Bachrach) 及巴拉茲 (Morton S. Baratz) 的說法，是指壓抑或阻撓對決策者的價值或利益，進行潛在或明示挑戰的一種決定。也就是說，遏阻性決定是一種手段，目的在壓抑要求改變社區利益及權力分配現狀的聲音，或使其隱而未現，或在它們尚未到達相關決策場合之前就予以封殺，或讓這些作法無法得逞，設法在政策執行階段使其有頭無尾或予以摧毀，故可稱之為「權力的第二面貌」(second face of power)。雖該遏阻性決策的案例，在國內外極為常見，但因為此種決定常會引起利害關係者極端的不滿和抗爭，因此除非有必要，否則應盡量避免採取該種作法。

四、公共政策與行政管理的關係

針對公共政策與行政管理的關係，學者許南雄 （許南雄， 2000: 203–204） 提出其看法，認為若依循二十世紀初期的行政學思潮，強調「政治與行政二分法」，將其引申為 「政治遠離行政」 (keep politics out of administration)，則「政務官決定政策，事務官執行政策」。然而，若就公共政策的規劃制定與執行的相互關係而言，則政治與行政的分離，將會造成決策與執行的分隔，喪失政策決定與實施的連貫性，而影響施政成效。再加上公共政策的內容包含政策規劃、制定、執行與評估，而政策的規劃、制定、執行與評估則有賴決策者與行政階層的推動與協調，尤其在政府專業行政的趨勢下，政策的制定與實施更有賴於專業人才的

分析與參與，故公共政策與行政管理兩者間有相當密切的關係。

第二節　政策規劃

一、政策規劃的基本概念

㈠定　義

　　根據林水波、張世賢 (1991: 143–145) 的定義，政策規劃 (policy formulation) 是針對未來為能付諸行動以解決公共問題，發展中肯且可接受的方案之動態過程。檢視此定義發現，政策規劃包含六項要素：1.針對未來：在時間序列上，規劃出來的方案是要在未來付諸實現的；2.付諸行動：規劃是要用來準備採取行動的，故必須考慮到方案的可行性及有效性；3.解決公共問題：政策規劃的目的是在能夠妥善地解決公共問題；4.發展：方案是發展出來的，不僅經由一套思維分析的過程，尚包括利害關係人相互影響的過程；5.中肯且可接受的方案：需規劃出決策者或一般社會大眾所能接受的方案，且方案通常不只一個；6.動態的過程：指政策規劃為一種動態過程，在規劃時可能有相當多的利益團體、政黨和其他參與者介入，試圖影響政策方向與目標。

　　另外，吳定 (1999: 118) 和吳定等 (2007: 90) 綜合各家說法，將政策規劃定義為「決策者或政策分析者為解決政策問題，採取科學方法（如問卷法、訪談法），廣泛蒐集資訊，設計一套以目標取向、變革取向、選擇取向與理性取向之未來行動替選方案的動態過程」。簡言之，政策規劃是以達到某種未來的狀態為目標，再經由分工合作的集體行動，審慎而詳盡地設計出可行的政策備選方案。

㈡類　別

　　政策規劃的分類，因學者所採用的分類標準不同，而有不同的類別。有研究指出，鍾斯 (Charles O. Jones) 的分類因依照規劃人員處理問題及設計方案時所採用方式 (styles) 的不同而予以分類，具有相當的意義，故

以下乃說明此分類方式（轉引自吳定等，2007: 91–92）。

1.依處理問題的方法來區分

⑴理性途徑的規劃 (rational approach formulation)

　　採取此種規劃方法的人員，需具有整合性（強調著重政策問題與其他相關外在問題的關連性）、整體性（強調對於問題本身的內在因素進行整體分析）、系統性（強調對資料的蒐集和分析採系統途徑）和前瞻性（如方案採行後對問題會產生何種影響深具信心）幾項特點，才能對政策規劃有較全盤和周延的考量。

⑵主觀途徑的規劃 (subjective approach formulation)

　　採取此種規劃方法的人員，需具有順序性（意指每次僅研究一個問題，最多只合併研究決策者認為較明顯有關問題）、分割性（對於問題本身的內在因素以分割性觀點加以處理）、非系統性（強調對資料的蒐集和分析採非系統途徑）和後應性 (reactive)（如方案採行後對問題會產生何種影響不具信心）的特點，恐怕會對政策規劃產生偏頗的影響。

2.依設計方案的方式區分

⑴例行的規劃 (routine formulation)

　　指政策分析人員採取例行和重複方式，設計類似於以往所實施的方案。在大多數的情況下，行政機關所處理的公共問題均屬於重複性、例行性、有前例可循的問題，例如許多社會福利計畫和衛生醫療計畫的制定。

⑵類比的規劃 (analogous formulation)

　　指政策分析人員採取以過去類似的問題解決方法，作為解決目前公共問題參考依據的規劃方式，例如政府環保機關在規劃空氣汙染防治方案時，可以參考過去已經制定完成的水汙染防治方案，因兩者在性質上是類似的，故相關規定大致可以相互參考引用。

⑶創新的規劃 (creative formulation)

　　指政策分析人員採取突破慣例及創新性的方法，設計解決方案，以解決無前例可循、複雜的公共問題，例如以往的違規拖吊多由各級政府交通局負責，然受限於組織人力與經費，則將其委託給民間業者即是一

例。

二、政策規劃的步驟與原則

㈠步　驟

政策規劃的主要工作是設計、評估比較，及推薦政策替選方案。梅爾 (R. Mayer) 指出理性的政策規劃可依循下列步驟進行(轉引自汪正洋，2012: 100)：

1.決定目標：政策的目標是對未來理想狀況的價值表示，在設定上必須符合法律的規定，或是基於行政首長的宣示，且需注意不與其他的政策目標產生矛盾。

2.評量需求：政策規劃人員需瞭解政策標的人口遭遇的問題，亦即他們所希望的情境與實際情境的差距。

3.說明目的：評量需求與說明目的是同時進行的，所謂「目的」是「目標」的具體說明，通常可用以說明政策具體目的之方式包括：可衡量的需求、人口範圍、數量、時間幅度等。

4.設計替選方案：替選方案是指為達政策目標而採行的各種可能方案，替選方案往往有數種，但決策者只能採行其一。

5.評量替選方案效果：政策規劃人員在評量替選方案時，可考慮各方案之成果、利益、社會公正，以及政治可行性等因素，來考量方案實施後可能造成的後果。

6.選擇替選方案：此時決策者需在政策規劃人員推薦的數個替選方案中，選擇一個交付執行。

7.設計執行辦法：在決策者選定方案後，規劃人員必須設法將方案內容轉換成具體行動，此時應設法說明執行該方案的具體作業程序，以及管制工作進行的程序。

8.設計評估辦法：規劃人員必須提出政策執行成功或終止的標準、評估的方法、使用的資訊來源，以及評估的時機與責任歸屬等。

9.回饋：規劃人員應在政策方案中設計適當的管道，使未來的政策

評估資訊能夠回饋給規劃人員，以決定政策應持續、修正或終止。

(二)原　則

政策規劃人員在推行方案時，有應依循的原則，以期政策方案中肯且被接受，並能妥善解決問題。針對規劃的原則，卡普蘭 (Abraham Kaplan) 於 1973 年提出以下七項原則（林水波、張世賢，1991: 162–165；吳定，1999: 121–123；吳定等，2007: 92–93）：

1. 公正無偏原則 (principle of impartiality)

應以無私無偏的態度，使相關人或團體得到利益，對當事人、利害關係者、社會大眾等不可偏頗，均應予以通盤慎重的考慮。不公正的政策規劃固然可解決某些人的問題，但同時也製造了另一個問題，長久如此，問題只會層出不窮，絕非政策規劃之道。

2. 個人受益原則 (principle of individuality)

應考慮無論是採行何種方案解決問題，最終的受益者都必須落實到一般人民的身上。進言之，政策規劃不應流於空洞的口號或太過抽象，例如「富國」一定要使個別的國民生活水準提高，有高度的購買力以及生活的享受。

3. 劣勢者利益最大化原則 (maximum principle)

應考慮使社會上居於劣勢的弱勢團體及個人，能夠得到最大的照顧，享受最大的利益。換言之，政策規劃應先考慮社會的基層人民，而不是金字塔頂端。

4. 分配普遍原則 (distributive principle)

應考慮使受益者盡量擴大，亦即盡量使利益普及於一般人，而非僅侷限於少數人。此原則與第三原則不同，第三原則是基於上下觀點，而第四原則是數量的觀念，亦是民主多數決的思想。

5. 持續進行原則 (principle of continuity)

應考慮事務的延續性，除非先建立變遷的程序，否則政策的規劃若重新或從根本做起，未能連續過去，便無以瞻望未來。意即對事務及解決問題的方案，應從過去、現在及未來的角度研究方案的可行性，不能

使三者脫節，否則即不切實際，很難順利成功。

6. **人民自主原則** (principle of autonomy)

應考慮該政策問題是否可交由民間處理，如果民間願意且有能力處理該問題，基本上應由其來處理。因此，政策規劃只在做人民所不能做的，人民能做的便不需要政府來規劃，如此能培養人民自主的機會，建立人民解決問題的能力與信心，政府的人力、物力與財力也不至於過度分散。

7. **緊急處理原則** (principle of urgency)

需要解決的公共問題只會越來越多，假如不立即採取行動，問題將益形嚴重，且更難有多餘的時間去應付其他問題，而其他問題如果不加以處理，亦會滾雪球般越來越嚴重，形成惡性循環的情況。因此，政策規劃應考慮各項公共問題的輕重緩急，對於較緊急的問題即刻加以解決。

三、政策規劃的可行性分析

政策規劃之目的在於解決公共問題，故身為政策分析人員，在設計政策備選方案時，皆要考慮方案行不行得通，即為方案的「可行性」(feasibility)，否則行政機關的執行人員無法施政，再完美的設計也是枉然。針對「可行性」而言，有四個層次，茲分述如下（林水波、張世賢，1991: 179–180）：

㈠適當 (appropriate)

政策規劃必須適當，不能違反利害相關人的心理感受，例如對社會而言，應合乎社會的價值觀念；對政治來說，應合乎政治文化。另外，政策規劃亦須配合時間，若沒有適當時機，則容易被打消或唾棄。

㈡可能 (possible)

政策規劃適當後，若沒有足夠的資源、能力、共識和權力等，亦無法執行政策，故規劃政策時須考慮到政策執行之可能。

㈢可行 (feasible)

可行與可能所含的意義不同,「可能」是指由於適當的條件及方法,某事物可能存在、發生或做到;而「可行」指的是尚未實際驗證之事情,但似乎是極有可能施行的,其中包含經濟上的可行、技術上的可行、政治上的可行與行政上的可行等。

㈣實驗 (experiment)

為獲得政策規劃可行性的進一步保證,須經由實驗使得規劃當時不確定或沒有把握的因素予以明朗化及具體化。最明顯的例子是科技上的實驗,而在經濟上、政治上之可行性實驗,亦可透過模擬、角色扮演等方式來確定。

介紹完可行性的層次,關於可行性的分析研究,必須顧及各相關層面,一般而言,以下七項是不可忽略者 (吳定,1999: 131–133;汪正洋,2012: 130):

㈠政治可行性 (political feasibility)

指政策方案在政治方面受到支持的可能性如何,支持因素包含一般人民、意見領袖、政黨、利益團體、大眾傳播媒體等。同時還應考慮方案是否違反傳統倫理道德觀念,及社會上盛行的價值觀念。

㈡經濟可行性 (economic feasibility)

執行政策方案時所需要的一切資源配置,包括人力、設備與經費等是否充足,通常國家的重大政策須考慮到農工商漁牧業之發展情況、國家財務金融制度與外貿情況、教育制度與醫療衛生設施以及國民所得分配等諸多因素。

㈢行政可行性 (administrative feasibility)

指行政機關及其能力是否足以承擔政策方案的執行工作,需考慮到

執行機關的層級、內部結構、人員的素質與技術，以及各機關間、機關與民眾之間的聯繫情況等。

㈣法律可行性 (legal feasibility)

指政策方案在執行時，能否克服法規方面的障礙，例如是否符合現行法律規範、是否受到法律限制、是否需制定新法規或修改舊法等。

㈤技術可行性 (technical feasibility)

指是否有足夠的技術知識與能力來執行方案，通常需考慮該技術的現行發展情況、認知差異等。

㈥時間可行性 (time feasibility)

指從時間幅度考慮政策方案執行的可能性，例如某些政策具有急迫性，故在方案規劃、執行及產生後果的時間上皆會產生壓力，需考慮的層面包含規劃的研究發展時間、執行所需的時間，以及產生預期後果所需的時間。

㈦環境可行性 (environment feasibility)

指政策方案在執行上能否克服環境保護規定所受的限制，不論是經濟發展或是都市規劃方案，皆應維持環保的概念。而環境保護涉及兩個層面，一為自然生態保育問題；二是公害防治問題。

第三節　政策分析

一、政策分析的定義

「政策分析」(policy analysis) 一詞的產生，應歸功於政治學者林布隆 (Charles E. Lindblom) 在 1958 年所提出，而另一位公共行政學者卓爾 (Y. Dror) 於 1967 年發表 〈公共行政評論〉 (Public Administration Review) 一文，因呼籲政治學及公共行政學方面的專家學者應致力發展

「政策分析」科學，也被認為功不可沒。關於政策分析的定義，學者們依強調的研究重點及範圍不同，有兩派不同看法：一是認為政策分析在研究分析決策的制定過程，著重規劃階段；二是認為政策分析應對政策規劃、執行與評估三個階段均予以分析（吳定，1999: 28）。

唐恩 (William N. Dunn, 1981) 提出的定義廣為學術界採納，其指出政策分析是一門應用性學科，運用多元的調查方法、政策辯論模式，創造與轉換可用於政策場合的相關資訊，以解決政策問題（汪正洋，2012: 28）。我國學者曹俊漢 (1990: 51) 則認為，政策分析是對政策可能選擇方案進行有系統的調查與研究，並對其每一方案的正反意見，作一整合性分析的過程。而林鍾沂 (2005: 354) 則從狹義的觀點，將政策分析界定為「解釋不同政策的原因 (cause) 和結果 (consequence) 的活動」。換言之，政策分析關心的問題是「為什麼」與「是什麼」，又因政策分析活動是一門強調公共政策因果關係的科學知識，故特別注重下列幾項特性（Dye，1995，轉引自林鍾沂，2005: 17）：

1. 政策的解釋、描述與瞭解，而非規範性的探討。
2. 對公共政策的因果關係進行嚴謹的探索。
3. 希望能夠對政策的因果關係找到通則性的命題，以累積可靠的政策分析知識。

另一方面，魏陌、陳敦源、郭昱瑩 (2001: 5–6) 總合國內外學者對於公共政策分析的定義，試著從對象、方法與範圍等三個角度，嘗試為政策分析下一個較為完整的定義。其主要內容如下：

1. 就對象而言：政策分析是一種以「僱主為導向」的公共政策建議，這種關係使得政策分析工作的內涵，不但需以公共事務為關懷核心，還存在「委託人」與「代理人」的專業關係。
2. 就方法而言：政策分析是以目標與方案為核心的理性決策分析，以量化方法為主，質化的方法為輔，從社會成本效益的觀點，比較方案之間的優劣，並提出建議。
3. 就範圍而言：政策分析無法避免各種社會價值之間、專業與政治之間的衝突，因此，政策分析的結果與建議的提出，都包含社會價值的

實現與專業倫理建立的意義，而不止於分析技術的講究。

二、政策分析人員的角色

政策分析人員是政策分析工作的主角，其所受的訓練充分與否，及是否具備足夠的條件，都會決定政策分析品質的高低。因此，不論是機關內部或外部的政策分析人員，視政策問題的性質而定，皆扮演下列一種或數種角色（吳定，1999: 43–44）：

㈠資源蒐集者

政策分析人員必須利用各種實證方法，以及檢視既有資料的方法，盡量蒐集與政策問題解決有關的資訊。

㈡資訊分析者

政策分析人員必須採取歸納法與演繹法，就已蒐集到的資料作深入研究分析、分類推理、釐清問題的癥結，分析解決方案的優劣等。

㈢方案設計者

政策分析人員必須利用其學識、經驗、才智，並經由各種技術設計可行的方案，以解決各種政策問題。

㈣方案推薦者

政策分析人員必須就已設計完成的替選方案，經過審慎評估比較後，透過說服的政治藝術，向決策者推薦適當可行的政策方案。

㈤方案倡導者

政策分析人員不但要客觀地向決策者推薦適當的替選方案，有時還要基於自己的理念或決策者的觀點，扮演方案的積極推銷者、擁護者與促其實現者。

三、政策分析家的類型

政策分析是一種專業性的知識，需要專業的政策分析人員，而「政策分析家」(policy analysts) 一詞，乃是由卓爾於 1967 年在《公共行政評論》(*Public Administration Review*) 所發表的〈政策分析家：一個政府部門中新的職業性角色〉(Policy Analysts: A New Professional Role in Government Service) 中提出 (曹俊漢，1990: 69)。接著由梅爾茲納 (A. J. Meltsner) 於 1976 年出版的《官僚制度中的政策分析》(*Policy Analysts in the Bureaucracy*)，依「政治技巧」(analytical skill) 和「分析技術」(political skill) 兩種能力（李允傑，1996: 78），將政策分析家分為下列四種類型（曹俊漢，1990: 72–77；汪正洋，2012: 32）：

表 11–1　政策分析家類型

分析能力		政治技巧	
		高度	低度
	高度	企業型	技術型
	低度	政客型	虛偽型

資料來源：曹俊漢，1990: 73。

㈠企業型 (entrepreneur)

企業型分析家不但具備高度分析能力的知識，而且須具備高度政治藝術與手腕，包含了技術型與政客型的特質，對兩者發揮的功能兼備。梅爾茲納指出，政客型分析家解決問題就像是救火隊員，而技術型分析家則預估未來所應付出的代價，企業型分析家則調和此兩種觀點。因此，此類型的分析家能夠以科學方法剖析政策方案，並以藝術手腕處理政治問題，是最理想的政策分析家。

㈡政客型 (politician)

政客型分析家具有高度的政治溝通技巧，但欠缺分析技術，辦公室

對政客型分析家而言，不僅是一個工作場所，而是一個過去與將來成就及影響的證實。此類分析家著眼點皆以自己的政治關係為依歸，善於運用說服與談判技巧而獲得決策者的青睞，但解決問題的能力不夠，易遭社會輿論批評。

㈢技術型 (technician)

技術型分析家具有高度分析技術，但缺乏政治溝通技巧，此類型分析家大多是機關內的學術研究人員，他們並非認為政治的考慮不重要，而是認為那些事情應由最高階層去考慮。他們以科學家自居，故應以理性為出發點，而政治是最不理性的東西，由於追求最理性的方案，在實踐上的結果往往不甚理想。

㈣虛偽型 (pretender)

虛偽型分析家分析技術與政治溝通能力皆不足，只是追求自我利益。總結而言，除了第四種「虛偽型」對政府決策影響較低，不屬於本章討論的範圍，可將其他三種政策分析家類型的特徵，整理成表 11-2 所示（曹俊漢，1990: 77）：

表 11-2　政策分析家類型比較

	技術型	政客型	企業型
中心動機	爭取以政策為取向的研究機會	促成自我擢升與個人影響的機會	追求達成政策偏好的機會
成功標準	強調工作品質以滿足自我及同儕	強調滿足自己的最親密對象	接受能夠執行的政策以利受益人
主要技巧	講究細節與知識	講究溝通與協調的技巧	講究知識、溝通與協調技巧
影響時間的長度	長期的效果	短期的效果	長期與短期的平衡觀
對政策分析的態度	客觀的與非政治的，寓分析於目的中	反分析的，分析為個人影響力的手段	政治的與分析的，分析為政策影響力的手段

資料來源：曹俊漢，1990: 77。

第四節　政策執行

一、政策執行的定義

　　所謂「執行」(implementation) 是指某項政策、計畫、行動、命令等，由相關機關和人員實際予以推動，以達成預定目標或目的之過程（李武育、陳薇如，2008: 42）。政策方案在經過行政部門的首長、委員會或民意機關核准後，即取得合法的地位，之後便進入政策執行 (policy implementation) 的階段（吳定，1999: 285）。政策執行可說是政策運作過程中最重要的一環。政策執行的良窳，對於政策內容的實現以及政策衝擊的範圍影響極大 （林水波、張世賢，1991: 254），故愛德華三世 (George C. Edwards, III) 說；「缺乏有效的執行，政策制定者的意圖將無法成功地實現」，此即為「徒善不足以為政，徒法不足以自行」之意（轉引自吳定等，2007: 111）。雖然政策執行具有關鍵的地位，但在公共政策的五個階段：問題認定、政策規劃、合法化、執行與評估之中，政策執行由於一直被視為是黑箱過程，故在 1970 年以前甚少出現相關的研究，而被稱為公共政策中「失落的聯結」(missing link)（丘昌泰，2000: 345；汪正洋，2012: 162）。

　　直到 1973 年，普里斯曼 (Jeffrey L. Pressman) 與衛達夫斯基 (Aaron Wildavsky) 出版 《執行：華盛頓的偉大期望如何在奧克蘭市破碎》 (*Implementation: How Great Expectations in Washington Are Dashed in Oakland*) 一書，政策執行才被普遍重視與討論，因為執行被視為目標設定後與為達成目標所採取行動間的實現，故該書可以說是政策執行研究的里程碑（吳定等，2007: 111；汪正洋，2012: 162）。而鍾斯更詳盡地將執行界定為導向一個方案實施的有關活動，這些活動以下列三項最為明顯： 1.組織 (organization) 活動，指設立專責機關與工作方法，促使方案付諸實施； 2.闡釋 (interpretation) 活動，指將方案語言轉換成可被接受及可行的行動指令；3.應用 (application) 活動，指例行化的提供服務、給付、或其他既定方案目的或工具（吳定，1999: 460）。

關於政策執行的意義，我國學者林水波、張世賢 (1991: 264) 認為，政策執行是一個動態的過程，在這個過程中負責執行的機關與人員組合各種必要的要素，採取各種行動，扮演管理的角色，進行適當的裁量，建立合理可行的例規，培養目標共識與激勵士氣，透過協商化解衝突，以期成就某特殊政策的目標。而吳定 (1999: 461) 則提出政策執行的六個要點：1.擬訂詳細執行方案的辦法；2.確定負責推動政策方案的機構；3.配置執行政策方案所需的資源；4.採取適當的管理方法執行政策；5.採取必要的對應行動；6.政策執行是一動態過程。另外，丘昌泰 (2000: 347–348) 從三個角度來觀察政策執行的概念，指出政策執行分別是行為科層體制的控制 (hierarchical control) 過程、上下階層的互動過程，以及政策與行動相互演進的過程，在此過程中充滿權力、權威、資源與組織的交互運作。

二、影響政策執行成敗的重要因素

政策或方案在付諸執行後，能否順利推動、能否達成預期的目標與目的，需要決策者與執行者共同協力配合。吳定等 (2007: 114–116) 從理論與實務的觀點，整理出影響政策執行成敗的因素如下：

㈠政策問題的特質

主張政策問題所涉及之內容的相依性、主觀性、動態性、人為性及受影響之標的人口等特性，如牽涉的範圍越大，可能引起的阻力也就可能越強。換言之，政策執行的成敗，與欲解決的社會問題的特質密切相關。

㈡政策規劃的合理程度

基本上，政策方案是由行政人員主導，透過專家學者的協助，徵詢相關人員的意見後融會而成的。因此，在規劃政策時，如能注意民意的趨向及充分運用政治溝通，並擴大規劃的參與面，才能使政策執行順利成功。

㈢政策合法化的周延程度

政策方案取得合法地位的方式主要有二：一為透過行政系統，經由行政首長或政策委員會予以批准；另一透過立法部門（民意機關）的審議通過而批准。就前者而言，合法化的過程不會有很大的問題，較值得爭議的是，可能有些政策、方案或計畫應該交由民意機關審議才能付諸實施，但卻是透過行政程序完成合法化手續，此舉必引起爭議。至於法案或政策方案交由民意機關審議者，就應該特別注意黨派協商、利益調和藝術的運用。盡量避免造成「強行表決」及「全輸全贏」的窘境，否則，即使政策取得合法的地位，將來在執行階段，亦必阻礙重重。

㈣執行者對政策目標共識的程度

在政策規劃階段，如果相關人員有機會參與規劃，則對政策目標的共識就較高，執行時所遭遇的困難也就較少。其中以執行人員對政策目標共識的程度最值得重視，如果執行者對於目標的內涵有清楚的瞭解，對於如何達成目標的指令也較為熟悉，則對政策目標將具有較大的認同感，執行的意願及配合程度相對較高。反之，若政策執行人員對政策目標欠缺共識，甚至模糊不清，則很難期望政策可以順利執行成功。

例如 1997 年，行政院擬定「創造城鄉新風貌行動方案」，並配合「擴大國內需求方案」，期望透過此一整合性、原則性及指導性方案，開始推動改善臺灣城鄉風貌，將各部會工作集中辦理，擴大地方環境改造效果。其中，彰化縣政府為配合政府措施，辦理「再現鹿港歷史商城計畫」❶，特別選定九家傳統產業店家作為示範商店，補助經費並重新裝修，藉以活絡地方文化及商機。不過，由於文化資產本身概念較為抽象，執行過

---

❶ 整理自內政部營建署，2012，〈城鄉風貌政策推動歷程及制度變革〉，魅力城鄉網：http://trp.cpami.gov.tw/ch/AllInOne_Show.aspx?path=312&guid=99b1dfdd–dfab–4e72–8e6f–6f89c0c5d4b0&lang=zh–tw。以及〈鹿港城鄉新風貌「再現歷史商城」後繼乏力？〉，網址：http://www.tomio.idv.tw/lknews/main/lknews4/lk2t07.htm，檢閱日期：2014/7/19。

程中，政府機關雖投注許多經費，成果卻未如預期，地方評價兩極。部分民眾認為鹿港老市街（中山路）上搭蓋的四座巨型牌樓破壞地方景觀，無益於地方歷史文化的重建。若干店家更表示，如果藝作空間只是改換大門，鋪上地磚，與重做天花板與照明設施，對於振興傳統行業並無太大幫助。也正因地方民眾、商家、社區和政府在地方經營規劃上未具共識，政府在規劃階段忽視民眾的參與，一切方案規劃由政府主導，致使該計畫執行成果與理想仍有差距，降低計畫原先美意。

(五)執行機關所具的特性

執行機關所具的特性乃是影響政策執行成敗的最重要因素，包括：

1.政策資源配置情形

政策欲有效地執行，必須有充分的資源配合。一般而言，政策執行所需的資源包括人員、經費、資訊、權責等。

2.執行人員的意願

執行人員是否願意認真執行政策，影響政策執行成敗甚鉅。

3.機關的組織規範

機關執行政策所涉及的結構、工作方法、技術、程序、獎懲辦法，甚至組織氣候等，均會影響政策執行的成敗。

(六)機關組織間的溝通與執行活動的狀況

政策執行往往涉及許多機關間的互動及配合，包括上下層級間的機關，及平行的不同機關間，所以彼此如何溝通政策的內容及執行方法，以避免發生組織各自為政、上下層級機關不同調的情形，是一項極為重要的課題。此外，為使執行機關與人員能夠致力於執行政策，其機關主管可以採取下列三項強化性行動：使用強制性懲罰權力（如威脅、處罰或制裁）、使用物質報酬性權力（如獎金等物質的獎賞）、使用規範性權力（如給予聲望、讚賞等象徵性的懲罰或鼓勵）。

㈦政策執行的監督情形

為確保行政機關按照既定政策目標與作法執行政策，必須輔以有效的監督措施。大致來說，可以透過行政監督、立法監督、監察監督、司法監督與輿論監督等，來達到政策執行的監督目的。

㈧標的人口順服政策的程度

欲求政策有效地執行，需要標的人口願意順服政策，採取合作的態度，加以配合。但是標的人口的組織情況、所受的領導情況，以及先前所接受的政策經驗等，均會影響他們對政策執行採取順服或不順服的態度。

㈨政治、經濟、社會、文化、法規等環境因素的影響

執行機關所面對的政治、經濟、社會、文化、法規等環境狀況，會直接影響執行機關所採取的行動。就政治環境而言，執行機關與人員所持的立場，政黨、大眾傳播媒體、利益團體、一般民眾對政策的支持或反對程度，無疑的，將會影響執行的努力與成果。此外，經濟與社會環境的變化，可能會導致利益團體、標的人口，與一般民眾支持政策程度的變化。同樣的，立法機關與主管的行政機關對執行機關的支持程度，也是影響政策執行成敗的重要因素。另外，法令規章的規定、政治文化、社會文化與行政文化的取向等，也都會影響執行人員與標的人口對政策的順服情形。

三、政策執行的工具

通常執行機關與人員在制定政策以解決問題時，就該仔細思考應採取何種政策工具 (policy instruments)，如強制的管制工具（處罰、吊銷執照）或誘因工具（補助、獎勵）等，以提高政策執行的成效。

政策工具指政府機關為執行政策以達成政策目標，可以自由選擇應用之各種技術、方法或機制的總稱，亦即將政策目標轉化成具體政策行

動所使用的工具或機制。由此可知，政策工具是實現政策目標不可或缺的手段，政策執行人員透過政策工具的使用，設法使標的人口順服，從而達成政策目標（吳定等，2007: 116）。究竟有哪些政策工具可供執行機關及人員採用，丘昌泰 (2000: 378–379) 整理豪利 (Howlett) 等 (1995)的分類法，依據國家機關涉入政策的程度將其劃分為下列三類：

1.**自願性工具** (voluntary instruments)

　　指國家機關幾乎不介入工具的運用，完全由民間社會在自願性基礎下所採取的工具類型；如自願性組織、市場機制（自由化、民營化）等。

2.**強制性工具** (compulsory instruments)

　　指國家機關採取由上而下的統治途徑，強制性或單方面地對標的團體採取直接的管制或干預行動；如管制，一旦政府公布以後，標的團體就必須遵守。

3.**混合性工具** (mixed instruments)

　　指國家機關對於工具應用的涉入程度不一，有的涉入較深，但最後仍將決定權交由標的團體處理，有的涉入較淺；例如徵稅與使用者付費，政府對於吸菸與喝酒者徵收菸酒稅。

第五節　政策評估

一、政策評估的意涵

㈠意　義

　　何謂政策評估 (policy evaluation)？基本上，任何一種判斷都屬於評估。若從階段論來看，政策評估通常被視為公共政策過程最後的一個階段，但其實不然，整個政策過程都可以進行政策評估（丘昌泰，2000: 389）。因此，要建構良善的政策管理，政策管理者需要有正確的政策評估思維與方法，以促使政府瞭解政策執行之後是否達到原先預期效果，或是資源能否進行最有效率的運用。

　　關於政策評估一詞，因學者界定的角度不同，所定義的內容也有差

異。1970 年美國「都會研究所」(Urban Institute) 在聯邦政府的評估報告中，以強調「效能」(effectiveness) 的觀點指出「評估」的意涵有下列三項：1.衡量一項進行中的計畫所達成預期目標的效果；2.根據研究設計的原則區別計畫效力與其他環境力量的差異；3.透過對執行上的修正使計畫得以改善 （轉引自曹俊漢，1990: 313-314）。而納許彌爾斯等人 (Nachmias & Nachmias) 曾提出廣義的概念，將政策評估定義為「客觀、系統與經驗地檢視現行政策，並以目標成就檢視公共計畫的標的」；海納肯 (Hanekom) 則將政策評估界定為：「政策內容、執行與衝擊的評審或評鑑，以決定特定政策目標的完成程度」。綜合以上可知，政策評估的方法必須是客觀、系統，評估的對象是公共政策的內容、執行現況與政策衝擊，而衡量的方式是「目標實現」程度（轉引自丘昌泰，2000: 390）。

我國學者對於政策評估的定義，基本上都脫離不了上述之基礎內容。林水波與張世賢 (1991: 329-330) 認為，政策評估乃基於有系統和客觀的資料蒐集與分析，進行合理判定政策的投入、產出、效能與影響的過程；其主要目的在於提供現行政策運行的實況及其效果的資訊，以為政策管理、政策持續、修正，或終結的基礎，擬定未來的決策方針，發展更為有效和更為經濟的政策。而柯三吉 (1992: 496-497) 則認為，政策評估是一項政治和管理的活動，而評估的結果可作為決策和資源分配的依據。至於吳定等 (2007: 123) 將政策評估界定為：「指政策評估人員利用科學方法與技術，有系統地蒐集相關資訊，評估政策方案之內容、制定與執行過程及執行結果的一系列活動……評估活動並非單指政策執行績效的評估，也包含政策執行前及執行中的評估」。

㈡目 的

關於政策評估的目的，李允傑 (2011: 6) 認為可以從下列兩個面向來分析：一是檢視一項政策付諸實行以後，是否達成了制定政策時所欲達到的目標，以避免政府浪費人力、資源在沒有效果或不當的政策上；另一則是發現並修正政策的誤差。而吳定等 (2007: 123) 指出，政策評估的目的在提供選擇、修正、持續或終止政策方案所需的資訊。此外，更有

從不同的動機與需要來檢視政策評估的目的，茲整理說明如下（吳定等，2007: 123-124）：

1.**消極的評估目的**

顧名思義，評估的目的不是為了想找出政策的缺失，加以改進，而是為了作為某項藉口或理由，故其目的有下列幾項：為延遲做成決定、規避責任、進行公眾關係、符合經費補助要求❷、為掩飾或攻擊的需要❸。

2.**積極的評估目的**

所謂積極的評估目的，乃是希望藉由評估來改善政策實施程序、作為分配各競爭政策所需資源的根據，甚至作為繼續或停止政策實施，以及其他地方推動類似政策等的參考。

二、政策評估的功能

關於政策評估的功能，國內學者多引用唐恩 (1994) 的看法，認為有下列幾項功能（丘昌泰，2000: 393；林鍾沂，2005: 408）：

㈠提供有關政策績效的資訊

政策評估的功能在於運用科學調查方法，針對政策績效進行系統評估，以產生許多有關政策績效的資訊。

㈡重新檢視政策目標的適切性

進行政策評估時，可以瞭解政策是否有按照預期的方向與目標前進，故能重新思考政策的目標價值，檢視政策目標的適當性，而予以修改。如近來頗受爭議的十二年國教問題，就面臨重新檢視政策的時候。

---

❷ 如接受經費補助的計畫，必須從事評估工作，以迎合經費提供者所附之條件。

❸ 如行政首長會以評估來掩飾偽裝政策的失敗或錯誤，有時甚至以評估來攻擊或破壞某一計畫或政策。

㈢形成新的政策問題

若政策評估的結果顯示政策目標的設定完全不符實際狀況，而發生窒礙難行之處，則須予以修改，重新形成新的問題。

㈣作為政策建議的基礎

政策評估的最終價值在於提供政策改進的建議，如是否要終止政策，或是需要修改政策內容等，唯有透過政策評估才能得到有價值的政策建議。

三、政策評估的類型

關於政策評估的類型相當多樣，賓漢 (Richard D. Bingham) 與費爾賓格 (Claire L. Felbinger) 於 1989 年提出四種政策評估類型： 1.過程評估 (process evaluation)：專注於方案或政策傳遞給顧客的手段，或是執行的方法； 2.影響評估 (impact evaluation)：著重於方案或政策的結果與目標是否符合； 3.政策評估 (policy evaluation)：關於方案對於最初提出的問題所造成的影響； 4.後設評估 (metaevaluation)：評估研究發現的綜合，在文獻結果、測量與趨勢之間尋求共通性 （陳恆鈞，2001: 133–134）。相形之下，曹俊漢 (1990: 325–326) 則將政策評估簡單分為 「過程性評估」(process evaluation) 與「影響性評估」(impact evaluation) 兩類，前者係指政策方案執行中，若發現無法達到目標時，計畫本身必須要修正甚至廢棄；後者則是就政策在預定方向所能產生改變程度的衡量，是對政策實際產生的效果作評估。

以下乃整理國內政策評估相關研究中經常出現的幾種分類方式，針對其各項內容加以說明 （柯三吉，1992: 496–515；吳定，1999: 380–383；丘昌泰，2000: 396–397）：

㈠預評估 (pre-evaluation)

預評估有雙重涵意： 一是指對於政策方案在規劃階段 (planning

stage) 時即進行評估 ， 以瞭解該項政策或方案的預期影響 (anticipated impacts) 與預期效益 (anticipated benefits)，以便於方案執行前適當地修正該方案的內容，使資源能作最適分配；另一是對現有政策在執行不久後或一般期間內即進行評估，以為未來該項政策執行後作全面性評估影響和效益的基礎。政策評估學者將前者稱為規劃評估或事前評估，後者稱為可評估性評估。由於修正方案的評估在某種意義上也屬於預評估的一種，故簡述預評估的三項內涵如下：

1. **規劃評估** (planning evaluation)

　　當某一社會問題發生時，經政府機關認定為政策問題之後，乃提出解決方案，以採取政策行動解決問題，對這解決方案的規劃過程和方案內容在尚未執行前即進行評估，以便能對政策資源進行較佳的調整與配置。換言之，規劃評估通常使用於對創新性方案的評估，目的在減少政策目標和實際情境的差距。

2. **可評估性評估** (evaluability assessment)

　　指政策在執行一段時間後，即對其執行現況及初步結果加以評估，以探究其執行狀況是否符合政策的原先設計與運作程序。其目的除了作為修正政策執行的參考之外，尚可建立未來全面性評估的基礎。

3. **修正方案評估** (fine-tuning evaluation)

　　為促進正在執行中之政策或方案的效率或效能，即為擴大影響和服務範圍或減少每單位的成本而修正的方案，稱為修正方案。修正方案評估的重點在於針對修正的方案進行評估，以瞭解這項中介修正案是否有顯著的效果，亦即強調修正案本身的評估。

㈡**過程評估** (process evaluation)

　　過程評估是指對政策問題認定的整個過程，包括政策方案的規劃過程，與政策方案的執行過程進行評估，目的在於找出問題的癥結所在，以及正確的界定問題，以免落入「以正確的方法解決錯誤問題的陷阱」。

㈢結果評估 (outcomes evaluation)

結果評估是對於政策方案的執行結果加以評估，包含產出評估與影響評估：

1.產出評估 (output evaluation)

涉及數量的計算，包含執行機關對標的人口從事多少次服務、給予多少數額的金錢補助、生產多少物品等，是偏重「效率」的評估。

2.影響評估 (impact evaluation)

指當政策執行以後，對於標的人口產生何種有形或無形的、預期或非預期的影響進行評估。簡言之，即是研究方案造成標的人口或事務向期望方向改變的程度，一般認為，影響評估比產出評估來得重要。

四、政策評估的標準

在進行政策評估時須設定某些標準，以衡量政策是否達成既定目標、是否產生預期的影響。所謂標準是指某項決定或判斷所根據的準則或標尺（吳定等，2007: 125）。學者對於政策評估的標準各有不同看法，最常見的說法是唐恩與波伊斯特 (Theodore H. Poister) 於 1978 年提出的六項標準，茲簡述如下（吳定等，2007: 125–126；汪正洋，2012: 230）：

㈠適當性 (appropriateness)

適當性指政策目標的價值如何、對社會是否合適，及這些目標所根據的假設穩當性如何，重點在於政策目標的價值應符合社會的主流價值觀，是評估政策方案最重要的標準。

㈡效能性 (effectiveness)

效能性指政策達成預期結果或影響的程度，亦即將實際達成者與原訂的預期水準相比，以瞭解政策是否產生所期望的結果或影響。然須注意的是，效能所指涉的意涵並非政策是否按原計畫執行，而是政策執行後是否對環境產生預期的結果或影響。

㈢效率性 (efficiency)

效率性指政策產出與所使用成本間的關係，通常以每單位成本所產生的價值，或每單位產出所需的成本作為評估基礎。效率與效能的觀點不同，效率較著重以較佳方法執行政策，而非著重於以有效的途徑達成目標。

㈣充分性 (adequacy)

充分性指政策目標達成後，消除原來問題的程度。由於政策必須充分解決問題或滿足公眾需求，而非僅是解決部分問題，故以充分性為標準，可衡量政策產生預期影響的程度。

㈤公正性 (equity)

公正性指政策執行後導致與該政策有關的社會資源、利益及成本公平分配的程度。此類政策包含所得的再分配、教育機會或公共服務事項等。換言之，即是相關社會資源重新分配的公平合理程度，常見於社會福利政策的評估。

㈥回應性 (responsivness)

回應性指政策執行結果滿足標的團體需求、偏好或價值的程度，一項政策儘管符合前述的標準，但若未能回應標的團體的需求，仍會被批評為失敗的政策。

以 2009 年我國對具有國民和長期居留資格的住民全面發放「振興經濟消費券」，每人新臺幣 3,600 元，期待藉此增加民眾的購買力與消費慾望以振興消費活動，進一步帶動生產與投資等活動的成長，加速景氣的復甦。然而，該項政策實施以後，是否真如預期達到促進經濟的發展？未來面臨經濟不景氣時，能否發放第二次消費券，則可以透過上述政策評估的六項標準來進行檢視。

五、政策評估的問題

有關政策評估在公共行政應用上遇到的問題，柯三吉 (1992: 538-539) 在其〈政策評估在公共行政上的應用〉一文中有如下的探討，茲整理說明如下：

㈠內部與外部評估問題

長久以來，行政機關在進行評估時總會發生「誰是評估者」的困擾，若是由行政機關內部人員進行評估，其客觀性容易受質疑，也易引起決策者、管理人員與評估人員的衝突，加上政策影響或效益難以精準掌握，評估標準不易界定，評估結果反而會受到質疑。因此有一派乃主張應由行政機關外的人員或顧問機構來進行評估，以彌補上述的缺失。然而，外部評估仍有其限制，而影響其成效。例如行政人員會希望立即有結果，但評估人員則著眼於長期問題；或是行政人員總認為外來的評估人員沒有實地經驗，無法瞭解真實情況，自然難以進行有效評估，故容易採消極的不配合態度，如提供不相關資訊，甚至拒絕協助等。

㈡決策者對評估結果的運用問題

如前所述，評估的目的是將評估結果用來提供正確的資訊給決策者，以修正、繼續或終止一項政策。因此，如何使決策者接受而願意運用這些結果，乃是一項重要的問題。然而，決策卻常由於：1.評估人員常常不能瞭解決策者的認知型態，以致其所提出的報告，決策者難以消化，尤其是專業知識不足的民選決策者；2.評估結果的客觀性與政策利害關係人的價值和利益有差距，往往使決策者基於執行上可能有所困難，而無法使用；3.當某一方或幾方的政策利害關係人參與評估時，評估的真實性常會遭受質疑，迫使評估結果難以運用，使得問題不易解決。

🖥 行政櫥窗

購物袋與垃圾袋合一方案❹

　　一般民眾在大賣場購物時，如果忘記帶環保袋，不是想辦法用手拿物品，就是選擇付費購買購物袋，這些花錢買來的購物袋，可能使用幾次後也成為垃圾被丟棄，或是被民眾當作垃圾袋，造成一包多袋、資源浪費的情形。為因應前述問題，新北市推動便民措施，2013 年年底首先與全聯福利中心合作，推出結合購物袋與專用垃圾袋雙重功能的購物袋，並陸續與多家超商、賣場合作，規劃各式專用袋。

　　2013 年 12 月方案實施初期，新北市政府環境保護局與全聯福利中心合作，推出雙重功能購物袋，採行原先賣場內購物袋樣式與材質，以維持原有購物袋盛裝物品的承載力。初步規劃以賣場內 15 公升購物塑膠袋為主，每個 6 元，命名為「環保兩用袋」，並配合新北市政府垃圾袋外觀，購物袋色彩由原先白底改為粉紅色的形式，貼有垃圾袋防偽標籤，於袋上指定寫有「新北市政府指定專用袋」及「本袋費用為廢棄物清潔處理費」標示，計價比照新北市垃圾清理每公升 0.4 元計算，未來視成效再提供 20 公升

❹　陳珮琦、葉卉軒，2013，〈全聯購物袋將可當新北垃圾袋〉，udn 新聞網：http://udn.com/NEWS/LIFE/LIF1/8252278.shtml；〈新北購物袋可當專用垃圾袋〉，蘋果日報網站：http://www.appledaily.com.tw/appledaily/article/headline/20131026/35392084/；新北市政府環境保護局，2014，〈「環保兩用袋」、「環保萬用袋」、「乖乖萬用袋」構想緣起〉，新北市政府環境保護局垃圾清運資訊查詢網：http://envir.utrust.com.tw/dispPageBox/Ntpcepd/NtpCp.aspx?ddsPageID=NTPEPD&dbid=3739513753；新北市政府環境保護局，2014，〈「新北萬用袋再進化　乖乖「袋」著走送您 5 塊 6〉，新北市政府環境保護局垃圾清運資訊查詢網：http://envir.utrust.com.tw/dispPageBox/Ntpcepd/NtpCp.aspx?ddsPageID=NTPEPD&dbid=3593713672；〈便民新措施　購物袋兼專用垃圾袋雙袋合一〉，網址：http://epaper.ntpc.gov.tw/epaper/epaper/fprint.asp?p0=2517&cid=6&pid=39，檢閱日期：2014/7/21。

裝尺寸，並拓展合作廠商至境內各大賣場及超商，目前新北市政府已拓展環保萬用袋至全聯福利中心、愛買、家樂福、OK 超商等商家。

與全聯福利中心合作試行經驗後，自 2014 年 3 月起，新北市環保局又與境內 7-11、全家、萊爾富及 OK 四大超商體系合作，配合民眾消費習慣，規劃 5 公升規格的「環保萬用袋」，計費以每公升 0.4 元計算，一個為 2 元，同新北市垃圾袋顏色，並貼有專用垃圾袋防偽標籤。在外觀上，除有各店家商店圖案，在袋身上，可見環保局雙手守護地球的圖案設計，並附有「低碳生活守護地球」字樣，藉以呼籲民眾由消費端減少塑膠袋使用。購物袋與垃圾袋合一方案實施至 2014 年 4 月為止，據環保局統計，已賣出近 51 萬個，預估可減少 200 萬個塑膠袋使用量，相當於 6.5 公噸塑料使用，因此，環保局初步判定該方案能逐漸改善民眾生活習慣，減少塑膠袋的使用。

此外，除前述兩種多功能的環保袋使用外，「乖乖」企業亦主動向環保局表示要合作，希望改變過去專用垃圾袋與商品分開銷售的模式，讓商品外包裝也能物盡其用，兼具專用垃圾袋功能。就雙方的規劃來看，現行決定將 6 包裝乖乖經濟包外包裝改版成粉紅色的「乖乖萬用袋」，並結合 14 公升專用垃圾袋功能，由生產端將塑膠袋的使用降到最低。乖乖萬用袋為兼具包裝、購物、垃圾三袋合一環保商品。由於內包裝須裝填食物，在材質上改為食品安全級的低密度聚乙烯 LDPE 塑料，袋身配合新北市專用垃圾袋有專用標誌及專用袋防偽標籤，自 2014 年 5 月起推動。

參考文獻

● 丘昌泰，2000，《公共政策基礎篇》，臺北：巨流圖書公司。

- 吳定，1999，《公共政策（全）》，臺北：中華電視股份有限公司。
- 吳定、張潤書、陳德禹、賴維堯、許立一，2007，《行政學（下）》，臺北：國立空中大學。
- 李允傑，1996，〈政策分析專家的倫理〉，《中國行政評論》，第 6 卷第 1 期，頁 75–92。
- 李允傑，2011，〈政策管理與執行力：跨域治理觀點〉，《T&D 飛訊》，第 111 期，頁 1–16。
- 李武育、陳薇如，2008，〈以跨域治理概念論計畫型補助政策執行力管理〉，《研考雙月刊》，第 32 卷第 2 期，頁 41–49。
- 汪正洋，2012，《圖解公共政策》，初版，臺北：五南圖書公司。
- 林水波、張世賢，1991，《公共政策》，第三版，臺北：五南圖書公司。
- 林鍾沂，2005，《行政學》，臺北：三民書局。
- 柯三吉，1992，〈政策評估在公共行政上的應用〉，收錄於銓敘部主編，《行政管理論文選集第六輯》，臺北：銓敘與公保月刊社，頁 493–542。
- 曹俊漢，1985，〈公共政策執行理論模式之研究：七十年代美國發展經驗的評估〉，《美國研究》，第 15 卷第 1 期，頁 53–128。
- 曹俊漢，1990，《公共政策》，臺北：三民書局。
- 許南雄，2000，《行政學概論》，臺北：商鼎文化。
- 陳恆鈞譯，2001，《公共政策：演進研究途徑》，臺北：學富。譯自 Lester, J. P & Joseph Stewart, Jr.2000. *Public Policy: An Evolutionary Approach.* 2nd ed. Singapore: Cengage Learning.
- 葉俊榮，2005，〈提升政策執行力的挑戰與展望〉，《研考雙月刊》，第 29 卷第 2 期，頁 3–16。
- 魏陌、陳敦源、郭昱瑩，2001，〈政策分析在民主政體當中的機會與挑戰〉，《中國行政評論》，第 11 卷第 1 期，頁 1–28。

 歷屆考題

1.執行力刻已成為熱門之課題，試舉一則政策執行的相關學理予以詳述

並加評論。（092 年公務人員高等考試三級考試一般行政）

2. 在公共政策領域中，政策網絡已成為吾人重視的議題。現請回答：何謂政策網絡？政策網絡具有何種特性？網絡管理的模式為何？（094 年公務人員高等考試三級考試一般行政）

3. 何謂政策問題？近來有關校園霸凌 (bully) 問題受到各方注目，請說明此一問題的屬性，並透過問題建構的途徑，提出並規劃解決方案。（100 年國立彰化師範大學公共事務與公民教育研究所試題）

4. 我國軍公教人員優惠存款的適用法條眾多，目前社會多以軍公教人員優惠存款 18% 利率簡稱，該問題在我國社會已引起廣泛討論。請你說明該項問題的由來或始末；引起爭議的重要原因與觀點；以及可能的解決之道。（100 年國立暨南國際大學公共行政與政策研究所試題）

5. 美國含有瘦肉精的牛肉，到底要不要解禁，近期引起臺美各方關注。臺灣不斷對美國表示，美牛問題是國民健康議題，不要跟其他經貿議題結合在一起；但美方認為，美牛問題是臺美經貿議題。甚且，有新聞消息指出美牛案與對臺軍售、美簽等議題皆有連動關係。試就公共政策相關理論分析美牛問題，並就政府未來應該如何處置，提出妥善之政策建議。（101 年國立臺南大學行政管理研究所試題）

6. 近來「十八趴（退休公務人員公保養老給付優惠利率存款）」制度議題鬧得沸沸揚揚，並已由行政、政策等問題，轉變為政治攻防焦點。執政當局如何擬出適當之制度改革方式，受到各方關注。試從行政學的相關理論，研擬出可資解決的機制。（100 年國立臺南大學行政管理研究所試題）

7. 開發中國家的「行政生態」、「行政文化」及「行政制度與行為」各有那些重要特質？試分項說明之。（099 年地方特考－三等考試）

8. 公共場所禁止吸菸的政策可糾正那一種市場失靈的現象？請說明。除強制禁菸外，還有那些政策工具可以糾正此一市場失靈現象？試比較這些不同政策工具的效果。（101 年地方特考－三等考試）

第 12 章　行政溝通

　　行政學者懷特 (White) (1984: 3–4) 認為，「行政是所有團體，無論其是公是私、是文是武或規模大小，為了集結力量均需具備的共同過程。……行政的藝術即是指揮、協調與控制與多個人以達到某些目的或目標」（轉引自韓釗，2009: 511）。因而，行政管理者的重要任務之一乃是經由溝通整合組織成員的努力，以達成組織使命。在此過程中，使命能否達成，溝通即扮演相當重要的角色。

　　溝通成為一門科學研究的事業，始於二十世紀 50 年代。自 1980 年代起，溝通科學 (communication science) 有了急遽的發展。二十一世紀的今天，隨著影印機的方便性、傳真機的普及、辦公室的電腦化、電子郵件和錄像影帶的家庭化，溝通媒體的多樣化、普及化，大幅改變了人類的社會生活，也衝擊了組織內部的行為模式（吳瓊恩，2011: 495）。

　　如果說有一個因素會攸關組織的成敗，無疑地，其中之一便會是「溝通問題」。許多組織理論學者皆視溝通為組織運作相關面向中，一個深具關鍵性的過程。同時亦將組織溝通視為使組織凝聚在一起的社會黏著劑 (social glue) 和組織特質所在。著名的管理學者巴納德 (C. I. Barnard) 也曾指出：「組織的結構、廣度和範圍幾乎被溝通的技巧所決定。」此外，賽蒙亦曾云：「沒有溝通即無組織可言。」此論述可以從現在許多的主管花了將近 80% 的時間從事若干形式的溝通，諸如演說、傾聽、寫作和閱讀等而得到證明（林鍾沂，2005: 331–332）。

　　然而，溝通並非是一種孤立的現象，其與組織的領導和決策問題息息相關（吳瓊恩，2011: 495）。行政的歷程主要包括：規劃、決定、組織、溝通、領導、激勵與評鑑等七項。倘若把行政當作是人體的話，那麼溝通就好比是行政的心臟，負責將血液送至各器官。若是血液運送順暢無礙，各個組織部門將正常運作；如果血液運送遭遇阻礙，各個組織部門運作亦將停滯癱瘓（黃昆輝，1988，轉引自陳啟榮，2011: 1）。由此可知，溝通對整體行政歷程的運行具有關鍵性的影響。

　　基於溝通對行政的重要性，本章乃分為五個部分對行政溝通進行說明：首先說明行政溝通的基本概念，包括溝通意涵與功能、要素與特性及溝通過程模式等；其次，分別整理行政溝通的種類與方式；以及行政溝通風格模型；接著，分析行政溝通可能產生的障礙並提出改善溝通的技能；最後，以政策溝通為中心，探討政府與民眾溝通的意義、功能、媒介與相關作法等。

第一節　行政溝通的基本概念

一、溝通的意義與功能

㈠溝通與行政溝通的意義

　　溝通 (communication) 一字源於拉丁文 "comunis"，其原意為 "common"，即共同、共通之意（江振茂，1993: 128；吳定等，2007: 266），也有認為是建立共同感受（韓釗，2009: 511），或是將訊息以及其涵義，經由各種方法或媒體，傳達給他人的程序（李元墩，2004: 13）。所謂溝通，依賽蒙之定義，其認為「組織中的某一個成員將決策的前提傳送給其他人的過程，稱之為溝通」。此定義強調組織中的溝通行為，並將溝通行為與溝通決策予以連結，雖被認為較為狹隘，卻較合乎行政學系絡中的溝通意涵。而詹森 (David W. Johnson) 則將其定義為：「溝通即是雙向互換，受訊者瞭解傳訊者所想表達的相同訊息。」強調溝通是雙向互換的過程，且溝通者彼此將會由質疑而澄清觀點、修正事實，並分享思想與感情。至於另一學者李懷適 (Philip V. Lewis) 則將溝通定義為：「訊息、觀念或態度的分享，並在傳訊者與受訊者之間產生某種理解的程度。」其認為溝通不僅是訊息的分享，也包括觀念與態度的分享，同時，傳訊者與受訊者之間雙向互換的理解也並非是完全相同的，而是有程度上的差別（吳瓊恩，2011: 496–497）。

　　國內學者也嘗試對溝通一詞下定義。陳德禹 (1991: 35) 認為，所謂溝通，「係兩個人或兩個以上之人，交換有關彼此共同問題或興趣之內心

感受、觀念、意見，及外在事實與消息、資料等，以期相互瞭解、產生行動之過程」。而許南雄 (2000: 244) 則定義溝通為「是人與人的意見交流與接觸方式」。至於吳定等人 (2007: 266) 則認為：「溝通就是由某一個人或團體，即傳送者 (sender)，利用各種可行的媒介 (media)，將訊息 (messages) 傳送給接受者 (receiver) 的過程。」

由以上學者對溝通意義之界說，可知溝通的必要條件有四：1.溝通至少是二個人以上的互動，即傳訊者與受訊者之間的互動；2.溝通必須是有意義內容的傳送過程；3.溝通的內容相當廣泛，包括各種資料的交換、各種觀點與意見的談論，甚至不同情感之交流與表達等均屬之；4.溝通的目的是為尋求共同的瞭解、信任與行動（江振茂，1993: 128–129；吳瓊恩，2011: 497）。對私部門的管理而言，溝通是傳遞產品的訊息、提升企業形象和爭取顧客認同的重要手段；對公部門而言，溝通是凝聚內部共識、提升組織形象和爭取民眾認同的重要工具（黃俊英，2011: 2–3）。

若以此為基礎，吾人可進而為行政溝通試擬一界說。所謂行政溝通 (administrative communication)，係指在組織中，為達成某種目標或特定使命而進行團體合作行動時，民眾或機關成員對於機關的問題、目標、任務、作法等事項獲得共同瞭解，使觀念與想法趨向一致，以利工作推展之過程（陳德禹，1991: 35–36；吳定等，2007: 266）。

㈡溝通的種類

研究指出，溝通可以分為下列三大類型（李元墩，2004: 14）：

1. **自我溝通** (intrapersonal communication)

是指自己將訊息傳送給本人，作為自我提醒、鼓舞、警惕或反省等。

2. **人際溝通** (interpersonal communication)

是指訊息由一個人傳送給另一個人。例如主管指示部屬辦事、部屬向主管建議、解釋組織的政令等均屬之。

3. **組織溝通** (organization communication)

是指組織或部門間訊息的傳送，可分為「正式溝通」(formal

communication) 與「非正式溝通」(informal communication) 兩種。

㈢溝通的功能

羅賓斯 (Robbins) (2005: 137) 認為，溝通至少具有下列四項功能（韓
釗，2009: 511–512）：

1. **控制** (control)

組織依層級節制原則訂定行為準則或作業程序，而團體則常使用非
正式行為規範，要求員工依規定之工作內容與作業方式執行職務，其目
的均是希望經由控制指引其所屬成員表現出合於期待的行為。

2. **激勵** (motivation)

組織透過溝通使成員瞭解任務目標、工作績效及改善方法，以期產
生激勵效果，導正員工行為或組織績效。

3. **情緒表達** (emotional expression)

員工在工作團體中訴說挫折、分享快樂，俾使情緒得以宣洩，而得
以滿足歸屬感與社會交往的需求。

4. **資訊** (information)

組織決策必須仰賴適量、精確與即時資訊的提供，始能擬定正確的
行動方案與策略，而溝通則是個人及團體決策過程中獲致有效決策資訊
的重要管道。

㈣溝通的角色

關於組織溝通所應扮演的基本角色為何？一般而言，可以歸納為下
列幾項（林鍾沂，2005: 334）：

1. **引導行動**

即讓別人按照自己所冀求的加以行為。

2. **協調行動**

組織行動並非單獨的努力，而是借助溝通以達成一致的行為，若無
法有效地協調個人與團體，組織並不能有效達成功能的運作。

3.分享資訊

藉由溝通的媒介，組織成員才能夠分享他人的經驗與資訊，形成組織的智慧。

4.形塑人際關係

如同前述，透過溝通方能將組織中的個人加以凝聚，建構社會關係。

5.發展友誼和建立信任

若無法有效地溝通，組織將形同散沙一般，不但成員無法建立社會關係，而且很難達成彼此的共識，獲致認同。

二、溝通的要素與特性

㈠溝通的要素

由溝通的意義觀之，可以瞭解到溝通是一種非常複雜的動態過程，在這樣的過程中包含了訴說者、傾聽者、訊息以及媒介等要素（莊勝利，2007: 41），透過這些素材能使溝通順利的進行，因此有學者提出在溝通的歷程中所應具備的溝通要素，希望透過這些溝通要素可以完整呈現溝通的歷程。此外，甚至可以將這些相關要素作有效地連結，進而建立起溝通的模式（陳柏任，2007: 13）。

由以上所述可知，溝通既然是人員之間以語言或文字為媒介來彼此交換意見、思想、消息的過程，則其所包括的要素有下列五點（湯絢章，1973: 6–7；張潤書，2009: 435）：

1.溝通發動者：即負責有意志、有目的的文字或語言傳遞者，如發言人、建議人、發令人等。

2.溝通的傳遞程序：無論任何組織都有各種媒介工具以溝通訊息，即意見的傳遞應有一定的媒介與路線，以憑傳播與散布，如公文管制中心、收發室、公告處等。

3.溝通的方式：如命令、規則、通知、報告、函件、手冊、備忘錄等。通常各個機關採取不同溝通方式，但有時會流於分類太細而失去作用。

4.溝通接受者：凡接受消息、命令、報告及任何溝通形式的人皆屬之。

5.所期望的反應：指從溝通接受者所反饋的情緒表現，如生氣、喜悅等。

㈡溝通的特性

根據以上各點論述，張潤書 (2009: 436) 將溝通的特性歸納為下列四點：

1.互動性：溝通為人員間相互交往的過程。
2.媒介性：溝通必須使用文字、語言等媒介加以完成。
3.期待性：溝通是一種期待行為，希望獲得對方的某種反應。
4.目的性：溝通是一種有結果的行為，如無結果則目的無法達成，還需另行溝通。

三、溝通過程的模式

由以上所述可知，溝通活動是將資訊由傳送者傳送給接收者的過程。而行政溝通與一般溝通同樣都須經過非常複雜的過程，為了便於對溝通問題進行分析研究，以及檢討改進實際溝通之成效，乃嘗試將溝通過程予以概念化與模型化，然多數學者所描繪的溝通模型都大同小異（陳德禹，1991: 37；江振茂，1993: 130）。綜合若干代表性之模型後，試以格林博格與巴儂 (Jerald Greenberg & Robert A. Baron) 提出的溝通過程基本模式描繪如下圖 12-1，並擇要說明如下（陳德禹，1991: 37-38；李元墩，2004: 16；林鍾沂，2005: 333-334）：

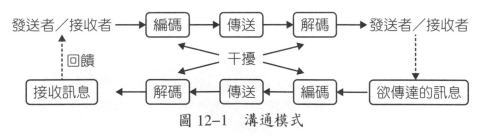

圖 12-1 溝通模式

資料來源：李元墩，2004: 17。

1.傳送者 (sender)

在溝通過程中，必須有一個發起者或傳送者，傳送者可能有一個觀念或訊息，期望能夠傳遞給他人。

2.編碼 (encoding)

傳送者將一個觀念或訊息傳遞給他人，則必須將此觀念或訊息變成具體的符號或代碼，亦稱為觀念的具體化 (ideation)，係指透過理念的轉化，以使受訊者得以認知的過程。

3.溝通管道 (channel of communication)

管道是訊息的流通媒介，訊息的傳送者可以選擇利用正式或非正式管道來進行溝通。正式的管道由組織建立，以傳達和成員工作有關的活動消息。傳統上，組織是藉由職權網路 (authority network) 來進行溝通。其他形式的訊息（如有關個人或社會的訊息），則是透過組織的非正式管道來傳達。

4.解碼 (decoding)

在訊息被接收之前，必須轉成接收者能瞭解的形式，此即為訊息的解碼。和傳送者一樣，接收者的技巧、態度、知識和社會文化系統會影響接收者對訊息的瞭解。因而，接收者在聽或讀時也必須注意技巧。

5.回饋 (feedback)

溝通的最後一個環節是回饋。一旦訊息被解碼後，接收者可將新的訊息回輸給原先的傳送者，有了回饋的機制，傳送者才能瞭解訊息對接收者的影響，同時透過回饋的過程，傳送者才能得知其訊息是否被正確瞭解。故回饋可以幫助檢查是否成功地傳達最初所欲傳達的訊息。

四、行政溝通的功能

究竟溝通在行政組織中有哪些重要的功能？以下整理分述之（陳德禹，1991: 36–37；江振茂，1993: 129–130；許南雄，2000: 245）：

1.溝通為人群關係的核心

溝通乃是人類生活中非常普通之要素，可說社會的每一活動面都有溝通行為的存在。溝通有兩個重要的目的：一是維持良好的人際關係，

另一是有效地傳達想表達的訊息。就人群關係而言,溝通為一核心問題,在各式各樣的人群互動關係中,皆包含溝通之問題,人際關係的建立、維持和增進,完全依靠溝通才能達成,無溝通就不可能有人群關係;反之,無人群關係亦不會有良好的溝通,兩者間可謂存在相輔相成的關係。

在規模龐大、人員眾多的機關或組織中,溝通是團體合作行動的基礎,是使組織成員連結在一起完成中心目的之手段,也是一切知識、技術與人群關係必須通過之橋梁。一個組織如不能與其成員溝通,則非但不能指揮工作,也不可能以任何方式處理人群關係、激勵人員或執行領導之功能。由此可知,溝通可以促使組織成員彼此信任與瞭解,有助於人群關係的改善。

2.溝通為組織關係的基礎

行政溝通就是組織關係的溝通。所謂行政組織,是為執行團體事務(不分公或私)而對構成行政體系之部分(個人或團體)的相互關係,經由職務與權責(地位)之分配,所做之有系統而穩定的安排模式,及各部分活動之有系統的協調與發展,而此結構的維繫及過程的運作均有賴於溝通的功能。由於現代的機關組織都規模龐大且人員眾多,工作複雜且高度專業化,彼此利害衝突,意見分歧,極易發生摩擦,而有效的溝通可以消除管理者與員工之間的隔閡,加強群體意識的團結。因此,就組織而言,縱向及橫向的溝通均必須兼具,方能滿足組織協調的要求。

3.溝通為實現管理功能的手段

溝通在行政活動中實居於樞紐地位,乃是各種管理活動必經之過程。管理是一種經由他人以完成工作的活動,管理者的基本功能,在使屬下人員具有勝任工作的能力,並有努力工作的意願。而管理功能有二:一為提供團體努力之必要消息與瞭解;另一為提供激勵、合作及工作滿足之必要態度。前者係工作技術問題,後者即為工作意願問題。此兩者相加就成為協調合作之聯合行動表現。

因此,在組織中管理之完成,非經溝通之過程不可,主管人員的一切管理活動(功能),如規劃、決策、組織、用人、指導、控制等,都必須通過溝通的瓶頸,才能達於工作團體、帶動生產。是故,溝通在行政

活動中實居於關鍵地位，乃是實現管理功能之手段。

第二節　行政溝通的種類與方式

一、行政溝通的種類

溝通的類型十分龐雜與多元，此處採用較多學者共有的分類，依組織的結構、溝通發動的方向及回饋對象，歸納成以下溝通類型（江振茂，1993: 135–137；許南雄，2000: 245；林鍾沂，2005: 334–336；吳定等，2007: 266–268；張潤書，2009: 437–441；陳啟榮，2011: 7–9；吳瓊恩，2011: 502–505）：

㈠依溝通的結構分類

1. 正式溝通 (formal communication)

正式溝通存在正式組織之中，乃是依據相關法規與組織層級節制結構所建立的一套溝通系統，並規範每位成員所扮演的溝通角色。在這樣的組織中，每人均有其固定職位，規定必須向誰報告、受誰指揮監督。此種權威的報告系統形成了組織與個人溝通途徑。上級命令由此路線下達，下級報告也循此路線上傳。正式溝通的目的是使全體成員瞭解機關組織的目標、政策、計畫及個人的職責，至於溝通的管道則包含公文、公告、公報、簽呈與會議等。其優點是溝通的效果及約束力較大，所以凡是較為重要的訊息及書面溝通，大多循此種途徑。但缺點是速度較慢，並且大多要求單方面地接受溝通內容。

一般而言，正式溝通包括下行溝通、上行溝通及平行與斜行的溝通，詳述如後。

2. 非正式溝通 (informal communication)

非正式溝通泛指正式溝通以外所進行的任何形式的溝通，屬於組織成員間私下的訊息交換與傳遞，也就是因人與人之間的互動關係而產生的，通常不受組織層級節制的約束，成員個人可任意選擇其溝通對象及途徑。其優點是速度較快且多為直接的溝通，有時甚至可補正式溝通之

不足。儘管如此，非正式溝通亦有其負面的功能，例如：溝通內容被扭曲，以致引起誤會，滋生事端；妨礙或削弱正式權力的行使及效力，使命令推行受阻，影響組織工作績效等。

一般來說，非正式溝通的種類有下列五種：

(1)謠傳 (the grapevine)

可為事實來源之一，但未必準確。如上級故意釋放試探氣球，以觀察某一人事任用案的反應。

(2)單線傳播 (single strand)

資訊的傳播路線，從傳訊者到受訊者都是呈直線狀態的一對一傳播；即由一人轉告另一人，如張三傳給李四，這種情況頗為少見。

(3)閒談 (gossip chain)

以某人為中心，將資訊傳送給每一個人，成為資訊的主要來源，有如獨家新聞。

(4)隨機傳播 (probability chain)

即資訊的傳送沒有特定的對象，碰到什麼人就轉告什麼人，並無一定中心人物或選擇性。

(5)內圈傳播 (cluster chain)

即傳訊者有選擇性地傳送資訊，形成一個有限範圍內的傳播現象。

(二)依溝通發動的職務方向分類

自傳達方向的不同，溝通的型態可分為四種：

1. 下行溝通 (downward communication)

下行溝通係指上層主管對其所轄的部屬下達命令、指派工作與交辦任務等。下行溝通有其先天的優異條件，因在下行溝通中，機關各級主管常可藉幕僚之助，以蒐集、分析資料，而需予以協調之事項，亦可於事前藉幕僚之助完成。此舉不僅可幫助機關確實達成執行目標，亦可增強員工的合作意識，並可減少曲解或誤傳訊息，有助於機關的決策和控制。

2.**上行溝通** (upward communication)

上行溝通係指下層人員透過正式的指揮權責系統向直屬上層主管表達其想法、建議、態度或事實溝通的過程。一般而言，在機關組織中，上行溝通比較不受重視，未能充分發揮其功能。但上行溝通仍有其優點，除了可使上級做決策時，有更多的資訊作為參考，亦可提供部屬參與的機會，瞭解部屬的看法、批評、抱怨及不滿，進而得以採取因應措施，及時化解機關組織中的潛在危機。然其缺點則是溝通內容較易被過濾。

3.**平行溝通** (horizontal communication)

平行溝通係指組織結構體系當中同一職級的單位或人員所做的橫向訊息交換或意見交流，透過平行管道建立共識之過程。其優點是可彌補上、下溝通之不足，促進跨部門間的合作，缺點則是會有本位主義的弊病。

4.**斜行溝通** (diagonal communication)

斜行溝通是指在組織中的不同階層及不同部門成員間的溝通行為，亦即不同單位且職位不相當的人員之間的溝通。斜行溝通的主要目的與平行溝通類似，但速度可能更迅速，因此此種溝通方式若應用得宜，可減少因層級節制所耗費的時間，也可以簡化作業的流程。但缺點是若組織成員經常透過這種方式來進行溝通協調，則容易脫離正常的指揮體系，可能會造成命令不統一的危機。

㈢依溝通的回饋情況分類

就溝通訊息的反應而言，有單向溝通與雙向溝通兩種類型：

1.**單向溝通** (one-way communication)

僅由發訊者單方傳遞給收訊者，沒有回饋與檢核機制。通常軍事、警察與消防等單位比較常用。優點是速度快、執行率高，但缺點是沒有回饋，因此容易產生執行偏差。

2.**雙向溝通** (two-way communication)

是指組織成員進行溝通時，雙方彼此互發訊息，發訊者可以當收訊者，收訊者也可以當發訊者，彼此之間有較多訊息交流之回饋機制，讓

雙方能達到共同的瞭解。優點是溝通內容能夠充分被瞭解，然其缺點則是傳遞速度可能較為緩慢。

二、行政溝通的方式（媒介）

從上述的溝通過程可知，溝通的媒介甚多，舉凡眨眼、微笑、皺眉頭、握手、說話、行動等都可以視為是溝通的媒介（吳瓊恩，2011: 500）。若從發訊者可用什麼方式來傳送訊息的角度思考，溝通的方式有下列四種（陳德禹，1991: 40–41；江振茂，1993: 133–134；吳定等，2007: 268–269；張潤書，2009: 439–441；陳啟榮，2011: 8）：

1. **書面** (written) **方式**

即利用文字或圖書的方式進行溝通活動。較常見者包括公文、備忘錄、報告、海報、標語、通告、公報、圖像以及機關手冊等。書面溝通的優點有：

(1)此種方式是有形的、持久的，而且可以證實。

(2)碰到較複雜或較冗長的溝通場合或是溝通內容甚多時，此方式較適用。

(3)書面溝通較具「正式」的意味。

然相反地，書面溝通的方式也存在著若干缺點：

(1)過於耗費時間以及回饋較為缺乏，有時可能會緩不濟急。

(2)書面溝通的內容有時過於冗長，可能會引起溝通對象的負面反應，而影響溝通效果。

2. **口語** (oral) **方式**

即利用語言或聲音的方式進行溝通活動，此為人們最常用的溝通方式。通常口頭溝通包括：面談、電話交談、廣播、演講、討論、開會、訓話、口頭報告、宣布、解釋等。優點是快速以及能使溝通雙方得到回饋，較能及早謀求改正並可當場解決問題。另外，在進行面對面交談時，更可以利用手勢、表情、音調、說話速度、聲音大小等方式傳送意念，使意思表示更為清楚、明確，避免發生誤會。

但是口頭溝通也有以下的缺點：

(1)容易滋生謠言或誤傳。

(2)口齒不清或鄉音過重時，對方不易瞭解。

(3)未經記錄無法永久保存。

(4)難以確定法律責任。

(5)不如文字（書面）溝通來得鄭重其事。

3. 非言辭 (nonverbal) 方式

　　既非口頭溝通亦非書面溝通，此兩方式合稱非言辭溝通。非言辭溝通最常見之方式有兩種，一是身體語言 (body language)：指各種面部表情和身體之姿勢及移動等，都能傳達某種特徵與訊息；二是說話的音調 (intonations)，是指說話聲音特別強調某些詞句與語言。其優點是讓對方感到親切，缺點則是容易讓人做出錯誤解讀。

4. 電子媒介 (electronic media) 方式

　　由於科技的進步與發達，電子媒介亦成為不可或缺的溝通方式之一，例如：電子郵件、電影、電視、戲劇等，都是兼具視聽雙重媒介與效果的溝通方式。近年來，多元媒體的出現，更使溝通進行顯得多采多姿，也使溝通的效果更為提高。然而電子媒介亦有其優缺點：優點是能夠正確地傳遞訊息，且能以較小的空間儲存大量的訊息，又可以吸引接受者的充分注意，所以溝通效果比單一溝通方式更好。不過，也由於溝通內容往往繁雜，接受者無法全然記住，甚至也不容易完全掌握要點，所以仍有賴書面溝通加以彌補。

第三節　行政溝通風格型模

　　大多數人都有其特殊溝通風格 (communication style)，瞭解本身與他人的溝通風格，有助於人際關係的改善，而此處即在說明不同的溝通風格型模 (the communication style model)。里斯 (Reece) 和布蘭特 (Brandt) 依人類行為的「支配性」(dominance) 與「社會性」(sociability) 兩項指標的高低，將溝通風格區分為煽情者、指導者、深思者及支援者四種類型（轉引自吳瓊恩，2011: 512–514），如下圖 12–2 所示：

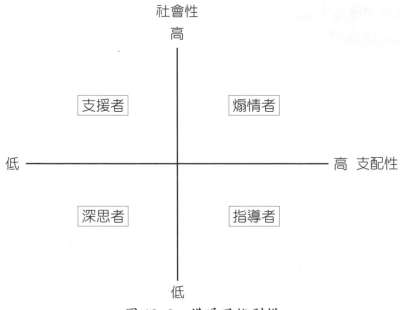

圖 12-2 溝通風格型模

資料來源：Reece & Brandt, 1981: 113，轉引自吳瓊恩，2011: 515。

其中，支配性較低的人，其特性是合作性的、易於助人的、獨斷性較低、願受人控制的；反之，支配性較高的人，其特性是易於發號施令、經常提出要求、比較獨斷、易於想控制他人、主觀性強，決定得很快。而社會性低的，其特性是態度冷陌、壓抑情感的。相反的，社會性高的人，其特性是易於與他人尋找或建立友誼的社會關係，情感的表達是公開的、比較不重形式或公事公辦的。

如圖 12-2 所示，由人類行為支配性及社會性所形成的四個象限將會形成四種特定的溝通風格，而不同溝通風格的行為人將會有不同的特性，茲分述說明如下：

一、第一類型：煽情者 (emotive style)

這一類型結合了高支配性與高社會性兩種特徵，如一般的政客，在選戰中一方面激情地放言高論，另一方面又企圖操縱民意流向，其特徵有下列三點：

1. 展現行動取向的行為 (displays action-oriented behavior)：煽情者講話速度極快，並輔以活潑豐富的手勢表達觀點。
2. 喜歡非正式性 (likes informality)：煽情者喜歡無拘無束，親切地以名字稱呼（不稱姓），初識後很快就與人交換個人意見。
3. 具有自然的說服力 (possesses a natural persuasiveness)：煽情者易於戲劇性地並有利地表達自身的觀點。

二、第二類型：指導者 (director style)

這一類型是高支配性與低社會性的結合，其行為展現了坦承、苛求進取與決斷的 ，例如英國第一位女首相柴契爾夫人 (Margaret Thatcher) 即屬之。其特徵亦有三點：

1. 表現出嚴肅的態度 (projects a serious attitude)：指導者令人望之儼然，難以親近，公事公辦的態度掩蓋了其情緒。
2. 表達堅強的意見 (expresses strong opinions)：指導者堅定的手勢與語調，透露了自己的決心，或想「掌握」的形象。
3. 可能投射出冷漠的態度 (may project indifference)：指導者不容易表現溫暖的、關懷的態度，與人相處較正經或規矩。

三、第三類型：深思者 (reflective style)

這一類型是低支配性與低社會性的結合，其行為通常是文靜的、喜歡孤獨、決定得很慢，已故的物理學大師愛因斯坦 (Albert Einstein) 即屬此一型。其特徵有下列三點：

1. 以正式的、深思的方式表達意見 (expresses opinions in a formal, deliberate manner)：深思者能控制情緒，不急不躁。
2. 似乎全神貫注某事 (seems to be preoccupied)：深思者相當安靜，常常顯現貫注於某事的沉思，看來孤僻難以使人瞭解。
3. 喜歡有秩序性 (prefers orderliness)：深思者喜歡有秩序的工作環境，例如開會喜歡有議程的準備，注意細節並決策緩慢。

四、第四類型：支援者 (supportive style)

此一類型是低支配性與高社會性的結合，其特徵是敏感的、忍耐的與善聽的，例如得道高僧即屬於此一類型，其特徵亦有三點：

1. 專注地聽 (listens attentively)：專注傾聽是很明顯的特徵，例如行銷人員、公關人員、接待員、主管等，這個能力很自然地在支援者中可以找到。

2. 避免權力的運用 (avoids the use of power)：支援者因應人事問題比較依賴友情的說服，並在言談與信件中表示溫暖。

3. 以周到的、深思的方式決策與表達 (decisions are made and expressed in a thoughtful, deliberate manner)：支援者在決策角色中似乎不是要角。

第四節　行政溝通的障礙與克服

一、行政溝通障礙

溝通在現代管理中扮演著重要角色，但在組織中的溝通過程往往不如預期的效果，究其原因，實由於若干障礙所造成，綜合各學者之研究可歸納出溝通常見的障礙如下 （吳定等，2007: 270–272 ；張潤書，2009: 442–444）：

㈠語意上的障礙

溝通最常使用的工具是語言與文字，然這兩者在本質上就不容易妥適地使用，因為它們對不同的人可能具有不同的意義，所造成的溝通障礙略述如下：

1.在語言上的障礙

如口齒不清、語意不明、辭不達意、鄉音過重等，都可能引起溝通障礙。另外，即使語言溝通無礙，但由於現在是一個專業分工精細的時代，各行各業都發展出自己的專門術語或慣用語，在「隔行如隔山」的情況下，不同行業的人進行溝通時，往往不容易聽懂對方的「行話」，以

致發生障礙（誤會原意）的情事。而在政府與民眾的溝通過程中，也常常發生政府官員或行政人員使用「官話」而導致溝通發生障礙，應盡量避免之。

2.在文字上的障礙

　　⑴有限文字難以表達無限意思：除非文學造詣佳，否則一般人不容易駕馭文字的使用。因此欲以有限的文字將內心真正的意思完全表達出來，至為不易，也容易發生表達或理解的障礙。

　　⑵文字常具有多重意義，容易產生誤會：不論是中文或外文，一個字往往代表許多不同的意思，如未經仔細地推敲選擇字詞，可能會使對方誤解原意。

　　⑶因為使用文言文或新世代語文緣故：以文言文或新世代語文寫成的溝通訊息，不易為一般人所瞭解，故雙方之意思無法真正溝通。

㈡心理上的障礙

　　造成溝通障礙的心理上的原因，大致有下列幾點：

1. 因為個人之好惡不同，故對溝通內容可能任意加以歪曲或增減。
2. 溝通者往往會依據個人價值判斷做解釋。
3. 溝通者可能會以個人的推測而將溝通內容當作事實。
4. 溝通者可能在未完全瞭解溝通內容前，便太早下結論。
5. 由於人類具有抗拒改革的惰性，以致對新事物、新觀念及新作法產生抗拒心理，造成溝通障礙。
6. 由於溝通者在情緒、態度等方面有個別差異，也會使溝通發生困難。

㈢地理上的障礙

　　1.由於機關組織極為龐大，層級相當多，溝通時容易遭受延誤。同時由於各層級均可能對溝通內容加以過濾，以致造成溝通上的障礙。

　　2.由於機關組織之附屬機關或單位相當分散，距離遙遠，因而不易進行面對面溝通，只得偏重使用其他方式，如電話和公文等，影響溝通成效。

㈣地位上的障礙

由於工作人員在機關組織中的地位不一樣，因此對問題的看法不一樣，在心態上也不一樣，故容易在溝通作法上及溝通訊息方面產生障礙，諸如：

1.主管不瞭解溝通的重要性，認為只要由上面直接下命令，部屬照章行事即可，因此不願推動溝通工作。此種觀念被認為是「硬塞理論」。

2.主管多存自傲的心理，認為他的看法及作法一定比部屬強，因此表現出不屑聽取部屬意見的態度。此種觀念被認為是「嚷叫理論」。

3.主管常存有「民可使由之，不可使知之」的觀念，認為部屬只要聽命令行事就好，不必多問。此種觀念被認為是「愚民政策」在作祟。

4.部屬常存有自卑自保的心理，在「多說多錯、不說不錯」的觀念下，不願表示意見。此種觀念被認為是「鴕鳥主義」在作祟。

5.部屬對上司常常只報喜不報憂，歪曲事實、蒙蔽真相。此種觀念被認為是「表功主義」在作祟。

6.主管與部屬可能因需要不一致、觀念不同、利害不一、地位有別等，而造成隔閡，難以坦誠溝通。此種情況被認為是因「地位差距」所造成的。

㈤溝通方法上的障礙

溝通有時候會因為溝通方法選擇不當，而產生不良的現象。例如，當傳達內容繁複的意念時，如果選擇使用口頭的溝通方式，自然無法清楚地表達。反之，對於某些事情應以口頭溝通較為恰當，卻使用書面溝通方式，反而容易延誤時機，不易達成溝通的目的。

㈥時間壓力的障礙

由於現代是工業化社會，每個人的時間都相當有限，所以在時間緊迫的壓力下，許多事情往往未經過充分的溝通，即作成決定，此情形在各種開會的場合最容易出現。由於事情未能充分溝通，自然容易使當事

人產生誤會。

　　總結上述溝通的障礙，可以發現溝通障礙的問題大致可歸納為溝通的扭曲與資訊的超載二大類，分述如下（林鍾沂，2005: 336–338；黃柏勳，2007: 65–67）：

㈠溝通的扭曲 (distortion in communication)

　　溝通是象徵或符號的一種複雜的使用，一方面在傳遞訊息及對訊息編碼，另一方面是接受訊息及將訊息解碼。在這種互動的階段中，錯漏或混雜都有可能發生，而形成非本意的表達及誤解的意義。這些障礙臚列如下：

1.接收者的屬性

　　不同的人對於同一訊息可能產生不同的反應，其中，以往的學習或經驗在同一情境中將影響解釋的習慣。譬如兩個人在不同的文化中，對於同一政治訊息就可能產生不同的反應。

2.選擇性的認知

　　人皆有只聆聽訊息的一部分，而摒棄其他資訊的傾向。所以，人容易忽視與其信仰、價值及期望相衝突的新資訊。

3.語義不清的問題

　　溝通是由象徵或符號的使用及解釋所組成的，而人們最常使用的象徵傳送就是透過語言的媒介，惟由語義而起的溝通障礙有兩類：⑴有的字詞過於籠統抽象，而引起不同的解釋；⑵不同團體各自發展其特有的技術語言或慣用語。

4.時間的壓力

　　管理人員往往由於時間的不足，導致溝通的失敗，使得若干非預期的結果可能因之而發生。對管理者而言，可能被迫採取非正式溝通的途徑以因應時間的壓力。

㈡資訊的超載 (overload in communication)

　　人的記憶容量有限，因此現代組織中的行政人員都有一種共同的抱

怨，就是被資訊給淹沒。行政人員經常必須面臨外界、各部門蜂擁而上的大量訊息，而容易造成認知負荷過重，故繁多的資訊不再是一項可貴的資源，反而形成了另一種負擔。超載的資訊往往讓溝通不易進行，而且組織需傾全力處理一切資訊的溝通，就無充裕的時間來推動實際的工作。

二、改善溝通障礙的技能

有效溝通將使組織成員明確瞭解工作任務並產生集體共識，以促進預定目標達成。但在溝通訊息處理過程中，由於送訊者和收訊者間會產生個別差異，而影響溝通成效（黃柏勳，2007: 65）。組織中的管理者必須排除溝通的障礙，確保所作的指示或組織的各種溝通訊息，都能為全體員工或顧客所瞭解，故要建立或學習有效的溝通技術（吳瓊恩，2011: 508）。克服溝通障礙，以達到有效溝通的方法如下（林鍾沂，2005: 339–349；吳定等，2007: 272–275；張潤書，2009: 444–445；吳瓊恩，2011: 508–509）：

㈠盡量使用客觀、易理解的詞彙，以避免產生抗拒

在進行溝通時盡量不使用強迫性、命令性的語氣或文字，以免刺激對方採取抗拒的態度，同時也盡量減少專門術語的使用，宜多使用陳述性、客觀性的語句和文字，同時盡可能以簡單扼要和易於瞭解的語言或文字來表達訊息，才能增進溝通效果。

㈡設身處地為對方著想

無論是上行溝通或是下行溝通，都需先設身處地為對方著想，才能使溝通順暢。因此管理者最好於傳遞訊息之前，先就部屬的價值觀、經驗和參考架構作一考量，俾使下屬對於訊息能充分瞭解並克服溝通的障礙。至於部屬也可先思考長官的立場，瞭解其做決定的初衷，應有助於彼此的溝通。

㈢重視雙向溝通，鼓勵反饋

雙向溝通是一種互動的過程，能降低資訊或理念傳輸失敗的機會。因此在訊息傳遞過程中，唯有透過雙向溝通，雙方才能確認訊息是否被對方所接受或瞭解，而且傳訊者須不時徵詢對方對溝通內容是否瞭解，才能衡量溝通效果以及是否需要加以修正或補充。因此，組織可藉由面對面交談、座談會、公聽會、意見箱、網路留言版、問卷調查、服務專線等溝通途徑，來創造良好的雙向溝通。

㈣有效的傾聽

「傾聽」意指主動地搜尋對方話中的意義，此時雙方都在思考，因此傾聽需全神貫注。對於主管人員而言，傾聽部屬的意見不是一件容易的事，如以「聽而不聞」漫不經心的輕浮態度來聽，溝通效果是十分有限的。也因此，在開會時主管人員應鼓勵所有人員盡量發言，而本身應多聽，並綜合所有意見，而非只顧訓話，才能發揮溝通成效。

㈤選擇適當的訊息呈現方式

溝通的媒介相當多樣，可以用面對面、電話、書面等方式傳遞訊息。其中，面對面的溝通媒介是最具豐富性的形式，因為可以透過語言與非語言的線索，提供立即的回饋。至於電話溝通媒介雖然回饋十分快速，但因電話缺乏視覺的線索而稍微遜色。書寫溝通媒介則因為回饋較慢且只有書寫訊息，僅具有低度或中度的豐富性。整體而言，並沒有何種溝通媒介較為適當的統一說法，端視溝通目的而定，傳訊者可依人員多寡、背景、場地、訊息內容等因素來加以選擇。

第五節　政府與民眾溝通

行政溝通係指民眾或機關成員對機關的問題、目標、任務、作法等獲得共同瞭解，使觀念與想法一致，精神與行動得以團結的方法與過程。我國是一個實施民主憲政的國家，政府的施政皆須以民眾的意見及福祉

為依歸，謀求最大的公共利益。然而，政府的政策宣導和溝通常不夠清楚明快，甚至老是慢半拍，容易造成民眾的誤解和疑慮，讓政策的美意大打折扣，影響政策的推動和績效（黃俊英，2011: 1）。因此，如何加強政府與民眾的溝通則成為政府的重要課題，其中，又以政策溝通最為常見。基於此，在本章最後乃說明政策溝通的基本概念與作法。

一、政策溝通的意義

政策溝通 (political communication) 是指個人或團體透過表達管道，把政治性訊息傳達給其他個人或團體，並希望經由此管道能影響他人或其他團體對於政治事務的看法之過程。政治學者陶意志 (Karl W. Deutsch) 認為政治系統與機械、電腦或有機體具有共同性，因為它們都是目標追求的系統 (goal-seeking system)，要在變動的環境中尋求本身的均衡 (equilibrium)。因此政策如要有效追求目標，政治系統必須取得一定的資訊 (information)，包括有關環境的資訊與有關本身的資訊。這些資訊由各個訊息 (message) 所構成，經由一定的溝通管道來傳遞，此即為廣義的政策溝通之意涵（劉兆隆，2011）。

政策溝通的思維是基於民眾本位，為一種互動的雙向溝通。政策溝通主張政府要運用各種可用且合適的行銷工具和民眾進行雙向溝通，重視雙方的互動，不要讓民眾只知道政策或措施的內容，還要說明採行的原因和預期效益，用以爭取民眾的認同和支持（黃俊英，2011: 4）。因為絕大部分群眾對公共政策都是陌生的，而且也沒有任何一項公共政策對全部的人都有利。幾乎所有的公共政策都有贊成者也有反對者。適度的溝通與說服能夠讓反對者鬆動立場，甚至是贊成該項政策，因此政策溝通在今日的民主社會有著極為重要的角色。舉例來說，騎乘機車強制戴安全帽的政策，就是經由漫長的說服與溝通的過程，最後終於形成公共政策（劉兆隆，2011）。

二、政策溝通的要素

基本上，可將政策溝通的過程分為溝通者、訊息、媒介、接收者與

回應等五種面向。

㈠溝通者 (communicators)

所謂溝通者乃是指任何想要影響別人的個人或團體,而政策溝通者為政客、名嘴、政黨、利益團體、政府機關均屬之。

㈡訊息 (message)

所謂訊息是指溝通者所發出去的符號,如文字、圖形、手勢等,藉由這些符號,溝通者得以將其理念、情感、想法傳達出去。

㈢媒介 (media)

所謂媒介是指溝通者發出訊息所使用之工具,如電視節目、廣播節目、報刊雜誌的文章或專欄、個人談話、網路論壇或部落格等均是,其中大眾媒介 (mass media) 的擴散效果與影響力最大,而隨著資訊科技的發展,網路媒介的重要性也與日俱增。例如,當有新聞事件時,常常可以看到網友的「人肉搜索」,讓原本是隱匿的人被挖掘出來,攤在陽光下。

㈣接收者 (receivers)

所謂接收者乃是指收到溝通訊息的人,也可稱為受眾或閱聽人 (audiences)。其中有些人是接到第一手訊息,有些人則是經由二手轉播接收到訊息。而接收者的知識、關心程度、利益或立場,均會影響訊息的影響力與效果。

㈤回應 (response)

所謂回應是指政策溝通主要在對接收者產生某種溝通期待之效果,故接收者的回應,即為衡量溝通成敗的主要標準。一般來說,溝通者希望能產生以下四種回應當中的一種:

1. **啟發** (initiation)

啟發是指接收者如果從未思考過這類問題，或對此問題並無先入為主的觀點，則溝通者的訊息較易被接收者接受，換言之，溝通者啟發了接收者對該問題的思考。

2. **改變** (conversion)

指接收者本來對某項問題抱持與溝通者相反的立場，但收到溝通者的訊息後，立場有所改變，而傾向溝通者。

3. **強化** (reinforcement)

指接收者本來對某項問題曾持有與溝通者相似的立場，或者部分贊同溝通者的觀點，只是其信念不夠堅定或因故受到動搖，此時接收者在接受溝通者的訊息之後，使其立場更加堅定。

4. **付諸行動** (activation)

此指接收者原本對某項議題與溝通者有相同的立場，但其並無意願採取任何行動，而在接收者接受溝通者的訊息後產生了熱情，願意付諸實際行動來表達他們的立場。

三、政策溝通的過程

一般來說，政策溝通的內容可以分為溝通過程、政策轉譯、溝通策略等項目，其內容大致如下：

㈠溝通過程

基本上溝通過程包括：傳訊者、編碼、溝通網路、解碼、反饋、噪音 (noise) 等，任何資訊的傳遞大概都有這些過程。所謂傳訊者是指由誰傳遞，編碼是指將資訊重組，用另一種方式讓人民瞭解資訊內容，特別是能否用一句響亮的口號來論述所要闡述的政策？溝通網路主要是指透過哪種途徑？是電視，還是報紙？甚至是耳語。解碼是指將資訊還原的過程。反饋則是指接受到訊息後所採取的行動選擇，例如是投票贊成，還是抗議？或是投票反對都有可能？噪音則是指政策以外的各種雜音，特別是替代方案的提出，這些都會影響到政策的未來與發展。

㈡政策轉譯

政策必須表述清楚，首尾一致地陳述目標與達成目標的手段、方法。而轉譯的關鍵就在於是否能轉換成閱聽人能夠瞭解的詞彙或符號，以便閱聽人吸收該資訊。例如：「文茜世界周報」節目之所以吸引知識分子觀賞，就是因為主持人在論證本身觀點時，習慣以大量統計數據來佐證。因為對於知識分子而言，他們相信「數據會說話」。所以對知識分子而言，轉譯的關鍵符號就是「統計數據」。

㈢溝通策略

有效溝通係指聽眾聽得懂的頻率，而不在強調使用哪一種語言溝通。好的溝通策略則可用來架構聽眾聽得懂的寬頻。一個好的或成功的溝通策略必須把握 Kiss 的基本定律，Kiss 是 keep it simple，stupid 的簡寫。溝通策略應避免不必要的複雜，把握簡單易懂的原則。一般來說，一個人每分鐘能接受的字數不會超過九十個字，注意力持續時間大概在五分鐘左右。因此公務人員宣傳政策必須要能夠運用簡單清晰的語彙，在簡短的時間內，就必須要能夠讓閱聽人瞭解其政策內容。

政策溝通的流程，如圖 12-3 所示，首先是由溝通者（即政府部門）將所要傳遞或表達的政策內涵，經由編碼將之變成訊息，然後透過適當通路將訊息傳遞給閱聽者（即特定民眾或公眾群體），閱聽者接到訊息之後經由解碼來理解訊息的意義。從圖中，可看出政策溝通包括發訊者、編碼、溝通網路、解碼、閱聽者、回應和噪音等八個要素。噪音是造成溝通不良的干擾因素，每一個要素都可能干擾溝通的效果，其中編碼和解碼是溝通流程中最容易造成噪音的要素，許多溝通工作常因編碼和解碼不當而造成噪音，從而影響政策溝通的成效（黃俊英，2011: 4）。

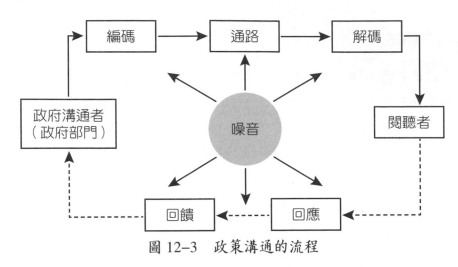

圖 12-3　政策溝通的流程

資料來源：黃俊英，2011: 5。

四、政策溝通的功能

　　政策溝通的功能，有研究（詹富堯，2010: 452-453）指出，主要包括整合政治歧見與建立共識、民意的表達與協商、政令宣導與教育等三項要點，申論如下：

(一)整合政治歧見與建立共識

　　政策溝通乃在政治系統透過回饋所得到正面與負面的資訊量之回應，當一個政治系統在獲得正面的反應之後，其應順勢而為，加快向目標邁進；然而若是獲得負面回應時，則須盡快調整政策方向或作為，尋求對政策歧見的共識，才能夠扭轉此種負面反應的情勢，以求將對政治系統的負面回應轉換為正向回應，進而達到支持政治系統的作用。

(二)民意的表達與協商

　　在政策溝通的過程中，即可展現出民心向背與民意趨勢，而民意往往是政府制定政策的重要參考依據。但民意並非一致的，其往往存在各種分歧，故面對雜然紛呈的民意，政府必須透過適當的政策溝通管道進

行協商，方能使施政更加順暢。

㈢政令宣導與教育

政策溝通有時是一種政府政令宣達與指示的過程，從某種角度觀之，它也可以說是一種教育，以使民眾能夠遵循政府政策的規範，而在此過程中，政府可透過大眾媒體、學校以及社會團體等方面來進行。

五、政策溝通的媒介

傳統上，政策溝通的媒介可大致分為兩類，一是大眾傳播媒體 (mass media)，二是面對面的溝通媒介 (media of face-to-face communication)，除此二者之外，隨著資訊科技的日益發達，網路媒介的傳播亦成為政策溝通的重要媒介之一。

㈠大眾傳播媒體

大眾傳播媒體是指發出訊息之溝通者可同時發出單一訊息給大批接收者，而溝通者與接收者卻不必面對面接觸，其種類甚多，如電視、廣播、報紙、雜誌、電影等均屬之。其中電視節目對於世界主要國家的政治均有相當強大的影響力，在傳播政治訊息上具有快速的特性，相較於報紙、雜誌等文字媒體，其一大優越之處便在於即時性。而報紙、雜誌雖然在即時性上不如電子媒體，但其往往較電子媒體具有議題設定 (agenda-setting) 的能力，並且通常能提供較具有深度的報導，故其對政治仍具有相當重要的影響力。學者認為大眾傳播媒體是民主政治過程的基本要素，能夠提供一種論壇或管道來進行辯論，讓政治人物能夠享有媒體接近使用權、政治人物和政府機構能夠透過媒介來進行各種宣傳。因此我國在選舉時常舉行各種議題的電視辯論，就是希望候選人能夠利用媒體公平地將自身的政見傳播出去。

㈡面對面的溝通媒介──意見領袖的溝通

面對面的溝通媒介及一般的口語傳播 (speech communication)，資訊

的傳遞是靠人與人直接的接觸。在多數初級團體中，常有少數成員對政治特別感興趣，他們從大眾傳播媒體獲得許多政治訊息，這些人可稱為意見領袖；而這些意見領袖會再把從外界得來的政治訊息傳遞給他的同伴，他的同伴往往也會採納其觀點。例如，南部地區地下電臺盛行，就是因為地下電臺扮演了一定程度意見領袖的角色，對於中老年人口的政治選擇有著極大的影響力。

(三)網路媒體

近年來，網際網路的發展逐漸改變我們的日常生活與社會互動的型態，此外，網路也對資訊的意涵與價值、媒體傳播的模式產生巨大的影響力。網路媒體具有去中心化、公私難分、快速流動、共同參與、虛擬真實等特質，最近幾年網路媒體之所以躍居重要角色，與資訊爆炸或媒體習性改變有關。很多新聞只要網友一加入「人肉搜索」，就會讓新聞主角瞬間爆紅，這是過去從未發生過的情形。網路媒體和其他大眾傳播媒體相較，在傳播速度、訊息恆久性、閱聽人是否可控制暴露、暴露時的專心程度、訊息深度、涵蓋面、威望、訊息素材製作時間、閱聽行為等都有所不同。此外，網路媒體與其他媒體的界線其實也相當模糊，例如大眾媒體會將所有報導內容透過自身網站或其他網路平臺傳播出去，而網路上所流傳的訊息往往成為大眾媒體的取材來源（例如，臺大 BBS 站 PTT 的八卦版）。總而言之，在資訊社會下，網路已是政策溝通與傳播非常重要的媒介，無怪乎近年來國內外政治人物競相成立個人部落格，或加入臉書 (facebook)、噗浪 (plurk) 等社群網站或微網誌。現在許多政治人物之所以勤於耕耘臉書或噗浪，就是希望一方面能將個人資訊經由這個平臺迅速傳遞，另一方面也希望藉此凝聚支持者，創造民意的支持。北非與回教國家的「茉莉花革命」，據說也是從臉書開始傳播醞釀，足見其威力之強大。

行政櫥窗

夏日電價政策

　　臺灣夏季氣溫偏高，電扇與冷氣的使用率大幅增加，整體用電量急速成長，臺電公司除了繼續運轉原有的基載發電機組外，還得另外啟動發電成本較高的燃氣、燃油機組，來滿足尖峰用電的需求，導致供電成本上相對非夏月之供電成本較高。因此，臺電參考國際電業如美、日、韓等各國電力公司之經驗，自 1989 年 2 月起實施季節電價 (seasonal rate)，在不改變全年平均費率的基礎下，自 6 月 1 日起實施例行夏月（6～9 月）費率，同時也降低非夏月（其餘 8 個月）之費率。目前國內季節電價適用於一般家庭、機構與小型營業用戶，也是國內用電戶數最多者。

　　臺灣的電力系統屬於島型系統，若電力供應不足時，無法由鄰近地區取得電源，然而民眾於夏季期間用電大增，因此，採行季節電價不僅可以減少夏季負載、公平合理反映季節間供電成本的差異，達到減少發供電設備投資，也能促進民眾珍惜寶貴電力資源使用，使其因節電而減少電費支出，同時也達到節能減碳的成效❶。

　　然而，環保聯盟學術委員、臺灣大學大氣科學系教授徐光蓉卻認為，夏月電價只是臺電收費方便，無法引導民眾節電，應改為「時間定價」方式，讓真正尖峰時刻的用電量能確實下降。況且現在節能資訊亦不充足，政府應該扮演督促角色，也應學習國外制度，如建築執照核發應制定每坪耗能上限，才是節能減碳的長久之道。❷

---

❶ 資料來源：經濟部能源局，http://web3.moeaboe.gov.tw/ECW/populace/news/News.aspx?kind=1&menu_id=41&news_id=3628。

❷ 資料來源：自由時報 / 羅倩宜、謝文華、吳柏軒 (2014/6/1) http://news.ltn.com.tw/news/life/paper/783721。

參考文獻

- 江振茂，1993，〈行政溝通之理論與實務〉，《警政學報》，第 23 卷，頁 125–150。
- 吳定、張潤書、陳德禹、賴維堯、許立一，2007，《行政學（上）》，臺北：國立空中大學。
- 吳瓊恩，2011，《行政學》，增訂四版，臺北：三民書局。
- 李元墩，2004，〈有效的溝通技巧〉，《研習論壇》，第 45 期，頁 13–25。
- 林鍾沂，2005，《行政學》，臺北：三民書局。
- 張潤書，2009，《行政學》，修訂四版，臺北：三民書局。
- 莊勝利，2007，〈國立高中職校長衝突管理、行政溝通與教師工作滿意度關係之研究〉，國立政治大學教育研究所博士論文，未出版，臺北市。
- 許南雄，2000，《行政學概論》，增訂四版，臺北：商鼎文化出版社。
- 陳柏任，2007，〈臺中縣市國民小學行政人員溝通行為與學校效能關係之研究〉，國立臺中教育大學教育學系碩士論文，未出版，臺中市。
- 陳啟榮，2011，〈行政溝通的藝術與技巧〉，《人事月刊》，第 52 卷第 3 期，頁 1–15。
- 陳德禹，1991，〈行政溝通〉，《人事月刊》，第 12 卷第 1 期，頁 35–50。
- 湯絢章，1973，〈行政溝通之理論與實際〉，《行政學報》，第 5 期，頁 5–14。
- 黃俊英，2011，〈整合性行銷溝通——強化政策宣導與溝通利器〉，《文官制度季刊》，第 3 卷第 3 期，頁 1–23。
- 黃柏勳，2007，〈教育行政溝通：訊息處理的認知負荷觀點〉，《初等教育學刊》，第 28 期，頁 57–72。
- 詹富堯，2010，〈民意與政策溝通〉，收錄於王業立主編，《政治學》，

臺北：晶典。

- 劉兆隆，2011，〈政策溝通與政策行政的理論及實務〉，《研習論壇》，第 129 期，頁 14–24。

- 韓釗，2009，〈行政溝通的理論與實際〉，收錄於吳定等，《行政學析論》，臺北：五南，頁 511–533。

歷屆考題

1. 試就所知，簡述政府與民眾進行溝通的具體作法。（092 年公務人員普通考試第二試試題一般行政）

2. 行政院吳院長就任後強調「庶民經濟」、「庶民需求」……等觀點。請從行政學角度而言，分析這些「庶民」觀念對各級政府機關運作而言，具有什麼意義？又可能產生哪些影響？（099 年國立臺北大學公共行政暨政策研究所甲組試題）

3. 馬英九總統曾公開要求公務人員要能「聞聲救苦」，試問此要求的意義為何？而公務人員要如何有效的去「聞聲」？又可用那些方法、方式或程序來「救苦」？試從公共行政的觀點析述之。（098 年國立臺北大學公共行政暨政策研究所甲組試題）

4. 行政系統常與環境保持雙向互動的重要機制，就是政府的公眾關係，試問公眾關係的目的、正確理念為何？有哪些推展公眾關係的工作原則？（099 年國立東華大學公共行政研究所試題）

5. 府公共關係已經成為當前最重要的一個議題，我國近來發生的「美國牛肉進口」、「ECFA 政策」、「接種新流感疫苗」數項爭議，問題均直指政府公共關係不佳所造成，請試選上述其中案例之一，說明在政府進行公共關係時應注意哪些原則，採取哪些方法，才能夠有效達成溝通效果促進民眾順服？（099 年國立臺南大學行政管理研究所試題）

6. 處於強調顧客或公民導向，並推動公民社會建設之環境下，誠如公眾關係學者指出：公眾關係乃是一種新的管理哲學。試問：何謂公眾關係？行政機關組織為發展其良好的公眾關係，應把握那些工作原則？試論述之。（095 年地方特考—三等考試）

第 13 章　行政資訊管理

管理學大師彼得杜拉克 (Peter F. Drucker) 曾於 1988 年斷言，下個年代的未來新組織將必須成為以資訊為基礎的組織（陳德禹，2000: 331）。而實際上，邁入二十一世紀的現代後工業社會也印證了資訊（知識）就是一切 (information is everything)。資訊社會的來臨代表著幾項意涵：一是未來人類的生產活動主要憑藉的不再是人力或機械，而是透過資訊的運用，使有限的資源發揮最大的效用。二是由於人與人之間、社會與國家之間，以及國與國之間的交往關係日趨頻繁，這種休戚與共、牽一髮而動全身的密切關係，使彼此間的瞭解與溝通顯得格外重要，而溝通依憑的就是資訊。三是因人類社會生活所必須面對的資訊數量與種類將越來越多且繁複（張潤書，2009: 675）。

隨著電腦資訊和通訊科技的加速發展，這波資訊革命亦橫掃公部門，誠如斯塔林 (Grover Starling) 所言：「沒有任何公共行政人員可以逃離資訊的影響。」其不僅使得資訊取得、處理及交換資訊的成本大幅降低，也改變了公共行政的理論和應用。因此，多數的公共行政人員都明白這股革命正在進行，而且極少數人會質疑它的重要性 （G. Starling 原著，洪聖斐等譯，2008: 629–630）。

基於上述，為了因應資訊社會的來臨，政府機關需改變傳統處理行政事務的方法與技術。相較於私部門使用資訊科技於業務電腦化，公部門的起步雖然較晚，但卻有後來居上的趨勢。從最早期的電子資料處理 (electronic data processing, EDP)、至後來發展的管理資訊系統 (management information system, MIS)、決策支援系統 (Decision Support system)，到最近發展的網際網路等新科技所刺激的 「電子化政府」 (E-government)，在在都顯示出政府對於業務電腦化的重視（吳瓊恩、李允傑、陳銘薰，2006: 265）。而各國政府無不利用資訊科技提升政府行政能力與效率，以簡政、便民來進行政府再造、行政革新，期望能在「又要馬兒跑，又要馬兒不吃草」的時代背景下，利用資訊科技來突破財政

困境與行政能力上的限制，以提升政府效能，滿足民眾需求（郭耀昌，2003: 162）。

基此，本章即以公部門資訊管理的演進階段為基礎來進行介紹。由於行政資訊管理為公務管理的一環，為避免讀者產生觀念混淆的情形，在本章中先簡述公務管理的概念與內容；其次介紹行政資訊管理的意涵、特質等基本概念；接著介紹各種資訊管理系統的涵意、特性或運作原則、架構等；最後則以新近的電子化政府為主，論述資訊科技的意義，以及電子化政府的概念與運作模式等。

第一節 公務管理的概念與內容

一、公務管理的意涵

所謂「公務管理」（office management），也有稱之為「機關管理」。此處所指的「公務」是狹義的「辦公處所」（office），是組織人員為處理其日常工作或業務時的活動場所（張潤書，2009: 657）。有研究指出，若從公共行政的角度而言，「辦公處所」具有下列含義：1.辦公處所就是所有公務人員為完成其任務或執行其職務時的工作地點；2.辦公處所就是公務人員與人民、民意代表、其他公私機關人士接洽公務或交換意見的場所；3.辦公處所就是政府有關文書收發總匯及藏置，以備使用與參考的場所（胡盛光，2001: 24）。

基於上述，關於「公務管理」的廣義概念，則被認為是一種行政技術的活動，利用科學的方法，有計畫的、有效率的、有技術的規劃、管制、聯繫、協調和運用機關的組織、人員、設備、財務和經費，作適時、適地、適人、適事的處理，以提高行政效率，發展機關業務，達成機關使命。由此可知，「公務管理」是在研究與辦公處所有關的各種事務，包括辦公處所的空間、設備、環境、案卷、公文等，其目的在於使此等條件完全符合工作人員的需要，進而提升工作效率，完成組織所欲達成的使命（張潤書，2009: 657）。

二、公務管理的內容

關於公務管理的內容，國內研究鮮少有清楚說明。僅有胡盛光 (2001: 25) 在一篇名為〈警察機關公務管理〉的論文中，有如下的闡述：公務管理係對行政管理的資源作最有效率地處理及控制的技術、程序及活動。而所稱行政管理的資源包括：組織結構、人員、財物（財力、物力、設備）、科技及資訊。亦即艾里森 (Allison, 1980) 在「管理與預算局」(Office of Management and Budget) 的報告中，界定資源管理 (resource management) 係指基本行政資源系統的建立，含預算與財務管理、採購與補給以及人事管理等。因此，公務管理的內容包括：組織與人事管理、預算與財務管理、總務管理（含事務、採購、後勤補給等）。簡言之，公務管理之範圍，即政府機關之人、財、物的組織調度與管理。但在行政機關之實務上，人事、主（會）計及資訊均有獨立之專責單位負責掌理，如人事室、會計室及資訊室；其餘之公務管理事項均屬總務（或事務）單位管理之範疇。另外，就公共行政研究之觀點而言，因已有人事行政、財務行政及資訊管理之專門研究領域，因此，所謂公務管理之內容，似偏重於其餘行政管理資源之管理工作與知識，亦即偏重於事務管理、採購管理（含營繕工程）、後勤管理等總務管理工作之範圍。由以上所述可知，公務管理是以人、財、物為管理對象，完整的公務管理需具備健全的人事制度、合理的經費預算和優良的行政資源管理三項內容。

第二節 行政資訊管理的基本概念

一、行政資訊管理的意涵

誠如前述，近年來資訊科技已對於行政管理產生巨大衝擊，尤其機關組織的事務管理已受自動化影響而形成資訊化事務管理的時代，行政機關對於電腦與資訊自應加以重視並予有效運用與管理。

然而，在說明行政資訊管理的概念之前，首先須釐清資料、資訊與

知識三者間之差異。所謂資料 (data)，專指原始的、未經整理與分析的事實；而資訊 (information) 則指將前述資料或訊息經過轉換或處理過程後，具有參考價值、有意義的數據，會改變接收者對於某事物的認知；至於知識 (knowledge) 則是指資訊體，或者是從取得和整理大量資訊之後所得到的理解，例如：醫學知識（洪聖斐、郭寶蓮、陳孟豪譯，2008: 632）。而行政資訊管理，就其字面意義觀之，即是指行政相關「資訊」處理的管理，包括如何運用資訊做決策、將資料轉換為有用的資訊等活動。

關於「行政資訊管理」一詞，學者張潤書 (2009: 675) 將其定義為：「機關組織為有效達成目標使命，針對影響組織運作有關的內外在環境因素，所進行之資訊蒐集、資訊分析、資訊解釋、資訊分派、資訊應用及資訊儲存等管理活動，其目的在促進行政效率、提升行政決策品質、有效解決公共問題」。因此，若能善用現代電腦科技提升快速處理大量資訊的能力，即可謂是對行政資訊進行管理，將有助於機關改善行政效率及增加回應性。若再進一步探究行政資訊管理之必要性（作用），約有下列三項：

1. 行政資訊管理可有效簡化行政作業流程，縮短行政作業時間。
2. 行政資訊管理有助於發揮知識的效用，提高決策的理性程度，減輕管理者例行性的工作負擔。
3. 行政資訊管理可協助決策者進行問題分析、方案創造、結果判斷與風險管理。

二、行政資訊管理的特質

研究資料（盧建旭，2000: 372–373）顯示，現代政府本身即是資訊流通與應用、消化或處理的一種機制，事實上亦可被界定為「資訊處理企業」 (information processing business)。美國公共事務與行政學院全國協會 (NASPAA) 早於 1986 年時，即要求所有美國公共事務與行政研究所在學程設計上，必須提供學生有關政府資訊管理的課程，但是很少有學校課程主動採用或者被強制應用。學者卡斯巴利與湯姆森 (Cats-Baril

& Thompson) 認為，雖然公部門逐漸重視對資訊科技專業的管理，但是過去大量引用私部門的資訊管理評估架構到公部門，卻未曾考量到公部門與私部門間的差異性，包括：

1. 因為公部門組織間互賴性本質，公部門對於明確專案目標，領導與特定責任的需求程度，也較私部門為高。

2. 因公部門的高層人員高離職率與官僚規定的限制，對於說服公務人員改變既定組織流程的必要性與執行變遷的困難度，會比私部門更多。

3. 因政府決策的漸進本質，公部門以調整激進科技進行革新的標準，比私部門更加嚴苛。

4. 公部門的資訊主管相對於私部門資訊主管更缺乏權威，如何謹慎選取，同時有科技知識與熟悉政治風向的資訊領導者，就成為一項重要的條件。

　　學者布列史耐得 (Bretschneider, 1997) 指出，過去對於公共管理資訊系統的研究雖然有所成果，但是在研究資訊科技如何影響公共組織時，過度關注於私部門的應用與檢討，現在實應將目標轉移到公共管理的特質，並謹慎加以研究。學者克姆與第瑞克 (Kraemer & Dedrick, 1997) 則曾批評，儘管政府電腦化大幅增加，但自 1986 年後對於科技通訊影響公共組織的研究，卻未見進展，顯示出在此管理議題上正面臨研究趕不上實務發展的困境。

　　從開放系統的觀點來看，公部門資訊科技的操作程序與結構，必需與外在的變遷緊密結合，同時也會受到政府的民主制度、法律形式，甚至權利與義務均明文規定與保障等影響，因此，在界定整體資訊管理脈絡時，占著絕對重要的關鍵因素（參閱圖 13–1）。

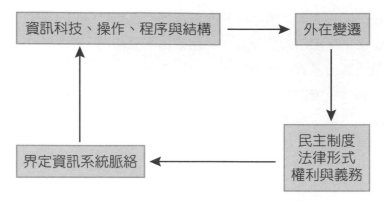

圖 13-1　資訊科技與界定公共部門因素的相關性

資料來源：盧建旭，2000: 373。

三、資訊管理系統的發展

關於資訊管理系統的演進，依據其發展的年代大致可區分為下列幾個階段（許南雄，2000: 343–344；吳瓊恩等，2006: 267–269）：

㈠電子資料處理 (electronic data, ED)：1950 年代

主要以電子計算機（電腦）取代大部分的人工操作，作用在將儲存之原始資料經過彙整、統計、分類等程序，轉變為具有參考價值的資訊或報表。但此時期之應用一般以例行作業的處理為主，且侷限於和計算有關的問題，但對於行政與技術資料之儲存與運用，已較全由人工作業更為快速便利。

㈡管理資訊系統 (management information system, MIS)：1960 年代

此時期的主要特色是以資料庫管理系統為主體，應用系統分析及模式建立之概念，將資料予以整合，有效提供給各管理階層做日常計畫及執行，或管制各項活動所需資訊的過程和體系。

㈢決策支援系統 (decision support system, DSS)：1970 年代

主要將管理資訊系統與決策過程密切配合，使決策者可以運用簡單的電腦語言，將需做的決策輸入電腦，以決定最適政策之依據。此系統不僅能提升處理資料的效率，還可提高人力與組織的效能。

㈣辦公室自動化 (office automation, OA)：1980 年代

簡言之，辦公室自動化意指自動化技術設備在辦公室之應用，包含文字、資料、影像、音訊、通訊等設備、技術與管理，亦有電子郵政、機器人等協力操作，更有人工智慧 (Artificial Intelligence, AI) 與專家系統 (Expert System, ES) 之配合，不但大為提高工作效能，還改變工作方式。

㈤電腦網際網路 (network)：1990 年代

受到電腦與科技整合技術影響，網際網路快速地發展，政府機關相互間也開始結合為網路系統，亦即所謂的「電子化政府」。不僅便利民眾查詢政府提供之資料，還可經由網路參與作業（如：申請證照），成為 1990 年代政府改造革新作業重要的一環。

由上述可知，資訊管理系統之改進是逐步完成的，涉及社會理念、環境因素與組織管理之配合，其中最具關鍵者在於人力管理（操作、訓練、學習、適應、成就感）之推進，故資訊系統仍以人力及其行為管理為中心（許南雄，2000: 344）。由於電子資料處理距今較久，且後來陸續融入辦公室自動化、電腦網際網路中，故在本章中予以省略。至於管理資訊系統、決策支援系統與辦公室自動化等較高層次的應用，將自下一節開始介紹，但本章整體的論述重點則是放在 90 年代以後的電腦網際網路與行政管理的關係。

第三節 管理資訊系統

一、管理資訊系統的定義與特性

㈠定　義

　　隨著資訊社會的出現，資訊爆炸時代的來臨，以及行政管理功能對於資訊依賴的增加等，促使管理資訊系統日益受重視。有關管理資訊系統的定義雖眾說紛紜，但基本上都脫離不了戴維士 (Gordon B. Davis) 所提出的基本定義雛形。戴維士認為：「管理資訊系統是一人機整合系統，可以提供資訊以支援組織的日常作業、管理及決策活動。此系統使用到電腦硬體與軟體、人工作業程序、模式以及資料庫」（吳瓊恩等，2006: 266；曹中天，2006: 4）。

　　亨利 (N. Henry) 則認為，管理資訊系統是一種資料收集以及取用之相互連結的程序與機制，可將組織的資料轉化為適合做管理決策的資訊（N. Henry 原著，蕭全政等譯，2001: 314）。至於國內學者陳德禹 (2000: 335) 認為，管理資訊系統即協助管理階層有效履行管理功能，提供所需資訊的系統，係以電腦為工具，運用系統分析與模式建立的方法，針對機關日常業務之規劃、執行、考核等管理工作所建立的資訊處理系統過程。而張潤書 (2009: 676) 則將管理資訊系統定義為「應用系統化、電腦化的資訊處理程序及處理設備，針對機關組織的決策所需與業務運作，所為之有計畫的管理作業及建制」。

　　另一位學者丘昌泰 (2010: 388–389) 則認為❶，並不是所有資訊系統都有管理功能，凡是能夠發揮管理效能的資訊系統，就是一個管理資訊

---

❶　任何具有蒐集、處理資訊的機制作用，都可以稱為資訊系統，資訊系統並非是以電腦為基礎的系統，而是一組織化的程序，它提供資訊以支持組織中的決策制定與控制。因此，電腦系統、文件與公文格式的運用固然是重要的資訊系統，但其他許多非正式的資訊，如專家預測也都包含在內，故資訊系統包括軟體與硬體的資訊類型。

系統。管理資訊系統是企圖整合組織成員、電腦或其他相關的通訊與支援系統，以管制與控制環境事件，完成系統目標。基本上，管理資訊系統強調的是人類智慧的軟體 (humanware) 與硬體 (hardware) 的整合，以發揮管理效果。

㈡特　性

根據上述的相關定義，可將管理資訊系統的特性歸納如下（吳瓊恩等，2006: 266；曹中天，2006: 4–5）：

1. 管理資訊系統是以電腦為主的人機整合系統。
2. 管理資訊系統是用來提供各種組織活動所需的資訊。
3. 管理資訊系統支援例行作業、管理與決策活動。
4. 管理資訊系統主要被應用在組織中。
5. 管理資訊系統的主要組成要件包括：電腦軟硬體、人工作業程序、模式及資料庫。

整體而言，管理資訊系統是機關組織為日常決策所需、提高決策品質，借助電子資訊工程處理大量繁雜資訊的科技能力，針對資料的蒐集、分析、選擇、處理、儲存及流通等活動，所建立的一種管理作業程序與制度。這種管理制度表面看起來類似機關的文書作業系統，實際上卻必須建立在有系統的機關決策規劃之上，對於現代機關組織處理複雜環境因素顯得格外重要。

二、管理資訊系統的作用

如前述，現代機關組織面對複雜多變的環境因素，為制定合理的行政決定，提高決策品質，而有建立管理資訊系統的必要。管理資訊系統的主要作用可說明如下（吳定等，2007: 479–480；張潤書，2009: 678–679；丘昌泰，2010: 382）：

㈠增加管理者的決策能力

經由資訊管理系統的運作，可使決策人員或管理人員於決策前充分

預估決策後的可能影響，決策後便可迅速瞭解執行之情況及其後果，從而增進其作決策的能力。

㈡節省機關管理人員做決策所需的時間、成本及精力

因管理資訊系統是運用管理科學和電腦科學發展出來的有效工具，該工具係由軟體運用系統與硬體操作系統結合而建立的一套整體系統，將各個次級系統的資料檔加以集中管理，如此可透過共同資料流程 (common data flows) 達到經濟、迅速而有效使用資訊的目的，從而節省做決策的時間、成本及精力。

㈢使管理者順利推行「例外管理」(management by exception)

經由回饋系統，管理人員可以迅速獲知計畫執行的重大差異、問題及例外事項。

㈣發揮管制功能

經由管理資訊系統的運作，可充分對決策環境的各項因素加以評估，以瞭解環境因素對機關運作的可能影響。

㈤使原有的資訊系統更有效

因任何一個機關組織原來均有某種型態的資訊系統存在，而在以電子計算機為主要工具的管理資訊系統內，當更能提供非人力所能有效處理的資訊，也因此更能使決策、執行及管制等各項活動的品質相對提高。

整體而言，管理資訊系統除了能輔助決策與管理之外，還能夠發揮促進機關協調、流暢組織溝通的功能。由於機關組織普遍存在本位主義、各自為政的現象，甚至有將重要資訊據為己有、不願公開的傾向。若能透過管理資訊系統，將資訊公開分享，不但能提升機關組織學習的能力，更能有效凝聚組織的向心力（張潤書，2009: 678–679）。

三、管理資訊系統的運作原則與先決要件

管理資訊系統強調人類智慧軟體與硬體的整合，以發揮管理效果。然而，管理資訊系統基本上是用於營利性的企業機構，故以成本與利益為主要的考量；但公共部門的管理資訊系統則有許多限制，例如許多公共問題太過複雜，必須運用人類的智慧、經驗與靈感才能解決，電腦科技很難完全取代人腦，只有例行性的事務較可能以管理資訊系統為之。

儘管如此，公部門中運用管理資訊系統仍有些基本原則可遵循，其具體內容如下（丘昌泰，2010: 389-390）：

㈠運用多元標準評估行政管理資訊系統的效果

私部門管理資訊系統係以「經濟效率」為評估標準，但公部門管理資訊系統則以多元標準，如「公平」、「公道」或「正義」等加以衡量。

㈡盡量避免將公部門管理系統當作私用或充作個人報賞

公部門管理資訊的運用一定要基於「公共」的原則，而不能流於私用，如洩漏公開資訊給私人公司或大眾傳播媒體。

㈢公共管理資訊系統的規劃必須是漸進的、權變的，而非整體的、理性的

由於公部門的管理者所面對的政治環境太過複雜，所以其規劃必須採取漸進主義的模式，隨政治氣候的改變而進行適度的調整，以避免公部門管理資訊系統的建立受到影響。

㈣公部門管理資訊系統的設計應注意與組織外部的連鎖關係

公部門之間的資訊聯繫相當重要，以相互交換訊息，避免重複浪費，如犯罪司法系統資料不僅連接警察機關與法院，而且也連接調查局等單位。

總而言之，公共管理資訊系統要發揮管理效果，需完成下列各項先

決條件：

1. 必須對於電腦資訊科技具有基本的認識。
2. 必須具有管理資訊系統的工作意願。
3. 必須瞭解系統應用的優點與限制。
4. 必須深切體認人類與資訊互動的不同情況。
5. 必須客觀地評估系統對於管理決策所做出的貢獻。

第四節 決策支援系統

一、決策支援系統的涵義與特性

行政資訊管理的主要用意，在於協助現代行政機關有效處理繁雜資訊，提升服務品質。然基本上，管理資訊系統的性質與設計原則，仍止於輔助管理者面對例行性、經常性、作業性、有固定因果脈絡可循的「結構化」決策問題，對於無固定因果關係的「非結構化問題」或是無經驗法則可循的問題，仍束手無策。因此，自 1970 年以後，一種採用互動性、以電腦為基礎、且可以協助決策制定者運用資料與模式以解決非結構性問題的「決策支援系統」應運而生，此一系統無論對於結構性的或非結構性的決策均有相當大的幫助（張潤書，2009: 680–681；丘昌泰，2010: 355）。

決策支援系統的觀念，最早是 1971 年由美國學者史考特 (Michael S. Scott) 在其所著〈管理決策系統〉(Management Decision Systems) 一文中所提出的，其認為決策支援系統即是一個以電腦為基礎的交談式系統 (interactive computer-based system)，目的在協助決策者使用資料及模式，解決非結構性的問題，且期望當決策者陳述某一問題後，決策支援系統能夠自動化分析工作，向決策者提出建議（曹中天，2006: 142；張潤書，2009: 681）。此外，亨利亦提出：決策支援系統是一種可直接由管理者使用、針對某種特定的管理資料庫而建構的互動式電腦系統。這種系統可幫助組織中各階層管理者進行非結構性或非例行性問題的處理（蕭全政等譯，2001: 315）。而我國學者吳定等 (2007: 486) 則認為，決

策支援系統是指利用電腦系統處理機關資訊，以支援主管人員針對「非結構化」問題制定決策與執行決策的一套體系。

總結上述，決策支援系統是以「決策層」人士（而非管理層或技術層人員）製作決定的需要為核心，應用電腦科技與設備，形成一種允許使用者與電腦互動的資訊處理模式，藉以探究非結構化決策問題，使行政主管能夠快速有效判斷問題、選擇方案的體系與制度（張潤書，2009: 681–682）。其基本哲學即是利用電腦來改進並加速使用者制定決策與執行決策的過程。換言之，決策支援系統強調提高個人與組織效能，而不是在增進處理大量資料的效率。

基於上述，決策支援系統具有下列特性（吳定等，2007: 487–489；張潤書，2009: 682）：

㈠能夠支援非結構化的決策

高層管理者所面對的問題大多是半結構化、甚至是非結構化的。決策支援系統可以將半結構化或非結構化的問題之決策分析過程予以結構化，協助決策者做較適當的決策。

㈡能夠支援整個決策過程

即決策支援系統能支援整個決策過程，包括從蒐集資料、界定問題、確定目標、研擬方案、比較方案、選擇方案，乃至於方案實施後的評估等皆可以加以支援。

㈢對環境的變化具有彈性、適應力及迅速回應的能力

決策支援系統所掌握的資訊，必須隨著機關組織環境的變化，隨時予以更新修正。對於決策分析之分析準則的應用，也應隨著問題的不同而具有改變或修正的能力。同時，必須能快速回應環境的變化，以爭取時效。

㈣能夠提供充分的彈性使決策者可表達主觀的認定

決策支援系統之所以被稱為「支援」，主要是因能提供決策者在進行決定分析時的準則、權重或價值觀念等，以作為參考標準。

㈤能夠提供決策者使用「假如……如何」(if-what) 權變關係的功能

即決策支援系統能協助決策者在面臨非結構化和非例行化的問題在做決策時，藉由不斷地詢問「假如……如何」的問題，以切實瞭解各項方案的因果關係，並加以評估比較，才能進行抉擇。

若將管理資訊系統 (MIS) 與決策支援系統 (DSS) 加以比較，則其差異如下表所示：

表 13-1　MIS 與 DSS 之比較

特性	管理資訊系統 (MIS)	決策支援系統 (DSS)
功能重點	提供資訊	支援決策
系統設計策略	反映組織現況 整合電子資料處理 (EDP) 部門功能導向	反映決策前瞻性 解決問題導向
問題類別	各類結構性問題	半結構性問題
系統輸出	綜合摘要 例外報表	決策分析 特殊報表
系統架構	大的整合架構	彈性的架構
時程	過去到現在	過去到未來

資料來源：曹中天，2006: 143。

由表 13-1 可得知，管理資訊系統屬資訊導向、重視成效、且產出摘要與例外報表；相形之下，決策支援系統則偏向決策導向，雖一樣重視成效的展現，但僅輸出特殊報表（曹中天，2006: 143）。簡言之，管理資訊系統與決策支援系統的主要區別在於：管理資訊系統只是一種被管理者使用的資料庫，而決策支援系統則提供管理者處理非結構問題時的決策輔助，以及可直接提供決策者更進一步的整合技巧。也就是說，

決策支援系統可以被設計來幫助管理者進行假定式問題的探討，例如預測可能增加的運輸成本（蕭全政等譯，2001: 315）。

二、決策支援系統的主要架構

　　決策支援系統的建立是以決策者個人進行策略性決策的需要為著眼，所以此一系統較管理資訊系統更重視理性的決策步驟。衍伸來看，決策支援系統圍繞在決策問題的瞭解、事實資料的蒐集、資料的分析與解釋、可行方案的研擬、方案的評估及判斷等活動的進行上，特別是有關決策者如何從資訊中形成對問題的認知，如何根據認知來形成解釋的理論模式，如何依據最可信的模式進行分析、判斷及選擇。故決策支援系統通常由三種次級系統構成，分別說明如下（張潤書，2009: 683–684）：

㈠語言系統 (language system)

　　語言系統即是使用者個人與電腦系統間相互溝通的媒介系統。使用者以簡單的指令模式、敘述等方式，將欲表達的訊息輸入語言系統內，而此語言系統的設計應以方便決策者使用為原則。

㈡知識系統 (knowledge system)

　　知識系統是決策支援系統中最重要的部分，此一系統之內容應能涵括所有可供決策參考的大量資訊，不僅要能提供靜態與動態的資料，還必須展現決策的模擬效果，提供各種可能的因果組合，使決策者能從知識系統中獲取解決問題的有效知識。

　　一般而言，知識系統由兩個部分構成：一是資料庫，所謂資料庫所儲存的是大量的「問題領域」(problem domain)，包括瞭解某特定問題的路線、建立模式的方法、選取模式的組合及模式的修正規則、限制條件與相關資料的來源等。另一是資料庫管理系統，資料庫管理系統的功用是將資料庫中的大量資訊與問題領域有系統地予以組織，使用者藉此即可尋找、增刪、修正某特定問題的「問題領域」及其相關資訊。

㈢問題處理系統 (problem processing system)

決策支援系統功能的發揮繫於問題處理系統,而問題處理系統則是介於前述語言系統和知識系統之間的一種橋樑。問題處理系統透過語言系統來瞭解決策者的需要及問題描述,而後根據此一決策前提,從相關的問題領域中抽取恰當的知識資訊,提供給決策者參考判斷。故問題處理系統擔負著資訊的選取、因果模式的建立、決策問題的界定與分析等重要工作。

第五節 電子化政府

近四十年來,資訊科技的發展相當迅速,從 1950 年代以「計算」、「提升效率」為主的角色,逐漸轉變為以「作業支援」、「提升效能」、「改進品質」為主。最明顯的是自 1960 年代至今的幾項資訊技術的重大演變與組織資訊應用型態產生相互影響,若從公部門的角度來看,在網際網路商業化使用以前,其業務電腦化主要集中考量於內部行政效率,例如會計與人事差勤系統皆基於此構想(李仲彬等,2006: 78)。

邁入 1990 年代,隨著網際網路的出現與普及,政府資訊管理業務的擴展與轉型尤其快速與多樣化,在行政服務的型態上,除了依循傳統的方式到政府機關臨櫃詢問或辦理外,最大的不同在於民眾可以透過網路查詢或辦理相關業務。而為了對應逐漸多元化的前端服務,政府資訊管理的後端也從前述的資料輸入、軟硬體設備維運、應用系統開發,逐漸擴展到資訊安全、跨部門資料流通與為民服務需求,以及整體資訊政策與策略規劃(李仲彬等,2006: 79)。換言之,在公部門當中,資訊科技的應用已經從單純的儲存、計算、處理資料,轉變到作為發展政策計畫的資訊基礎 (丘昌泰,2010: 381)。而電子化政府的出現,正好將行政事務的管理帶入新的境界,不僅大大提高政府的效率,而且突破時間與空間的限制,隨時隨地可迅速地滿足服務民眾的需求。因此,在本章最後乃對新興的電子化政府議題進行介紹與討論。

一、資訊科技與行政管理

㈠資訊科技的意義

公共管理學家胡 (Hood, 1991: 3–4) 曾指出：新公共管理學派四項發展的大趨勢之一是由資訊科技所帶來的 「自動化」（轉引自丘昌泰，2010: 381）。換言之，隨著資訊科技的發達，必影響行政資訊管理的內容。所謂資訊科技 (information technology, IT) 係指通過電子媒體，以取得、管理與利用資訊的科學技術；電子媒體主要是電腦與電子通訊科技，網際網路就是其中最重要的一環；當然還包括使用這些資訊科技人員、軟體與設備等。

近四十年來，資訊科技的發展相當迅速。1960、1970 年代，係以大型電腦 (mainframe) 為主體的時代，當時的角色主要在於「計算」，故其能力也僅限於「計算」，該系統成立的理由是「技術支援」，目的則是提高效率。但是到了 1980 年代，開始出現迷你型個人電腦，其角色則轉變為「作業支援」，能力則是以交易過程為主軸，該系統成立的理由是節省成本，目的則在於改進品質。但是到了 1990 年代網際網路的出現，角色就成為建立整合性的資訊系統，能力則以網路為主體，該系統成立的理由是基於決策需要，目的則在於化解新的服務專案與競爭邊緣的壓力（請參閱表 13–2）（丘昌泰，2010: 381）。

表 13-2　1960–1990 年代資訊科技發展比較表

比較指標	1960–1970 年	1980 年	1990 年
科 技	大型電腦	迷你型個人電腦	網際網路
角 色	計算	作業支援	資訊系統
能 力	計算	交易過程	網際網路
建立理由	技術支援	節省成本	決策制定
目 的	改進效率	改進品質	新服務與競爭邊緣

資料來源：Isaac-Henry (1993: 96)，轉引自丘昌泰，2010: 381。

㈡資訊科技對於公部門的衝擊

由前所述可知，資訊科技的應用已經從單純的儲存、計算、處理資料轉變到作為發展政策計畫的資訊基礎。也因而資訊科技勢必對公部門的發展產生相當的衝擊與影響。一般而言，公部門多將資訊科技運用在下列幾個面向（丘昌泰，2010: 381–382）：

1. 公眾接觸與公民涉入：直接與政府、民意代表或社區對話，取得相關資訊。
2. 單一窗口式的整合性服務：民眾可以透過線上網路申請各項服務專案。
3. 互動式的電子服務：民眾可透過多媒體設備直接與政府官員進行資料的交易、溝通與移轉等。
4. 接觸點的資料進入：譬如員警對於犯罪資料的取得、法院對於交通紀錄的索取、民眾對於不動產資料的查詢等。
5. 人工智慧與專家系統：可以作為決策制定與政策規劃的依據。
6. 資訊的儲存：這是最基本的功能。
7. 收入的創造：許多政府機關通過資料的提供創造各種收益。

由以上所述可知，資訊科技的發展不但影響公部門公共服務的供給方式，使其更為便捷、迅速，同時還能節省人力，甚至替公部門創造附加價值或新的收益。

二、電子化政府的概念

自 1990 年代起，伴隨網際網路技術的快速發展，超越地理與時空的界線，促使新產品輩出並縮短了產品的生命週期。通訊設備的更新、經濟全球化的發展，使得競爭的戰場由國家轉為國際競爭。行政管理資訊系統也因資訊科技的新興運用，而以「電子化政府」的觀念取代（黃耀樟，2006: 11）。

電子化政府最初起源於 1993 年美國政府在 〈運用資訊科技改造政府〉(Reengineering Through Information Technology) 的報告中所提出的概念，強調「利用資訊科技來『革新』政府」（牛萱萍，1999: 413）。有關

電子化政府的定義，根據聯合國經濟暨社會理事會 (UNECOSOC) 之定義，電子化政府主要係泛指公共部門中，所有 ICT 平臺與應用資訊通訊科技提升內外部關係（UNECOSOC, 2008，轉引自崔灝東，2008: 5）。而經濟合作暨發展組織 (OECD, 2003) 則指出，電子化政府為使用資訊與通訊技術，和特別是網際網路的應用，以作為一種能達成人民與政府之間雙向溝通，成就更卓越政府的有效工具。而世界銀行 (Word Bank, 2008) 則認為，所謂電子化政府是政府使用資訊與通信科技轉變公民、企業和其他行政單位之間的關係，這些資訊通訊科技可以提供多樣化的目的，使政府傳遞更好的服務給公民，透過資訊充分授權公民，使政府管理更有效率，並可藉此改善政府機構的回應性、避免較多的貪汙腐敗、提升行政資訊透明度、提供人民較多便利性並降低服務成本（轉引自羅其睿，2009: 12）。

在上述的背景下，我國行政院研究發展考核委員會 (2001: 5) 乃將電子化政府定義為「政府機關運用資訊與通信科技形成網絡相連，並透過不同資訊服務設施，包括：電話、網際網路、公用電腦站等，對機關、企業及民眾在其方便時間、地點及方式下，提供自動化服務之總體概念。」若依研考會的分類，電子化政府有下列三種服務類型，分別是政府對政府、政府對企業、政府對公民所提供的網路服務，相關內容如下（羅其睿，2009: 13–14；陳瑜芬、鄭凱文，2009: 376；林淑馨，2012: 233–234）：

㈠政府對政府 (government to government, G2G)

為了提升政府內部運作效率，電子化政府改善其資訊系統，包括：會計、預算、人力資源等領域。此外，政府可以利用資料庫系統的技術，來減輕政府部門資訊管理者的重擔。G2G 的主要目標是促進資料整合，以及經由整合分散的系統來改善政府資料傳送的流程，此系統可以同時用來整合整個政府的資料，而不再是每個獨立機關單獨處理所獲得的資料及面對的問題，進而改善整個組織的決策。對於大型組織來說，G2G 方案對於下述 G2B 以及 G2C 奠定了一個良好的基礎。

㈡政府對企業 (government to business, G2B)

主要是指政府應用電子商務的情形，目的是改善政府的採購效率。政府機關的採購流程是相當繁雜的，而電子化採購是政府今後主要的發展方向。而線上申請、電子郵件的傳遞、文件的管理等，都是讓採購過程更有效率的作法。G2B 的目的是把焦點放在市場交易時能夠減少採購的行政成本，以及擴大市場交易機會。這與簡化工作流程、減少郵寄時間、增加資料的正確性有異曲同工之妙。

㈢政府對公民 (government to citizen, G2C)

當大眾習慣於使用網際網路、線上銀行、書店及其他電子商務服務後，會預期希望能與政府進行類似的電子交易。因此，G2C 的目的包括：減少交易成本、改善資訊傳播、增加公民參與度，並使得政策宣導或公民輿論等資訊的傳送簡化且更具效率。亦即政府機構透過網際網路直接提供人民所需要的服務，藉此可以簡化民眾洽公的手續，以及節省時間、人力、金錢等各項政府所需耗費的服務成本，並有效提升國家治理的效率；如行政層面服務（如線上申辦各種事項、下載各種表單、繳交稅金等），以及民主層面服務（如首長信箱、公共論壇等）。

從上述電子化政府的形式來說，資訊的選取、服務的傳遞以及雙向的溝通，是電子化政府的基本核心功能。透過政府網站的應用，可以達到資訊公開透明、服務申辦跨越時空限制、民主職能充分發揮之目的。其中 G2G 的跨政府服務、G2B 的商業服務、G2C 的便民服務都是電子化政府最主要的服務項目。

三、電子化政府的特色與功能

電子化政府是運用資訊科技的力量，來提升政府行政績效（李仲彬等，2006: 79）。從前述電子化政府的基本概念可知，電子化政府的主要目標在於透過流程的改造，進而塑造一個顧客導向 (customer-driver) 的政府，不僅具節省經費、精簡人事，更能強化公民與政府間的互動、提

高公民參與的機會與能力。根據 OECD (2003) 的報告指出，電子化政府是公共管理的改革工具，並具有以下五項重要功能 （轉引自林淑馨，2012: 235–236）：

㈠增進效率

應用資訊科技的電子化政府，一方面可以簡化工作處理流程，另一方面則可以促進公共行政的快速運作，同時，網路溝通技術節省了資料蒐集、資訊的供應和傳輸、與顧客溝通所需時間、金錢、物資的花費，亦可用較低的成本，擴大政府內部與外部資訊分享的過程，形成較佳的管理效率。

㈡促進服務

在新一波的公共管理改革中，許多國家均以顧客導向為其中心議題，成功的顧客導向服務是指瞭解並滿足顧客的需求。傳統的政府結構過於複雜，顧客不僅難以瞭解政府，亦很難和政府互動。電子化政府則提供了一個整合式的虛擬組織，並可以發展無間隙的網路服務。若電子化政府能進一步以顧客的需求為依歸，將可形塑令人滿意的公共服務。

㈢有助於達成政策效果

電子化政府提供政策利害關係人更多的資訊和溝通管道，有助於政策的發展。如電子化政府可促進資訊透明開放，提高民眾對政府的信任度，不論是直接或間接的影響，均有助於政府政策目標的達成。但相對地，電子化政府釋出資訊，也可能會造成個體警覺到隱私權保護的重要性，而形成若干公共政策的障礙。

㈣對改革有重大貢獻

當今所有國家均面臨公共管理現代化與改革的諸多問題，例如：全球化、新的財政需求、遽變的社會、日益增加的公民期待等，都是在尋求改革的過程中所必須面對的難題，也必須以深層和永續的方式加以解

決。而電子化政府可以促使許多改革走得更深、更遠，其本身所具有之透明化、資訊分享、突顯內部不一致性等特質，均有助於改革的落實與制度化。

㈤協助建立公民的信任

電子化政府可以促使公民樂於參與政治與決策，有助於塑造公開和課責的政府形象，如能更進一步克服若干限制和難題，甚至由公共辯論中探求人民的真義，在可預見的未來，資訊提供、政策諮商和公共參與等方式都可能改變，甚至以電子化政府的新型制度作為善治的基石。

四、電子化政府的運作方式

一般認為，電子化政府讓民眾與公務體系之間得以長時間不斷地互動、資訊交換，藉以增加彼此之間的信任，降低兩者之間的資訊不對稱問題，而其中所透過的就是電子化政府網路服務的三種運作方式（黃東益、李仲彬，2010: 89-92）：

㈠線上資訊公開

電子化政府利用資訊科技來加強政府資訊公開機制，並維持行政成本的收支，在資訊的傳遞過程中，維持內容的真實性與正確性，給予民眾閱讀與自身相關的資訊，以及向國家請求公開資訊的權利與機會。

㈡線上服務提供

電子化政府可以透過資訊化的過程，將行政程序統一化、業務電腦化，民眾可以透過政府的網站，下載洽辦各項業務的申辦表格，或直接進入政府申辦業務。例如：國稅局開放民眾可於網路上報稅，節省民眾往返的時間，並透過業務電腦化縮短作業時間。

五、建立電子化政府——電子化治理的出現

㈠電子化政府的層次

由我國建立電子化政府的歷程觀之，共分為三個層次，由低至高依次為：電子化管理 (e-management)、電子化政府 (e-government) 至電子化治理 (e-governance)。由此可知，電子化管理、電子化政府與電子化治理分別代表不同階段的理念原則與功能範圍，茲說明如下：

「電子化管理」階段著重於政府內部的管理電子化、流程簡化與人力資源的管理等。而「電子化政府」包含電子化管理與電子化服務 (e-service) 與電子化社會 (e-society)，其中電子化服務主要的內涵為提供以顧客為導向的加值服務、轉變服務流程來提供創新的服務等；電子化社會主要的內涵為應用資訊科技提升政府與其他政府、組織與社群的關係。至於「電子化治理」則強調民主化決策流程、開明政府與決策透明化的理念，探究電子化民主與電子化政治等議題。在上述三者之中，由於「電子化治理」是資訊科技引進公部門後最受學術與實務界關注之焦點，故在本章最後乃以此為論述重點。

㈡電子化治理的背景因素

所謂電子化治理是指應用當代資訊科技所施行的治理，其目的在於提升政府的績效，此一治理途徑應用的範圍遍及公共組織內部與外部的各種作為，也見諸於各種層級政府與專業部門（吳定等，2007: 327–328）。另外有研究在談論電子化治理概念時，強調電子化治理是以網際網路作為政府與公民的技術媒介，透過政策的演化表現公民的意志，代表新的政策規劃、新的公民參與形式、新的公民與政治的連結方法，以達成良善治理的目標（朱斌妤，2011: 414）。

電子化治理的興起主要源於環境的變遷，特別是身處在資訊化的系絡下，政府不得不轉換過去上對下的統治角色，改採電子化治理以進行必要的行政革新。關於電子化治理的背景因素，說明如下（吳定等，

2007: 328-329）：

1. 資訊社會的形成

　　隨著科技的發展，現今的社會可說是資訊或網路社會，若數位資訊系統正在改變各種組織以及人們的日常生活，那麼民眾似乎也會對於公共治理應該採取與此時代相互呼應的作為有所期待。換言之，資訊科技已經改變了人們的日常生活型態，因此政府在從事治理活動時，也應該適當地轉型採用資訊科技作為治理的工具，否則將與時代脫節。因此，電子化治理乃成為政府施政的重要途徑之一。

2. 知識經濟時代的來臨

　　在知識經濟時代，政府的治理作為自然必須根據充分的知識做出適當的決策，始能滿足顧客的需求，同時知識亦為改善組織績效的重要關鍵。行政人員應如何處理多元又複雜的民眾需求，提升決策的正確性和適當性？又有哪些知識可以協助公共組織的管理者改善績效？凡此種種，皆需藉助於資訊科技，因此電子化治理乃應運而生。

3. 全球化帶來無國界的資訊交流

　　全球化的趨勢讓國與國的疆界隔閡逐漸消失，各種資訊交流頻繁且快速。在政治的層面，國際局勢瞬息萬變；在經濟的層面，各國的經貿關係更加密切，經濟體系彼此間的競爭也更為緊張。這些均是全球化所帶來的種種趨勢和現象，促使政府必須採取更為宏觀和全局的視野治理國家，而且更需具備快速回應的能力，以維持或提升國家在全球的競爭力。因此，掌握詳實以及即時的政經資訊，乃是當今任何國家的政府必須具備的能力。也因此，政府需要藉助於資訊科技進行電子化治理，讓前述課題獲得適當的處理。

㈢電子化治理的各種面向

　　電子化治理所涵蓋的面向相當廣泛，大致而言，可以歸納如下（Perri 6, 2004: 15-16，轉引自吳定等，2007: 329-330）：

1. 民主 (e-democracy)

　　透過資訊科技的應用，達到反映民意、民眾參與公共決策的目的。

例如：線上公民會議、線上滿意度調查及線上投票等。

2.服務供給 (e-service provision)

政府部門可以透過數位網絡與數位媒體傳遞更多元、便捷的公共服務。例如民眾可透過網路查詢建管案件申請進度或是津貼申辦案件進度、市民公文查詢以及線上申報所得稅等。

3.管理 (e-management)

應用數位工具進行公共組織內部事務的各種管理、分配資源、傳遞訊息、輔助決策、績效考核、監控政策的執行。例如利用組織內部網路傳遞公文書和各種訊息通知、利用電腦進行財務管理與人事管理、運用決策資源系統預測政策的結果等。

㈣電子化治理各種工具的功能

英國教授培利席克斯 (Perri 6, 2004: 22-54) 歸納電子化治理所運用的資訊科技具有五項功能，茲分述如下（轉引自吳定等，2007: 330）：

1.獲致相互理解 (generating understanding)

透過建置完備的資料庫系統，可以讓不同組織或專業背景的政策參與者，瞭解各種領域的專業術語，減少彼此間溝通的障礙，進而促成共識做成決策。其次，資訊科技亦可作為「產生構想的工具」，可用於腦力激盪的輔助工具。此外，亦可運用資訊網路科技進行線上諮詢活動，例如從事政策行銷、利用電子意見信箱廣徵民意等，皆為增進理解的途徑。最後，亦可用於公共議題的辯論之上，例如舉辦線上論壇針對公共問題進行辯論釐清各方立場，增進共識的可能性。

2.蒐集資料 (collecting data)

透過資訊科技的協助，政府可以蒐集更為周延的資料作為決策的參考。

3.組織與分析資料 (organizing and analyzing data)

經過資料蒐集的步驟，欲發展出有益於電子化治理的資訊或知識，就必須將繁雜和多樣的資料分析並予以整合，而透過資訊科技的協助，可以將資料整合為系統性的資訊或有用的知識。

4. **幫助溝通** (supporting communication)

　　電子化治理所應用的資訊科技可以達到幫助溝通的目的，例如電子郵件等系統、線上視訊會議、線上交談、進行電子會議、傳遞公文書、舉行公聽會等。

5. **模擬決策的可能結果並據以提出建議** (modeling decisions and advising on possible consequences)

　　電子化治理所應用的資訊科技能夠協助決策者模擬決策可能產生的結果，並且進一步根據模擬的結果提出建議，此種技術即前述所提之決策支援系統，其泛指各種能夠協助決策者分析資訊、預測決策結果的各種電腦軟體系統。

㈤電子化政府推行之困境

　　從以上所述可知，資訊科技對於公共行政的發展已經產生相當的影響，且仍在持續進展中。事實上，電子化政府的推行可使公共組織產生品質更佳的資訊，除有助於民眾與行政官員的直接溝通，也帶來更為透明化的公共行政，創造開放性的想像環境，有助於民眾對公共政策的認知。然而，電子化政府雖是一個劃時代的產物，但仍有若干的限制，茲分述如下（陳敦源等，2007: 54；丘昌泰，2010: 399–400；李仲彬、黃東益，2010: 111–112）：

1. **消費者的選擇問題**

　　電子資訊的使用者與非使用者之間對於資訊的取得差異甚大，如何協助後者進入政府資訊系統，不僅是政府政策面的問題，還牽涉到消費者的意願。現階段政府所推動的電子化政府相關架構無法符合完整的民眾需求，較偏重原本即是習慣於網路使用之族群需求，而忽略其他公眾接觸之面向。因此，如何擴大消費者的選擇權乃是一項重要的課題。

2. **服務提供的效率問題**

　　電子化政府雖然帶來便利，但當政府部門面對突如其來的眾多服務要求時，需要大量人手處理，以能迅速回應民眾的所需，故如何確保服務效率乃是電子化政府所面臨的重要課題之一。

3.資訊開放的程度問題

　　民主政治非常強調資訊的開放，但是政府基於國家安全的考量，究竟能將資料開放到何種程度？哪些資料可以上網？哪些民眾可以直接索取參看相關資料？這些都是值得探討的問題。

4.資訊基礎建設的執行問題

　　電子民主非常仰賴資訊科技設備的充分性與廣布性，但這是一項投資浩大的工程，短期間內要讓資訊和電腦普及化相當不易，須投入龐大的經費，倘若資訊基礎建設不夠普及，則全民政治的理想恐難以實現。

5.欺騙行為的預防問題

　　資訊科技雖是高科技的產物，但政府部門畢竟是資訊的提供者，具有資訊優勢，若存心欺騙民眾或故意提供不實的假資料，一般民眾是無法辨別的，故如何避免欺騙行為的發生也成為電子化政府重要的課題。

行政櫥窗

桃園航空城

　　2012 年正式啟動的「桃園航空城」計畫，為政府推動「愛臺十二項建設」中，建立海空樞紐施政主軸之首要旗艦計畫，攸關國家競爭力之提升，以及我國產業之升級轉型。預計總投資金額達 4,630 億元，開發完成後可創造 2 兆 3 千億之經濟效益、840 億稅收、26 萬個工作機會。

　　由於東亞各主要國際機場皆已然轉型為物流中心，而桃園國際機場拜腹地廣大所賜，未來除了必須強化既有的運輸功能，也應當朝向航空零組件的製造及相關維修、商務中心、國際行銷、產經會展等相關服務產業來發展，以備完善利用「航空城」內的土地資源（造鎮計畫）。如此桃園機場將於無限制航班、航點的前提下，吸引外商投資、創造新興工作機會，使競爭所需之資源得以加速整合，發揮效能。桃園除了是臺灣最主要國際機場的所在地，並且鄰近臺北港，具有海空雙港聯運實力之外，在環繞機場

周邊的航空城區域與桃園都會區，亦可利用既有陸運交通網，包括國 1、國 2、國 3，以及規劃中的國 1 甲，連結西濱、臺 66，形成四通八達的高速路網；軌道運輸部分，已經運行的臺鐵、高鐵、加上正在趕工的機場捷運與預定 2021 年完工通車的航空城捷運線，形成航空城區內與桃園縣主要都會區的雙軌道環線。

「航空城」的概念，就是利用核心機場所創造客貨運輸與運籌服務的便捷性與國際連結性，吸引相關產業在其周邊群聚發展，進而形成以機場為中心的多元機能都會區。機場園區可視為蛋黃，周邊產業發展區可視為蛋白，亦即以蛋黃外溢效益帶動周邊產業發展，而周邊產業發展又反過來產生良性循環，強化核心機場多元競爭力。預期蛋黃區與蛋白區相互回饋可產生乘數放大效應，進而帶動臺灣的產業轉型，從單純進出口轉型為轉運加工再出口。

然而，如此龐大的開發計畫也伴隨著諸多抗議聲浪，包含了計畫區內海岸線敏感土地環境保護；土地徵收未顧及一般市井小民意願等爭議。其中最關鍵即是涉及了都市計畫的問題。

桃園航空城嚴重顯示都市計畫的不合理 ❷

桃園航空城計畫至今是個「空」的計畫，它的本質是「炒地皮」。縱使交通部及桃園市政府所提計畫書內容都仍然非常空洞，任憑人民的反對與抗議，政府依舊是不為所動，內政部都委會專案小組也像飆車一般，以異於尋常的速度，緊密地舉行會議，執意剝奪人民在憲法上所保障的權利，其目的就是要配合行政院的

---

❷ Yahoo 地產專欄／徐世榮 (2014/1/17) （https://tw.house.yahoo.com/news/
%E3%80%90-%E5%9C%B0%E7%94%A2%E5%B0%88%E6%AC%84-
%E3%80%91-%E5%BE%90%E4%B8%96%E6%A6%AE-
%E6%A1%83%E5%9C%92%E8%88%AA%E7%A9%BA%E5%9F%8E%E5%9
A%B4%E9%87%8D%E9%A1%AF%E7%A4%BA%E9%83%BD%E5%B8%82%
E8%A8%88%E7%95%AB%E7%9A%84%E4%B8%8D%E5%90%88%E7%90%
86-103303605.html；檢視日期：2014/7/20）。

指示，趕緊通過本案。至此，似乎可清楚看見臺灣的都市計畫完全缺乏自主性，純然是個附庸，在各目的事業主管機關（如交通部）所提的興辦事業計畫下，完全臣服，只能配合。其實，桃園航空城並非是特例，其他許多新訂或通盤檢討案大抵也都是如此，這顯示臺灣的都市計畫充滿了極大的危機，因為它無法藉由合理的土地使用規劃與管制來體現公共利益。

　　由於效率分析涉及數量化的科技專業知識，一般民眾恐不具備，因此就必須委由專家及官員來幫忙作決定，所以，政府就在內部成立了由少數人組成的「都市計畫委員會」，由極少數的專家及官員來決定什麼是公共利益。在規劃學界，這套思維被稱之為「系統論」規劃範型，它的本質是反民主、反價值多元及反人權的。很不幸的，當西方民主社會的都市規劃範型皆已改變為多元時，在臺灣，一直至今日的二十一世紀，「系統論」卻依舊是規劃的主流。

參考文獻

- 牛萱萍，1999，〈電子化政府與網路行政〉，收錄於詹中原主編，《新公共管理：政府再造的理論與實務》，臺北：五南圖書出版公司，頁405–440。

- 丘昌泰，2010，《公共管理》，再版，臺北：智勝文化。

- 朱斌好，2011，〈評論「電子化政府政策下行政機關生產力衡量模式與民眾滿意度落差之比較」〉，收錄於項靖、朱斌好、陳敦源主編，《電子治理：理論與實務的臺灣經驗》，臺北：五南，頁 413–422。

- 吳定、張潤書、陳德禹、賴維堯，2000，《行政學㈡》，修訂四版，臺北：國立空中大學。

- 吳定、張潤書、陳德禹、賴維堯、許立一，2007，《行政學（下）》，臺

北：國立空中大學。

- 吳瓊恩、李允傑、陳銘薰，2006，《公共管理》，再版，臺北：智勝文化。

- 李仲彬、陳敦源、蕭乃沂、黃東益，2006，〈電子化政府在公共行政研究的定位與價值：議題連結的初探性分析〉，《東吳政治學報》，第 22 期，頁 73-120。

- 林淑馨，2012，《公共管理》，臺北：巨流出版社。

- 洪聖斐、郭寶蓮、陳孟豪譯，2008，《行政學——公部門之管理》，臺北：五南。譯自 *Grover Starling Managing the Public Sector.* 8th ed.

- 胡盛光，2001，〈警察機關公務管理〉，《中央警察大學警學叢刊》，第 31 卷第 4 期，頁 23-56。

- 崔灝東，2008，〈從電子化政府到電子化治理——兼論資訊長的今日和未來〉，2008 知識社群與系統發展研討會論文，臺北：中國文化大學資訊科技認證訓練中心。

- 張潤書，2009，《行政學》，修訂四版，臺北：三民書局。

- 曹中天，2006，《管理資訊系統》，臺北：鼎茂圖書。

- 許南雄，2000，《行政學概論》，臺北：商鼎文化。

- 郭耀昌，2003，〈行政資訊系統管理架構之研究——電子化政府之基礎〉，《中國行政評論》，第 12 卷第 2 期，頁 161-182。

- 陳敦源、李仲彬、黃東益，2007，〈應用資訊通訊科技可以改善「公眾接觸」嗎？〉，《東吳政治學報》，第 25 卷第 3 期，頁 51-92。

- 陳瑜芬、鄭凱文，2009，〈e 好了沒？電子治理在臺灣〉，《研習論壇月刊》，第 107 期，頁 21-29。

- 陳德禹，2000，《行政管理》，修訂初版，臺北：三民書局。

- 黃東益、李仲彬，2010，〈電子治理與民眾對政府信任：臺灣的個案分析〉，《行政暨政策學報》，第 51 期，頁 77-124。

- 黃耀樑，2006，〈我國政府行政資訊系統服務整合策略之探討——以戶役政資訊系統為例〉，臺北：國立臺灣科技大學資訊管理研究所碩士論文。

- 盧建旭，2000，〈行政資訊管理〉，收錄於黃榮護主編，《公共管理》，臺北：商鼎文化，頁 371–424。
- 蕭全政、林鍾沂、江岷欽、黃朝盟譯，2001，《行政學新論》，臺北：韋伯文化。譯自 Nicholas Henry. *Public Administration and Public Affairs.*
- 羅淇睿，2009，〈臺灣電子化政府員工對其直屬長官領導行為認知之研究——以高雄市政府為例〉，臺南：國立成功大學資訊管理研究所碩士論文。

歷屆考題

1. 網路科技對於公部門之運作，產生何種影響？請就行政學在二十世紀所架構的行政理論、原則舉三例說明網路科技的影響，並闡述對行政學可能產生的演變。（101 年國立臺灣大學政治研究所丙組試題）

2. 組織的運作與人員的行為經常受到科技引進的影響，近年來政府廣泛地運用資訊通訊科技 (Information and Communication Technologies, ICTs) 於內部管理以及外部為民服務的過程。試說明 ICTs 如何（或為何不會）影響政府部門下列各個面向㈠組織權威與控制㈡組織結構與運作㈢公務人員組織行為。（098 年國立政治大學公共行政研究所試題）

3. 試說明科技在行政環境系絡中的意涵，並從網際網路發展的角度，論述科技對行政運作的衝擊。（097 年地方特考－三等考試）

4. 何謂 「電子化政府」 (Electronic Government)？何謂 「行政績效」 (administrative performance)？電子化政府對行政績效具有何種正面與負面的影響？請一一回答。（093 年公務人員普通考試第二試試題－一般行政）

5. 電子化政府的內涵為何？請你從行政的觀點，探討實施電子化政府的四項主要問題，並且針對每項問題提出可能的解決之道。（100 年國立暨南國際大學公共行政與政策研究所試題）

6. 請深入分析資訊科技和網路科技對於行政學和政府行政運作所產生的各種影響，並從而檢討行政運作的未來發展方向及其理由。（102 年國立臺灣大學政治研究所試題）

第 14 章　行政倫理

　　政府公共服務的本質是使用和分配社會全體的公共資源，而非生產公共資源，透過民主選舉或任用程序，政府機器的掌舵者和操槳者得以有權使用公共資源，扮演著不必自己出資的「莊家」角色。也正因如此，民主國家的政府必須根據最高的道德內涵運作，屏除一己之私善盡公共資源的分配和管理職責，否則即喪失其治理的正當性（施能傑，2004: 103–104）。而作為公共資源的使用者與分配者的公務人員，在處理公共事務及提供公共服務的過程中，如何遵循應有的公務倫理及履行應盡的行政責任，長期以來即普遍受到學術界與實務界的關心。近年來，除了考試院陸續於 2009 年 11 月頒布文官核心價值為「廉正、忠誠、專業、效能、關懷」，進而於 2010 年 3 月訂定《公務人員服務守則》以供公務人員遵循外，2009 年 8 月上映的電影《不能沒有你》，因寫實描繪當今官僚制度生態所呈現的僵化及不通人情的弊病，以及考試院研修公務人員考績法的過程所涉及公務人員心態問題，而引發公務人員和社會大眾廣泛的回響（蕭鈺，2010: 2；詹靜芬，2010b: 2）。

　　傳統行政學的基本主張，為行政倫理問題所造成的困境與行政之政治、專業及個人責任，它和公共行政領域與行政機關的發展息息相關。而當今無論在行政學界或實務界，都十分注重公務人員的倫理議題，因為公務人員處理倫理問題的能力或其倫理成熟度，除了會深刻地影響其行政能力及行事風格外，並會連帶地影響民眾對政府整體的觀感。而經濟合作暨發展組織 (OECD) 也曾明示：「公務倫理是鞏固公共信任的先決要件，也是政府良善治理的一個重要基礎」（OECD, 2000: 9，轉引自詹靜芬，2010a: 21）。故為提升人民對政府的公共信任，應加強公務人員之倫理養成教育，藉由專業的倫理訓練提升其處理倫理議題的能力。

　　基於上述，在本章中首先介紹行政倫理的定義、內涵與功能等基本概念；其次闡述行政倫理的本質與核心內涵，以及倫理概念的演變；接著整理 OECD 各國行政倫理主要核心價值和公共服務倫理規範面向的

內容；最後說明我國行政倫理的法制規範現況，進而探討強化行政倫理的方法。

第一節 行政倫理的基本概念

一、行政倫理的定義

行政倫理 (administration ethics)，古稱「官箴」，在公務系統中稱之為「公德」，也有稱之為「公務倫理」❶ (public administration ethics) 或政府倫理（繆全吉等，1990: 477–478；詹靜芬，2010b: 4）。為了行文方便且避免讀者觀念混淆，在本章中將上述相關概念統一用「行政倫理」一詞來表示。有關行政倫理的定義，國內外學者從不同角度來詮釋。

國外學者瓦爾多 (Waldo) (1980: 103–107) 視行政倫理為行政人員之倫理義務，並嘗試舉出十二項公務人員之倫理義務，包括憲法、法律、國家、民主、行政組織規範、專業技術等；羅森布隆 (1993: 508) 認為，行政倫理係個人責任感之表現，亦可被視為個人內心之省思；所謂負責任係行政人員可以承擔外在之檢察程序（轉引自陳清秀，2009: 117）。尼格羅父子 (Felix A. Nigro & Lloyd G. Nigro) 認為，行政倫理是政策執行過程中所反映出的價值選擇及行為的具體標準。迪莫克及福克斯 (Marshall E. Dimock, Gladys O. Dimock, Douglas M. Fox) 則認為，行政倫理是有關違反職責的所有事例，及如何建立適當和正確的行政行為。而行政倫理守則的基礎，在於道德價值（轉引自詹靜芬，2010b: 4–5）。

國內學者張潤書 (2009: 499) 則將行政倫理定義為：「公務人員對國家、機關、上司、同事、部屬及民眾，還有公務應有的態度及行為規範。公務人員奉公仕事，誠有法律規章管理，但法律有所不足與有所不能，應有公務人員之倫理以彌補之」。而許南雄 (2000: 235–236) 指出：「行政倫理係指服務公職的道德水準與行為操守，是社會倫理體系中有關行政行為的價值觀念與品德生活，如盡忠職守、熱忱服務、保守公務機密、

---

❶ 有研究認為，若仔細區辨兩者仍可發現其差異，也就是公務倫理比行政倫理更強調「公共性」(publicness)（詹靜芬，2010b: 4）。

清廉公正，以至於不營私舞弊、不收受賄賂餽贈、不受請託關說、不擅離職守等」。另外，有學者分別從消極面與積極面來解釋行政倫理的意涵：如陳德禹 (2000: 289) 認為，所謂行政倫理是指「行政生活中，主體（行政機關及行政人員）間正當關係及正當行為準則之一種規範秩序。亦可說是行政機關及行政人員推動政務、處理公事時，應有之倫理道德規範，從消極地有所不為而無害於人（如不貪汙、不怠忽職守），到積極地有所為而有益於人（如為國效命、為民謀利的各種服務）」。

　　綜上所述可知，行政倫理的主體不一定是人（行政人員），也可以是組織（行政機關）。而行政倫理是指行政機關及行政人員在推動政務、處理公務時，所反映的價值觀與行為規範標準。

二、行政倫理的內涵

　　由前所述可知，有關行政倫理的定義學者所持看法不一。因此，有研究根據行政倫理的性質將其區分為防制性行政倫理和促進性行政倫理兩層內涵，以下分述之（詹靜芬，2010a: 8-9）：

㈠防制性行政倫理 (the defensive administrative ethics)

　　係指公共服務的道德標準和行為操守，是一種有關禁制性規定的行為規範，主要在矯治負面的不倫理行為，故為「防制性行政倫理」。探討的焦點多在如何杜絕公務員貪汙、賄賂、濫權、瀆職、竊盜、詐欺等行為。由於這些不倫理作為通常會透過法令予以明文規範，所以防杜不倫理作為旨在使行政人員合乎基本的法律規定或組織規範，而不易使其有進一步正面積極的思考或作為，故又稱之為「消極性的倫理作為」。

㈡促進性行政倫理 (the affirmative administrative ethics)

　　受到現代管理思潮的影響，以及兩次新公共行政研討會的倡導，行政倫理的內涵逐漸與社會正義、多元利益、公民參與、政治回應及專業精神等理念相結合，使行政倫理不僅侷限於負面不法行為的禁止，還擴及正面思維的提倡，故焦點多在對公平、正義、道德、良善、慈悲、公

益等多元憲政價值的深思、反省與實踐上。由於這些價值本身並無對錯問題，而只有偏好順序的排列選擇議題，其對倫理的追求是一種積極性的深思熟慮，故稱為「促進性行政倫理」。

　　另一位學者在探討行政倫理的內涵時認為，除了強調行政作為能重視平等、公平、公正、正義、忠誠、負責外，還可由四個方面來說明之（蔡良文，2005: 4）：

㈠重視管理（層級）的倫理

　　即強調接受組織內部上級長官的指揮監督，以及下級應遵守組織指令。

㈡重視專業的倫理

　　即行政機關應重視公務人員之專業能力，並偏向於順從個人專業要求與判斷。由此衍生者為專業倫理、社會化機制及民間社會監控機制的配套職能與措施。

㈢遵循法律的倫理

　　即除陽光法案之相關規定外，主要為對現行之《公務員服務法》價值內涵中，有關忠誠、迴避、利益旋轉門、請託關說、贈與、應酬等行為規範之重視與遵行。

㈣重視政治的倫理

　　即強調公務體系應強化對外之回應力，且能即時回應外在的主要控制者，此原則乃在於民主政治規範下，公務人員應接受政務人員及民選首長之指揮，以執行公務。

　　除了上述學理的探討，為使公務人員能清楚瞭解行政倫理的具體內涵，並能掌握應有之行為分際，考試院於 2009 年訂定公務人員核心價值與其重要內涵；接著，銓敘部也於 2010 年根據 OECD 頒布之「改善公務倫理行為建議方案」架構❷，訂頒公務人員服務守則十點，經考試院

審議通過。爾後，保訓會於 2012 年委託學者專家提出行政倫理的概念架構如圖 14-1 所示。

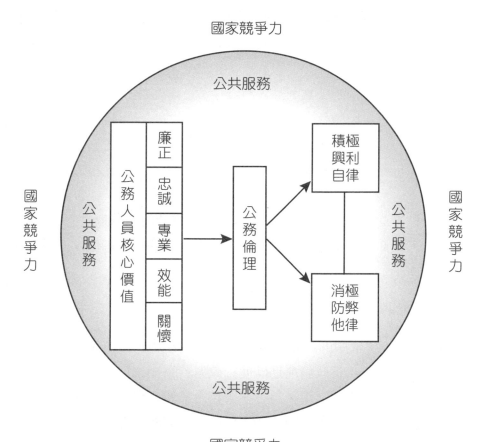

國家競爭力

公共服務

公務人員核心價值　廉正　忠誠　專業　效能　關懷

公務倫理

積極興利自律

消極防弊他律

公共服務

國家競爭力

公共服務

國家競爭力

公共服務

國家競爭力

圖 14-1　行政倫理的概念架構

資料來源：保訓會，2012: 4。

❷ OECD 的「改善公務倫理行為建議方案」提供會員國檢視公務倫理法制健全與否，其架構包括：1.明確訂定公務倫理標準。2.公務倫理標準必須以法制方式呈現。3.所訂定的公務倫理指南必須對公務員有效用。4.公務人員面對業務疏失之爭議時，應該瞭解自身之權利與義務。5.政治上的支持對公務員的倫理行為具有正面的強化作用。6.行政決策過程應該透明公開。7.訂定明確的公私部門互動指導原則。8.政府管理階層應率先示範倫理行為，並予以強化。9.有關管理的政策訂定及作業流程等，都應以強化公務倫理為基本考量。10.工作環境條件與人力資源管理，都應以強化公務倫理為考量。11.公務體系中應具備合理的課責機制。12.對於行政疏失行為，有適當的罰則及處理程序。

進一步檢閱保訓會宣導資料發現，在該資料中將行政倫理視為公務倫理的一部分，亦即公務倫理除涵蓋行政倫理之外，還包含政治倫理、專業倫理及個人倫理等四部分。而行政倫理主要的具體內容有下列幾項：

1. 工作態度方面：強調忠誠、負責、公正、主動、認真、理性、效能、守密、務實、揭發弊端、尊重程序、依法行政等。

2. 行政處理方面：重視公共利益、行政中立、利益迴避、行政程序、公正性、妥適性、時效性、民主參與等。

3. 生活態度方面：強調誠實、清廉、謹慎、禮貌、不多言、愛惜公物、維護整潔、不貪汙、不受賄、不出入特種營業場所、注重形象、愛惜名譽等。

4. 人際交往方面：重視尊敬長官、體恤部屬、樂於助人、謙和對待同事、不道他人長短、設身處地為人著想、公平競爭、尊重每個人的職務與角色等。

三、行政倫理的功能

探討行政倫理的功能，益發顯現其對公務組織與政府總體效能的重要性。就微觀而言，行政倫理足以使行政業務平順推展、有效化解工作阻力、和諧組織氣氛與文化、為提振服務士氣奠定穩固基礎。若就宏觀角度言，其具有以下功能，此對因應全球化之衝擊、民主政治政黨輪替、政府組織再造及行政革新、創造乾淨政府誠信社會的願景，尤具重要價值（蔡祈賢，2009: 67–68）。

㈠維持公務紀律

現代政府之功能，必須積極推動政務，有效提供公共服務，而紀律管理是強化辦公紀律、維持辦公秩序、促進機關正常運作、確保服務品質之必要措施。為使公務人員行止有序，角色恰如其分，工作表現符合組織目標之要求，增強公益的服務與責任，除形而下的出勤差旅管理、請假規則外，形而上的核心價值與專業倫理更為重要。

㈡活化創新公務團隊

　　政府為加強公益服務、提升服務效能，必須先使公務人力更具朝氣與活力，由此健康的公務團隊，才能厚植應變與創新能力，然此皆以行政倫理為奠基。唯有公務人員具有正確的倫理價值觀，公務道德得以張揚，力行實踐，公務團隊愈富活力與創新能力，才能持續維持競爭之優勢。故公務人員能否恪守倫理體制，不僅是政府內部的治理課題，更是民主國家最重要之基礎與全球化競爭的重要議題。

㈢提升政府治理能力

　　政府係由公務人力組成，故云：有怎樣的公務人員，即有怎樣的政府。假如公務同仁人人能恪遵行政倫理規範，不僅廉潔自持且全心奉獻、士氣高昂，還能提高行政生產力，形成一個強而有為的行政團隊，增進政府治理效能，在國際化熾烈的競爭環境中得以維持優勢。因此世界競爭力年報 (WCY)、全球競爭力報告 (GCR) 及國際透明組織 (Transparency International)，都將治理透明度、賄賂、貪汙等公共服務倫理相關議題，納為政府效能評比的重要指標。

㈣增進人民對政府的信任

　　政府存在的使命是為人民提供服務，一切施政以實現公共利益與社會價值為依歸。就人民而言，沒有依法行政與廉政的政府，就不可能提供優質的公共服務，提升大眾對政府的公共信任；就企業而言，沒有法制廉能的政府，就不可能建設良好的投資環境發展經濟。而公務倫理法制的訂頒與施行，足以達成上述目的，此從 OECD 國家的經驗可以證實，公務倫理的落實，是達成善治、提升公共信任的普遍途徑，更是唯一被強調與證明有效的不二法門。

第二節 行政倫理的本質與核心內涵

一、行政倫理的本質

關於行政倫理的本質，國內學者蔡良文 (2006: 19、21) 認為，就原則性的觀點，可以從規範倫理和應用倫理兩方面來加以分析。前者屬於應然面的觀點，從行政倫理的理論和實務運作間的爭議議題（如公益與私益、公德對隱私）進行分析；後者屬於實然面的觀點，從實務問題（如賄賂、告密）來加以分析。其在研究中提到，公務人員在進入行政機關後，行為所需負責的對象，由內至外，包括自我、組織和社會。個人方面，公務人員本身必曾對自我有所期許和約束，此即來自正式的倫理守則和動態的人性發展與改進。組織是指公務人員所在的機關和政府而言，在靜態上，組織以規則來規約公務人員的行為；在動態上，公務人員對組織的順從與否，以組織認同的方式來表示，也就是組織氣候。社會乃是指公眾而言，是指在規範上公務人員以最大多數人之最大幸福為準則；在行為上，要在變動不居的基礎上，考慮社會的公道、平等與反映其關係。當然行政倫理有其外在的、客觀的及規範面向，然其核心還是在於公務人員「心中的那把尺」。如何把握憲法精神、國家忠誠、社會公平正義與專業判斷、創新、進取之間的平衡點，仍是重要的議題。

二、行政倫理的核心內涵

由以上所述可知，行政倫理是透過大眾共識而形成的社會準繩，此種由內而外，影響個人抉擇與作為的背後因素，若進一步深究，即是其核心概念，主要有：價值 (value)、道德 (morality) 與責任 (responsibility)，如圖 14-2 所示，依序說明如下（蔡祈賢，2009: 66）：

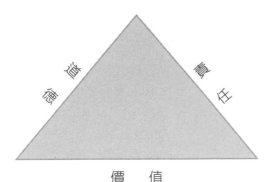

圖 14-2　行政倫理之核心概念

資料來源：蔡祈賢，2009: 66。

(一)價 值

　　價值在整個行政倫理的概念系統中，屬於最基本的地位。價值可隨人類任意表達，是對某種事物在感情上的深度確認，不但是人類行為背後的驅策動力，也具有規範作用，影響人們的行為與期望。另一方面，價值也是一種信念與偏好，具持久性的本質，儘管每個人的價值觀念不同，但若將各種價值觀念組合成價值體系後，將深深影響個人或社會，以及對周遭事物的認知與選擇，當然也包括行政倫理在內。

(二)道 德

　　道德是人格中具有社會意義的、值得讚賞的領域，旨在使人們於團體生活中，過得較和諧、有秩序。道德也是一種意識觀念和行為取向標準，隱含著義務意義及相對的概念。由於道德是社會行為規範的累積，是公眾認可的準則，所以服從道德也是服從社會，故道德與倫理是相互為用。個人的道德觀念與社會道德標準，勢將影響個人的倫理觀，而形成行政倫理的明確概念。

(三)責 任

　　價值與道德雖可作為行政倫理的指引，但終究不夠具體，若要公務

人員行為合於行政倫理的標準，勢必要對其課以責任；也就是說行政倫理若要有效執行，便須靠責任的實踐，才能達成他人對公務人員角色的期望。責任可分為主觀責任與客觀責任，前者是個人內心主觀認為所應負擔之職責；後者則指法令規章與上級交付的客觀應盡責任，兩者相互交加，行政倫理方能進一步落實。

總而言之，價值、道德與責任三者組合成行政倫理的核心概念。其中價值是最廣泛的追求標的；道德乃有關組織的價值，攸關行政行為的取捨標準；而責任則是使公務人員行政行為合乎標準，也就是實踐行政倫理的內外在要求。藉由這三者的連動驅力，行政倫理才得以建構。

而為使行政倫理的核心內涵能更為具體而便於操作化，有研究指出公務人員在行為角色上應有如下之規範（蕭鈺，2010: 3–5）：

㈠公務人員應有的角色扮演

公務人員應清楚體認個人與社群之間的互依性，而能有「正確理解的自我利益觀」(self-interest rightly understood) 外，並須具備公共精神 (public spiritedness)、深思熟慮 (prudence)、實質理性 (substantive rationality) 三種美德。

㈡公務人員應有的行事準則

就公共事務的實務運作而言，公務人員的各項作為能否反映與增進公共利益，為社會各界所高度矚目。儘管學者間對於公共利益的內涵尚有不同的見解，但根據庫柏 (Terry L. Cooper) 的看法，公共利益的概念運用在行政的運作上，主要是提醒行政人員，在做決定和行動之前，應盡可能將所有相關利益考慮在內，涵蓋廣泛的人群利益。因而公共利益概念的實際功能，在於擴大公務人員的觀察與思考範圍，避免有所偏執。

㈢公務人員應有的關係分際

社群主義 (communitarianism) 是一種以社會連帶關係及道德的歷史傳統為基礎的公共哲學，在人與人之間共存共榮的前提下，社群成員互

為平等，基於彼此信任與關愛並透過互動和合作而獲致公共利益。因此，當公務人員具有社群意識時，因其對於個人與社群之間的關聯性與互依性將有清楚的體認，故能以協力合作的夥伴關係發揮政府的整體治事效能，並以寬容與同理心真誠關愛公眾。

三、倫理概念的演變

公務人員在政府的行政作為，涉及行政倫理內涵，當然也受到道德、意識型態、宗教等的影響。若進一步將傳統行政與當代行政倫理加以比較，應可觀察出倫理觀念的演變與差異，茲將其內容整理成表 14–1 及表 14–2。

表 14–1　當代行政倫理觀與傳統行政倫理觀比較表

當代行政倫理觀：民主與效能	傳統行政倫理觀：官僚與效率
向民眾直接負責，重平權關係	向直屬的主管負責，重權威關係
重視決策的參與及投入；強調多元開放，資訊公開	上下疏離或隔離；資訊對大眾保密和限制
有不同意的權力；重視平行合作關係	堅持對規則與管制措施的順服；以機關部門的看法觀點為優先
重視公民參與及地方、社區的利益，重效能與民眾利益	政策制定以中央集權為主，重效率

資料來源：Jun, S. Jong (1986:139–140)，轉引自蔡良文，2006: 23。

表 14–2　當代與傳統行政倫理觀彙整分析表

面向	意涵	備註
層級關係	指「君尊臣卑」、「長幼有序」、「順應上意」之「從上倫理」關係	當代與傳統倫理觀皆有
經濟效率	指投入與產生之比例，以時間、成本為主要的衡量標準，即以最小的投入，獲得最大的產出，以最短時間完成目標	當代與傳統倫理觀皆有，後者尤重
社會公道	就傳統文化而言，「公義」是調合人我利益衝突之根據，輕「利」重「義」即可對社會公道加以彰顯，亦可對公共利益加以肯定。就現代文	當代與傳統倫理觀皆有，但比重有所不同

	化來說，公道是社會制度眾德之首，強調弱勢者地位的改善。	
道德責任	就傳統文化而言，對於個人為「士」的道德責任有「任重而道遠」的深刻自我反省與體認。就現代文化來說，包括「專業責任」與「個人責任」二方面。「專業責任」是指公務人員應秉其專業素養與倫理規範，積極展現其治理力量與自主能力，以實現公共利益。「個人責任」的實踐，需靠個人自我反省的能力，以及人與人之間的交互主觀性來表達	當代與傳統倫理觀皆有，形式不同，實質相似
專業自主	公務人員對於公共政策之決策，應秉其專業素養，從宏觀、整體的觀點出發，以維護公共利益	當代倫理觀比較重視
政治滲透	文官體系在長期威權體制下，受到政治之扭曲，而形成「政治考量大於一切」的觀念	傳統倫理觀比較重視

資料來源：蔡良文，2006: 23。

　　整體而言，當代行政倫理重視民主與效能，在於以民為主，重視平權多元觀念，強調平行合作關係（包括政府與民間、中央與地方），對於層級關係之轉變、社會公道、道德責任、專業自主及政治干預，有新的定位與考量。至於傳統行政倫理觀有其時空背景，其重視理性官僚與行政效率，強調權威關係，重視機關而輕忽人民，中央與地方亦非衡平合作關係，比較重視道德責任、政治價值回應。當然，由傳統到當代其價值觀念產生流變現象，由強調中立價值到目前之倫理價值，均呈現價值的鐘擺現象。換言之，任何時空環境下有其不變的價值，如國家利益、國家忠誠、憲法精神等，而有變的價值或謂重視程度不同而已，如行政效率、效能、社會公道、專業自主、政治干預與滲透等。其衡平價值在於掌握人本主義、民主主義、科學主義與大愛、公正、誠正信實等規範價值（陳德禹，2000: 285–308）。

第三節 行政倫理的各國作法

　　為加強對行政倫理的具體認識，在本節中將簡略介紹 OECD 會員國

之主要倫理核心價值，其內容說明如下：

一、OECD 會員國之主要倫理核心價值

　　依據 OECD 幾項報告之整理，其各會員國公務服務倫理核心價值可歸納為如下表 14–3 所示（施能傑，2004: 137–138）：

表 14–3　OECD 國家公共服務倫理核心價值

國　家	核心價值
澳　洲	無私公正、廉潔誠實、效率、平等、公平、專業主義、親切人道關懷
奧地利	無私公正、依法行事、廉潔誠實、負責、嚴守祕密
比利時	依法行事、廉潔誠實、服從指揮
加拿大	無私公正、依法行事、廉潔誠實、透明公開
捷　克	無私公正、嚴守祕密、利益迴避
丹　麥	無私公正、依法行事、廉潔誠實、效率
芬　蘭	無私公正、透明公開、負責
法　國	嚴守祕密、服從指揮
德　國	無私公正、依法行事、廉潔誠實、平等、公平、負責、嚴守祕密、專業主義、利益迴避、服從指揮、公共利益、效忠國家
希　臘	無私公正、依法行事、廉潔誠實、透明公開、效率
匈牙利	無私公正、依法行事、公平、負責、效率、專業主義、公共利益、親切人道關懷
愛爾蘭	無私公正、依法行事、廉潔誠實、平等、公平、效率、專業主義、利益迴避、嚴守祕密、善用國家資源
冰　島	無私公正、依法行事、透明公開、負責
義大利	無私公正、依法行事、效率、服從指揮、效忠國家
日　本	無私公正、依法行事、廉潔誠實、平等、嚴守祕密、利益迴避、服從指揮、公共利益
韓　國	無私公正、依法行事、廉潔誠實、嚴守祕密、專業主義、服從指揮、效忠國家、親切人道關懷
盧森堡	無私公正、透明公開、平等
墨西哥	依法行事、廉潔誠實、透明公開、負責、效率
荷　蘭	無私公正、依法行事、廉潔誠實、透明公開、平等

挪　威	無私公正、依法行事、效率、平等、公平、透明公開、善用國家資源、效忠國家
紐西蘭	廉潔誠實、透明公開、負責、效率、公平
波　蘭	無私公正、廉潔誠實、專業主義
葡萄牙	無私公正、依法行事、效率、平等、公平、負責、專業主義、公共利益、透明公開
西班牙	無私公正、依法行事、效率、公平、公共利益
瑞　士	依法行事、效率、公共利益
瑞　典	無私公正、依法行事、廉潔誠實、效率、平等、公平、負責、透明公開、嚴守祕密、利益迴避、公共利益、效忠國家
土耳其	無私公正、依法行事、廉潔誠實、平等、公平、善用國家資源、效忠國家
英　國	無私公正、依法行事、廉潔誠實、透明公開、負責
美　國	無私公正、依法行事、廉潔誠實、效率、平等、透明公開、嚴守祕密、利益迴避、善用國家資源

資料來源：OEDC (2000)，轉引自施能傑，2004: 137–138。

　　由表 14–3 所顯示的內容可知，上述十多項核心價值中，若根據跨國間普遍性程度排序如下：無私公正（24 國）、依法行事 (22)、廉潔誠實 (18)、透明公開 (14)、效率 (14)、平等 (11)、負責 (11)、公平 (10)、嚴守祕密 (10)、專業主義 (8)、公共利益 (7)、利益迴避 (7)、服從指揮 (6)、善用國家資源 (5)、效忠國家 (5) 和親切人道關懷 (3)。其中，「無私公正」高居第一，在 29 個 OECD 的會員國中，有 24 個國家將其選為公共服務的核心價值；其次是「依法行事」，有 22 個國家將其列入；第三是「廉潔誠實」，有 18 個國家將其視為是重要核心價值，其他如「嚴守祕密」、「確保平等」、「公平」、「負責」也都被許多國家納入核心價值中。

二、OECD 各國政府公共服務倫理規範兩大面向

　　OECD 各國政府公共服務倫理規範，主要可大致區分成積極提升的公共服務倫理規範，以及禁止的反貪汙相關規範，以下分別說明之（施能傑，2004: 117–121；陳清秀，2009: 120–121）：

㈠公共服務倫理規範

　　OECD 認為建制政府公共服務倫理法制之目的，在於提升公共服務倫理是增進民眾信任政府的不二法門。因為「各級政府想提供給公民在經濟與社會生活上有一個可信任和有效架構時，誠實正直已成為該架構的根本要件之一。倡導建立誠實正直的機制和體系，也越來越被認為是良善治理的根本要素」。而所謂的誠實正直架構就是政府倫理法制。因此，為了確保政府倫理法制能達到所謂的誠實正直，就必須符合以下幾項指標：

1. 政府員工行為符合所任職機關組織的公共職掌。
2. 日常的公共服務運作具有可靠性。
3. 公民獲得根據合法性和公正性所為之無偏私對待。
4. 公共資源能有效率地、有效能地和適當地被運用。
5. 決定過程對民眾公開透明，並允許民眾質疑審視和給予抱怨救濟。

　　事實上，OECD 國家在執行公共服務倫理規範工作時，會先確立公共服務核心價值理念，再搭配許多具體的服務倫理和行為要求。核心價值的訂定是廣泛地從社會、民主政治和專業主義角度思考設定之。而為了落實這些核心價值或倫理守則規範為具體行動，OECD 成員國以頒行法令、服務行為守則、服務倫理守則、一般行政規範等方式，規定幾項主要的具體服務倫理行為規範面向。如表 14-4 所示，所列的幾項服務倫理行為屬於一般性，適用於所有公務人員。

表 14-4　主要規範的服務倫理行為面向

服務倫理行為面向	國家數目
官方資訊之使用	28
接受禮物或好處	28
政府部門以外之工作	27
奉派之差旅	22
官方財務之使用	21
政治工作之參與	19

離職後工作之限制	17
企業公司信用卡之使用	14
其他	7

資料來源：OECD (2000)，轉引自施能傑，2004: 123。

㈡反貪汙規範

　　所謂的貪汙，最常見也最常用的定義，係指濫用職位、角色或資源以圖利個人。可區分為政治貪汙和行政貪汙。行政貪汙是指政府官員擔任決策者或行政管理者的作為活動而發生的貪汙，包括兩種可能性：一是符合法律規定作為但仍有貪汙行為之舉，例如完全依法令行事，但卻也同時藉機違法收受利益。另一則是根本違反法令作為之貪汙。為了禁止貪汙，OECD 各國通常會明令禁止公職人員具有以下行為：

1. 未嚴守祕密，未經許可使用機密性官方資訊，濫用個人資訊。
2. 不當行為，濫用公共設備與政府財產資源。
3. 販售影響力交換好處。
4. 擔任其他不得從事之工作。
5. 作偽證或不實陳述誤導政府官員。
6. 接受餽贈。
7. 選舉舞弊或干預選舉。
8. 干涉或妨礙政府採購。
9. 歧視。
10. 政治活動限制。
11. 參與罷工。
12. 私親主義。
13. 對弊端揭發者報復。
14. 怠忽職守。
15. 影響政府聲譽。

第四節 我國行政倫理的規範現況與實踐

一、行政倫理之法制規範

研究指出（鮑忠銑，2006: 106–107；蔡祈賢，2009: 68），在依法行政的原則下，行政倫理基本涵蓋服務倫理法制面的規範。我國現行規範行政倫理之實證法，以行之多年的《公務員服務法》、《公職人員利益衝突迴避法》、《公務員廉政倫理規範》等最具代表。又考試院送請立法院審議中之《公務人員行政中立法》、《公務人員基準法》草案、《政務人員法》草案，以及立法委員主動提案之「遊說法草案」、「政治獻金法草案」等。另外還包括行政院人事行政局於 2001 年全國行政革新會議後，所實施的「建立行政核心價值體系推動方案」，加強公務人員行政倫理觀點。以下乃簡述《公務員服務法》、《公職人員利益衝突迴避法》、《公務員廉政倫理規範》、《公務人員行政中立法》草案之法制內容如下：

㈠公務員服務法

該法於 1939 年公布施行，全文 25 條，僅於 1943 年 1 月、1947 年 7 月兩次修正，至 1995 年 12 月方再修正，並增訂第 14 條之 1、之 2、之 3 及第 22 條之 1 規定，2000 年 7 月修正第 11 條，2022 年 6 月修正 25 條，增訂 1 條，刪除 3 條。其重要內容包含：

1. 抽象層面的精神要求：公務員應忠心努力、誠實清廉、謹慎勤勉，不得有驕恣貪惰、奢侈放蕩、畏難規避、互相推諉、無故稽延等行為。
2. 不正當行為的禁止事項：公務員不得有冶遊、賭博；吸食煙毒、假借權力圖利、經營商業或投機事業、收受任何饋贈等行為。
3. 應主動作為的義務：公務員應依法定時間辦公、絕對保守機關之機密、涉及本身及家屬之利害事件應迴避。
4. 長官與部屬之關係：長官就其監督範圍所發命令，屬官有服從之義務，如有意見，得隨時陳述。

有關《公務員服務法》中有關行政倫理之規定如表 14–5 所示：

表 14-5 《公務員服務法》規範行政倫理之簡明表

種類／法律名稱	公務員服務法
一、作為義務事項	(一)忠實義務（第 1 條） (二)服從義務（第 3 條） (三)保密義務（第 5 條） (四)保持品位義務（第 6 條） (五)執行職務之義務（第 8 條） (六)堅守崗位義務（第 11 條） (七)按法定時間辦公之義務（第 12 條）
二、禁止作為規定	(一)禁止濫權（第 7 條） (二)禁止經商（第 14 條） (三)禁止離職後擔任職務（第 16 條） (四)禁止贈受財物（第 17 條） (五)禁止視察接受招待（第 18 條） (六)禁止任意動用公物公款（第 20 條） (七)禁止與職務關係人互利（第 22 條）
三、限制及迴避事項	(一)不得兼職限制（第 15 條） (二)利益迴避限制（第 19 條）
四、制裁性規定	(一)違反本法應懲處（第 23 條、25 條） (二)處以刑罰（第 24 條）

資料來源：鮑忠銑，2006: 107。

㈡公職人員利益衝突迴避法

　　凡公職人員有利益衝突者，應即自行迴避，所稱利益衝突，指公職人員執行職務時，得因其作為或不作為，直接或間接使本人或其關係人獲取利益者。違者處以高額罰鍰，所得財產利益追繳，並刊登政府公報。該法於 2000 年 7 月 12 日公布，僅於 2014 年 11 月、2018 年 5 月兩次修正，全文共 23 條，立法目的在於端正政治風氣，建立公職人員利益衝突迴避之規範，以期促進廉能政府，重要內容如表 14-6 所示。

表 14-6 公職人員利益衝突迴避法規範行政倫理之簡明表

種類／名稱	公職人員利益衝突迴避法
一、適用範圍	(一)本法所稱公職人員，指公職人員財產申報法第 2 條第 1 項所定人員（第 2 條）

	㈡本法適用客體及於公職人員之關係人，包括配偶信託財產之受託人、有關之營利事業（第3條）
二、禁止作為規定	㈠禁止假借職務圖利（第12條） ㈡禁止關說請託（第13條） ㈢禁止交易行為（第14條）
三、迴避事項	㈠自行迴避（第6條第1項） ㈡有迴避義務處理（第6條第2項及第3項） ㈢申請迴避（第7條） ㈣強制迴避（第8條）
四、制裁性規定	違反本法者處以一定罰鍰（第16條至第20條）

資料來源：鮑忠銑，2006: 108。

㈢公務員廉政倫理規範

行政院為落實廉能政策，確保所屬公務員能廉潔自愛、公正無私，並提升國民對政府的支持與信任，參酌美、日、新加坡等國家公共服務者之行為準則而制定廉政倫理規範。其相關重點包含：1.揭示立法目的及核心價值；2.界定本規範有關「公務員」、「與其職務有利害關係」、「正常社交禮俗標準」、「公務禮儀」及「請託關說」等用詞定義；3.揭示公務員應依法行政，以公共利益為依歸，並迴避利益衝突；4.機關首長面對受贈財務、飲宴應酬、請託關說時，應踐行之程序；5.公務員應妥善處理個人財務，並責成主管落實品操考核；6.違反本規範之懲處原則。

㈣公務人員行政中立法

該法於2009年5月19日制定，同年6月10日正式公布，共20條，僅於2014年11月修正。其重要內容如下：

1.規範「符合」公務人員行政中立法之作為

加入政黨或其他政治團體；因業務性質執行職務所必要（如員警、調查人員執行蒐證業務），於上班或勤務時間，從事政黨或其他政治團體之活動；公務人員之配偶或一親等直系血親為公職候選人時，以眷屬身

分站臺未助講；登記為公職候選人者，自候選人名單公告之日起至投票日止，依規定請事假或休假；對於職務上掌管之行政資源，秉持公正、公平之立場，裁量受理或不受理政黨、其他政治團體或公職候選人依法申請之事項；各機關首長或主管人員於選舉委員會發布選舉公告日起至投票日止之選舉期間，應禁止政黨、公職候選人或其支持者之造訪活動；並應於辦公活動場所之各出入口明顯處所張貼禁止競選活動之告示。

2.規範「不符合」公務人員行政中立法之作為

兼任政黨或其他政治團體之職務；介入黨政派系紛爭；兼任公職候選人競選辦事處之職務；利用職務上之權力、機會或方法，從事要求他人加入或不加入政黨或其他政治團體、參加或不參加政黨或其他政治團體有關之選舉活動；利用上班或勤務時間，從事政黨或其他政治團體之活動；利用職務上之權力、機會或方法，為政黨、其他政治團體或擬參選人要求、期約或收受金錢、物品或其他利益之捐助；利用職務上之權力、機會或方法，阻止或妨礙他人為特定政黨、其他政治團體或擬參選人依法募款之活動；動用行政資源編印製、散發（包括各項網路資訊、手機傳遞方式在內）、張貼文書、圖畫、其他宣傳品或辦理相關活動；在辦公場所懸掛、張貼、穿戴或標識特定政黨、其他政治團體或公職候選人之旗幟、徽章或服飾；主持集會、發起遊行或領導連署活動；在大眾傳播媒體具銜或具名廣告；公開為公職候選人站臺、遊行或拜票；利用職務上之權力、機會或方法，要求他人不行使投票權或為一定之行使 ❸

(五)公務人員基準法草案

此法雖尚未完成立法，但極具重要性，故摘錄重點以供參考。

1.旋轉門條款

規定公務員離職三年內，不得擔任與其離職前五年內之職務直接相關之營利事業董事、監察人、經理、執行業務之股東或顧問。

---

❸ 以上各項規定，詳參《公務人員行政中立法》第 5 條至第 13 條，及該法施行細則第 6 條。

2.相對服從主義

規定公務員對長官監督範圍內之命令，方有服從之義務。

3.應禁止的行為

包括不得罷工、不得兼任以私人營利為目的之公司或團體職務；以及不得為圖不法利益而關說、請託；不得贈受財產上和非財產上利益等。

二、行政倫理概念的實踐

關於我國行政倫理概念的實踐，學者邱華君 (1995) 認為可以分別從個體面 (micro) 和鉅 （總） 體面 (marco) 、 靜態面 (static) 和動態面 (dynamic) 、實體面 (content) 和過程面 (process) 、 消極面 (negative) 和積極面 (positive) 來加以分析，茲說明如下：

㈠個體面和鉅（總）體面

這是依行政倫理所考慮的對象不同而區別。前者是對行政人員個別行為的倫理指引，是個人倫理的標準 (personal ethics standards)；後者是對社會中各種衝突的取捨與判斷，所以又稱為 「公共政策」 倫理 (the ethics of public policy)，其目的是探求在特定的情境中，何種政策對社會最為正確與公正。

㈡靜態面和動態面

前者是從法規的 (legalistic) 和制式的 (formal) 角度來瞭解行政倫理，包括各種法規、專業守則等；後者是從社會變遷、民眾需求及個人行為發展的動態過程中，探求什麼是行政倫理。

㈢實體面和過程面

前者在於指出行政倫理的一套實質原則，例如對人民的尊重、對誠實的執著等；由於行政倫理實質標準往往過於抽象，因此必須透過一連串的檢定 (examine)、質疑 (question) 的思考過程 (process of thinking)，才能建立起適用至實際狀況的決策標準。這兩層有互補之效，缺一不可。

㈣消極面和積極面

前者認為行政人員只要沒有違反行政倫理的規定，即屬合乎行政倫理的要求；後者則認為行政人員合乎消極規定尚嫌不足，還必須積極地提升倫理水準，以達成更公平、更合乎正義的社會境界。

行政倫理的發展趨勢，可說是由個體面、靜態面、實質面和消極面逐漸朝向鉅體面、動態面、過程面和積極面發展。這並不意味著前四者已遭摒除或淘汰，事實上這四者仍重要。但由於社會環境的變遷，政府中行政部門職能的擴大及社會對行政人員角色要求的改變，使行政倫理漸漸偏重後四種層面。由於傳統對行政人員角色要求侷限在忠實執行立法部門所制定的國家目標和政策，而不涉及在變動的、複雜的社會情況中去選擇價值、制定政策，所以往往行政人員只要個人行為不觸犯法規中的規定，就算合乎行政倫理，如不遲到、不早退、不貪汙、不受賄，凡此種種多半屬利益衝突 (conflicts of interest) 的消極規定。

但第二次世界大戰後，社會環境變遷迅速、行政人員具備大量專業知識，使得行政部門職能及權力大增，不僅原先執行政策的因為擁有大量的自由裁量權 (discretion) 而擴大，更因具備了政策建議權 (policy recommandation) 而深深涉入國家目標的決定和政策的判定中。因此，現今行政人員除了要固守傳統的行政倫理之外，還要在變動的環境中不斷地思考，以規劃出一更合乎社會正義、社會公平的政策來。所以，面對變動快速的現代環境，行政倫理的內容也需有所調適，不能再以不違反消極規定為滿足，更要達成社會公正的目標。因而可以說，在現今環境中，行政倫理是愈來愈重要。

三、強化行政倫理的方法

如前所述，行政倫理的內涵依性質可區分為防制性及促進性二者，在此基礎上思考強化行政倫理的方法可從法制規範及教育功能二方面著手。因為法規其實只是行為的最低標準，但合法的行為未必合乎倫理，而合乎促進性行政倫理的，也未必一定合法，如圖 14-3 所示。此外，

執行機關的有效配合與統合各種相關法規，才能有清楚的政策指引以供
參考。茲整理分述各項論點如下（蔡祈賢，2009: 69–70；詹靜芬，
2010a: 31–32）：

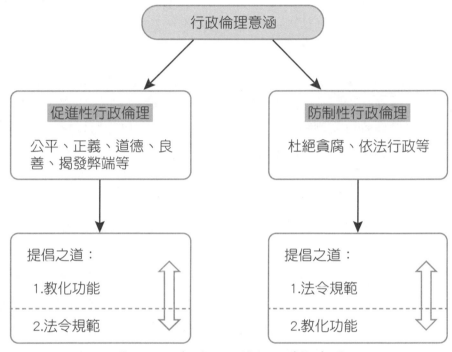

圖 14–3　行政倫理提倡之道概念圖

資料來源：詹靜芬，2010a: 30。

㈠法制化的建構

　　透過法令規範的訂定及執行，對於防制性不倫理行為的矯治，應可
收某種程度的外控嚇阻效果，發揮強力的他律作用，使公務人員的行為
有可資依循的明確標準，發揮防弊與確保專業責任實踐的雙重功能。

　　此外，對於促進性倫理之思維或作為，則以法令規範加以保障之，
避免使服務便民利他思想的公務人員，因誤觸圖利他人之灰色領域而觸
法。另外為鼓勵揭發組織中的可能不法，需對揭弊者訴諸法律層面的保
障。然若要確保揭發弊端的良行義舉，便須有相關法制保障的配套措施，

例如美國於 1989 年頒布之 〈揭弊者保護法〉 (The Whistleblower Protection Act)，即在保障公務人員舉發所有有關不法、嚴重管理失當、嚴重浪費公帑、濫用職權，以及對公眾健康安全的重大危害行為時，明令禁止對揭弊者的報復。換言之，行政倫理的原則標準必須藉由立法程序予以法制化，以強制性地一方面約束規範公務人員的行政行為，另一方面保護及鼓勵其採取促進性的行政行動。

㈡教育功能的發揮

透過倫理教育及訓練功能，主要係在啟發公務員的自覺意識 (ethical awareness) 及倫理自主性 (ethical autonomy)，使其發揮自律的內控作用。公務機關有必要建立強制性的倫理訓練課程，藉由職前訓練、在職訓練等教育課程，使倫理價值真正深化於公務人員的內心。

因此，訓練課程除針對基層公務員外，尤其中、高階層的文官因為具有以身作則的示範作用，更應加強倫理認知能力的訓練，以展現正面的倫理態度及作為，並協助其明確表達對不倫理行為無法容忍的態度。倫理教育訓練課程之內容應以激發公務人員積極前瞻整體的策略性思維為主，除了追求社會公平正義之倫理思考外，並教育公務人員有關揭弊保障的相關規定，鼓勵其勇於揭弊；並以教育公務人員（無論即將任職者或已任職者）的法治觀念為次，教導其對於即時更新的現存法律規定中，有關限制性行為的認識，避免誤觸法網的委屈。透過倫理教育訓練來培養主動、負責、積極、專業、創新的服務倫理觀，以及個人的倫理認知敏感度，輔以完整而充分之授權與激勵制度，始可產生行政效能，提高政府生產力。

除了學理上的前述分析，實務中 OECD 也曾針對其會員國的經驗作法後，彙整歸納出建構一國行政倫理機制 (ethics infrastructure) 必須具備的八項要素，其中一項所謂 「專業的社會化機制」 (professional socialization mechanisms) 即是指一個可以對所有公務員不斷施行再教育，使其有效地學習並接受倫理規範及行為標準，並且隨著時代環境的變動，重新認識公共服務價值理念的專業教育及訓練等活動。從 OECD

國家中可發現，各國在行政行為上共同關注的最重要焦點及作法，即在重新界定公共服務的核心價值理念 (core values)，亦即尋求一種創新的、具有代表性的時代思潮 (ethos)。朗佛 (Langford) (1991) 曾說：「如果沒有明確而一致的倫理價值，來具體指示我們應做何種行為，以及不應做何種行為，那麼就很難在組織中形成一種約定成俗的倫理文化；如果我們對於何謂『對的』事情沒有一致的共識，那麼我們勢必很難予以實踐」。

　　換言之，透過西方民主政治思潮的演變，行政倫理的概念已由過去依法行政的單一思維，逐漸趨向多元價值諸如公平、正義、專業、負責等慎思熟慮的判斷。因此，教育及訓練是非常重要的，無論是透過職前訓練或在職訓練，既可喚起初任甚或久任公務員的倫理自覺，也可為管理者樹立良好的角色模範。

㈢執行機關的有效配合

　　我國目前行政倫理的制度設計及施行措施，其重點工作在達成政府的廉能政治，係由法務部負責策劃、督導與執行，尤其所轄屬的政風、調查及檢察等部門分工配合。政風單位以防制貪瀆及發掘案件為主；調查機構加以蒐證偵辦；檢察機關則依法予以追訴，三個職司部門密切聯繫配合，當能有效執行廉政與肅貪工作。除消極的防貪、肅貪外，人事行政總處、銓敘部也應倡導公務人員依法行政、公正無私、專業效率、公平正義等積極核心倫理價值，只有各相關機關的全力配合，才能收統整之功與事半功倍之效。

㈣統合法規以資明確政策

　　由前所述可知，我國行政倫理的相關規定散見於各種法規中，即使是近期所制定的《公務員廉政倫理規範》與《公務人員行政中立法》，也都仍有檢討的空間。就學理而言，在行政倫理法制中，具有統合性質的倫理法典，不僅是重要基石，更是引領後續各項相關制度建制與整合的羅盤。而若就實務觀點來看，參照英、美、德、日、韓、新加坡等國家的作法，其倫理法制的特色均是主要規範集中立法，相關補充採分散立

法。因此，為提升人民的公共信任，並宣示政府之決心，宜由考試院會同行政院訂頒統合之行政倫理法，並協洽立法院、媒體及公民社會支持，以促成立法之完成。

🖥 行 政 櫥 窗

新住民政策：臺灣邁入族群多元社會 文化融合從教育做起❹

臺灣新住民人口數愈來愈多，新住民子女在國小學生中的比例也逐年攀升，已經連續幾年達到高峰。根據移民署的統計資料，截至 2014 年 7 月為止，臺灣外籍與大陸配偶數量總計 48 萬 3 千多人，而新住民配偶的下一代數量也不斷增加，以 101 年（2012年）學年度來說，共有 20 萬 3 千多名學童就讀國中小學；其中就讀國小者高達 16 萬人，已經是進入高峰期的第 8 年。

新住民遠渡重洋嫁給臺灣郎，還沒適應新生活，又馬上面臨下一代的教育問題。她們語言不通，尚未完全融入臺灣的生活環境，人在異鄉格外艱辛；當新住民子女在學校中逐漸占有一定比例時，代表臺灣已經邁入多元社會，政府必須正視這個現象。南投縣教育處處長黃寶園說：「就我在教育現場的觀察，我認為，對新住民來講，最需要的就是家庭支持系統。」

移民署的「新住民火炬計畫」，結合內政部與教育部資源，提供新住民子女完整的文教生活輔導機制，在學校開辦母語學習營、多元文化講座、親子共讀多元文化繪本、多元美食競賽，以及搭配家庭訪視等，讓小朋友會說媽媽的母語，新住民配偶的中文能力進步，臺灣下一代也能在多元文化的環境下成長。移民署專門委員李明芳說：「最重要的是，未來我們期許新住民二代能夠擴展這樣的國際視野，不再以自卑或是隱藏的角度生活在校園、家庭、

---

❹ 資料來源：中央廣播電臺／王韋婷 (2013/11/28)。取自：http://news.rti.org.tw/news/detail/?recordId=107905。

社會裡，而是以一個開闊的角度去看。就像我們到國外留學不會
隱藏自己是來自臺灣的身分，但是在這邊我們會期待小朋友隱藏
自己身分，不要說自己來自哪裡，甚至到國小六年級才說那個外
傭是我媽媽，希望不會再有這樣的遺憾，所以我們還是期待從小
開始做文化融合。」

　　南投縣竹山國小是火炬計畫的績優學校，校長鄒庚辛表示，
火炬計畫重視孩子的品格教育和家庭教育，同時也要新住民家庭
學習尊重外籍配偶。他說：「我說你要對你媳婦好一點，人家說，
女兒嫁很遠，如對媳婦好一點，三餐可以吃很飽、可以吃得很舒
服，然後孩子會孝順你；如果你對媳婦好一點，她以後會幫你燒
香拜拜，如果你對她不好，她會覺得常常被虐待，就不拜你，你
就變成餓鬼。」

　　臺灣正面臨少子化的衝擊，而新住民子女數量節節升高，以
目前新住民子女的成長速度，預估到 2030 年時，臺灣 25 歲的青
壯世代，有 1 成 3 左右是新住民之子，他們將在社會各面向扮演
一定的角色；臺灣必須打破過去舊有的觀念，學習與新住民和諧
共處，尊重並瞭解新住民的文化，接納臺灣族群新色彩。

參考文獻

一、中文文獻

- 公務人員保障暨培訓委員會，2012，〈公務倫理宣導摺頁〉，網址
  http://www.csptc.gov.tw/pages/detail.aspx?Node=850&Page=6207&Index
  =2；檢閱日期：2014/5/25。
- 邱華君，1995，〈公務人員陞遷制度之研究〉，《人事月刊》，第 21 卷第
  6 期，頁 59–61。
- 施能傑，2004，〈公共服務倫理的理論架構與規範作法〉，《政治科學論
  叢》，第 20 期，頁 103–140。

- 陳清秀，2009，〈廉能政府與公務倫理之探討〉，《文官制度季刊》，第 1 卷，第 1 期，頁 115–137。
- 陳德禹，2000，〈現代行政倫理體系初探〉，收錄於銓敘部主編，《行政管理論文選輯第十四輯》，臺北：公保月刊社，頁 285–307。
- 許南雄，2000，《行政學概論》，臺北：商鼎文化。
- 張潤書，2009，《行政學》，修訂四版，臺北：三民書局。
- 詹靜芬，2010a，〈論公務人員之倫理養成途徑〉，《國家菁英》，第 6 卷第 2 期，頁 19–36。
- 詹靜芬，2010b，〈基層文官的倫理困境：依法行政下的難題〉，《T&D 飛訊》，第 96 期，頁 1–20。
- 蔡祈賢，2009，〈我國行政倫理之探討與策進〉，《人事月刊》，第 48 卷第 5 期，頁 63–71。
- 蔡良文，2005，〈論公務人員行政倫理理論與實踐〉，《人事行政》，第 152 期，頁 3–21。
- 蔡良文，2006，〈公務人員核心價值與行政倫理〉，《考銓季刊》，第 47 期，頁 16–43。
- 蕭鈺，2010，〈公務倫理的核心內涵與實踐途徑〉，《T&D 飛訊》，第 95 期，頁 1–19。
- 鮑忠銑，2006，〈我國公務員行政倫理規範之探討〉，《考銓季刊》，第 47 期，頁 101–119。
- 繆全吉、彭錦鵬、顧慕晴、蔡良文，1990，《人事行政》，修正再版，臺北：國立空中大學。

歷屆考題

1. 何謂行政中立？ 有論者謂行政中立乃欲要公務人員成為 「變色龍」(chameleon)，對此觀點，您的看法為何？另我國目前落實行政中立的難題為何？ 該如何改進？（100 年國立臺北大學公共行政暨政策研究所甲組試題）

2. 行政倫理與道德規範有何異同？以我國政府而言，如何才能有效推動行政倫理之提昇？（101 年國立暨南國際大學公共行政與政策研究所試題）

3. 行政中立之意涵為何？行政中立主要目的與隱含價值前提分別為何？若將「行政中立」等同於「價值中立」及「政治與行政分離論」呈現的理論與實務困境分別為何？並請闡述推動我國行政中立之途徑為何？
（097 年國立暨南國際大學公共行政與政策研究所試題）

4. 何謂行政中立？身為一位行政人員，為了服膺行政中立，應表現出何種行為？我國在推動行政中立時，遭遇何種障礙？（094 年地方特考－三等考試）

5. 試從政制結構、文官制度、行政程序、行政倫理等四個途徑，析論我國如何推動行政中立？（099 年地方特考－三等考試）

6. 行政倫理與道德規範有何異同？為何現代政府必須特別重視行政倫理之規範？以我國政府而言，如何才能有效推動行政倫理之提昇？（100 年地方特考－三等考試）

第 15 章　行政領導

　　自從有社會組織以來，就必須由領導者執行領導功能 (leadership)，以統合組織成員的力量，共赴事功。從過去的經驗可知，一位成功的領導者乃是成事者，而非做事者。換言之，領導者應透過適當的領導方式去組合並協調部屬完成工作，而不必事必躬親；其主要的任務是在經由適當的領導以組合協調、溝通、激勵等方式，促進組織正常運作，人員和諧相處，任務圓滿達成（吳定等，2007: 236）。再者，雖然成功的領導不是組織成功的唯一要件，但卻是比任何其他因素更能決定一個組織的成敗（黃英忠，2001，轉引自陳儀蓉，2006: 1）。在行政組織中更是如此，若行政組織無首腦，則群龍無首；若首長與主管不能克盡領導權責，則必破壞領導體制，累及屬員。領導功能的重要性，不難想見（許南雄，2000: 231）。

　　故本章即將重點置於行政機關領導功能之探討。首先說明領導的意涵及其研究途徑；其次整理領導的型態；接著討論行政領導的權力基礎及特質；再者則闡述權變（情境）領導的型態，包括晚近興起的權變型領導及轉換型領導亦有多加論述；最後則提出高階領導者所應具備的領導修鍊與策略，以供公部門領導者作為參考。

第一節　領導的意涵與功能

一、領導的意涵

　　何謂領導？根據《社會科學大辭典》(A Dictionary of the Social Sciences) 的說法：「領導是多少帶有集體活動的自願努力，以獲致既定的目標。領導等於一種集合的無形影響力，在社會行為的互動中，發生共同的情感，以從事並完成客觀目標之工作」（轉引自張潤書，2009: 359）。傅蘭其 (John R. P. French) 及史奈德 (R. Snyder) 認為：「領導是團體中一部分人對其他人所擁有的社會影響，如果該團體中的一分子，對

其他分子具有某種的權力，那麼即是具有某種程度的領導作用」（轉引自張潤書，2009: 359）。然而，上述有關領導的定義較為模糊，無法替領導一詞描繪出清楚的概念。由於時代的不同，所採取的觀點亦不同，因此，學者張潤書 (2009) 歸納出三種觀點來探討領導的意義：

㈠從「權力」觀點來看

領導是指上級人員以命令、指示或要求等方式來強制部屬服從及接受，即由組織的層級節制體系自上而下的命令過程。凡地位高者有權對地位低者發出命令，而地位低者有義務服從其命令。此一觀點特別強調權力的大小及命令服從關係，代表著早期的領導觀點。

㈡從「管理」觀點來看

在組織中凡某人能促使他人以合作的方式來達成組織的使命者，即是領導。此處所指的某人，實指組織的首長或單位主管，他們運用各種方法與手段，如激勵、監督、授權、溝通、協調等，使組織成員合作無間、共赴事功，完成所欲達成的目標。

㈢從「影響力」觀點來看

此為較新也是最廣義的看法。凡組織中的成員，具有改變他人或團體的思想或行為的力量者，即是領導。因此，領導必然包括影響者及被影響者，任何能夠影響他人或團體的人，即可認為是擁有領導的能力。根據此一說法，組織中的人員皆可享有某種程度的影響力，通常首長及主管所享有的影響力較他人為大。

而關於領導的定義，學者有不同的看法。斯東納 (Stoner) 與弗里曼 (Freeman) 稱：「領導係監督及影響屬員從事工作活動的過程」，故領導必有領導者與被領導者的相互關係，亦需有領導的權力、權威與影響力的憑藉（許南雄，2000: 231）。而我國行政學者張金鑑教授亦指出，行政領導就是機關的各級主管適應部屬的心意與需要，運用思想溝通、人格感召、智能表現及管理措施，促使之踴躍熱烈地共赴事功，以協同一致

的努力，有效地完成組織的使命與任務（張金鑑，1982: 428）。此外，泰利 (George R. Terry) 則指出，領導係為影響人們自願努力以達成團體目標所採之行動。而譚仁堡 (Robert Tannenbaum) 等人認為，領導是在某種情境下，人際間的相互影響，並藉由溝通過程，使其趨向既定目標之達成（轉引自吳定等，2007: 236）。最後，美國教授艾文西維其 (John M. Ivanceivich)、史賴宜 (Andrew D. Szilagyi) 與華理士 (Marc J. Wallance) 三人的界定：「領導即存在於兩個人以上，其中一人試圖去影響他人，以達成某一或某些目標的關係」（轉引自林鍾沂，2005: 263）。

由上述幾位學者的說法可以得知，領導強調三個重點：人際間的互動、影響他人的行為、達成團體的目標。因此，領導乃是領導者與被領導者之間影響力互動的過程。進一步說，領導乃是指某一種特定情境下，某人行使各種影響力 (influence)，以影響他人或團體行為，使其有效達成目標的過程。由此觀之，領導並不限於上級人員對下級人員的領導，也包括下級人員對上級人員因行使影響力而產生的實質領導（吳定等，2007: 236–237）。

二、領導的功能

學者對於領導的功能，有許多不同的看法。究其原因，乃由於對領導意義見解不同所致。如莫奈 (P. Mooney) 在《基本工作管理》(*Fundamental Job Management*) 一書中指出領導的功能有：1.發現、瞭解、分析及解決問題；2.決定工作計畫；3.使部屬瞭解並接受自己的觀點；4.監督部屬，使其完成工作；5.培植部屬。另卡特爾 (R. Cattell) 則認為領導的功能為目標的完成、團體的活動、滿足人群關係及機關團體內人員的利益等，簡單說乃是達成團體的目標（陳正邦，2000: 58）。而我國行政學者張潤書 (2009: 368–370) 則認為領導的功能包括：

㈠協調 (coordinate)

協調是將組織成員間相互衝突的利益融合在一起，並且引導人員達到共同目的的一種技巧。尤其是機關中有不同部門分別執行任務，如何

避免產生「本位主義」和減少與其他部門發生衝突的情形，則需要靠良好的協調。

㈡團結 (unite)

機關組織中人員的目標不盡相同，如何使人員目標趨於一致，而產生團體意識與團隊精神，這樣工作才會有效果。「團結就是力量」乃是此概念最佳寫照。

㈢激勵 (motivate)

如何激勵員工以提高其工作興趣並增加行政效率，乃是領導者重要的基本功能。因此，領導者應設法瞭解成員的需求，進而增加滿足感。

㈣計畫 (planning)

領導者應決定工作計畫與標準，以作為機關與組織成員努力的指引與依據，避免組織成員迷失方向。

㈤授權 (delegation)

組織規模日趨擴大，人數也逐漸增加，必須分科辦事、分層負責，因而產生授權行為，使組織能彈性靈活運作。

㈥指導 (directing)

領導者無須「事必躬親」，只需適當地指導部屬（如根據部屬的能力、學識分配工作），以發揮領導作用即可。

㈦溝通 (communication)

溝通可以增進人員的相互瞭解、加強人員的團結，所以成功的領導者應該發揮溝通網絡的中心功能。

(八)考核 (control)

領導者須對執行計畫加以監督考核，檢討其是否按原定計畫與進度實施與完成，並予以獎懲。

(九)公共關係 (public relations)

組織是一個開放系統，會和外在環境產生互動關係，所以機關領導者應注意公共關係的運用，使外在環境對組織產生有利的影響，進而促進組織的發展。

綜合各學者的說法，關於領導的功能，或許以美國俄亥俄州立大學針對領導功能之研究結果最為簡單扼要。其認為領導包括下列三項基本功能（陳正邦，2000: 57–58；張潤書，2009: 367–368）：

1. 保持團體關係：包括領導者和部屬的接近，往來密切，並受部屬的愛戴。
2. 達成團體目標：領導者的基本責任，不只在制定團體目標並且須使人員瞭解此一目標，進而督促屬員達成團體目標。
3. 增進屬員的交互行為：領導者應致力於增進組織分子之間的有效交互行為，而溝通則是重要工作。

整體而言，即便學者對於領導功能有不同的看法，但有一點卻是共同的，就是領導的行為應對組織產生良好的影響，使組織能夠達成其目標，所以領導與組織的關係非常密切，不容忽視。

第二節　領導的型態

關於領導的方式，至今未有統一的分類法。有的研究以領導者的態度為區分，也有部分研究是以影響力產生的過程作為依據，甚至還有研究是以領導者的人格特質為標準（張潤書，2009: 370）。儘管分類的標準多樣，但仍有些分類方式較為廣泛引用，具體而言，可區分為二分式、三分式、四分式及五分式（即管理格道）等四種方式，茲說明如下（許南雄，2000: 234–235；林鍾沂，2005: 267–270；吳定等，2007: 238–

242;張潤書,2009: 370–374):

一、二分式的領導型態

若以領導者的作風與態度來區分,美國俄亥俄州立大學提出「體制型」與「體諒型」兩種方式;而密西根大學則提出「工作導向」與「員工導向」兩種構面。其特色如下:

㈠以工作為中心 (task-centered) 之領導（體制型、結構型、關心工作的領導方式）

此種領導方式的特色在於:以工作或產量為目的,員工僅是完成工作或產量的手段,對部屬採取嚴格的監督,而不考量其心理因素與需求,故部屬動輒得咎。除此之外,以工作或產量的數額及品質來評定員工成績,並以此作為獎懲依據。

㈡以員工為中心 (people-centered) 之領導（體諒型、體恤型、關心員工的領導方式）

此種領導方式的特色則為,領導者摒棄消極的懲罰,注重積極的激勵與獎賞,以提高員工士氣;實施分層負責、逐級授權,給予員工較大的自主權。另亦重視員工的需求,尊重員工的人格,加強員工的歸屬感與認同感。

二、三分式的領導型態

盧溫 (Kurt Lewin)、懷特 (Ralph White) 與李比特 (Ronald Lippitt) 從實驗室研究中,將領導型態歸納為獨裁式、民主式及放任式三種。說明如下:

㈠獨裁式的領導

又稱為專制的 (autocratic) 領導,是屬於較為權威的領導方式,其作

法是將決策權集中於首長一人手中，以權力與威勢來強迫部下服從，因為人員在高壓強制下工作，心中充滿了憤恨，故其效果是短暫的，只要有機會便會鬆懈下來。因此，「怠工」是在這種領導方式下常有的現象。

　　獨裁式的領導特色在於：決策權歸首長，部屬鮮有參與機會。此外，部屬在奉命行事前，對政策或命令內容及執行方法一無所知，而政策或命令的執行若有困難，部屬也無辯解的權利；同時，政策若無法貫徹，首長常予以處罰。此外，領導者與部屬也很少打成一片，雙方社會距離大，而最後的獎懲也僅憑首長的主觀好惡為之，缺乏客觀公正的標準。簡言之，責任的承擔是有功由領導者獨享，有過則歸部屬承擔。

㈡民主式的領導

　　民主式 (democratic) 領導較獨裁式富人性，首長與部屬兩者相互尊重，關係密切。首長在理性指導及規範下，會鼓勵部屬自動自發積極工作，發揮其潛力，但此種方式較不適合用來領導被動消極及懶惰的部屬。其主要特色包括：上下間分享決策權力、領導者適當授權部屬，加強其責任感；尊重部屬人格，關心其生活及需要；決策過程公開，部屬可參與；對部屬的獎懲主要依據客觀事實及標準而定。

㈢放任式 (laisse-faire) 的領導

　　此種領導方式是指首長不把持權力，一切運作聽其自然，組織中也缺少明確運作的規範與制度，行事制度由部屬自行摸索。首長很少主動接觸部屬，通常是當部屬提出問題時，首長才予以過問。因此，放任式的領導特色可歸納為下列幾點：領導者對機關的工作不加過問，完全交由部屬自行處理；領導者毫不關心部屬，也不關心工作；領導者與員工的關係疏遠；領導者對員工的獎懲完全是被動的、刻板的，難以激發員工的工作情緒。

　　一般而言，此種領導方式效果較差，工作人員若憑己見各自為政，不僅整個單位內缺乏一致的工作標準，而且意見分歧，難以形成牢固的團體意識，而影響工作目標的達成。但此種方式也有其可適用之處，亦

即對於學有專精、能力極強且主動積極的部屬,可收到良好效果。

以下將獨裁式、民主式及放任式三種領導特色整理如下表 15-1 所示:

表 15-1　領導方式之比較

領導方式 行為特質	獨裁式	民主式	放任式
決策制定	首長一人獨享,部屬絕對不允許參與決策	與部屬分享,讓部屬參與,是多數人的意見所形成的決策	首長放棄決策權,部屬自行制定其工作標準與內容
對部屬的指導	以強迫命令的方式要求部屬接受,而且只有一種解決辦法	透過會議、討論的方式對部屬進行指導,如部屬有疑問,則給予多種解決的辦法,以啟發部屬的思考	不主動指揮,除非部下有請求時,才隨便敷衍一下
決策制定完成命令下達	不准反映意見,更不許修改	部屬認為有窒礙難行或決策本身有錯時,上級允許加以修改	決策是部屬制定的,可隨心所欲地修正
政策執行結果	有功首長獨享,有過部屬承擔	有功大家分享,有過先行責己,再追查責任	不加過問
對部屬的獎懲	根據首長的主觀好惡,任意加以考評	根據事實資料予以客觀公正的獎懲,可以發生激勵與嚇阻的效果	獎懲如例行公事,不足以發揮獎懲功效
與部屬的關係	非常疏遠,很少參加團體活動,並且以特別身分出現,高高在上	非常密切,積極參加團體活動,不以特別身分出現	非常疏遠,與部屬無情感可言

資料來源:張潤書,2009: 373-374。

由表 15-1 可知,上述三種領導方式以民主式最佳,放任式最差,而獨裁式的領導則在某種情況之下會有若干效果,例如在緊急時刻,部

屬知識水準及道德修養皆不佳的狀況之下，獨裁式的領導或許有其作用（張潤書，2009: 373）。而民主式的領導之所以最佳的原因在於：領導者較注重部屬的誘導與啟發，以鼓勵部屬發揮潛能與專長，時時維持團結合作的團隊精神（陳正邦，2000: 47）。

三、四分式的領導型態

學者李克特依照一般管理者對人性的假定，而將領導型態分成四種，此四系統成一連續體，包括：

㈠系統一：壓榨的權威式領導 (exploitative-authoritative)

又稱剝削－權威的領導，此種方式適用於系統一領導 (system 1) 的人，這些人被假定為「性惡者」，厭惡工作、逃避責任、被動消極等。管理者對部屬毫無信心，部屬很少參與決策過程。管理者決定大多數的政策並直接命令下級執行，必要時運用威脅與強制的手段完成工作，上下之間彼此在互不信任的氣氛下應對，如有非正式組織產生，通常都是以反對正式組織為目標。

㈡系統二：仁愛權威式領導 (benevolent-authoritative)

又稱仁慈－權威的領導。此種方式適用於系統二領導 (system 2) 的人，相較於系統一，這些人雖有好點，但仍相當被動消極，故領導者需採取權威式的領導型態，只不過多少有考慮到被領導者的立場。

㈢系統三：諮商式領導 (consultative)

又稱諮商－民主的領導。這種方式適用於系統三領導 (system 3) 的人，這些人被認為已相當的自動自發，接近所謂「性善者」假定的那一類人。管理者對部屬相當有信心並信任之，雖然重要決定權仍由上級掌握，但部屬可決定特定的具體問題。上、下級間有雙向溝通的管道，並相互信任。如果有非正式組織的產生，其對於正式組織的目標會抱持支持或僅為極小抗拒的態度，此乃為「諮商的－民主的」系統。

(四)系統四：參與式領導 (participative)

又稱參與－民主的領導。此種方式適用於系統四領導 (system 4) 的人，這些人被假定為「性善者」，會積極主動、負責盡職地完成分內的工作，因此領導者非常尊重其意見，幾乎給予同等的權力參與決策之制定。

由前述說明可知，系統一是高度工作中心的、權威的領導方式，接近 X 理論的人性假定；而系統四則是高度員工中心的、民主的，接近 Y 理論之人性假定。然而，此一模型仍遭致某些批評，包括過於描述性而缺乏操作性的定義，且將領導者與管理者混為一體，過度簡化了高層領導者所需面對的複雜問題。

四、五分式的領導型態（管理格道）

五分式的領導型態來自於布萊克與毛頓於 1964 年著的《管理格道》一書所提之領導型態，其依領導者對人員的關懷程度及對於生產工作的關懷程度，將領導者區分為八十一種型態，其中最具有代表性的五種型態如下圖 15–1 所示：

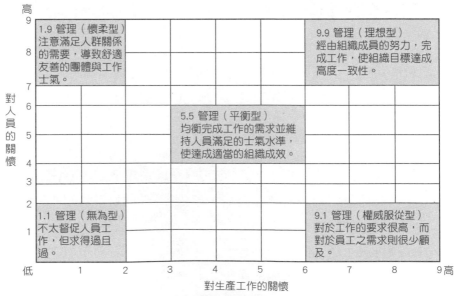

圖 15–1　管理格道圖

資料來源：轉引自林鍾沂，2005: 271。

該理論認為，管理者為了達到組織特定的目的，在從事管理活動時，必須具有某種程度的關心產量與關心員工的態度；而管理者對於這兩者的關心情況，就決定了所採取的領導型態，以及使用職權的方式。基此，以 「業績關心」 (concern for production) 為橫軸，以 「人員關心」 (concern for people) 為縱軸，每軸由低至高分為 9 格，表示關心的程度，亦即管理者可能在 81 種不同組合的管理格道中，呈現其中的一種。而其最基本的五種領導型態為 （吳定、吳復新，1998: 9–10；許南雄，2000: 234）：

㈠權威服從型管理，又稱為「9.1 型」領導

此種領導方式對產量極度關心，卻最不關懷員工。管理者藉行使權力與職權而專注於達到最高生產量 （績效水準）。

㈡懷柔型管理，又稱為「1.9 型」領導

此為對員工表示最大關心，但卻對產量顯示最少興趣的管理方式。管理者的主要努力在於增進同僚及部屬的好感（人際關係）。

㈢無為型管理，又稱為「1.1 型」領導

此種管理方式對產量與員工均表示最小的關心。管理者只從事最少而必須的努力，以求在組織內保住其身分地位而已。

㈣平衡型管理，又稱為「5.5 型」領導

此為主管同時對產量與員工顯示中度關心的管理方式，為中庸型的方式。根據學者的看法，大多數管理者採行這種管理方式。

㈤理想型管理，又稱為「9.9 型」領導

此為主管同時對工作與員工展現最大關心並整合到最高績效水準的管理方式，重視團隊合作，以工作目標為取向，透過參與、投入、承諾與衝突解決等措施，獲得高數量與高品質的結果，所以也被稱為「理想

型的管理方式」。因此之故，布萊克與毛頓主張，管理者應朝向團隊管理方式努力。

上述各種領導型態的分類方法各有其理由及特色，也無所謂絕對的好或壞，亦即並無唯一最佳領導方式存在，領導方式可依不同環境、對象而予以修正變化。

第三節 行政領導的權力基礎及特質

一、領導的權力基礎

根據前述說明，領導既然是以「影響力」為其先決條件，那麼便須探究影響力的來源，亦即行使影響力的基礎。一般認為，影響力來自某些「權威」(authority) 或「力量」(power)。賽蒙 (Herbert A. Simon)、史密斯堡 (Donald W. Smithburg)、湯普生 (Victor A. Thompson) 認為領導基礎包括信任的權威 (authority of confidence)、認同的權威 (authority of identification)、制裁的權威 (authority of sanction) 與合法的權威 (authority of legitimacy) 四種（轉引自陳正邦，2000: 32–33；吳定等，2007: 237）。

傅蘭其與雷芬 (Bertram H. Raven) 在 1957 年的〈社會權威的基礎〉(The Bases of Social Power) 一文中指出，領導的基礎有「強制權力」、「獎賞權力」、「合法權力」、「參照權力」、「專家權力」等五種；其後，雷芬與克魯格蘭斯基 (W. Kruglanski) 認為領導基礎除前述的五種外，尚可加上「資訊權力」(information power)。到了 1969 年，赫賽 (P. Hersey) 與高史密斯 (Marshall Goldsmith) 再提出「關聯權力」(connection power) 也是領導基礎之一。在本小節中乃針對上述七項領導權力基礎，分別說明如下（陳正邦，2000: 34–42；許南雄，2000: 231–232；林鍾沂，2005: 265–266；吳定等，2007: 237–238）：

㈠獎賞權力 (reward power)

指他人之所以願意接受領導者的影響，是基於如果接受其領導，將可獲得獎勵的認識。而此種認識的產生，必須對領導者具有此種信心，

同時領導者所給予的獎勵也確能與被領導者的期望相符才能發生作用。

(二)強制權力 (coercive power)

指他人之所以願意接受領導者的影響,乃是瞭解若不接受的話,將會受到某種程度的處罰。因此,為避免受到懲罰,只好接受領導者的影響。

(三)合法權力 (legitimate power)

指機關或團體基於正式職位之結構,意即依照組織的規定或是團體行為規範、社會文化、倫理關係,某些人具有「合法」領導他人的作用。例如機關中部屬接受上司的領導、學校中學生接受老師的指導、家庭中子女接受父母的督導等。

(四)參照權力 (referent power)

指由於某人在學識、能力、技術、待人處事等各方面均表現優異,使他人對其產生由衷的敬仰,願意以他為學習的榜樣,自然產生行為、意見、態度之模仿。

(五)專家權力 (expert power)

指某人之所以能夠影響他人,乃因其具有別人所不及之專業知識、學術技能等。在某些情況下,此種權力比法定的職位還更具有影響力。因此在機關組織中或是組織外的專家,往往被稱為「自然領袖」(natural leader)。

(六)資訊權力 (information power)

指由於領導者擁有或可接近具有價值的資訊,而被領導者想要分享其資訊,因此在領導者願意提供資訊的情況下,便可發揮其影響力。

(七)關聯權力 (connection power)

指由於某人與組織內或組織外具有權勢地位的重要人士有相當的關連性，而成為所謂的「連針人」(linking-pin person)，他人或基於尊重、巴結、不願得罪的想法，而接受其影響。例如一般機關首長的機要祕書，因為能夠隨時接近首長，便被他人所巴結，扮演守門員角色，而被視為關聯權力的典型。

由上述可知，有關於領導的涵義及其權力的基礎，可謂言人人殊，莫衷一是，因此學者對於領導的功能，亦有許多不同的看法，但有一點卻是共同的，也就是領導的行為應對組織產生良好的影響，使組織能夠達成其目標。

二、行政領導的實務特質

公共行政學界在提到行政領導時，其研究焦點多傾向於概念和理論的介紹，卻忽略行政領導其實是一門實用的學科，鮮少探討行政領導在實務上的情形。以下乃說明行政領導在實務上的各項特質（陳愷，2009: 500–503）：

(一)行政領導是行政運作的一部分

傳統從政治學與管理學的觀點來探討公共行政學，可分為行政組織與行政管理兩部分。倘若從行政法學觀點來看公共行政學，則將行政管理稱為行政運作，並多加一塊領域稱之為行政救濟。但無論如何，行政領導是歸屬於行政管理或行政運作的領域，而行政管理或行政運作則是一個不折不扣的動態觀點。

(二)行政領導應遵守依法行政原則

傳統對依法行政的觀念是強調對制度的服從、對法律的遵守，但是法律也有可能出錯，所以歐陸派的行政法學提供了對依法行政兩個重要的觀點，即法律保留與法律優位的概念。簡言之，法律保留是對人民在

憲法上賦予的權利與義務，應以法律方式要求或保障事項，故政府不能以便宜行事的方式用行政命令方式為之。至於法律優位即是命令不得牴觸法律、法律不得牴觸憲法的基本概念。因此行政領導者所要做的即是不違法濫權，堅守上述的觀念帶領組織成員服務民眾。

㈢行政領導要遵守相關的行政法理原則

行政除了法律的明文規範外，若無規範則從其行政慣例及法理原則。法理原則包括：比例原則，有人稱之為行政法上的帝王條款；誠實信用原則，有人稱之為民法上的帝王條款。除了這兩款外，諸如：信賴原則、權力不濫用原則、法律不溯既往原則、平等原則等。這些都是現代從事行政領導者不可不知的觀念及應具備的行政作為。

㈣行政領導要堅守行政中立

行政領導工作需要獲得組織內外大多數人的支持。領導者除面對組織成員外，還有廣大的民眾，因此面對多元的社會、分眾的市場，唯有保持中立的立場才能獲得大多數人的支持，因此行政中立成為必須的行政作為，一旦行為產生偏頗時，將失去所有人的支持。

㈤行政領導是行政革新的發動者

目前在執行或推動許多公共管理理論或組織理論時，如知識管理、組織學習、全面品質管理等，都強調若要成功其關鍵需要由上往下發動，因此行政領導工作愈來愈強調領導者展現強烈的企圖心，也唯有企圖心與使命感的展現才有行政革新成功的可能。

㈥領導是公務員執行公務與升遷的重要依據

行政學其實就是一套有系統的公部門研究學問，雖有部分研究會跨足非營利組織領域，但所研究的焦點仍是以公部門為主，而公部門中的成員即是公務人員。由於公務員的素質攸關政府施政的良窳，所以如要提升素質則需培育公務員，因此行政領導能力的培養與提升，乃成為行

政學研究中極重要的一環。

㈦行政領導的本土性質

行政學在每一個國家都是著重在本國政府制度、功能運作與治理等相關研究，是跟法律領域一樣為本土味濃的學科。從實務的觀點看，制度是形成而非移植，因此談論行政領導理論更須掌握官僚文化、行政組織制度、整體社會政經現況的認識，亦即透過對環境的充分掌握才能深入領導精髓，否則易流於空洞。

第四節　權變（情境）領導理論

權變者，「通權達變」之意。此學派主張，不論是何種領導風格，在不同的情境之下會有不同的效果，因此，領導者必須適應環境、審視需要，因人、因事、因時、因地制宜地選擇適當的領導型態，以從事有效的領導 （吳定等 ，2007: 242）。 而所謂的權變領導理論 (contingency leadership theory)，主要是認為管理工作即為診斷與評估可能影響領導者的領導行為與效果的各項因素，因此，領導者從事領導行為的選擇運用時，必須視當時的情境而決定。學者的研究指出許多影響領導效果的情境因素，如下所述：

一、費德勒的權變領導理論

權變領導理論是由美國伊利諾大學教授費德勒 (Fred E. Fiedler) 及其同伴所提出。該理論的基本假設是領導績效之優劣，有賴於領導風格與權變因素之間能否相互密切配合 （林鍾沂，2005: 272），設計「最難共事同仁量表」(least preferred co-worker scale, LPC)，作為領導型態的區別工具：LPC 分數高者為關係導向領導 (relation oriented)，LPC 分數低者為任務導向領導 (task oriented)。而其實證研究結果指出，領導者若想達成高度的成果，必須採取適當的領導方式，至於決定採取何種領導方式，則需視三項主要變數的綜合研判而定 （吳定等，2007: 243）。由於不同的領導方式在不同的情況下都可能有效,故管理者必須能隨機應變。

根據費德勒等之研究，決定領導效能的三個重要變數如下：

1. 領導者與部屬間的關係（上下關係）：指部屬對領導者的信任和忠心的程度，兩者相處情況良好與否。

2. 任務（工作）結構：指部屬所擔任的工作性質是否清晰明確且例行化，或是模糊而多變化。前者表示結構性高，有利於領導者的領導；後者表示結構性低，不利領導者的領導。

3. 職位權力：指領導者所擁有之獎懲力量，及其自上級與整個組織所得到支持的程度。

　　費德勒將此三大變數加以組合成八種領導情境，如圖 15-2 所示。他建議，當領導者發現其領導情境屬於有利及不利兩個極端時，最好採取任務導向（即專斷式、體制型）的領導型態，才能獲得高度的績效。相反的，如果領導情境處於有利與不利之間，最好採取關係導向（即民主式、關懷型）的領導型態，較能獲得高度的績效，若採取體制型領導，績效反而低落（吳定等，2007: 243）。

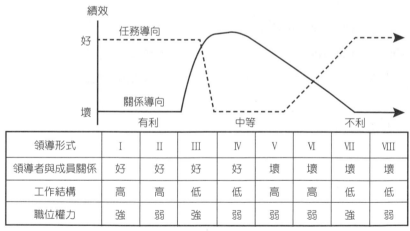

圖 15-2　費德勒的權變領導型態

資料來源：轉引自林鍾沂，2005: 274。

　　依照費德勒的看法，沒有任何一個領導型態可以放諸四海而皆準。換言之，在某一種情況下非常有效的領導型態，在另一種情境下卻可能

完全無效，所以費德勒認為，領導型態必須與情境密切配合。基於此，建議若領導者的個性偏向採取某一種領導型態，欲使之有效，可以從改變領導情境著手，例如改善與部屬的關係、使工作偏向例行化、增加獎懲權等。此種改變領導情境的作法，被稱之為「組織工程」(organizational engineering)（林鍾沂，2005: 275）。

　　歸納言之，費德勒權變領導理論的重點在於：強調領導效能，且指出管理當局必須依據情境選擇適當的領導者。此外，亦說明沒有一種領導方式是最好的，領導必須適應情境採取不同的領導方式。不過，對於費德勒的權變領導理論，部分學者仍提出一些批評、指出其限制，主要包括：影響因素複雜，且難以評估；忽略了部屬人格特徵，且未注意領導者或部屬的技術，以及研究設計問卷及推理過程不夠嚴謹等（張潤書，2009: 380）。

二、赫賽與布蘭查的情境領導理論

　　情境領導理論 (situational leadership model) 首先由赫賽 (P. Hersey) 與布蘭查 (K. H. Blanchard) 所提出，又稱為「生命週期的領導理論」(life cycle theory of leadership)。這派學者認為，領導型態無所謂好壞，領導者究竟應採取何種領導方式為宜，必須視「被領導人的人格成熟度」而定。

　　該權變領導理論乃是基於下面三項因素的交互作用而推演的：1.領導者所做的指引（任務行為）；2.領導者所提供之社會情感的支持（關係行為）；3.部屬執行工作的成熟度：包括部屬承擔工作的能力和意願。

　　因此，領導者應視上述三種因素的成熟度高低，採取不同的領導方式。諸如：對能力低而意願低者，採取督導方式 (telling)；對能力低而意願高者，採取推銷方式 (selling)；對能力高而意願低者，採取參與方式 (participating)；對能力高而意願高者，採取授權方式 (delegating)（許南雄，2000: 233）。

三、豪斯的路徑目標理論

　　路徑目標的領導理論 (path-goal leadership theory)，也屬於權變理論的一種，是由豪斯 (Robert J. House) 於 1971 年〈領導效能的路徑──目標理論〉(A Path-Goal Theory of Leader Effectiveness) 一文中所發展出來的（林鍾沂，2005: 275）。豪斯的此項理論，乃是根據佛洛姆 (Victor H. Vroom) 的期望理論 (expectancy theory) 引申而來。該理論指出，一個人的激勵狀況，是受到個人達成任務的努力程度與慾望的影響。因此，領導者可以激發部屬達成任務的能力，提供必需的指導及協助，以達到激勵部屬的目的（吳定等，2007: 244）。因此，「路徑目標」顧名思義意味著：有效的領導者須充分瞭解部屬所追求的目標，並澄清部屬為了達成目標時所須遵循的路徑，進而協助部屬排除障礙。換言之，領導者能否協助部屬達成目標，是決定領導成功或失敗的關鍵（林鍾沂，2005: 276）。

　　其實路徑目標的領導理論，不僅將焦點集中在領導者處理小團體所面臨的問題，還將研究重點擴充至領導者的部屬身上，以及因此所面臨的問題。亦即，其關心領導者和部屬之間到底是何種交易或交換關係？這種關係到底是幫助或阻礙了領導者和團體的效能（N. Henry 原著，蕭全政等譯，2001: 260）？因此，此理論探討的是領導者與部屬之間的關係。故其假設有原因變數（領導行為）、中介變數（部屬特質與環境特質）、結果變數（部屬的工作滿足感）等三個變數，而此三個變數之間的關係圖如下圖 15–3 所示：

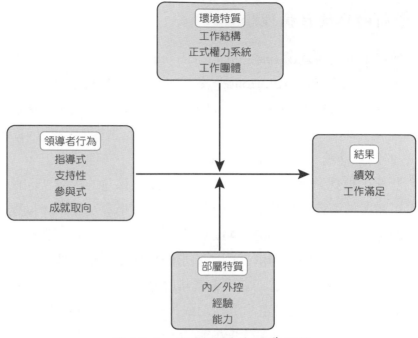

圖 15-3 路徑目標的領導理論

資料來源：林鍾沂，2005: 276。

茲將三個變數分析如下：

(一)原因變數：領導者行為

其基本類型可區分為：

1. 指導型的領導 (directive leadership)：可釐清部屬期望，給予特定的方向，要求部屬遵守法規與程序。

2. 成就取向型的領導 (achievement-oriented leadership)：為部屬設定目標，強調績效改進，對部屬達成高標準滿懷信心。

3. 支持型的領導 (supportive leadership)：表達關懷，重視部屬的福祉，並對工作團體創造友善的氣氛。

4. 參與型的領導 (participative leadership)：要求部屬諮商，並在決策前採用部屬的意見。

㈡中介變數：部屬特質與環境特質

1. 部屬的特質：包括部屬的經驗、個人能力、內控人格或外控人格特質等因素。
2. 環境的特質：包括工作結構、正式化程度、工作團體的規範等因素。

㈢結果變數：績效與部屬的工作滿足

領導行為如能改善部屬的工作滿足感，促進對領導人的接受程度，增進下屬的工作動機，則被視為有效的領導。

綜合前述權變領導理論，不難發現權變理論有以下兩大特點：首先，領導行為與其所處的環境有極大的關聯，而此一相對關係的重要變數包括：組織的任務及目標、組織的結構、組織成員的特質、態度、需要等。此外，就領導的過程而言，其基礎在於「社會的交互作用」，而此一現象在組織情境中尤為明確。因此領導者與部屬必須互為影響、彼此接受，才能合作無間達到組織的目標。

即便權變領導理論的各家學說著眼重點有所不同，所提出之情境因素亦略有差異，不過其理論要點均在於提供有效的領導型態與領導行為，以達到組織目標、工作績效及滿足員工的需要。從古今中外的歷史觀之，領導者的成功與失敗原因雖多，但究其根源，則多取決於領導型態或領導行為是否能配合情境而採取權變途徑。一個成功的領導者，基本上應以部屬為導向，創立一個良好的組織氣候，配合環境採取最適宜的領導方式，使員工人盡其才，進而完成組織的目標（張潤書，2009: 387）。

第五節　轉換型領導

如追溯領導理論的發展歷史可知，早期的領導理論是以權力取向、特質取向為主，到了 1950 年代、1960 年代則傾向以行為取向為研究重心，探討決定領導行為的各種因素，直到 1970 年代情境取向的領導理論出現，才開始關心情境因素對領導效果的實際影響，因而提出權變領導理論。綜觀上述，傳統的領導理論較偏限於技術及人際方面的追求，而

忽略組織成員的自我導引、自我要求的潛能，直至 1980 年代開始才有「轉換型領導」(transformation leadership) 理論的出現 （林淑華，2003: 24–25）。

　　有研究指出，1990 年代前後，學者們對領導的界定，有很大的改變，甚至可以說是一種根本性的典範轉移 (paradigm shifting)。因為在此之前，絕大多數的學者將領導等同於管理，直到 1990 年代以後，多數學者才認為領導作用不僅是將組織各個人員、各個單位的外顯行動予以整合、協調，以達成組織目標，更重要的是改變與塑造組織與人員內心中深層的、細膩的文化意象、價值觀與處事假定，此乃為轉換型領導 （顧慕晴，2007: 96）。

一、轉換型領導的意義

　　轉換型領導一詞最早出現在伯恩斯 (James M. Burns) 於 1978 年所著的《領導》(*Leadership*) 一書，其認為：領導是一種領導者與部屬之間相互影響關係的演進過程，透過此一歷程，領導者與部屬的工作動機與合作道德得以提升，透過人際互動得以促進組織社會系統的改變與組織體制的變革。之所以稱為「轉換型」領導的原因，乃係伯恩斯將領導的研究焦點放在：如何透過領導的作用來轉變組織原有的價值觀念、人際關係、組織文化與行為模式 （吳定等，2007: 246）。之後，學者貝斯 (Bernard M. Bass) 則指出：轉換型領導是指成員對領導者具有信心、尊重、忠誠等感覺，而領導者透過改變成員的價值與信念、開發潛能、給予自信，提高成員對組織目標的承諾及對遠景的支持，繼而產生意願與動機為組織努力 （林淑華，2003: 24），而將轉換型領導界定為：「領導者的領袖魅力及領導者對部屬個別的關懷與激勵」（轉引自紀信光等，2008: 67）。另外，國內學者許南雄 (2000: 233) 認為轉換型領導的概念，其重要意涵在強調領導應能促成組織高度激勵與士氣，轉換組織行為與組織文化，使成員自動自發努力，表現出超越期望的工作水準，以達成組織目標的一種領導方式。

　　總結上述，轉換型領導的重點不再只是透過領導的工具來達成既定

的組織目標，而是藉由使組織成員瞭解工作的價值和重要性，以誘導他們願意為了組織而努力付出，因而重視激發員工對組織或領導者的個人承諾。

二、轉換型領導的理論基礎

轉換型領導源自於魅力領導與交易領導兩種理論，茲說明如下（許南雄，2000: 233；吳定等，2007: 246–247）：

㈠魅力領導 (charismatic leadership)

韋伯 (M. Weber) 認為，合法權威的發展過程歷經傳統權威、魅力權威和合法理性權威三個階段。而所謂的魅力權威，其源自於領導者個人所具備之天賦、超世俗的人格特質，透過個人的意見與遠見，吸引追隨者景仰並願意跟隨。這一類型的領導者善於應用溝通的技巧、形象的吸引力和未來美好的藍圖，有效處理組織所面對的危機難關。

㈡交易領導 (transactional leadership)

交易領導理論可追溯至巴納德 (Chester I. Barnard) 的貢獻滿足平衡理論，領導影響力源自於領導者能夠使部屬相信貢獻和報償是公平的、合理的，而部屬對領導者所交付的順服與忠誠也是建立在交換互惠的基礎上。雖然轉換型領導肯定領導作用的產生基本上是一種交易的結果，但更希望透過領導者的個人魅力與遠見，從精神、觀念和道德層面獲得部屬的信仰和認同，激發人員超越交易的現實關係，共同追求人格的成長，並有效達成組織使命。所以領導者扮演組織意義的創造者、組織凝聚的締造者、組織不安的解決者、組織成功的舵手種種啟發性的角色（吳定等，2007: 247）。

依據貝斯 (1985) 的看法認為，轉換型領導是交易型領導的擴大與延伸，兩者雖有所不同，但並非彼此排斥，一個領導者可以同時表現這兩種領導行為；同時轉換型領導也可能結合魅力型領導的特質，故領導者會有自信、負責地為組織建立遠景。此外，轉換型領導者還會個別關懷

與激勵員工，並使員工產生高度動機，讓成員更重視任務的重要性，進而感覺受到信任、忠誠及尊重（林淑華，2003: 29）。以下則進一步探討轉換型領導之構成要素。

三、轉換型領導的構成要素

關於轉換型領導行為之構面，會因學者研究對象的不同而產生差異。如貝斯 (1985) 認為轉換型領導的要素有三，分別為：魅力的產生、個別化關懷及智力的啟發。而邊尼斯和納魯斯 (Bennis & Nanus, 1985) 則歸納出成功領導者的四個特點，例如：塑造出眾望所歸的遠景、利用溝通建立共識、利用地位建立信任及自我發展等。在我國，張慶勳 (1996) 提出轉換型領導的五個重要構成要素：願景、魅力、激勵、智能激發及關懷（陳儀蓉，2006: 3；林淑華，2003: 29–30）。而學者吳定等人則以貝斯所提出之構成要素為基礎，歸納出四項構成轉換型領導的要素。以下說明之（吳定等，2007: 247–249；黃美桓，2008: 7–10）：

㈠個別的關懷

轉換型領導同時關注工作與人員兩個面向，但更重要的是針對人員性情、能力的個別差異，關懷其思想與行為的改變。轉換型領導在工作構面上，將關切的焦點從工作績效提升到工作道德的層面，所以績效表現不是唯一的考評標準，人員對工作意義的體認和投入程度也是要項之一。在關心人員的構面上，轉換型領導不只關切人員的心理感受，更願意透過引導來促進其人格的成長。一般而言，轉換型領導對部屬的個別關懷表現在發展取向❶、親和取向❷和輔導取向❸三個面向上。

---

❶ 發展取向：領導者針對部屬能力的不同，予以適當的發展環境。

❷ 親和取向：領導者與部屬之間保持密切接觸關係，適時回饋，並讓部屬瞭解組織的運作現況。

❸ 輔導取向：領導者不僅關心舊部屬，更注意新進人員的適應問題，能從旁輔導，使其安心。

㈡動機啟發與精神感召

轉換型領導和傳統領導理論最大的差異在於：人員工作動機的啟發。領導者必須先揭示一個能夠結合組織發展與個人成長的未來遠景，同時考量組織所處之情境和部屬個別的需要，使此共同的遠景或組織目標成為人員工作的動機源頭。而這種遠景的形成與動機啟發的領導過程中，可以逐步提升組織績效的標準與部屬個人的自我期望，故顯示出雙向溝通的重要性。

除了工作動機的啟發外，領導者更應該透過真誠的交流，塑造出互信與分享的關係，進而形成精神的感召。這種精神的感召和傳統領導者的個人魅力不同，魅力領導是部屬對領導者人格特質的欽仰，所產生的一種信任與無條件服從。轉換型領導則強調部屬對領導者的認同，係來自於領導者所提示的共同目標和哲學信念，且此目標和哲學的形成過程，容許部屬的批評和質疑。

㈢才智的激發

領導者的職責，在於建立一種能夠激發組織上下才智的互動創造過程，並透過彼此意見的交換，使腦力激盪與思考概念多元化，組織才能夠應付詭譎多變的環境。前述個別關懷取向的領導與啟發鼓勵式的領導，對部屬才智的激發是有幫助的，但更重要的是，如何破除過去唯命是從的領導關係，從根本來培養部屬獨立自主的能力，以避免盲目的服從和單一的思考。此外，部屬才智能力的開發可以從型塑新觀念等多元教育來著手。

㈣相互的影響關係

領導者與被領導者相互影響關係的產生，係基於專業上的尊重、社會影響力或是情感的交流，本身超越層級職位權力，而立基於互信互惠、平等對待、情感交流，使領導者成為一個自然的魅力領袖。

四、轉換型領導的特質

轉換型領導者是組織活動的中心，也是組織圖存變革的發動機，其應具的領導特質可以歸納如下 （Bushler, 1995: 25–26、Carlson & Perre, 1995: 833，轉引自吳定等，2007: 249–250；張潤書，2009: 393–395）：

㈠創造前瞻性遠景

轉換型領導個人魅力的主要來源，在於其能創造組織前瞻之遠景，藉以凝聚內部的向心力和信任感，使人員有可以期待的目標，而不至於徬徨無措。遠景是組織期望達成的未來景況，是理想實現的藍圖，可以是夢想的美好未來，也可以是具體的計畫與任務目標。前瞻遠景的建立係以人員的自我需求與體認為基礎，由下而上地逐步形成，反映人員長久以來的期許和關懷。而透過領導的作用來結合人員不同的需求，並發展成可行的構想，此一構想成為人員工作意義之所在，也是人員努力的最大動力。

㈡啟發自覺意識

轉換型領導並非透過強制的方式來獲取權力，而是領導者能夠洞察人員的個性和特長，循循善誘加以啟發，使部屬從授權的過程中能自我發展，並真心誠服。故轉換型領導者要能以長遠的眼光，培養部屬的自覺和自我管理的能力。

㈢掌握人性需求

轉換型領導者必須能夠瞭解人員需求的個別差異，予以適當的回應。就需要層級而言，人的需要區分為生理、安全、社會、尊榮與自我實現五種層次，領導者不但要設法滿足人員低層次的需要，更應引導人員朝向高層次發展，如此才能激發潛能。

㈣鼓舞學習動機

為因應日新月異的科技發展，資訊和知識是組織生存的利基，轉換型領導者除了本身要有強烈的學習動機外，更要能培養部屬有不斷學習新知的習慣。

㈤樹立個人價值

轉換型領導的過程中，領導者是組織上下信仰的對象，操縱組織存續的重要關鍵，故所謂個人價值，係指轉換型領導者必須樹立起誠實、正義等價值信念，並透過個人的身體力行，才能產生教化效應。

㈥樂在工作

轉換型領導的施行，奠基於工作的倫理觀念。領導者要求部屬全力投入工作，本身也必須展現對工作的高度熱情，並將此股熱情擴散，才能感染所有的組織成員。

第六節 轉換型領導者的修練與策略

一、轉換型領導者的修練

誠如邊尼斯和納魯斯所言：「沒有成功的組織，眼前的問題無法解決；缺乏有力的領導，組織絕不可能成功。」又云：「當前的危機即須靠社會各個階層及所有組織都能出現優秀領導人來解決。沒有我們期待中的領導人，實在難以想像這個國家或世界如何能塑造一個更令人嚮往的未來。缺少優異的領導或領導無力，即意味著這個社會缺乏遠景，毫無夢想，結果頂多是社會維持現狀，但最糟的情況卻是社會因為沒有目標和共識，終至分崩離析。」（楊振富譯，1997: 43、245）

因此，現今已經越來越多的管理學者體認到，成功的領導者應該是一位通才，具備「認知的複雜」(cognitive complexity)，能以多面向的觀點詮釋問題，因此他的價值態度、思維傾向，要比專業知識更為重要。

領導者必須具有相當的影響力，能使他人願意追隨，這種能力的培養就是一種修練，而且是長期的修練，所得的成就是一種超乎語言的「默會知識」。領導者的修練主要不在於往外追求知識技能，而應勤於反思自我的判斷與境界，提升應變的能力。對此，國內學者吳瓊恩提出幾點建議，以作為公部門領導修練之參考（吳瓊恩，2011: 393-395）：

㈠哲學思考 (philosophical thinking)

高階領導人面對複雜的情境，應有哲學思考能力，能從日常生活一再重複的行為習慣當中，批判反思其所預設的假定，尋找改變現狀的機會。所謂「下學而上達」，即是從經驗層面的學習，上達到形而上的哲學反思能力之修練。

㈡辯證思考 (the dialectic thinking)

高階領導人不能流於單面向的思維，應從人類行動的主觀面向和組織生活的客觀面向看出主客對立互相轉化、互相依存的同一性質。這種圓圈型思考 (circle thinking) 的方式，在後現代社會中益見其重要性。

㈢內省真理的體驗

成功的領導人要有寬宏的胸襟和容人的雅量，才能使人願意親近。由於重視內在價值而強調自身的深刻反省，並以此為領導的改善基礎。

㈣培養全人的人格

成功的領導人應是通才而非專才，而且在人格的養成過程中，重視全面性發展：有智慧能宏觀與微觀並重、有情有義能凝聚群體的精神向心力，更有百折不撓、有始有終的意志力以貫徹原則的堅持，而不投機搖擺。

㈤理性與直觀能力的互補

高階領導人需要直觀能力統籌全局，而低階人員比較需要理性分析

的技術能力。直觀能力的培養應從藝術、文學、音樂、美學、靜坐等方面去修練。

二、轉換型領導者的策略

邊尼斯與納魯斯於 1985 年出版之《領導者》(*Leaders*) 一書中，提到達成轉換型領導的四種策略如下（林鍾沂，2005: 281–282）：

㈠透過遠景引起注意

身為領導者，為了選定組織方向，必須先在心理上為組織描繪出一個合意且可能達到的未來狀態，此即遠景。對組織而言，願景代表的是一個實際、可行、迷人的未來，一種就某些重要層次而言，比現狀更好的情況。在打造遠景時，領導者需要有「先見之明」，才能判斷這個遠景如何隨環境改變而異動；還需要有「後見之明」，這個願景才不會違背組織的傳統和文化；此外，也必須要有「修正遠景」的過程，讓先前綜合整理出的藍圖，能隨時因環境改變而修正。

㈡透過溝通傳達意義

領導者必須將遠景一再重複，也必須融入組織的文化中，透過策略和決策過程一再強調，而且必須經常進行評估，以因應新環境而有所修正。亦即，遠景必須是出於整個組織的需求，須由全體重要參與者所「共享」或「共有」，而成為組織內新社會架構的一部分。

㈢透過定位尋求信任

「信賴感」是維繫部屬與領導之間關係的情感黏著劑，是所有組織的基本要素，也是維持組織的潤滑劑。領導者應使組織在外在環境中，保有一個恰當且可運作的地位，而這樣的著力過程就是「組織定位」。至於領導者如何做好組織定位，其關鍵乃在需根據環境的變遷迅速找到因應策略，並扮演組織內外環境所需的溝通者角色。

㈣自我肯定，施展己身的才能

有建設性地施展本身的才能，亦為領導者的一個重要因素。領導者必須對結果正面樂觀，而非將全部心思放在避免錯誤、防患未然上。如果不幸有所失敗，也能將失敗看成是個開始、是個希望的出發點，而勤加學習。甚至對於合理的失敗亦不以憤怒的態度看待。

誠如前述，身為公部門的領導者，應加強自我的修練功夫，以驅使本身成為轉換型領導者，不僅要勤於知識技能的追求，也應反思自我的判斷與境界，以提升應變的能力。

行政櫥窗

臺灣官僚效率退步

德國著名的政治社會學者韋伯於 1921 年於 《經濟與社會》 (*Economy and Society*) 一書中提出「官僚體制」此一主張。韋伯指出，理想的官僚體制乃奠基於合法理性權威，以理性、效率的法規為基礎，係一種具有專業分工、層級節制、非人情化、清楚的標準作業程序作為行為依據、人員升遷以地位年資為考量及永業化等特徵，所建構而成的一套組織設計。在法規制度與專業理性設計的原則下，官僚體制不僅是高度理性的產物，也是最有效率的機制，亦是解決當代複雜問題、完成任務的最適組織模式，因此在現代社會中無所不在，如軍隊、政府或是企業的組成皆是常見的例子。

從上述說明中，吾人可以瞭解到，最初「官僚」一詞其實並不是負面的字眼，然而，如今卻演變成為僵化、浪費與無效率的代名詞。深究造成此種現象的原因，主要由官僚體制的組織設計所導致：諸如專業分工雖能促進工作效率，卻又會引起本位主義；而層級節制的設計雖有益於組織成員的紀律與協調，卻又免不了部屬產生陽奉陰違的態度；非人情化促使成員服務時不受個人喜

憎愛惡的情感影響，但卻導致人員產生過度理性的機械心態，缺乏同理心；標準作業程序確保服務的一致性，卻又造成服務僵化無彈性及目標錯置的現象；升遷依照年資及永業化的趨向雖能讓成員安心工作且有激勵效果，但卻導致人員失去積極主動的奮鬥精神、忽略了服務對象的利益。

不過，其實韋伯也不是無條件地接受官僚，他甚至憂心忡忡地指出，官僚體制有朝一日將會成為導致僵化、阻礙創新、墨守成規的根源；而現今理性官僚制度的日益發展和膨脹的結果，將使得人的行為思想都到法規禁錮、喪失主動性，成為被官僚體制宰制的對象，並導引整個社會邁向「鐵的牢籠」(iron cage)。

就我國的情況而言，韋伯的預言或許已經成真。近期的調查指出，我國政府種種繁文縟節的法律規定及官僚體系的無效率，不僅妨害了經濟發展，也減低了國家競爭力，詳見以下新聞。

政策不穩、官僚體系缺效率成臺灣絆腳石❹

臺灣的世界競爭力超越南韓，在亞洲居第 4，同時創新能力受到肯定，但臺灣地區政策不穩定、官僚體系缺乏效率，則成為頭號需改善的問題。

報告指出，我國較 2012 年進步 1 名，排第 12；以亞洲一些國家和地區比較，則在新加坡、中國香港、日本之後，位居第 4。同時臺灣地區（商界）創新能力受肯定，被評為發展 3 階段中最先進的創新驅動階段；但報告也指出，受調查商界人士大部分認為，政府政策不穩定；官僚體系缺乏效率；勞工、稅務、稅率、

❹ 資料來源：中國新聞網／郭龍 (2013/9/5)。取自：http://big5.chinanews.com.cn:89/gate/big5/www.chinanews.com/tw/2013/09-05/5248485.shtml。

外匯法規等限制太多，都是影響我國與他國進行商業往來的關鍵。

臺官僚效率退步　排名不如星港　「困境在於過度保護」❺

　　2013 年政經風險報告指出，根據對亞洲各國自 1997 年迄今官僚制度變化的分析，最先進有效能的政府依次是新加坡、香港、馬來西亞、泰國，而臺灣退居第五。原因是臺灣政府對外國資金流動及商品採取嚴厲的貿易管制，對外來投資者制定許多繁文縟節的規定，加上司法制度不健全，本地商人易操縱法律，不利外來投資者。

　　而報告中並指出，與南韓這幾年降低貿易堡壘並與美國及歐盟簽訂多項自由貿易協定相比，臺灣的困境在於過度保護。此外，臺灣故意延遲中國勞工來臺，加上只歡迎歐美和日本資金，對國外私募主權基金的投資大打回票，卻沒有指出明確原因，都令外國投資者抱怨連連。

參考文獻

- 吳定、吳復新，1998，〈格道組織發展技術應用於行政機關之研究〉，《中國行政》，第 44 期，頁 1–40。
- 吳定、張潤書、陳德禹、賴維堯、許立一，2007，《行政學（上）》，臺北：國立空中大學。
- 吳瓊恩，2011，《行政學》，增訂四版，臺北：三民書局。
- 林淑華，2003，《轉換型領導方式與員工工作滿足關係之研究——以臺北市立忠孝醫院為例》，臺北：國立政治大學公共行政研究所碩士論文。
- 林鍾沂，2005，《行政學》，臺北：三民書局。

---

❺　資料來源：蘋果日報／綜合報導 (2013/10/16)。取自：http://www.appledaily.com.tw/appledaily/article/headline/20131016/35367143/。

- 紀信光、余秋慧、陳佳雯，2008，〈非營利組織的轉換型領導、組織文化與員工工作滿足對組織績效影響——以社福慈善基金會為例〉，《非營利組織管理學刊》，第 5 期，頁 65-82。
- 張金鑑，1982，《行政學新論》，臺北：三民書局。
- 張潤書，2009，《行政學》，修訂四版，臺北：三民書局。
- 許南雄，2000，《行政學概論》，臺北：商鼎文化。
- 陳正邦，2000，《行政領導新論》，高雄：復文圖書出版社。
- 陳愷，2009，〈行政領導理論的演進〉，收錄於吳定等著，《行政學析論》，臺北：五南圖書公司，頁 495-510。
- 陳儀蓉，2006，〈新領導典範——價值導向式領導理論之概述〉，《T&D 飛訊》，第 42 期，頁 1-14。
- 黃美桓，2008，《轉換型領導、員工的內在動機與組織承諾對組織公民行為之影響——以公部門為例》，桃園：國立中央大學企業管理研究所碩士論文。
- 楊振富譯，1997，《領導者：領導，如何成功？》，臺北：天下文化。譯自 Warren Bennis. *Leaders: the Strategies for taking charge.*
- 蕭全政、林鍾沂、江岷欽、黃朝盟譯，2001，《行政學新論》，臺北：韋伯文化。
- 顧慕晴，2007，〈轉換型領導與廉潔組織文化之建立〉，《考銓季刊》，第 52 期，頁 92-106。

歷屆考題

1. 行政領導的主要涵義與權力基礎各為何？試請申述之。（092 年公務人員高等考試三級考試一般行政）
2. 試比較領導者與管理者之差異？並說明欲成為有效的領導者，應有那些特質、條件及作法？（100 年地方特考—三等考試）
3. 何謂轉換型領導？轉換型領導的構成要素為何？其與魅力型領導和交易型領導的關係為何？試分別論述之。（101 年地方特考—三等考試）

第 16 章　行政責任

近年來，行政機關推行政策的方法上或公務人員的行為屢屢受到民眾強烈的批判，進而引發許多課責的問題。行政責任在本質上是較抽象的問題，但卻是行政體系為了運作而仰賴的社會價值體系之一。有關於行政的價值，大部分的人均同意，政府應具備回應性、彈性、公平性、課責、誠信且具能力（洪聖斐等譯，2008: 189–190），而在本章所提到的責任一詞便是代表上述價值的統稱，也是人們想要在政府中看到的特質。美國總統麥迪遜 (James Madison) 曾在《聯邦黨人文集》(*Federalist Paper*) 第 51 號文中解釋此種需要加以保護、培養的價值（洪聖斐等譯，2008: 190）：

> 如果人類是天使，政府就沒有存在的必要。如果天使能夠治理人類，政府也就不需要外部控制。由於政府的結構是讓人來管理人，最大的困難是：必須先讓政府有能力控制那些治理的人，接著必須要求政府自我管控，依賴人民無疑是政府控制的基本辦法；但過去的經驗所給的教訓是：預防性措施是有必要的。

政府規模由於價值轉變、社會發展、經濟混合、政治過程、科層習性等因素而持續成長，使現代國家成為「行政國」，而行政人員是政府所任用，可以說是公共利益與公共信任的監督者和維護者，故羅森布隆亦將行政人員稱為 「護國衛士」 (guardian)，但誠如古羅馬詩人朱文諾 (Juvenal) 所言：「誰來監督監督者」？又或是莫雪 (Mosher)：「我們如何管理既非民選、又非民選人物所能取而代之的常任文官，又符合政府為人民治理的原則？」 此乃是世界各國公民與政府都關心的焦點。由於公務人員的行政作為可能會使公共利益受到曲解 (misco-nception of the public interest)、貪汙 (corruption)、顛覆破壞❶(subversion)，所以為了公共利益，課責是有其必要的（呂育誠等合譯，2000: 397–398）。

---

❶ 是指公務人員如果從事破壞行為就會辜負公眾信任。

　　基於上述，在本章中首先介紹行政責任的意義與內涵；其次整理行政權力的擴張與責任確保途徑；接著從外部控制和內部控制出發，分別探討政治責任、專業責任和個人責任等三元責任觀的內涵與實踐要件或途徑，以及可能產生的缺失；最後闡述行政責任的課責內涵與障礙。

第一節 行政責任的意義與內涵

一、行政責任的意義

　　行政責任係指公務人員在執行公務時，必須能夠做到「遵守法令」與「符合民意」的要求。美國耶魯大學教授菲斯勒 (James W. Fesler) 與凱多 (Donald F. Kettl) 認為行政責任是由負責行為和倫理行為所構成的。而所謂負責行為是指忠誠地遵循法律、上級指示以及經濟效率準則；倫理行為則係指堅守道德標準，以及避免不倫理行為的發生。在近期的研究報告[2]指出倫理對公共行政的重要性，但此也透露出倫理的概念經常受到忽略。該研究發現，對於基層官員真正具有影響力的不是機關的規定，而是個人的道德判斷，這種道德判斷在基層決策過程中隨處可見。因此，有學者認為，身為行政運作推手的行政人員不能僅是聽從政務官的指示，或是機械式的依法行政，而是應該回應民眾的多樣需求，促使民眾理解行政運作的內容[3]。換言之，行政人員所需承擔的責任不單只是外部的「他律」，更有來自其自身專業的「自律」（森田朗，1998: 150），兩者的差異在於「他律」強調客觀的程序，而「自律」則是偏重於主觀的內在目的，相較於他律，行政人員應更重視自律（西尾隆，1995: 268–269）。

㈠廣義的行政責任

　　從廣義的角度來看，行政責任指行政機關及其公職人員對國家所承

---

[2]　Paul C. Light , *The New Public Service* (Washington, DC: Brookings, 1999), 110，轉引自洪聖斐等譯，2008: 189–191。

[3]　有學者將其稱之為說明責任（村松岐夫，2001: 257）。

擔的職責和義務，即國家法律所規定的應由行政機關及其公職人員所履行的社會責任。因此，廣義的行政責任意指政府的社會責任。從這個意義上來說，當政府履行了自己的社會職責時，可以說政府是有責任的或負責任的。

我國學者許南雄 (2000: 257–258) 將廣義的行政責任又予以細分，茲整理重要者如下：

1.**內部責任** (internal accountability) **與外部責任** (external accountability)

前者是指行政機關內部的課責體制（如行政懲處、行政監督等），後者是指行政機關以外的課責體制（如民意機關質詢、監督等）。

2.**法制責任** (accountability) **與倫理（自我）責任** (responsibility)

法制責任是來自法令規範（如行政責任與法律責任），倫理（自我）責任則是法令以外的自律或他律的課責體系。

㈡狹義的行政責任

若從狹義的角度來看，行政責任指行政機關及其公職人員在代表國家實施行政管理活動的過程中，因其違法或未履行相應職責和義務，所應承擔政治的、行政的以及法律的後果。因此，狹義的行政責任與違法或未履行相應職責和義務有關，意味著國家對行政機關及其公職人員違法行為的否定性評價和譴責。從這個意義來看，當行政機關及其公職人員對其違法行為承擔了法律後果時，可以說政府的責任得到了追究。

二、行政責任的內涵

史塔寧 (Grover Starling) 將行政責任 (administrative responsibility) 的內涵分為六項，分析如下（轉引自吳定等，2007: 196–200）：

㈠回應 (responsiveness)

此概念是指行政機關須能快速熟悉民眾的需求，除了能夠「後應」民眾先前表達的需求外，更能具有「前瞻」的主動行為，來確認公共問題的解決方案，甚至確認問題的產生，如同將民眾視為消費者一般，努

力滿足其需求。若非如此，將使民眾對政府產生行動遲緩、笨重、猶豫及無能為力等批評。行政機關的回應能力可分為以下四種：

1. 無回應性組織 (unresponsive organization)：對於所管制或服務之民眾的認知、需求、偏好等，不採取行動或加以分析瞭解的；意即不理會也不分析民眾的種種需求或認知。

2. 謹慎回應性組織 (casually organization)：此類組織對於民眾需要與關切的問題，表現出願意瞭解、知悉的興趣。

3. 高度回應性組織 (highly organization)：指組織使用系統化資訊收集方法，如民意調查、首長信箱等，設立民眾建議事項的處理制度，將良好意見整合並因應外界需求後，調整服務與行政程序。

4. 完全回應性組織 (fully responsive organization)：將民眾的意見全盤接受，而沒有區別「你們」、「我們」的組織。

㈡彈性 (flexibility)

行政機關及其人員在規劃及執行政策時，不可忽略與政策目標達成有關的個別團體、地方關懷或情境差異。因為通常機關無法以相同的條件去服務所有標的民眾，而必須以地理位置（如區域、城鄉規模等）、人口特性（如年齡、性別、教育、族群等）及社經背景（如所得、行業、階級等）等區分標的群體組成分子的屬性。

㈢職能 (competence)

職能指的是行政機關必須要有完成所應履行任務的能力，而且要表現出行政績效，既有「效率」（較少成本或是較多產出）又有「效能」（能夠達成政策目的），避免「最糟的腐化就是無能」（拿錢不辦事）的現象。

㈣正當程序 (due process)

所謂的正當程序指的是「任何人未經法律的正當程序，不得被剝奪生命、自由或財產」，而應用在政府運作，其意是指政府應要「依法行

政」(rule of laws, administered by laws)。正當程序的概念最早是源自於刑法，時至今日，先進國家紛紛制定《行政程序法》❹或類似法律，用以規範政府機關的運作與裁量，以保護人民權利和防止政府濫權。例如：機關主體必須為權責機關、法案及計畫過程舉行公聽會 (public hearing)，並事前周知各利害關係人、人民得就行政處分提起行政爭訟等。

㈤課責 (accountability)

課責的概念是指當行政人員或政府機關有違法或失職之情事發生時，必須要有某人對此負起責任，因此行政責任的狹義概念就是指此負責或課責之義。行政人員的課責雖大多有法令規範，但更重要的是個人的倫理判斷，其相關議題可細分為兩個部分：

1. **對誰負責** (to whom are administrators accountable)

行政人員原則上應向人民負責，但在代議政治中，負責的對象呈現多元化：機關首長、國會議員等均是其負責的對象，甚至社會團體、新聞媒體與社會利益團體亦屬之。

2. **負責內容** (for what are administrators accountable)

學者羅森 (Bernard Rosen) 認為有四項要求，可以作為行政責任應負的責任內容：

⑴不浪費、不延緩地執行職務。

⑵適當裁量。

⑶因應環境研擬政策變遷。

⑷增加民眾對於政府管理的信心。

㈥廉潔／誠信 (honesty)

廉潔的意義在於政府運作要能坦白公開 (candor)，在負面上要能抑止腐化 (corruption)。前者是指政策的制定與執行在某些階段要對外公

---

❹　我國自 2001 年實施《行政程序法》，其立法原則有五：1.以規範公權力行政為原則；2.職權進行主義；3.職權調查原則；4.當事人參與原則；5.兼顧行政效能原則。

開，接受外界的檢核；後者則是要求政府官員（政務官與事務官）不能受賄、圖利他人或自己親人，更不能使金錢與政權、不當勢力有所牽扯。

第二節 行政權力的擴張與責任確保的途徑

一、行政權力的擴張

在二次大戰結束後，為因應戰後的重建、大批復員軍人的就業與復學問題、國家重新由戰時體制回到和平生產秩序等的挑戰，行政權力得到了空前的擴張，故學者瓦爾多 (D. Waldo) 在 1948 年首度提出了「行政國」這個名詞來描述政府的全新樣貌。

由於人權的演進從十七和十八世紀的自由權、十九世紀的參政權進步到二十世紀的生活保障權，因此政府也由「夜警國」的傳統角色逐步擴張其權力。行政權力在近代加速擴張的原因，約可以分為下列四項（張潤書，2009: 704–706）：

(一)對自由放任思想的修正

西方近代原本以亞當史密斯 (Adam Smith) 的自由放任經濟思想為主流，強調「政府最好，管事最少」(government best, government least) 的政治哲學。但自 1920 年代末期的經濟大恐慌，使西方各國社會遭遇重大打擊。最先走出蕭條者，乃是捨棄自由放任經濟思想改採凱因斯主義，以國家力量大規模創造內需投資的羅斯福 (Franklin D. Roosevelt)「新政」。自此，西方社會開始給了政府權力正面的評價。

(二)社會經濟貧富不均

歐美自工業革命以後，社會、經濟環境產生重大改變。受到高度資本主義的影響，企業為獲致更強的競爭力，必然朝向資本集中及垂直整合的方向發展。超大型壟斷企業（托拉斯）開始形成，社會上貧富不均以及勞資對立問題日益嚴重，甚至引發衝突。在此之際，唯有政府有能力介入並加以防止或改善，故造成行政權力的擴張。

㈢立法權的分散與失能

國會原本是由人民選出的代議士所組成，應是人民主要請託的對象與限制行政權力的要角，但基於下列四項因素，國會並未能發揮預期的效果，人民自然樂於請託行政權而非立法權。

1. 立法程序耗時：立法的議會程序太慢，不如行政權的雷厲風行。
2. 法案來自行政權：民主國家中，超過 70% 的法案來自行政權，立法機關明顯不具備掌控權。
3. 國會議員的專業程度：許多議員既非專職也不專業，自然不能抗衡具有全職優勢與特殊專門的行政文官。
4. 幕僚隊伍的不足：國會議員的助理人數不足，能力也不夠，嚴重影響法案的審查與監督行政權的能力。

㈣司法權的退縮

在資訊科技高度發展的社會，各種問題日益複雜，法官雖是法律專家，但面對科技社會所引發的各式案件，也可能發生技術上無法克服的問題，使得民眾對法院的功能產生懷疑。另外，司法程序的僵化複雜，以及相較於行政是以增進公眾利益為前提，司法因是以保障私人權益為目的，導致人民較支持與信賴行政部門，當然也容易促使行政權力的擴張。

二、行政責任確保途徑

當行政功能從自由放任的無為而治發展到事事皆管的萬能政府，意味著行政權力已經擴張到相當大的程度 （張潤書，2009: 706）。在行政權如此擴張的情狀下 ， 如何有效控制行政權力乃成為重要課題。 早在 1940 年代學者房納 (H. Finer) 及費德瑞區 (C. J. Friedrich) 就針對應由內部或外部機制控制行政權有過精采的辯證論戰。學術界有關行政責任確保途徑的分析方法，大多根據吉伯特 (Charles E. Gilbert) 在 1959 年的《政治期刊》 (*Journal of Politics*) 所發表之 「行政責任分析架構」 (The

Framework of Administrative Responsibility)，以 「正式／非正式」(formal/informal) 及 「內部／外部」(internal/external) 兩個面向所構築的行政責任確保途徑，茲說明如下 (西尾隆，1995: 287–290；森田朗，1998: 151；村松岐夫，2001: 258–259；吳定等，2007: 201–207)：

1. 正式確保途徑：指的是憲法、法律、行政規章所明顯訂出之責任歸屬機制，如上級機關的命令、國會的立法和法院的判決等。
2. 非正式確保途徑：該責任之要求乃是來自個人倫理道德，民眾偏好、政治過程中參與權威性價值分配之各方參與者而言。
3. 內部確保途徑：責任的來源係來自行政部門本身，如總統、院長、部長、公務員、機關本身都屬於內部途徑。
4. 外部確保途徑：乃指責任係來自於行政部門之外的環境，如利益團體、新聞媒體、專業社群、民眾抗議陳情等，皆可歸為外部途徑。

	內　部	外　部
正式	內部正式 確保途徑	外部正式 確保途徑
非正式	內部非正式 確保途徑	外部非正式 確保途徑

圖 16–1　行政責任確保途徑分析架構

資料來源：吳定等，2007: 200。

如圖 16–1 所示，有關各個確保途徑的詳細內容乃分別說明如下：

㈠內部正式確保途徑

1.行政控制

行政控制是確保行政責任最強制的方法，有下列幾種方式：

⑴古典責任動線

即層級節制中，自上級行政首長至下層基層管理人員所形成的監督網路，依「行政原則」——即統一指揮❺、層級鎖鏈❻、權力集中原則，

來貫徹指揮與命令，使之能確實執行。

(2)決策程序

以法令、規定來作為行政運作的主要依據，使其達到公平、公正、公開，並使行政人員有清楚遵循的標準，但這也是造成「法令多如牛毛」的原因之一。

(3)幕僚機關

為因應政府職能複雜與擴大的趨勢，行政首長勢必仰賴幕僚機關協助研擬與整合計畫，才能使政務順利地進行。

(4)機關協調

政府機關之間各有其職掌與職權，但卻都無法獨行獨斷，必然或多或少與其他機關合作協調，才能使整部政府機器的運作順暢無礙，並達到「專業分工」與「協調整合」的目的。

(5)上級監督

上級機關可運用法定監督與經費補助，影響下級機關，使之改正不當行為或為配合上級機關之政策。

2.調查委員會

當政府組織運作發生重大缺失或意外事件時，由首長聘請產官學界代表組成調查委員會 (investigative commission)，並責成專人主持督導，對事件進行徹底調查，讓外界充分瞭解真相，並提出適當建議，供作改進。

3.人事、主計、政風之雙重隸屬監督體制

我國自中央政府至各級地方政府內，均設有人事、主計、政風單位，分由中央的行政院人事行政總處、行政院主計總處、法務部廉政署主管以一條鞭體制督導，並層層隸屬於各行政機關之首長，形成「雙重隸屬監督」機制，意指人事、經費、品行等管理在我國行政生態上，是為特定的組織設計，行政系統內部雙重監督較能確保責任，達到控制的目的。

---

❺ 統一指揮原則是指一個部屬只能接受一個上司的命令。

❻ 層級鎖鏈原則是指組織從上到下應有一套非常明確、沒有中斷的權力層級及溝通管道。

㈡內部非正式確保途徑

1.代表性科層體制 (representative bureaucracy)

⑴所謂的代表性科層體制是指行政機關的人力組成結構應該具備社會人口的組合特性，所以負責政策規劃與執行的行政官員（政務官與事務官）的人力組合應兼具社會上各種人口的特性（但非機械式地按人口母體的組成比率配置行政官員），才能反映出社會多元的思維和偏好，行政權力的運作才能與民主價值有所實質性相稱，否則政策的過程將可能發生不公平或偏袒的現象。

⑵代表性科層體制的人力組成首要主張乃是「弱勢性」社會族群的代表問題，因此催生所謂「優惠僱用行動」（弱勢優先）(affirmative action) 的公務人力甄補措施。

2.專業倫理

⑴現代社會中，行政專業與裁量權的擴張已經是必然的趨勢，藉由行政人員的各式專業組織與倫理規範，在憲法和法律的合理限制下積極地造福民眾，實現公共利益，將是民主政治的另一種風貌，也是行政發展的獨有風格。大力主張內部控制行政責任的學者費德瑞區認為，政府品質的提升必須大力仰賴行政人員的內在價值與責任意識，正式的監督雖有其必要，但適用範圍不大。在科技文明的現代社會，行政人員需向專業知能負責，才能導引民眾及政治人物瞭解公共利益並參與政策。因為政府太複雜，只有專業人士才能做出正確的決定。故倫理內涵的典則化或法典化 (professional codes)，是確保專業責任的進一步工作，使相關行政人員有較明確的倫理方向可茲遵循。

⑵行政規範或服務守則建立之後，經由人員之間的互動所形成的團隊精神和無形拘束力，可對行政人員產生自律作用。

3.弊端揭發 (whistle-blowing)

是指行政人員將機關內的違法失職情事，釋放消息讓外界知悉，並以媒體為最常見的外露對象，其次為議會、檢調（政風）或上級機關，而做此行為的人稱作「弊端揭發人或揭弊者」(whistle-blower)。揭發弊

端與保守祕密兩項倫理要求經常相互衝突，且揭發者通常面臨行政機關的控告、免職或長官報復的風險，甚至不易留在政府部門繼續公務生涯的發展。

㈢外部正式確保途徑

1.議會控制

議會對行政部門掌握了立法、預算審查、行政調查、質詢及限制等權力，故如行政部門有不法、不當或越軌情事，議會有權加以批評，並要求改善。

2.司法控制

法院也是監督控制行政運作的一項力量，惟居於不告不理的被動地位。如果行政部門有違法亂紀的情事，法院可經由判決採取制裁行動，使行政權受到憲法及法律的規範。在我國司法系統中，得以判決制衡行政部門的法院是指普通法院、行政法院與大法官會議三者。三者之中又以大法官會議的釋字解釋最具公信力及拘束力。

3.行政監察員

行政監察員（ombudsman，又稱國會監察官、護民官），是歐美國家常設的行政監控機制，最早見諸於 1809 年的北歐瑞典，美國到 1970 年代開始設立。主要功能在於接受民眾陳情訴願，並調查不當或不公情事，類似我國的監察委員。

4.選　舉

選舉是人民主權的最後課責手段，但卻是一項相當緩慢的方法。透過選舉的定期舉行，人民以投票在行政部門選出各級政府領導人，中央為總統，地方則為縣市長，在立法部門產生各級議會民意代表，從而決定了主要執政者及政策取向。若施政不佳或有貪汙醜聞者，在任期屆滿後通常無法連任，此乃是透過選舉對行政權力所產生的控制功能。

㈣外部非正式確保途徑

1.公民參與

公民參與行政運作的表現方式很多，例如：透過利益團體對政府機關的施壓活動（進行宣傳、協助競選、草擬法案、進行遊說、請願活動、集會遊行等），或個人自行進行陳情、請願、抗議、示威、遊行或參與志工、義工活動，或接受民意調查表達對政府的支持或不滿。

2.傳播媒體

傳播媒體包括報紙、雜誌、廣播、電視（有線、無線、衛星）等，媒體以資訊供應者、資訊轉換者、資訊詮釋者的立場，除作為民意的表達者、民意形塑者的功能外，更可作為政府施政及官員行為的監督者，有效監督政府重大施政措施，減少弊端發生。如有弊端發生，媒體揭發違法失職情事，往往效果極大，因而媒體又被稱為社會的「第四權」(the fourth estate or branch)。

3.資訊自由

政府機關的資訊若不開放給予外界知悉，外部的正式及非正式監督控制管道，恐無法發揮作用。美國聯邦政府在 1966 年公布《資訊自由法》❼(Freedom of Information Act)，規定除涉及國家安全、商業機密、個人隱私外，政府機關應將其他資訊迅速地讓任何想知道的民眾獲得。

第三節 三元責任論

1940 年代學者房納及費德瑞區對行政責任之實踐方式提出不同論述。其中，房納主張外部控制的責任實踐，而費德瑞區主張內部控制的責任實踐。其後，哈蒙 (M. M. Harmon) 綜合前述學者之論述，對於外部控制和內部控制分別提出政治責任 (political responsibility) 與專業責任 (professional responsibility)（屬於外部控制），以及個人責任 (personal responsibility) 等三元責任觀，作為行政責任之實踐途徑。以下茲就這三種責任之意涵進行說明（林鍾沂，2005: 640–646；江岷欽、林鍾沂，

---

❼ 我國與《資訊自由法》相類似的法律為 2005 年公布的《政府資訊公開法》。

2003: 602–618；吳定等，2007: 208–210）：

一、政治責任

　　所謂的政治責任又稱為科層責任，是屬於傳統政治學的見解，諸如：威爾遜、韋伯、賽蒙等，強調政治責任的觀點，並且主張以政治行政二分論為基礎，認為政治責任的履行，須建構在下列前提上：

㈠主要內涵

1.政治與行政兩者各有界限，彼此分立，一是設定政策目標，一是執行政策目標，也就是政治與行政分離。
2.政治不但設定政策目標，而且是明確陳述目標並排定優先順序，以作為政策執行的依據。
3.行政的首要責任在於忠實地執行政策，並以中立、客觀、效率、科學的方法為之。
4.行政應該設計一套嚴明的職責規範與獎懲制度，使政策得到順從和考核，達到負責（課責）的目的。

㈡配合的條件

　　政治責任若要能有效執行，應該有下列配合條件：
1.權責能夠明確地劃分。
2.嚴格的層級服從關係。
3.有限的控制幅度 (the span of control)。
4.鼓勵部屬對組織目標和上級長官忠誠產生認同。
5.厲行正式的紀律體系。
6.重視財務和員工績效的內部稽核。
7.國會的監督 (legislative oversight)。
8.預算的控制。

(三)政治責任途徑的缺失與檢討

1.投機主義 (opportunism) 的心態

　　立法部門或政治首長基於政治考量或缺乏專業知識，常將政策目標訂得非常模糊曖昧。在缺乏政策指導下，往往培養出行政官僚「投機主義」的心態。一方面認為既然沒有上級指導，為了避免多做多錯而遭受懲罰，對於行政事務抱持「能免則免」的態度；另一方面則揣摩上意，求得上級的歡心，以獲取自身利益。

2.責任的「形式化」(ritualistic taking of responsibility)

　　無論高階主管是否實際參與政策決定，都需負起決策後果的全部責任，反而讓實際參與規劃或執行的部屬可以逃避推諉，不必接受外界指責和政治制裁。

3.權威的物化 (the reification of authority)

　　物化是指人類缺乏精神意志或意識的自主性與反省性，而希求外在的「客觀實際」(objective reality) 作為行為的準則與依據，因此不把人類活動的結果視為人文產物 (human product)，而只視為自然界的事實或神明意志的表徵。影響所及是當行政人員面對民眾的需求時，不是設身處地地去詮釋與解決問題，而是搬弄法令規章、行政程序與上級交代等作為依據及推諉責任的藉口❽，使官僚制度不再是考量公共利益為民服務的機構，反而成為依其行動邏輯而自我維護的組織。

二、專業責任

　　在專業化技術的趨勢下，行政人員在法律授權範圍內，發揮專業責任，尤其向技術、知識和社會負起責任。藉由行政人員的各式專業組織與倫理規範，並在憲法的合理框架下，積極地造福民眾，實現公共利益，

---

❽　尤其是基層行政人員，面對層出不窮的民眾需求與壓力時常易心生煩躁，所以經常可以聽見他們說：「我是依法辦事，怪不得我」，或是「按照程序規定，實在愛莫能助」等類似的話。這都說明行政人員過分拘泥於法規、程序的遵守，缺乏主動解決問題的熱誠與責任感。

將是民主政治的另一種風貌，亦為未來行政的特有風格。關於專業責任的鼓吹和闡述，當以「新公共行政」和《黑堡宣言》最具代表性，分述如下：

(一)主要內涵

在政府管理或行政管理體系中，講究科層體制專業責任的主要用意，乃是公共事務錯綜複雜、變化萬端，實非有限的法律條文或行政規章所能窮盡釐清，故需授與行政人員必要的裁量權限，使其憑藉專業知能與職業倫理，針對特定具體情況，做出妥善因應，達成公共利益，實踐社會公道正義。

(二)行政人員的角色

有關行政人員所需扮演的角色，亦即專業責任落實須體現「新公共行政」和《黑堡宣言》的主張（詳細內容請參閱本書第五章）。無論是「新公共行政」或《黑堡宣言》，其內涵都彰顯了行政人員是「主權受託者」的理念角色：行政人員必須秉持專業知識的良知，善用職權與裁量，以高尚的情操擇善固執，追求政府治理體系及過程中的公共利益最大化，並爭取弱勢族群的公道正義，實踐「倡導型或護國型行政」(advocacy administration) 的真義。

(三)履行專業責任時易產生的缺失

1. 行政人員有時利用其專業技能與知識為自身謀福利，而忽略公共利益的表現。尤其是涉及相當專業的技術時，因監督不易，恐會做出利己卻不利大眾的決定。
2. 專業人員的基本訓練在於獲取律則性知識，以致容易忽略群眾的特殊情境和需求，成為不講求人性關懷的一體適用，而淪為教條化，並容易養成專業人員的「父權觀念」、唯我獨尊、專業至上。
3. 專家擅長處理手段的技術問題，而非目的價值問題。但政策指標的界定，必然涉及分析者的價值偏好和主觀意圖，故政策分析家對最有效

手段的理解，本質上仍是「政治性的」(political)。

三、個人責任

(一)主要內涵

個人責任並不講究外在的標準和原則，而是重視行為者內在的看法，強調負責的行動是行為者個人意志的展現與實踐。當有責任感的公務員不慎違法失職時，愧疚之情是來自自我內心的責備，哈蒙將此種負責任的行為（愧疚之情）表現稱為「受煎熬的靈魂」(tortured soul)，實是對個人責任作最佳的詮釋。

(二)實踐途徑

哈蒙認為，實踐個人責任必須依賴二種機制才能發揮作用，一是「自我反省能力」(the self-reflexivity)，另一是人與人之間的「交互主觀性」(intersubjectivity)。

1. 自我反省能力

是指行為者一方面知覺到自我角色的存在和重要性，一方面亦深覺自我角色的社會與心理限制，所以為追求卓越，個人必須遵守角色規範，並須設法超越。特別是公務員，如要有為有守，除了依照組織的職掌、法令規範和上級指示行事外，也應秉持個人道德執著與專業知識，設身處地為民眾著想。

2. 交互主觀性

是指人與人要合作共處，才能養成個人人格的社會性格，在社會群體中鍛鍊淬礪自身的個性，學習別人的理念和風格，進而與他人建立「真實關係」(authentic relationship)，相互尊重與瞭解，共同營造一個不分你我的社會。換言之，社會中的個人行為一定要在社會規則提供的解釋系絡裡才有意義。個人責任的實踐，雖可能受環境而改變，但還是受社會規制的制約，在交互主觀的脈絡下，對他人做出有力的承諾，並以此一承諾來實現個人的責任。簡言之，科層體制中個人責任的發揮，是在相

互瞭解下所應允承諾的展現，是基於同意的態度，而非是錙銖必較的功利行為。

㈢個人責任途徑的缺失

奠基自我責任的自我反省與人際關係，這兩個因素是互為預設的存在著。否則在只有自我反省的能力下，將使行政機關缺乏與社會的對話，無法掌握民眾的需求；另一方面，在交互主觀性下，若行為者沒有強烈獨立感與個體性，則很快變成與他人同流合汙，缺少了獨立擔當的表現。

第四節 行政責任的課責與障礙

一、課責的意涵

課責一詞最先用於政府部門。由於國家行政的管理是社會大眾、政府領導人及公務員之間彼此透過制度安排與政治互動而緊密地聯結。政府被人民賦予期待，其任何的行動結果皆會關係到公民的利益，因此對政府部門課責是為確保回應公眾的需求。課責的最狹義解釋，係指向高層權威負責，要求向某種權威來源「解釋說明」個人行動的過程，處理的是有關監督和報告之機制。此種課責概念採用的是「命令與控制」(command-and-control) 的定義方式（江明修、梅高文，2002: 24）。若再具體而言，課責指涉的是一種權威關係，即行政人員基於它在制度中的角色去履行特定的職責，而其制度上層的權威者依據法令，以外在強制性的判斷標準對於行政人員順服與否以及績效高低進行獎懲，迫使行政人員對其直屬長官、民選行政首長或民意機關負擔起正式責任（孫本初，2007: 212）。

由此可知，課責是透過清楚的法規命令、正式的程序、監督與強制來達成。晚近，課責的概念已經擴展出更廣義的其他意涵，包括個人道德（個人內在品格）、專業倫理（專業所公布和實施的守則）、回應性（追求公民期望或需求的程度）、組織績效（各項計畫與行動的效率與品質）、組織能力（管理與運作的普遍效能）等。而課責的內涵可分成兩項：

1.行政人員向誰負責

就民主政治而言當然是向人民負責，但在代議政府體制下，負責對象變成多元化，首長與國會議員均是正式的對象，甚至利益團體和媒體亦會成為課責的對象。

2.行政人員負責什麼

至少有四項一般性要求，可作為行政責任的負責內容：

(1)不浪費、不延緩地執行職務。

(2)適當裁量。

(3)因應環境研擬政策變遷。

(4)增強民眾對政府管理的信心。

二、課責方式

課責所指涉者係為任何政府與公務員的作為，均必須為其決策或行動接受監督與責難藉以負起責任，從最低層次的公務員到最高階層的官員，每一層級的成員皆有受監督者課責的義務。因此需要一套謹慎設計的課責結構，向公民保證政府行動的最佳成果，同時又能代表公民自身的利益。一個完整的課責系統（體制）是由四個部分所組成：自願遵守、標準設定、監督與懲處。而我國現行課責方式有下列幾種（趙其文，1987: 558–575；吳定等，2007: 211–214）：

㈠政治懲處

「民之所欲，常在我心」，由於人民是民主政治的主人，故執政者必須顧慮社會觀感，並且以身作則，改善社會風氣。當有不當情勢發生時，儘管非屬法律規範內容，仍應主動求去。所謂「上臺靠機會，下臺靠智慧」，如能讓「下臺背影漂亮」，則政治責任才能實現。

㈡法律懲處

行政人員的法律懲處，依憲法第 24 條規定：「凡公務員違法侵害人民之自由或權利者，除依法律受懲處外，應負民事及刑事責任。被害人

民就其所受損害，並得依法律向國家請求賠償。」

1.公務員懲戒責任

公務員懲戒責任之構成，並不以侵害人民之自由權利為必要，即屬單純的違法失職行為，雖未至觸犯刑法的程度，亦可能構成懲處的原因。依《公務員懲戒法》，司法院公務員懲戒委員會施予的懲戒處分有六種（事務官均適用；政務官僅適用撤職及申誡二者）：

⑴撤　　職❾

係撤除公務人員現職之謂，為最重的懲戒處分。受撤職處分者，至少在一年內停止任用。

⑵休　　職

係將公務人員之現職暫時休止之謂。休職期間至少為六個月以上，在休職期間，停止一切在職務上應得之待遇，並不得在其他公務機關任職。休職期滿，許其復職。自復職之日起，二年內不得晉敘、升職或調任主管職務。

⑶降　　級

係對公務人員現有級俸予以降敘之謂。降級人員，依其現職之俸給降一級或二級改敘，自改敘日起，二年內不得晉敘、升職或調任主管職務。受降級處分而無級可降者，比照每級俸差額減其俸額，期間亦為兩年。

⑷減　　俸

係對公務人員現有級俸予以減支之謂。減俸乃就公務人員現支月俸減百分之十或百分之二十支給，期間為六個月以上一年以下；自減俸日起，一年內不得晉敘、升職或調任主管職務。

---

❾　撤職與免職不同，免職者沒有限制任職的規定。免職的性質有二，一是基於《公務人員考績法》之免職，此種免職人員，均係工作操性或學識不佳，或有重大過失，致不宜繼續任職，於考績時予以淘汰。另一則是機關長官對於具有一定事由之公務人員，基於行政權之免職，如對辭職或另有任用或資遣等公務人員所為之免職。

⑸記　過

　　為對於公務人員之過失，予以書面處罰之謂。記過為要式行為，須由機關長官以正式公文書通知當事人。受記過處分者，自記過之日起一年內不得晉敘、升職或調任主管職務。一年內記過三次者，依其現職之俸級降一級改敘。

⑹申　誡

　　為對於公務人員之一種書面的申斥告誡之謂。

2.刑事責任

　　刑事責任之罪行如係專屬於公務員身分，稱為「職務犯」。例如：濫用或放棄職權、賄賂、廢弛職務、洩露祕密等行為；另外一種是一般人民均可構成的罪行，而對具有公務員身分者採取加重刑罰者，稱為「準職務犯」或「加重犯」，凡公務人員假借職務之便，所犯之罪均屬此項。例如：妨礙投票、偽造文書、侵占等，加重其刑二分之一。

　　另外是違反旋轉門條款。《公務員服務法》第14條之1規定，公務員於其離職後三年內，不得擔任與其離職前五年內之職務直接相關之營利事業董事、監察人、經理、執行業務之股東或顧問。違反者處二年以下有期徒刑，得併科新臺幣一百萬元以下罰金。犯前項之罪者，所得利益沒收，如一部或全部不能沒收時，追懲其價額。

3.國家賠償責任

　　⑴《國家賠償法》第2條規定：「公務員於執行職務行使公權力時，因故意或過失不法侵害人民自由或權利者，國家應負損害賠償責任。公務員怠於執行職務，致人民自由或權利遭受損害者亦同。」「公務員有故意或重大過失時，賠償義務機關對之有求償權。」由此可知，國家對公務員不法行為侵害人民自由或權利，先負起損害賠償責任，然後對於事屬故意或重大過失之公務員，行使求償權，要公務員償還國家所付之賠償。

　　⑵公有公共設施因設置或管理有欠缺，致人民生命、身體或財產受損害者，國家應負損害賠償責任，而該損害原因有應負責之人時，賠償義務機關對之有求償權。

⑶受委託行使公權力之團體或個人，執行職務行使公權力時，視同委託機關之公務員。若前述執行職務之人有故意或重大過失，致不法侵害人民自由或權利時，賠償義務機關對委託之團體或個人有求償權。

4. 民事責任

《民法》第195條：「不法侵害他人之身體、健康、名譽、自由、信用、隱私、貞操，或不法侵害其他人格法益而情節重大者，被害人雖非財產上之損害，亦得請求賠償相當之金額。其名譽被侵害者，並得請求回復名譽之適當處分。」公務員除依《國家賠償法》規定懲處外，假設若情節尚不違反《國家賠償法》，人民仍得依民法相關規定請求賠償。

㈢行政懲處責任

1. 《公務人員考績法》之績效考核性懲處

⑴年終考績：①考列丙等者：理論上丙等表示表現平平之意，留原俸級。②考列丁等者：挑撥離間或誣控濫告情節嚴重者、不聽指揮證據確實者、怠忽職守造成重大不良後果者，或品行不端嚴重損害公務員聲譽者，予以免職。③平時考核無獎懲抵銷而累積二大過者，年終考績應列丁等免職。

⑵專案考績：重大過錯致一次記二大過者，立即免職❿。

2. 《行政院及各級行政機關學校公務人員獎懲案件處理辦法》之懲處

該行政規章係就公務人員之獎懲，依據《公務員懲戒法》及《公務人員考績法》等上位法律基本規範，予以進一步較詳實之作業化規定。

三、行政責任的阻礙

政府是由人民所組成，故責任政府的「真、善、美」完全實踐可謂理想，卻難以達成。研究指出，阻撓責任政府的障礙因素有下列幾項（吳定等，2007: 214–216）：

---

❿ 大多發生在警察、稅務、海關、司法等與民眾經常接觸或管理民眾財產或自由等類業務的公務員身上。

㈠責任動線衝突

1. 兩難困局 (dilemma)

在揭發弊端之前，公務員要面對自我倫理責任與傷害機關聲譽二者衝突的內心掙扎並取捨衡量，而容易陷入兩難困境。

2. 徘徊躑步 (in a quandary)

民選首長與民選議員對行政機關的要求不同，一定會對行政人員造成「徘徊躑步」兩難服從的尷尬局面。

3. 政府夾層的困窘

當上級規定不適合地方民情或地方施政的優先順序時，地方業務機關及人員常被迫在上級與地方之間掙扎。例如：地方政府財源較弱，的確需要上級（中央）政府經費撥款補助，連帶地上級政府有關補助規定，當然地方政府也要一併遵行。

㈡責任內涵模糊不清

1. 無臉的政府 (faceless government)

政府組織因應公共問題的動態性質，各自形成複雜的議題網絡 (issue networks)，促使政府成為「無臉的政府」，不易確認違法失職的負責機關與官員。

2. 多手問題 (many-hands problem)

當代社會的複雜問題，往往非單一機關可以解決，需要相關機關專業分工與協調整合，故產生責任政府「多手問題和責任渾沌現象」。例如：當社會發生不幸事件時，眾多相關機關和官員相互檢討，但「責任都不在自己」，此乃是因為人多手雜而產生責任混淆的現象。

另外，羅森布隆也在其著作中提到監督公務人員（課責）的困難。他認為，在民主國家中，公務員在有限範圍裡行使其職權，並且受到有限的監督，以防止貪汙受賄的行為發生。然而，在美國與其他國家中為了尋求並建立一個完善的課責制度，至今仍遭遇許多困難與阻礙。茲整理重要內容說明如下（呂育誠等合譯，2000: 401–403）：

㈠專業知識、技術和資訊的增加

公務人員在工作崗位上可說是一名專家，外人無法挑戰其專業性，也沒有辦法用間接的方法揣摩其決策或行動。另一方面，公務人員因職務之便，能夠掌握一般人無法獲知的資訊，而這些資訊通常都是決策的重要來源，加上其有特殊專業和得到資訊的途徑，所以比監督者更具優勢，可以逃避來自國會的監督。

㈡專職地位的優越性

絕大部分的公務員都是屬於專職的全職人員，而外部的監督者無法觀察與掌握其所做的一切，例如國會對行政活動的監督，因為投入的時間有限，所以監督者只能採取固定的監督模式來進行觀察，但是當出現監督者無法監控的範圍時，公務人員就有機可乘。

㈢人事制度的保護

多數國家的人事制度對公務人員的工作都採取極大的保障。雖然從制度的設計來看，有可能發生公務人員的懲戒和撤銷職務的情形，但因懲處的過程相當繁複且耗時，常導致一些情節輕微的貪汙受賄行為可能傾向不予以處罰，例如運用公共資源來圖小利於己。諸如此類的情事與錯誤如一直累積增加，對整體社會和民眾的影響將是十分可觀的（不因惡小而為之）。

㈣反制的法則

反制的法則 (law of counter control) 使得官僚體制控制官僚體制。學者唐斯提出這項觀點，認為「決策者或是高層官員愈是致力於控制部屬的行為，部屬就會愈致力付出更大的心力去規避或反制這些控制」。於是上級對官僚體制的控制愈多，就更需要致力於官僚體制的控制；或是為了控制官僚體制而設立另一個官僚體制，這是一個相互循環的結果，使得監督更形困難。

㈤行政規模與範圍龐大

相較於私部門，平均來說，各國行政部門或機關經常僱用超過十萬名以上的員工，這些公共行政業務不僅已深入人民的各項生活領域，且其中業務的多樣性與複雜性更使得機關組織的數量及員額不斷地擴充，因此監督將更形艱辛。

國道計程收費

我國國道收費 40 年來，由於收費站距離不一，造成用路人負擔不均，以及長年遭地方抗議收費不公等結構性問題爭議不斷，於民國 102 年 9 月實施國道計程收費。此項新制最直接的行政目的在於將本來收不到錢的大量車流納入計費用戶，使公共建設更能落實公平性；較長期的目的是希望藉由費率來引導行為，以減少塞車、改善效率和安全；更進一步的政策目標，則期望能改變民眾用路習慣，全面減少私人車輛，達到節能減碳的國家目標。

國道計程收費是高速公路收費制度的重大變革，車輛將依使用道路的長短來計費，亦即有人比過去多收一些、有人則少收一些；若從公平性與使用者付費的觀點看，這個涉及利益與成本「重分配」的政策，當然是更為合理且公平。就現有狀況論之，國道每年需花費龐大的養護費用，然而卻有近半的短程用路人利用收費站之間的交流道上下以避開收費，產生經濟行為上的「搭便車」行為。這些搭便車的國道使用者，不僅讓國道養路費用都由其他通過收費站的用路人平均分擔，他們未付費仍使用國道，提高了國道車流量，也相對影響付費者的權利，長期而言，顯然是有違公平義理。

不過，國道全面改為計程收費，無疑使得數量龐大的短程用路人首當其衝，其中尤以廣大的都會周邊通勤族所受衝擊最大。

他們從原來可以享用免費午餐，變成必須付費才能上路，可以想見這項新政策必然遭致增加交通支出民眾的反彈，因為不會再有免費使用國道的情況；但整體而言，對於用路人是相對較公平的。只是，這樣一項能同時兼顧國道基金永續經營、公平性及經濟效率的政策，由於會影響到特定民眾的權益，也牽涉到整體分配負擔的公平性，因此在落實「使用者付費」的責任觀之前，政府仍須考量費率及相關配套措施，建立公平合理的收費制度，才能使政策符合全民最大的利益。

計程收費走多少付多少 ⓫

　　「走多少、付多少」是國道計程收費最大的宗旨，也是為了消弭國道計次收費制度的不公平。實施這項政策最主要的原因其實也是來自於民意。國道高速公路局彙整歷年來用路人對於國道收費制度的不滿包括：居住於收費站附近的用路人反應一上高速公路即需繳費並不公平，中長程用路人也反應付費使用高速公路，卻被不必繳費的短途用路人影響造成交通阻塞，尤以臺北、高雄都會區等最多，因此建議應採計程收費。而都會區外圍如基隆、林口、桃園居民認為上下班都要通過收費站，而都會區內居民上下高速公路卻不需繳費，也是不公平。另中央及地方民意代表更多次反應收費站站距不公平，要求廢除區內收費站或降低通行費。

　　針對上述問題，國道高速公路局指出，全面推動國道電子計程收費就是要消除計次收費不公平的問題，且國道計程收費的年度總收入，絕對不會超過近五年國道平均收費收入，也就是不會有「肥了國道基金、瘦了市井小民荷包」的情況發生。

⓫　資料來源：台灣新生報／張聖奕 (2013/1/6)。取自：http://61.222.185.194/?FID=45&CID=176872。

參 考 文 獻

一、中文文獻

- 江岷欽、林鍾沂，2003，《公共組織理論》，修訂版，臺北：國立空中大學。

- 江明修、梅高文，2002，〈非營利管理之法制議題〉，收錄於江明修主編，《非營利管理》，臺北：智勝文化，頁 19–44。

- 呂育誠、陳恆鈞、陳菁雯、劉淑惠合譯，2000，《公共行政學：管理、政治、法律觀點》，臺北：學富文化。譯自 David H. Rosenbloom. *Administration: Understanding Management, Politics, and Law in the Public Sector*. Boston: 2009.

- 吳定、張潤書、陳德禹、賴維堯、許立一，2007，《行政學（下）》，修訂再版，臺北：國立空中大學。

- 林鍾沂，2005，《行政學》，臺北：三民書局。

- 洪聖斐等譯，2008，《行政學——公部門之管理》，臺北：五南圖書公司。譯自 Grover Starling. *Managing the Public Sector*. Belmont, Calif.: 2005.

- 許南雄，2000，《行政學概論》，增訂四版，臺北：商鼎文化。

- 張潤書，2009，《行政學》，修訂四版，臺北：三民書局。

- 趙其文，1987，〈公務人員的義務與行政責任〉，收錄於銓敘部主編，《行政管理論文選輯第二輯》，臺北：公保月刊社，頁 545–576。

- 孫本初，2007，《新公共管理》，臺北：一品文化。

二、日文文獻

- 西尾隆，1995，〈行政統制と行政責任〉，西尾勝・村松岐夫編，《講座行政学第 6 卷市民と行政》，東京：有斐閣，頁 267–308。

- 村松岐夫，2001，《行政学教科書：現代行政の政治分析》，第 2 版，東京：有斐閣。

- 森田朗，1998，《現代の行政》，東京：財團法人放送大學教育振興会。

歷屆考題

1. 何謂行政裁量？又行政裁量之行使有那些原則可供參考？請一併說明。
（096 年公務人員高等考試三級考試一般行政）

2. 公務員裁量權的行使，反映著公務員的價值判斷，形成行政倫理的核心問題。試問，常見的行政裁量之倫理問題或困境為何？行政裁量的指引或衡量標準又有那些？（101 年公務人員高等考試三級考試一般行政）

3. 就政府發展趨勢觀之，行政權力有日益擴張的現象。現請就行政權力擴張的原因，以及吾人對行政權力控制的方法論述之。（094 年公務人員高等考試三級考試一般行政）

4. 2011 年 7 月我國法務部成立廉政署，作為控制官僚的機制，請評估其對於我國廉政治理的意義。除了廉政署之外，我國還有哪些對於官僚控制的「正式」內、外部機制？請說明各機制並評估各種機制對於官僚控制之效果。（101 年國立政治大學公共行政研究所試題）

5. 何謂行政中立？有論者謂行政中立乃欲要公務人員成為「變色龍」(chameleon)，對此觀點，您的看法為何？另我國目前落實行政中立的難題為何？該如何改進？（100 年國立臺北大學公共行政暨政策研究所甲組試題）

6. 行政倫理與道德規範有何異同？以我國政府而言，如何才能有效推動行政倫理之提昇？（101 年國立暨南國際大學公共行政與政策研究所試題）

7. 行政中立之意涵為何？行政中立主要目的與隱含價值前提分別為何？若將「行政中立」等同於「價值中立」及「政治與行政分離論」呈現的理論與實務困境分別為何？並請闡述推動我國行政中立之途徑為何？
（097 年國立暨南國際大學公共行政與政策研究所試題）

8. 何謂行政中立？身為一位行政人員，為了服膺行政中立，應表現出何種行為？我國在推動行政中立時，遭遇何種障礙？（094 年地方特考一三等考試）

9. 試從政制結構、文官制度、行政程序、行政倫理等四個途徑，析論我

國如何推動行政中立？（099年地方特考─三等考試）

10.行政倫理與道德規範有何異同？為何現代政府必須特別重視行政倫理之規範？以我國政府而言，如何才能有效推動行政倫理之提升？（100年地方特考─三等考試）

第 17 章　行政革新與政府再造

　　行政革新 (administration reform) 的概念由來已久，也在世界各國中持續推行。行政學界中，研究「行政革新」的先驅者凱登 (Gerald Caiden)，於 1988 年發表的一篇名為〈行政革新的持久性〉(The Vitality of Administrative Reform) 論文提到，自 1970 年代開始，行政革新就開始盛行，而各種改革方案也受到廣泛的討論。1983 年在日本東京舉行的國際性公共行政圓桌會議時，日後曾擔任日本行政改革部長和首相的中曾根康弘即提到：「行政革新儼然成為全世界性的熱門話題。」事實上，參與該會議的代表都是自由民主的國家，這些國家也都在進行行政改革；另一方面，幾個共產主義國家也致力於重建其中央計畫經濟與政府官僚體系。甚至稍早在這之前，也就是 1981 年，聯合國發表一份名為〈強化開發中國家行政改革的能力〉(Enhancing Capabilities for Administrative Reform in Developing Countries) 的報告，目的在協助第三世界改善其公共行政的發展（轉引自施能傑譯，1991: 537–538）。上述種種皆證實行政革新廣泛在世界各國受到重視，期望藉此徹底檢討行政體系，縮小政府規模，減少支出、人事、投資及服務成本，並透過活絡政府組織，使僵化的公部門有較高的生產力與好的績效，用以解決政府日益艱困的財政問題。

　　政府再造 (reengineering government) 與行政革新是現代化國家重要的議題，並在 1980 年代成為各國政府關注的焦點，「政府再造」運動儼然已形成世界性官僚文官體系的一項「變革文化」，而成為文官體系提升績效的改革聖杯，甚至轉化為象徵治理能力的政治圖騰（江岷欽，1998: 64；詹中原，1999: 20）。尤其歐美各國紛紛投入政府改革的工作，如英國「效率小組」(efficiency unit)、紐西蘭「執行長」(Chief executive)、澳洲「聯邦監察長」(commonweal ombudsman)、加拿大「藍博特委員會」(Lambert Commission) 與「公共服務 2000 計畫」(public service 2000, PS2000)，以及美國「國家績效評估」(national performance review, NPR)

等，均印證一個行政革新時代的來臨 (administrative reform comes of age)（詹中原，1999: 3)，意味著各國政府嘗試改變過去行政價值及觀念，以求行政效能、服務品質達到符合人民期待的標準。

研究指出，1980 年代以來，全球性所發生的政府改革風潮具有雙重意義：一是推動政府改革的國家相當廣泛，從英美、OECD 等先進國家到開發中與第三世界國家，都大力推動這種改造計畫，其範圍是全球性的；二是在改革方法及策略上都較過去的改革更為激進與徹底（丘昌泰，2010: 134)。整體而言，政府再造運動涉及兩個面向問題，即是政策面與管理面。前者是關於政府規模與角色的定位，涉及各種價值優先序位的政治決定；後者關注的是政府運作得更有效率，以提升公民滿意度 (Kettle, 2000: 30)。

在本章中，首先闡述行政革新的理由，以及造成行政革新的影響因素，進而說明行政革新的意涵、內容與範疇；其次整理行政革新的類型、策略與途徑；接著以行政革新現代化最重要議題——政府再造為例，描述政府再造的背景與定義，分析政府再造的核心特質與理論基礎；最後則介紹當代主要國家政府再造的趨勢、原則，以及簡述我國政府再造的歷程。

第一節 行政革新的基本概念

一、行政革新的理由

一個國家的盛衰，與該國的公共行政是否健全運作息息相關。然因行政的範圍包羅萬象，舉凡內政、外交、教育、軍事、經濟、交通、工業等相關事項皆屬之。政府部門所提供這些公共服務或建立的行政制度能否滿足當代社會和民眾的需求，會影響民眾對執政者的滿意度。因此，一個積極有作為的國家為保持行政體系和行政人員的進步，會持續不斷地推行行政革新。整體而言，政府推動行政革新的主要理由有下列幾項（許南雄，2000: 403；吳定等，2007: 303–304)：

㈠環境因素：因應國內外環境急速變遷

隨著全球化與資訊科技的進步，整個世界宛如一個「地球村」(global village)，每個國家的政治、經濟、社會及文化環境，多少都受到他國的衝擊，而產生改革的壓力。政府為解決環境快速變遷所引發的各種問題，不得不採取必要的對應行動，革新公共行政的態度及作法，予以妥善因應。

㈡管理因素：提升政府績效以及滿足人民期望

目前各國政府共同面臨人民不希望政府規模擴張以及增加預算，卻要求政府不斷提升服務的項目與品質之雙環困境。事實上，行政績效的持續精進提升，一直是人民對政府最基本的期望。行政績效包括強調「數量」層面的「效率」以及強調「品質」層面的「效能」，最終的價值則是實現社會的公平正義。因此，政府欲提升行政績效，就須從改革制度面與運作面著手，簡化行政作業流程，使其能同時合乎效率、效能的標準，滿足人民的期望。

㈢有效實踐現代政府的角色

現代政府必須妥善扮演回應性 ❶ (responsiveness)、代表性 ❷ (representation)、責任性 ❸ (responsibility)、可靠性 ❹ (reliability) 與務實性 ❺ (realism) 的 5R 角色，同時也須適當履行各項行政功能，包括：管制功能、保衛功能、輔助功能、服務功能等。因此，為扮演好各項角色與充分發揮被賦予的功能，需要不斷持續地進行檢討與改進。

---

❶　所謂回應性是指政府盡量適時且充分提供民眾需求的政策作為。

❷　所謂代表性是指政府的作為應反映大多數人民或標的人口的利益。

❸　所謂責任性是指政府有義務扮演保國衛民、福利國民的角色。

❹　所謂可靠性是指政府應讓民眾對其所作所為具有信心，進而願意配合政府的各項施政。

❺　所謂務實性是指政府施政作為應實際可行，可達成目標。

㈣改善國家的國際形象以及提升國家競爭力

眾所周知，一個行政績效低落、貪汙腐化的國家，必然不可能獲得國際社會的肯定，也就不可能具有良好的國際形象。而一個國際形象不佳的國家，在參與國際社會各項政治、經濟、社會活動時，無可避免地會受到諸多的排斥及限制。因此，一個國家如欲求立足世界，並使其人民能夠與他國平等互惠往來，就必須不斷改善國家在國際社會中的形象。其中重要途徑之一，就是從事行政革新、刷新政風，一新世人耳目。

其次，隨著全球化時代的來臨，幾乎所有國家都必須與其他國家產生關連，任何國家如欲在地球村中生存，就必須不斷持續提升其競爭力，而行政革新正是提升國家競爭力的重要環節，因為一國政府的施政能力與品質是決定國家競爭力的主要力量。

二、造成行政革新的影響因素

在民主國家的社會中，行政機關必須不斷採行各種革新措施，以適應組織內外在環境變化的需求與挑戰。由於造成各國推動行政革新的因素各有不同，如以我國為例，迫使政府推動行政革新的影響因素，可根據行政機關的內外在環境來加以整理分析如下❻：

㈠內在環境因素

1.行政職能擴張、業務專業化程度日高、組織結構越形龐雜

隨著行政職能的擴張與組織結構的龐雜，組織常會發生溝通協調、分工合作與彈性適應（危機或緊急管理）難以順利運作的情況，甚至產生格格不入的狀態。所以，在整體行政運作上，勢必力求革新，才能發揮更流暢的運作功能。否則，各級行政機關可能因層級節制，形成運作僵化、反應遲鈍等情形，而影響行政功能的發揮。

---

❻ 這部分的內容可參閱林克昌 (1993: 570–574)、許南雄 (2000: 403–404)、吳定等 (2007: 565–566) 等論文，然因時空的演進，部分內文已經不合時宜，故作者加以修正改寫。

2.公務人力有待加強，才能因應繁複的行政需求

　　早期推行行政革新是由於行政業務專業程度日益提高，執行行政權之人員須具備相當的條件，如專業知能、領導溝通能力等，故需提高公務人力素質，以符合行政發展的需求。之後，受到國民教育水準普遍提高的影響，公務人力的教育水準和專業程度雖已顯著提升，但因民眾對公共服務的要求，無論是在量或質的方面皆不斷增加，且日益嚴格，因此不僅人事行政應予改革，才能更積極地延攬人才，在行政業務方面也須全面配合革新，如簡化行政作業流程、電子公文的運用等，才能因應日趨繁複的行政業務，開創更友善的工作環境，進而達成育才與留才的目標。

3.機關組織封閉老化，缺乏創新性

　　政府播遷來臺已久，不少機關與其業務，皆有長久的歷史，故在業務上或觀念上有行政慣例的積弊陋規無法及時調整修正，亟待採行具有創新性的革新措施，以突破其發展障礙與瓶頸，尤其組織較封閉、人員流動較少或業務較專業化的機關更是需要進行改革，以創新的企業型組織文化取代保守、僵化的官僚型組織文化。另外，部分機關成立歷史較短，或人員流動較多，則在行政經歷之累積，或作業程序與制度之建立方面，均有較大的改進與發展空間，故也應加強革新工作，才能建立良好的制度，並累積豐富的經驗。

㈡外在環境因素

1.社會整體情勢快速變遷，造成行政部門沉重的壓力

　　1980 年代以來，經濟快速成長，國民生活水準和教育程度大為提高，政治、經濟、社會結構急速變化，民眾對行政部門的要求日益增加，尤其是處於轉型的發展階段，民眾的期望更高且更殷切，而政府部門也感受到這股期盼與壓力，不得不加速推動相關的改革措施。

2.國際情勢大幅變動，面臨更具挑戰的局面

　　自 1980 年代以來，國際社會陸續發生重大轉變，如蘇俄共產政權轉換、東西德統一、東歐瓦解、歐洲共同體形成等，致使國際政治社會更

多元化，國際關係更形複雜化。然而我國在國際經貿上，對外貿易的依賴性仍高，在國際政治上，也受到大陸方面不斷的打壓，國際政治的困境仍有賴突破性開展。因此，需有更前瞻性的革新作為，始能因應國際社會的挑戰。

三、行政革新的意涵

㈠定　義

　　「革新」(reform) 也可譯成「改革」，在中文是指「革故更新」、「去腐生新」之義（陳德禹，1994: 601），引申為「對於任何不合時宜或影響工作的事物加以變革，同時尋求較為合宜、進步、創新的方法來達成所預期的目標」（張潤書，1986: 416、2009: 725）。革新的觀念可以用在人類任何活動，從個人行為到國家建設皆能適用，若組織缺乏革新意識，就容易停滯不前而趨向衰亡。

　　至於「行政革新」一詞，也可以稱之為「行政改革」。根據凱登 (G. Caiden, 1969、1991) 的說法，是「刻意地運用權威及影響力，所引導之行政轉變作為」。在此情況下，鮮少能期望公務人員「能自己去革新自己」(to getting them to change themselves)。行政革新能否成功，關鍵在於政府領導者 (public leaders)，除此之外還須結合外在革新盟友 (external allies) 及開明前瞻的文官 (progressive officials) 共同進行（轉引自詹中原，1999: 4–5）。由此可知，凱登所界定的行政革新，強調行政體系外來的強制力策略。

　　相形之下，我國學者張潤書則將行政革新視為政府行政體系為適應內外在環境的變動所進行的調整，故將其定義為「政府行政系統為因應時代與環境的變遷，對外在環境的『輸入』因素 (inputs) 加以調整和適應，以各種較為創新的作法與安排，求取更好的『產出』(outputs) 過程」。甚至還指出，由於時代不斷地在改變，行政革新也是一項永無休止的努力（張潤書，1986: 416、2009: 725）。另一位學者陳德禹 (1994: 601) 則更進一步具體指出，行政革新是指政府的行政系統，為因應時代

與環境之當前及未來變遷的需要，在行政思想（價值、信仰）、行政制度（結構、規範）、行政行動（政策、行為模式），以及科技方法等層次上，進行創新、發展、調適的努力過程。換言之，行政革新乃是行政系統主動進取、求新求變，以開創新局的努力與作為。

㈡目　的

關於行政革新的目的，可以從兩個層次來分析：一是低層次消極地除弊，另一則是高層次積極地興利。因為如果一個行政系統，積弊無法消除，則奢談興利是不切實際的。所以，一般發展中國家的行政革新，都先從除弊開始著手，即消除行政文化、行政結構及行政程序上的不合理、繁瑣等問題，以提高行政效能，加強為民服務的能力。至於「興利」，是指行政部門需有下列幾項作為：1.能主動推動經濟發展，及其他方面的現代化；2.能策劃及提高人民社會經濟福利。這類行政（計畫、動員與資源分配）與所謂「國家建設」部門有特別密切關係；如促進工業發展、提高農業生產、開發國家資源等。因此，整體而言，行政革新的目的可分為下列三項（陳德禹，1988: 383–384、1994: 602）：

⑴為履行推動國家發展的責任，即欲以「行政革新帶動（國家）全面革新」。

⑵為有效履行現代政府的角色與功能。

⑶為增強行政系統之生存與發展的生命力。

四、行政革新的內容與範疇

關於行政革新的內容與範疇至今沒有確切的說法，主要是因行政革新會隨著社會、時代以及民眾需求改變而更動其內涵。凱登 (1991: 93–95) 指出，行政革新之所以持續不斷，主要是建立在 1.人類制度的不完美性；2.公共組織的保守傾向；3.創新觀念的實際應用並非易事（轉引自蕭鈺，1998: 548）。因此，其範圍相當廣泛，只要有關行政組織與管理或行政問題之解決與改進，均屬於廣義行政革新。理論上，是因既存的行政體系不是令人十分滿意，政府才會進行行政革新。我國最早提到

行政革新內容，應可推到 1980 年代。根據當時的時代背景與行政體系，提出行政革新應涵蓋的幾項範疇如下 ❼：

㈠行政革新是行政業務現代化或科學化

主張此一論點者認為，基於傳統科學之管理過程學派與行為學派，應使用科學的方法來處理行政業務。例如運用管理過程之計畫、組織、領導、協調、控制等方法，來處理業務；以及應用管理技術如工作分析與簡化、進度控制等，來處理行政業務。

另外還強調可以從管理科學的觀點來革新行政業務。例如管理學派中之系統分析學派與計量學派等，主張以計量方法、系統分析、作業研究、決策理論等，建立管理資訊系統 (MIS)，發展預測技術，規劃決策系統，實施設計計畫預算制度 ❽ （planning-programming-budgeting system，簡稱 PPBS）等。

由以上所述可知，前者的目的是以增進行政效率為前提，而後者則以獲致行政效果為目的。若將兩者的觀點應用於行政業務上，皆具相同重要性，都是期望達到行政業務現代化與科學化的目標。

㈡行政革新就是行政風氣的革新

行政風氣可以代表一個國家政府的形象，所以行政風氣的良窳，會影響行政效率的改進。因之，在行政革新推行初期，有人主張行政革新就是行政風氣的革新，並以蔣經國先生於行政院長任內，提出對全國行政人員十項革新要求為基礎，提出八項社會革新的期望，並指示取消特權、懲治貪汙等措施。

此外，有學者認為機關內部和機關間的人際關係、士氣、團結、榮

---

❼ 此部分資料是以張潤書 (1986: 416–418、2009: 726–727) 的相關研究為基礎，並融入實例加以改寫而成。

❽ 設計計畫預算制度是將目標的設計、計畫的擬定與預算之籌編三者相結合而成的一種預算制度。該制度是以設計為中心，以分析為手段，而以提高行政效率為目的（張潤書，2009: 617）。

譽感等「團隊精神」，才是行政革新的關鍵。欲培養團隊精神，必須做到共同參與、意見表達、夥伴關係以及成果分享。領導者對於建立團隊精神的功能關係甚大，尤須注意不能完全依賴權位，而必須獲得部屬的樂意追隨，共同努力，才能達成團體目標。

㈢行政革新就是行政效率的提高

由於效率化是現代化的一項特徵，所以行政現代化的首要改變之道乃是提高行政效率。尤其是我國從傳統農業社會進步到工業社會，在講求分秒必爭、重視時間觀念的現代社會中，如何提高行政效率則是各行政機關致力追求的終極目標，如各級機關推行電子化公文就是提高行政效率的實例。

㈣行政革新就是行政業務制度化

有人認為行政上的許多缺點，是由於沒有建立健全的制度所形成，或雖有制度而不能嚴格遵守，即等於沒有制度。制度的內容因應各種業務性質雖有不同，但不外包括法規、組織、權責、標準、程序等，如均予詳加規定，則有利於行政工作的推行。

㈤行政革新就是行政組織與人事的革新

如前所述，部分行政機構在當初設立時或有其時代背景，但隨著時空的演進與社會需求的改變，部分行政組織因功能衰退而遭裁併，例如中華電信過去為交通部所屬事業機構，後來為了因應世界電信改革的潮流，強化其技術，於 1996 年開始逐步移轉民營；另一方面，也可能因應時代的改變與民眾需求而增設新的行政組織，例如環保署原本是行政院衛生署下轄的「環境衛生處」，在 1988 年 8 月，為因應日益升高的環保意識和層出不窮的環保抗爭問題，行政院衛生署環境保護局升格為「行政院環境保護署」。因此，行政革新包括組織的調整、機關權責的明確劃分、政府人事的調整、政府人力資源的重新調配與規劃等。

第二節 行政革新的類型、途徑與策略

一、行政革新的類型

關於行政革新的類型有許多不同的分類方式，多數組織理論的教科書為了兼顧公共與私人組織的領域，認為一般適用於組織變革的分類便同樣適用於公共組織的行政革新，例如達夫 (Richard L. Daft, 1986: 269–270) 將組織變革區分為技術、產品、行政和人力資源四項類型，但如此一般性的分類方式並無法顯示出政府行政革新的獨特性質，畢竟政府部門與私部門仍有很大的差異 （轉引自吳瓊恩，2011: 646）。殷格瑞和艾森柏格 (Patricia W. Ingraham & Elliot F. Eisenberg, 1995) 根據民主先進國家所進行的行政革新方式來分類，較能突顯公共組織的特質，以下分述之（轉引自吳瓊恩，2011: 646）：

㈠結構革新

強調政府的結構、組織與規模，例如，政府組織精簡、政府的國營事業民營化、政府責任的分權化等皆是。

㈡技術革新

指的是政府的運作和文官體制本身，這些革新包括了預算與財政管理的變革、減少文書作業與繁文縟節，以及簡化文官體制的規則與程序。

㈢關係革新

這類革新包含為了減縮永業化官僚體制對政策執行過程的影響力而設計之革新方案，其中最顯著的例子就是美國高級文官制度 (the senior executive service) 的設置，其他則如許多國家為了增加政治官員對官僚體制的控制能力，而設計的一些政治管理策略。

從以上三個革新的類型來看，似乎第三種最能突顯公、私組織的差異，究其原因，主要是因政府行政革新最終追求的終極價值與理想和私

部門的組織變革完全不同所致。

二、行政革新的途徑

　　從行政學的觀點來看，行政革新的途徑不外乎包含行政組織改革（如組織設計的改進、組織病象的去除、官僚組織僵化腐化的去除、組織發展與組織行為及組織文化的變遷）、行政管理的改革（如政策管理、資源管理的革新），以及行政問題的解決（如廉能、便民服務的改進）三大面向（許南雄，2000: 407）。雖然各國政府所採行的行政革新途徑未必一致，但基本上也都著重在行政組織和管理問題的探討和改進。以下乃以我國為例，說明行政革新的幾項途徑（許南雄，2000: 408–410）：

㈠官僚組織體制的改進

　　「官僚制」是我國行政制度的傳統之一，問題是現行官僚組織因受傳統環境因素的影響而有「官僚化」的弊端，「官僚化」即官僚組織的僵化，及官僚行為的醜化。由於官僚層級與組織類型的呆板，多欠缺組織行為的活力，正式組織與非正式組織皆受威權、地位與人情因素所影響，而與專業科技效能大有差距，此即惰性 (inertia) 與僵化 (rigid) 的弊病。至於官僚行為的醜陋，更說明政治與行政人員仍屬「官僚」與「官員」的角色而未能克盡「公僕」的職能，官威與特權仍然存在，「做官多於做事」即指此而言。學者凱登亦稱若干國家的官僚化：「……官僚病症才是真正使民眾深感憤怒及減低政府績效的原因，最令人痛恨的……則首推官員的胡搞……沒有人擔起責任……也不肯改正」。我國的學者則指出我國行政組織官僚化的癥結為人情關係：處於現代「技術化官僚（組織）社會」(techno bureaucracy: bureaucracy as interpreter of technology)，應有消除官僚化的組織技術革新措施，重要者如改善決策過程、組織體系合理化、減少權力集中、簡化行政程式與官樣文章，採用資訊文化及技術管理措施，促進組織的創新活力、重建大眾對政府機關的信任感。總之，以現代組織管理的技術革新與行為管理方式，破除官僚組織體制的弊病，是當前行政革新的首要途徑。

⼆中央與地方機關的並重

多數的單一國或中央集權國家,政府機關的管理權限均偏重於中央,而忽略地方機關的組織管理,我國現行體制亦然,憲法的規定雖為均權制,但仍偏向中央集權體制,地方機關組織普遍欠缺的是: 1.地方自治與地方機關體制「法制化」的基礎; 2.稅收、財源與經費(中央富而地方窮); 3.人力素質(中上級與較優秀文官大多集中在中央機關任職); 4.組織效能(地方機關的組織效能與生態環境均遠遜於中央機關);5.管理體制 (地方人、財、事、物的資源比較不足,而其管理體制亦頗僵化)。從上述的比較可知,我國地方機關的組織效能、地位、權限、資源均處於劣勢,難以和中央機關組織相較,此為亟待改進之處。另一方面,由於中央與地方分權制度(包括組織與管理的分權)尚未完全健全,如何提升地方機關組織的自主性和專業能力,以因應在地化和日趨多元的民眾需求,則是行政革新重要的途徑。

⼆行政管理制度的確立

就現代組織管理制度而言,自古以來的「人情行政」因素,已使得現行組織制度化的法制規範及行為管理受到扭曲,一言以蔽之,人情行政(徇私、情面、權勢)影響我國現行行政機關行政管理制度的確立,而欲破除人情行政,自需以現代化的行政觀念(如以治事效能取代做官意識)及健全行政管理制度以達至行政革新的實效。行政管理制度包含兩方面:一是管理功能的制度,如行政領導、監督、計畫、授權、協調、溝通、人群關係、激勵管理、行政倫理與責任體制的建立。其次是人、財、事、物管理體制的完善,現行機關組織的行政體系、專業幕僚與技術結構,或則受制於機關首長的威權,或則又以「獨立制」(如人事獨立制)限制幕僚職能,仍屬管理制度的缺失,自應健全行政權責與管理方式,以便確立「制度化」的基礎。

㈣行政中立的維護

　　現代民主國家行政管理制度必始於「政治」、「行政」的區分與配合。由此而引申行政階層的中立制度。我國在 2009 年 6 月之前，由於〈公務人員行政中立法〉尚未制定完成，「行政中立」觀念無法確定，故容易產生下列幾項缺失：1.自民初以來，由於政局不夠穩定，政治環境特殊，故「泛政治化」型態已根深蒂固，政治因素慣於介入行政領域；2.因強調政治與行政應相互配合，而扭曲行政中立的涵義，有礙於兩者的配合功能；3.極大多數政務官均由高等事務官升任，事務官多以「權位」為取向而不易保持行政中立立場；4.由於專業立法、公共政策規劃與分析的需要，政務官有借重事務官之處，而高等文官參與政治角色日重，亦使行政中立有欠明確。上述問題直到〈公務人員行政中立法〉制定後，因對行政中立內容有清楚規範，並作為法源依據，始能確保公務人員的行政中立。

三、行政革新的策略

　　由前所述可知，各國之所以會推動行政革新，主要是受到世界性行政環境劇烈的衝擊和國內社會迅速變遷的影響。因此，行政革新的目的不外乎是調整政府行政體系、減少政府的干預與官僚的控制，期望透過政府官僚體系的精簡化與合理化，以免除政府的控制與官僚的干預，進而提升民眾對政府的信賴。關於行政革新的策略，凱登曾將實務上各國採行的方法歸納為民營化 (privatization)、共同生產 (coproduction)、去官僚化 (debureaucratization)、組織重整 (reorganization)、有效的公共管理 (effective public management)、重視錢的價值 (value for money) 等六種。其他經常為人所提出者包含市場化、非營利化、公民參與、公私協力等。在本節中乃參照凱登的論點，整理分析有關行政革新的重要策略如下（Gerald Gaiden, 1998: 334–347；施能傑譯，1991: 546–553；吳定等，2007: 307–309）：

㈠民營化和公私協力

二次大戰前，由於資本主義政策的失敗，各國政府開始介入國內經濟，如計畫經濟措施、贊助國營企業等。然而這種強制性的集體化所需付出的社會成本其實是相當昂貴的，國營事業雖挾其獨占地位而獲利，但因缺乏競爭且受到保護，以致無法提供充分的誘因來改善經營績效。所以，實施民營化就是希望藉由將所有權移轉給民間的作法，來縮小政府的規模、國家的控制幅度及政府預算，減輕政府過度地管理干預經濟行為與引起爭議性的補助措施。同時也期盼透過民營化使事業經營能合理化，減少冗員的僱用，並重新設計其運作程序，以提升事業的經營效率。

另外，公私協力 ❾ 是指政府與民間企業（而非其他政府單位）簽約共同提供公共服務。主要是希望改變傳統政府部門「事必躬親」的思維和做事態度，不再由自己負責所有的實際運作，轉而尋求民間企業的資金、專業和技術的協助，共同提供高品質和低成本的公共服務。在公私協力的過程中，政府部門可以藉由民間的彈性與創新，來改善傳統行政程序僵化的缺失。

㈡簡化行政作業流程

若想有效解決大眾利益的事務，最重要的是能夠減少決策的集權化，消除過多的控制，因此減少管制、減少集權化，以及增加現代化、人性化和責任性乃是其實施重點措施。凱登列舉了下列幾項具體措施，包括改善政府的決策制定過程、減少權力和權威的集中、簡化和合理化行政程序、提供誘因以強化成本意識及節省觀念、減少不必要的官樣文章、冗員和文書作業、設計績效的衡量方式及要求好的績效、合併零散的單位等。甚至要進一步修改法律和行政命令，以減少對個人自由不必要的限制，與廢止加諸於民眾身上多餘的官僚作業，如申請出生、結婚和死

---

❾ 公私協力是指公私部門在互動過程中，透過資源整合，使雙方互蒙其利，並形成平等互惠、共同參與及責任分擔的關係（林淑馨，2012: 558–559）。

亡證明、駕照等文件時的不必要流程。一方面簡化行政作業程序，另一方面再輔以新的資訊處理技術，加快行政流程，減少民眾和政府打交道的成本。

㈢落實分權與授權

在談論行政革新議題時，很難不提到分權與授權。因為如果中央單位不願授與地方政府更多的權限，只保留大體上的監督功能，則繁瑣的文書作業恐將癱瘓政府的運作，因此落實分權與授權乃是必然的趨勢。其目的在於減少瑣碎細目，並且對例行事項不必再逐一斟酌，故地方行政人員被期待多承擔責任，以加速行政作業流程。

㈣組織調整

組織調整的重點在於裁併小型的單位和整合過細的措施，期望藉由組織精簡來減少政府支出並提升行政效率，因此，政府機構的重新調整，長期以來被視為行政革新的主要重點所在，直到政府發現組織調整後並未與經濟、效率、生產力、效能和回應性等目標之實現劃上等號，才體會到組織調整策略所產生的侷限性。但無論如何，各國政府仍相信組織調整可以改變官僚體系的績效，並繼續運用此方法。

㈤公務人員的教育訓練

即使行政組織或行政作業流程做了上述的改變，若公務人員的心態不加以調整，變得更主動、進取、創造、敏銳、回應、有人情味及親切，並勇於向傳統作法挑戰、設計改進措施，以使公共行政走向現代化及人性化，則民眾將無法感受行政革新所帶來的改變與成效。因此，如欲使官僚體系更人性化，公務人員的訓練與再教育乃是件刻不容緩的事情。

第三節 政府再造的背景與定義

一、政府再造的背景

　　隨著政府職權的擴張，全球性的政府財政萎縮，行政環境快速複雜地變動，再加上人民需求的增多和期望的升高，現代民主政府普遍遭受「能力不足」、「績效不彰」、「欠缺效率」、「浪費資源」和「政府失靈」的種種批評。面對此種困境，1980 年代產生「民營化」、「小而美」的政府革新風潮，希望以減少支出或增加服務的方式，挽回民眾對政府的失望，而形成另一波革新的風潮（張潤書，2009: 455）。以美國為例，許多學者所倡導之行政革新的基本觀念，乃是希望將企業經營中所重視的品質、成本、顧客滿意等觀念，注入於政府部門的運作之中，藉由這些觀念的指引，使政府的運作更有效率且更具品質（吳瓊恩等，2006: 35）。

　　萬斯萊 (G. Wamsley) 認為行政體系需要再造的主要背景因素之一，在於政府面對劇變的外部環境與日增的公民需求，從而擴張其規模與職能以求因應，但擴張後的官僚體系在效率與效能上並未能顯著提升，預算的支出與財政的負擔也日益沉重，使得政權的合法性日趨式微（轉引自吳瓊恩等，2006: 35）。

　　由以上所述得知，政府再造之所以成為世界各國紛紛投入的重要議題，其關鍵因素在於外部因素的壓迫以及內部因素的限制，導致政府無法負荷來自於人民所提出的服務需求，不僅效率上難以達到民眾的要求，預算上的限制也使政府部門陷入兩難的困境。此外，科技的進步使民眾服務的範圍與樣態日趨多元，而政府部門為了因應這些外部壓力，需要就目前政府的體質做通盤的檢討與改變，期望藉由各項技術的引進和觀念的轉變，以減少施政成本，提高政府的效能，使所提供之公共服務得以符合人民的需要與期待。

二、政府再造的定義

政府再造在不同國家間有不同的用詞，有學者認為這種政府的改革運動稱為公共管理改革 (public sector reform)，美國學者稱之為政府再造 (reinventing government) 或政府轉型 (government transformation)，德、法學者稱之為「行政現代化」，雖然用詞不一，但所代表的皆是改造政府，希望提高政府效率與服務品質的改造運動，其最終目的在於建立一個「成本最少，做得最好」的「企業型政府」（丘昌泰，2010: 134）。

若賦予「政府再造」較精確的定義，應該是「公共行政再造」或「行政再造」 (reengineering administration)。根據韓默 (Michael Hammer) 所言，「再造」是對組織過程的徹底再思考及根本性的巨幅再設計，以促成組織績效劇烈的進步 (radical redesign)。「再造」 一詞所強調的是 「過程」，尤其是為顧客（服務對象）創造價值的全面性連接過程。這種過程必須是整體而非片段分裂的枝節流程。「再造」也不只是對現有結構的調整或是修正，其應是工作過程巨幅的重新創造及再設計，所期盼的不是績效或服務品質微幅的提升，而是大幅的改進 （轉引自詹中原，1999: 7–8）。

值得注意的是，雖然縮減工作人員，以降低預算支出，可視為「政府再造」 的部分內涵，但絕非等同於 「組織精簡」 (downsizing organization)。換言之，「政府再造」和「組織精簡」兩個概念間絕不能等同視之。另外，「政府再造」不是短期立即見效的特效藥，也非政府部門用於進行危機處理的萬靈丹，而是一項徹底的新原則及意識觀念，用來推翻以層級節制和專業分工來設計工作的觀念。因此，「再造」是一項政府工作過程、觀念及方法的全程革命 (end-to-end revolution)，目的在期望為人民創造生活資源的附加價值，這也就是人民導向 (people orientation) 之意涵（詹中原，1999: 8、59–60）。

第四節 政府再造的核心特質與理論基礎

一、政府再造的核心特質

學者論及政府再造運動，基本上大多環繞在下列六項核心特質（Kettl, 2000，轉引自丘昌泰，2010: 137–138）：

㈠生產力

各國公民一方面希望能夠減稅，另一方面卻希望政府可以提供更好的公共服務，導致政府必須在有限的財政資源或是更少的財政收入額度內，為人民提供有效率的服務。

㈡市場化

許多國家已經將公營事業徹底的民營化，也有國家與非政府的夥伴進行服務提供計畫，這些改革策略的基礎觀念是以市場機制代替命令控制官僚體系，以改變計畫管理者之行為。

㈢服務取向

許多公民認為政府大多缺乏回應能力，為使政府更具回應性，徹底改造服務提供系統，有些國家不再以官僚機構為優先地位，而將為民服務視為首要，讓公民有更多選擇不同服務提供系統的權利。

㈣分權化

為提升政府的回應能力，許多國家的改革策略是授權給基層政府單位，而有部分國家則是將服務提供的責任由中央移轉至地方政府，甚至將責任分權化，授權給第一線的管理者，並賦予誘因，以滿足公民需求。

㈤政策能力

許多國家將政府作為服務採購者的政策功能，以及作為服務提供者

的服務運送功能予以劃分，由於政策不一定要假手政府本身，一方面可以改善服務提供的效率，另一方面則提高服務採購的能力。

㈥結果責任

許多國家已開始將由上而下的、規則基礎的責任系統，改由由下而上的、結果導向的責任系統所取代，焦點著重於績效與結果，而非過程與產出。

二、政府再造的理論基礎

政府再造的相關理論，因為論者專業背景之不同而顯得多元分歧。若以新右派 (the new right) 的角度觀之，主要以市場機制模式來推動行政體制之內的再造工程。其中，海爾 (Hale) 和赫迪 (Hyde) (1994: 127) 則從政府再造工程之理論根源來探討，認為政府再造工程是一重新設計之系統策略，其概念奠基於下列管理理論（轉引自陳正隆，1999: 133–134）：

㈠策略規劃 (strategic planning)

再造工程透過策略規劃以界定組織中的關鍵流程，重新安排這些流程使其能迎合消費者與市場需求，且將變革所需之資源配置給高度優先之工作流程。

㈡品質管理 (quality management)

再造工程從品質管理之觀點，根據價值的附加性 (value adress) 來檢視工作流程，並測試工作流程的每一步驟以確保其對顧客而言是有附加價值的，且在流程設計方面具有一定之品質。

㈢參與管理 (participative management)

再造工程從參與管理之角度檢視組織如何跨功能運作。此種方式乃是將焦點置於水平作業、直接溝通，且極少受到監督的團隊上，需要較高層次的協力合作與員工發展。

㈣專案管理 (project management)

再造工程借用專案管理之觀點，將組織管理重新從高度專業分工的管理轉移到生產線與流程管理上，並透過流程管理之改革，促進工作能齊頭並進而非循序漸進之方式來達成，以縮短作業循環時間並減少跨部門界線之業務轉移。

第五節 當代主要國家的政府再造

一、當代主要國家政府再造的趨勢

各國的政府改造運動，表現上或有名稱、細部規劃的差異，但仔細分析其內容，不難發現各國政府改革所採用的策略實大同小異，且皆以效率、責任、回應為其基礎價值（吳瓊恩等，2006: 51–54）。

㈠「顧客導向」的文化

「顧客導向」已成為近代行政改革最流行的詞彙。舉例而言，美國副總統高爾在 1993 年國家績效評鑑的報告中宣稱：「政府要服務的是我們的顧客。」加拿大要求所有的政府機構書面報告各機關的目標，這些目標必須是「支援諮商式的管理方法，並結合服務導向的組織目標」。

㈡精簡組織與人事

精簡組織與人事是近代公私部門改革策略的主軸之一。從 1980 年代到 1990 年代早期，美國四千五百間大公司中，有 86% 指出其曾執行組織精簡計畫。我國近來推行的政府再造也是以人力精簡、組織重整為兩大改革方向，顯示持續的組織與人力精簡已成為公共管理者必須面對的一股潮流。

㈢分　權

另一個近代政府再造的共同點是政策權力的分散與下放，傳統中央

政府統籌一切全國性事務的原則，已逐漸由地方政府及各利害關係團體直接參與並執行公共政策的模式所取代。

㈣民營化

民營化的推行，可說是此波政府再造浪潮中最被推崇但也最受爭議的改革政策。為了提高政府資源使用的效率，各國的政府改革都把民營化列為重要的改革方針，不但英、美、加等西方政府早已大力提倡公共工程外包，就連亞洲國家，如我國與新加坡、馬來西亞等也都不斷地應用 BOT、國營企業民營化等途徑以進行大型的公共服務。雖然民營化往往具有提高資源效率的效果，但也常因控制不易，而成為改革爭議的焦點。

㈤績效管理

為了確保有限的資源用在政策所規劃的方向，並發揮預期的功效，各國政府改革的重點之一便是所謂的績效管理。美國國會於 1993 年通過《政府績效與成果法案》，要求所有聯邦政府直屬的機構於 1999 年之前向國會呈交其部門之政策規劃，而我國在 1998 年通過的預算法修正案，其具體內容即加進了績效預算的精神。

㈥常任文官領導管理能力的重要性日增

近代政府再造另一個值得注意的趨勢，是常任文官的領導管理角色逐漸受到重視。受到日本全面品質管理的成功及許多企業管理暢銷書如《第五項修練》、《追求卓越》的影響，各國政府的改革運動開始正視政府文官團隊的功能，並致力於發掘公務人員的潛力。

二、政府再造的原則

當前這股行政革新的趨勢，學者將其概稱為「新公共管理」。大體來說，其包含廣泛地在公部門運用市場機制、強化組織和服務產出以及管理的分離、持續地以華麗詞彙尋求服務品質的改善、關注個別服務使用

者或顧客的需求等四大面向。國內學者詹中原 (1998) 更將上述四個面向
轉化為五項行政改革的策略，包括：1.新政府運動；2.政府再造；3.民
營化；4.企業精神政府；5.公私部門合作等五項改革策略。而這五項改
革策略則散見於各國政府再造或行政改革的策略中　（轉引自朱鎮明，
1999: 286）。

根據 OECD 的研究（轉引自朱鎮明，1999: 286–289），各國推動政
府再造或革新之具體行動，大約可以歸納為下列幾項原則：

㈠運用企業管理技術

各國莫不採用企業管理技術，如推動行政管理資訊系統、組織重組、
人事與員額精簡，以減少作業流程、節約成本，並對資源做有效運用，
同時加強使用者付費與成本效益的觀念，賦予各部門明確目標與清楚的
權責。

㈡強化服務與顧客導向的觀念

各國所推行的政府再造運動，主張不僅要重視服務的品質，更要瞭
解顧客心中的真實需求，強調公共服務應易於接近與回應顧客需要。換
言之，以顧客為本位的思維逐漸形成；如美國設計「單一窗口管理中心」
(one-stop career management center)、1994 年制定「顧客服務標準」。

㈢將市場機制與競爭功能導入政府部門

許多國家在政府再造過程中將事業單位重組，或將政府部門、功能
及活動予以市場化，同時出售不必要的國營事業資產，將多數的政府服
務簽約外包給私人；如英國首相柴契爾夫人於 1979 年倡議縮減國有事業
疆界，而提出民營化政策；美國在「績效評鑑計畫」下，要求逐步消除
公營獨占事業、運用市場機能代替直接管制。

㈣透過加強再造工程之共識與強制力量

不少國家推動行政改革，是透過訂一套「法律」性文件，以產生強

制履行力，並代表行政部門與立法部門政府長期再造的共識；如紐西蘭於 1988 年通過《國家部門法》(the State Sector Act)，大幅改革政府的人事制度；又如美國於 1993 年制定《政府績效成果法》(Government Performance Result Act of 1993) 與日後歷次聯邦政府的行政改革有相當關係。

三、政府再造的成果

政府再造的成果因每個國家重視的面向和實施的方式不同，而難以有一致的衡量標準。有研究從政府規模和改革方向兩個面向來檢視政府再造的成果，茲分述如下（丘昌泰，2010: 138–141）：

㈠政府規模的縮小

自從世界各國推動政府再造之後，多數國家的政府規模逐漸朝著「小政府」的方向發展，而且越是採取激進途徑的國家，其縮小現象越是明顯；如在激進改革的十三個國家中，有十個呈負成長，三個呈正成長，至於漸進改革的五個國家中，都呈現正成長趨勢。另外再從公務人力費用占國內生產毛額的比例來看，在激進改革的十一個國家中，只有一個國家的比例是上升，其餘都是下降趨勢。由此可知，各國實施政府再造的結果，有效協助抑制政府規模的擴大。

㈡改革方向與策略的合流

如上所述，雖然各國所採行的政府再造策略與模式不同，難以有一致性成效，但至少到目前可以看出各國政府改革的重點已經從單純的政府規模問題（如裁減政府員額），逐漸深入到政府角色問題，探討如何加強政府在社會中的積極功能。此外，世界各國政府施政面向也有所轉變：如從重視投入轉變為重視產出或結果、重視地方政府與公民社會的角色、開始追求「最佳實務」或「理想政府」的改革目標。

第六節 我國的政府再造歷程

一、改革背景

　　臺灣之所以要推動政府再造，主要是基於政府國際競爭力的下降。根據瑞士洛桑 (Lausanne) 國際管理學院 (International Institute for Management Development, IMD) 所做的國家競爭力報告，影響臺灣整體排名的主要因素是「政府效率排名落後」，顯示政府的行政效率仍有持續改善的空間。研究指出，臺灣執政當局相信影響政府效率的原因，主要是政府組織體系過於龐雜，導致行政效率降低（丘昌泰，2010: 171）。

　　事實上，我國政府再造工程早在 1987 年已開始推動，歷經兩次政黨輪替，顯示出政府再造是朝野一致共識。另一方面，行政院也有感於社會各界對政府施政寄予很高的期望，看到行政機關的作為和表現與民眾期許有相當的落差，因此於 1993 年開始推動「行政革新方案」，揭櫫組織精簡化、機關法制化、員額管理合理化及經營現代化等行政革新的四大原則，陸續推出「行政院暨所屬各機關組織及員額精簡計畫」與「行政組織再造方案」，期許不斷為自我改造而努力，以提供民眾更好的服務品質（陳照明，1999: 21）。

二、我國政府再造的改革內容

　　我國政府再造的歷程早期受限於政府體制為封閉的威權政府，改革運動多為由上而下的中央領導模式，目的在強化政府對民間社會的控制與動員能力，改革的幅度與成效相當有限，自 1993 年 9 月通過「行政改革方案」之後，政府再造運動興起，大致上可以區分成四個重要的時期，茲分述如下：

(一)連內閣的行政革新（1993–1997 年）

　　1993 年 9 月通過 「行政革新方案」，並於 1994 年 1 月正式全面推動，此一方案係以「廉潔」、「效能」、「便民」為行政革新的方向，並將

方案內容分為「檢肅貪瀆」、「增進行政效能」與「加強為民」三部分。
1994 年 9 月，行政院院會通過 1995 年度行政革新方案。其主要是根據
前一方案在 1994 年度執行成效所作之初步檢討報告，參酌民意代表與學
者專家的意見，並彙整各機關所提之下一年度行政革新實施要項規劃構
想，釐定出此一方案。根據本案內容除延續「建立廉能政府」總目標與
「廉潔」、「效能」、「便民」的革新重點要求外，另外還有檢肅貪瀆端正
政風、建全機關組織精簡現有員額、建全政府財政減少預算赤字、提升
行政效率強化工作效能與落實制度變革加強為民服務五大部分共三十三
項❿。

㈡蕭內閣的政府再造工程（1997–1999 年）

　　整理相關資料（朱鎮明，1999: 289–294；孫本初，2009: 129–130）
顯示，此時期主要推動的方案大致如下：

1. 發布《政府再造綱領》

　　1998 年發布《政府再造綱領》，期以「引進企業管理精神，建立創
新、彈性、有應變能力的政府，以提升國家競爭力」。「政府再造綱領」
的主要內容有：⑴研擬《國家機關組織基準法》：明定機關組織設置法規
依據，調整機關組織架構；⑵研擬《政府機關總員額法》，主要是在特定
政府機關總員額數內，授權行政部門彈性調整各機關員額；⑶釐清中央
與地方組織架構及權限，包含擴大委託民間辦理範圍、簡化行政流程等。

2. 成立「政府再造諮詢委員會」與「政府再造推動委員會」

　　兼納並整合「由下而上」及「由上而下」兩種策略，期望藉由全民
的力量推動政府再造。

3. 提出「政府再造推動計畫」

　　成立「組織再造小組」，包含調整政府角色、行政層級與職能；設立
「人力及服務再造小組」，主要在改善組織文化、激勵士氣，強調參與；
成立「法制再造小組」，檢討或修正相關法令與業務。

---

❿　國家發展委員會網站，http://www.ndc.gov.tw/，檢閱日期：2014/7/10。

㈢扁政府時期的政府改造委員會（2001–2007 年）

2001 年，總統府成立「政府改造委員會」，由當時的總統陳水扁擔任主任委員，提出「具全球競爭力的活力政府」為改造的願景。其基本精神在於「民間可以做的，政府不做；地方政府可以做的，中央政府不做」。該委員會提出政府改造「四化策略」，主要內容有：1.去任務化：主張解除管制；2.地方化：中央機關辦理的業務，改由地方辦理，符合地域性與親近性；3.法人化：原本由政府所負責的業務改由公共法人來辦理，打破以往政府─民間的二分法，使業務執行更有效率、更為彈性；4.委外化：將業務委託給民間辦理，主要目的在提高資源運用的效率（孫本初，2009: 131–132）。

㈣馬政府時期的政府再造（2007 年迄今）

馬政府上任後，以「提升國家競爭力」為願景，目標是要打造一個「精實、彈性、效能的政府」，以大幅提升國家競爭力。整體執行策略與實際措施分述如下❶：

1. 精實：⑴將現有 37 個部會精簡為 29 個部會❷；⑵檢討政府職能，合理配置公務人力並有效抑制員額膨脹；⑶秉持依法行政原則，徹底檢討未以法規設立機關的問題。

2. 彈性：⑴鬆綁中央行政機關組織法規，賦予行政部門組織設計靈活度；⑵運用多元組織型態，重新建構公私部門間之關係，發揮便民效果；⑶推動行政法人制度，讓公部門在人事及經費運用上更有彈性。

3. 效能：⑴增強行政院院本部及各部會綜合規劃能力；⑵強化跨部會協

---

❶ 國家發展委員會網站，http://www.ndc.gov.tw/，檢閱日期：2014/7/10。

❷ 除增強內政部等八部核心職能，並因應新興產業需要新增勞動部等六部，強化八會政策協調統合能力，新組織架構自 2012 年 1 月 1 日開始啟動。（資料來源：行政院組織改造：http://www.ndc.gov.tw/m1.aspx?sNo=0040001&ex=1&ic=0000015；檢閱日期：2014/7/10）。

調治理能力，解決機關間功能重疊及權責不清的問題；(3)引進企業管理精神，使公部門展現「民眾第一」的服務特質。

14部	8會	3獨立機關
內政部	國家發展委員會	中央選舉委員會
外交部	大陸委員會	公平交易委員會
國防部	金融監督管理委員會	國家通訊傳播委員會
財政部	海洋委員會	
教育部	僑務委員會	
法務部	國軍退除役官兵輔導委員會	1行1院2總處
經濟及能源部	原住民族委員會	中央銀行
交通及建設部	客家委員會	國立故宮博物院
勞動部		行政院主計總處
農業部		行政院人事行政總處
衛生福利部		
環境資源部		
文化部	◎ 調整為14部、8會、3獨立機關、1行、1院、2總處，	
科技部	共29個機關	

圖 17–1　行政院組織新架構圖（2010 年 2 月 3 日總統公布）

資料來源：http://www.ndc.gov.tw/m1.aspx?sNo=0040046&ex=1&ic=0000015；檢閱日期：2014/7/10。

綜上所述可知，建立一個快速因應民眾需求的政府組織，是所有執政者所追尋的目標。近年來，為因應金融海嘯、氣候變遷、重大天然災害等許多突發情形，以及社會環境的變動，更迫使政府需再次檢視組織內部各項職能與施政的優先順序，以簡化行政作業流程、提升公共服務品質並符合民眾的需求。

行政櫥窗

軍公教年金制度改革

　　由於全球經濟不景氣，國內財政惡化，復以政府正大刀闊斧推動勞保改革，軍公教年金制度的優渥福利、甚或是不合理的年終慰問金發放，更深化了非軍公教階層強烈的相對剝奪感，社會

輿論對於退休軍公教人員領取年終慰問金及 18% 優惠存款產生
高度不滿,迫使政府必須在制度上進行改革。然而,縱然政府有
不得不回應民意的壓力,但也必須適當處理軍公教的反彈,尤其
此項改革攸關既得利益者退休後的經濟生活保障,即使改革無法
一次成功,政府仍須盡全力彌補、減少受政策影響者對變革的抗
拒。

從行政學的角度觀之,軍公教年金制度的變革,由於威脅到
某些人的經濟利益,使其產生不安全的感覺,自然會使既得利益
者產生抗拒。為了安撫受制度變革影響的對象,應讓其參與計畫,
循序漸進地與其溝通、爭取信任,進而提升其對計畫的認同與支
持,並獲得有高度共識的解決方案。然而,政府在此次改革當中,
似乎缺乏與軍公教人員的對話溝通,短短數月就倉促推動方案,
不免引來軍公教的反彈,質疑政府利用民意當擋箭牌、砍掉他們
的權益,引發更大的爭議。

其實,真正的改革不可能不付出代價,尤其軍公教退休年金
制度涉及對既得利益者的挑戰,又攸關其對政府的信賴,向來是
改革的最大障礙。但政府若能開誠布公、堅持公平原則,與民眾
及受改革影響者協商共議,有助於化解民眾的疑慮,也能讓改革
計畫更貼近公平正義。

軍公教退休照領年終　國庫年耗 200 億 ⓭

民進黨立委管碧玲在預算質詢時,引爆請領月退俸的 44 萬 5
千餘名的退休軍公教及國營事業人員,每年還領有 1.5 個月的「年
終慰問金」,年耗國庫 202 億餘元,且這筆涉及重大公共利益分配
的預算編列並無法源依據。

在立委的再三追問下,行政院長答詢表示,公務員有關規定

⓭　資料來源:自由電子報╱顏若瑾 (2012/10/16)。取自:http://www.libertytimes.
com.tw/2012/new/oct/16/today-t3.htm。

不屬於行政院主管,會請教考試院,研究這項給付是否違法。而管碧玲則表示,她將提案要求明年預算必須停發,今年的部分由於去年預算已經編列,將要求行政院立即去函要求銓敘部解釋。

年金公聽會 軍公教開砲 ⓮

　　立法院司法法制委員會召開軍公教年金改革公聽會時,軍公教代表對年金制度改革一片罵聲,批評政府改革重傷軍公教的信賴,羞辱尊嚴。公務員年金改革小組召集人李來希說,這波改革讓外界認為公教人員是吃垮國家的米蟲,考試院刪減我們權益,還要羞辱我們尊嚴,我們口不服,心也不服。

　　公聽會邀請軍公教代表及學者出席,軍公教代表都表示不反對改革,但對改革進行的程序方式大表不滿。李來希說,這次改革未經充分討論與徵詢意見,短短幾個月就推出方案,相當冒進與倉促;教師代表吳忠泰說,教師工會曾多次提出改革版本,但銓敘部都相應不理;退休軍人代表何堅生則認為,軍人與公教人員的工作時間、危險程度等有立足點的不同,此次卻因勞保制度,行政院刪除軍公教年終慰問金,在軍人的生活保障退休給付上,給了齊頭一刀,對於退休軍人的權益來說,自然不合理。

參考文獻

一、中文文獻

- 丘昌泰,2010,《公共管理》,再版,臺北:智勝文化。
- 朱鎮明,1999,〈政府再造的政治分析——權力互動的觀點〉,詹中原(編),《新公共管理——政府再造的理論與實務》,臺北:五南圖書公司,頁 281–334。

⓮ 資料來源:聯合晚報/干芝萁(2013/5/8)。取自:http://udn.com/NEWS/NATIONAL/NAT1/7883376.shtml。

- 江岷欽，1998，〈企業型政府新詮〉，《理論與政策》，第 12 卷第 2 期，頁 63–82。

- 吳定、張潤書、陳德禹、賴維堯、許立一，2007，《行政學（下）》，修訂再版，臺北：國立空中大學。

- 吳瓊恩，2011，《行政學》，增訂四版，臺北：三民書局。

- 吳瓊恩、李允傑、陳銘薰編著，2006，《公共管理》，再版，臺北：智勝文化。

- 林克昌，1993，〈論行政革新的必要性與應有的共識〉，收錄於銓敘部主編，《行政管理論文選輯第七輯》，臺北：公保月刊社，頁 561–581。

- 施能傑譯，Gerald E. Caiden 著，1991，〈行政改革的持久性〉，收錄於銓敘部主編，《行政管理論文選輯第五輯》，臺北：公保月刊社，頁 537–570。

- 孫本初，2009，《新公共管理》，修正第二版，臺北：一品文化。

- 張潤書，1986，〈論我國行政革新的努力方向〉，收錄於銓敘部主編，《行政管理論文選輯第一輯》，臺北：公保月刊社，頁 415–431。

- 張潤書，2009，《行政學》，修訂四版，臺北：三民書局。

- 許南雄，2000，《行政學概論》，增訂四版，臺北：商鼎文化。

- 陳正隆，1999，〈美國「國家績效評鑑」之省思與啟示〉，詹中原（編），《新公共管理——政府再造的理論與實務》，臺北：五南圖書公司，頁 129–154。

- 陳照明，1999，〈我國政府組織再造的策略措施初探〉，《人力發展月刊》，第 66 期，頁 19–29。

- 陳德禹，1988，〈行政革新的再展開〉，收錄於銓敘部主編，《行政管理論文選輯第五輯》，臺北：公保月刊社，頁 381–394。

- 陳德禹，1994，〈從行政革新觀點探討當前公務人員培訓問題〉，收錄於銓敘部主編，《行政管理論文選輯第十一輯》，臺北：公保月刊社，頁 597–620。

- 詹中原，1999，〈政府再造——革新「行政革新」之理論建構〉，收錄於詹中原主編，《新公共管理——政府再造的理論與實務》，臺北：五

南圖書公司，頁 3–28。

- 蕭鈺，1998，〈行政改革基本觀點之研究〉，收錄於銓敘部主編，《行政管理論文選輯第十二輯》，臺北：公保月刊社，頁 547–570。

二、英文文獻

- Caiden, G. E. 1988. The Vitality of Administrative Reform, *International Review of Administrative Sciences* 54: 331–357

- Kettl, D. F. 2000. *The Global Public Management Revolution.* Washington, DC: Brooklings Institution Press.

歷屆考題

1. 我國政府推動組織再造，配套措施之一是推動公立大學和公立博物館等文教機構轉型為行政法人。請問與一般行政機關相比，行政法人的組織型態具有那些優勢？此一組織再造方向並非全無爭議，請問反對文教機構行政法人化的主要理由為何？（100 年國立東華大學公共行政研究所試題）

2. 何謂行政法人？為何要實施行政法人制度？較之於傳統的行政機關，其具何種的特色？（094 年地方特考－三等考試）

3. 組織再造的意涵為何？中央行政機關組織基準法規定行政院的部會，應精簡為 13 部、4 委員會及 5 個獨立機關，此一規定是否符合組織再造之精神？精簡部會將面臨何種困難？（098 年公務人員高等考試三級考試－一般行政）

4. 何謂企業性政府 (entrepreneurial government)？何謂政府再造 (reinventing government)？兩者之特點與效益分別為何？請詳述之，並試以此評析我國政府組織再造政策方案。（100 年國立臺南大學行政管理研究所試題）

5. 公部門組織長期以來均使用企業管理的方法或技術，以改善組織運作的效率。近年來，更引進許多企業管理大師的概念或理論，應用在公

部門的管理中，目前有哪些已被廣乏運用的新管理方法？其運作的方式為何？有何效能？試分別析論之。（096 年國立臺北大學公共行政暨政策研究所甲組試題）

6. 何謂行政改革？請就我國過去三十年之行政改革，敘述其主要發展內容，並從行政學的角度加以深入之評論。（102 年國立臺灣大學政治學研究所試題）

7. 請簡要說明⑴源自於二十世紀晚期美國的政府再造 (Reinventing Government) 運動主要包含哪些元素？⑵你對政府再造的主張是否贊成？為什麼？（102 年國立臺北大學公共行政暨政策學研究所試題）

8. 請「具體」說明當前行政院組織改造方案的推動狀況。（102 年國立東華大學公共行政學系研究所試題）

第 18 章　行政系統與環境的互動

　　在臺灣，受到民主政治與經濟快速發展的影響，民眾參與公共事務的意識越來越高，而人民對生活品質和公共服務水準的要求也日益提升。面對如此多元的需求，政府如何透過合理的社會資源管理以滿足民眾需求，即成為一個迫切需要解決的課題。此時，公私部門協力關係的建立便為資源整合管理與滿足民眾需求提供一個管道。

　　大抵而言，自解嚴以來，臺灣社會環境急遽變化，公私機構競爭日益激烈，無論是行政機關、民間企業，甚或各種社會團體、非營利組織均體認到公共關係的重要性，而紛紛成立專業性的公共關係部門，或聘請公關公司專責從事公共關係業務，以因應日益複雜多變的環境。在此背景下，政府行政部門如要宣導政令或推行相關政策，已難以沿用過去傳統的方式，封閉地單靠政府一己之力，而是需要與外在環境保持彈性的互動，以獲得民眾與利害關係人的認同與支持，甚或爭取民間企業與非營利組織等的協助，共同興建公共建設或提供品質良好的公共服務，才能彌補在現今的政府體制下，政府功能無法充分發揮的困境。

　　基於上述，為能順利推行政策，達成政策目標，政府行政機關有必要加強與外在環境的互動，其中最重要的，則是建立良好的公共關係。因為有研究指出，公共關係是一個組織與其社會環境中的其他組織、群體、個人的關係，此種關係是長期互動的。成功的公共關係，唯有在相互溝通和彼此信任的基礎上始能建立（林慶翰，1992: 407）。由此可知，良好公共關係的建立需要長時間、有計畫地推行，才能發揮成效。

　　另一方面，在全球化趨勢與資訊科技環境快速變遷影響下，無論是公部門、私部門或第三部門皆是處於一個既複雜而又綿密的社會環境網絡體系中。然而基於單一職能與資源有限，更加凸顯多重組織間合作的需要、合作的利益與合作的優勢之重要性。

　　自 1990 年代起，我國政府因社會福利及經常性財政支出大幅增加，以致國家財政急速惡化，使得可用以支應公共建設之經費相對縮減，故

傳統單獨仰賴政府預算支應之方式，已無法因應時需。在此情況下，為突破政府財力困頓，便考慮藉助民間之力來參與大型公共建設，期能達成促進國家社會的經濟發展，幫助提升公共建設效率與服務品質，減輕政府財政負擔，以及精簡政府組織人力等目標，著名個案如臺灣高速鐵路、高雄捷運、臺北港儲運中心的興建等。此外，除了政府部門與民間部門的互動與合作案例日漸增加外，不同政府部門、行政區域之間的互動關係也日趨密切，為了解決共同問題，甚至還以協力方式互助合作，例如臺北市與基隆市共同合作處理垃圾問題，以及無論在生活環境或經濟活動均密切相關的高屏，近年來除了共同處理垃圾問題，也積極發展跨域觀光事業，這些都是跨域治理的最佳實證寫照，也都涉及到府際管理的相關議題。

因此，在本章中，乃以公共關係、公私協力、跨域治理與府際關係四大議題為主軸，分別簡述其概念與內容。首先在公共關係方面，先介紹公共關係的定義、功能與目的，進而探討公共關係的對象，以及溝通理論模式與方式；其次在公私協力方面，除了介紹公私協力的意涵與發展背景外，並整理公私協力的類型，探討公私協力的成功要件；第三在跨域治理方面，則是先說明跨域治理的意涵、特質，接著討論跨域治理的驅力，以及促進跨域治理的方式；最後在府際管理方面，則是先釐清府際關係與府際管理的差異，再探討府際管理的途徑。

第一節 公共關係

一、公共關係的定義

公共關係（public relations，簡稱 PR），又稱為公眾關係❶。過去，多數人常誤以為公共關係就是交際應酬、拉關係，但這僅是一種表象，

---

❶ 研究指出，public relations 國人習慣譯成「公共關係」，然根據其研究內容而言，以「公眾關係」較為妥當（王振軒，2006: 4；吳定等，2007: 54）。然而在本章中因考慮討論的主軸是政府部門與外在環境的互動，較適合使用公共關係一詞。另外，為了行文方便，統一以公共關係表示。

公共關係應從組織內部做起，建立良好形象，然後才能爭取外界的支持
與合作，故真正成功的公共關係被認為應建立在「誠信」的基礎之上。

「公共關係」 一詞的首次出現， 是在 1807 年美國總統傑佛遜
(Thomas Jefferson) 的國會演說 （陳政智， 2010: 79）。 根據柏尼斯
(Edward Benays) 定義，公眾關係是一項管理功能，指的是組織制定政策
及程序來獲得公眾的諒解和接納。

在臺灣，公共關係的運用其實已經有相當長的一段時間，而且以相
當多元的形式在公部門或私部門中發揮作用。但真正專業化卻是在近十
年受到西方公共關係發展，以及國內政治型態轉變影響的結果。換言之，
我國直到 1987 年以後，因報禁解除之故，才開始意識到公共關係的重
要。

根據《韋氏大辭典》的定義，「公共關係」一詞可以從三方面來界定
（陳德禹，1994: 554）：

1. 增進一個人、廠商或機構與他人、特定公眾或社區公眾之間的融洽與
   好感。這乃是藉著傳布解釋性資料、擴展和睦交往及評估民意來達成。
2. 為了獲得這種關係所運用的技巧。
3. 發展相互瞭解及友善的藝術或科學，並指涉從事這種工作的專業人員。

美國公共關係協會 （Public Relations Society of America， 簡稱
PRSA）則在 1998 年對公共關係做了如下的定義：「公共關係幫助一個組
織和它的所有公眾相互適應對方」。 而國際公共關係協會 (The
International Public Relations Association) 則將公共關係界定為：「係一種
持續性與計畫性的管理功能，能使公、私機關團體藉此爭取並維持與其
有關或可能有關之公眾的瞭解、同情與支持；其途徑為評估關於其基本
身之輿論，俾盡其所能，調整政策及作業，並以廣泛而有計畫的報導，
來獲得更有建設性的合作， 及有關公共利益的更有效實現」 （吳定等，
2007: 54）。 至於大陸學者李興國認為，「公共關係是社會組織為了生存
發展，通過傳播溝通，塑造形象，平衡利益，協調關係，優化社會心理
環境，影響公眾的科學與藝術」（轉引自王振軒，2006: 4）。

另外，根據我國學者傅肅良 (1989: 469) 的說法，公共關係係指「組

織民眾間的關係，一方面組織透過傳播使民眾充分瞭解組織的施政，然後取得民眾對組織的支持；另一方面民眾的反應及意見，組織也須深加瞭解，以為訂定及改進組織施政的依據」。至於王振軒 (2006: 5-6) 則是嘗試整合多位學者的見解，認為公共關係的內容大致不脫： 1.具有獨特管理功能； 2.重視公關主體與其客體間關係； 3.運用溝通技術； 4.重視社會責任與社會責信； 5.強調突發事件與危機的處理等五項範疇。

綜上所述可知，若援引公共關係的概念至政府部門，則可以將公共關係定義為：是政府部門為建立及鞏固本身和其成員、相關單位與其他受惠人關係的專業管理和雙向溝通技術與藝術，藉以爭取組織成員與社會大眾的認同、瞭解與接受，進而與之合作，故公共關係屬於組織的外部環境管理，具有很強的社會互動性。

二、公共關係的功能與目的

㈠功　能

公共關係的基本功能是指公眾關係活動在組織生存、發展過程中的獨特作用與影響。若整理孫秀蕙 (1997)、張在山 (2000) 與王振軒 (2006) 等的相關文獻，可以將公共關係的功能歸納為直接功能與間接功能，詳細說明如下：

1.直接功能

(1)宣揚政府部門的理念

政府部門為使更多人瞭解、認同政府的行政措施與政策用意，可以定期出版相關刊物，說明行政或政策目標、介紹內容、推廣政策理念並宣揚施行成果。在早期資訊尚未發達的時代，政府部門的確藉由此模式發行免費刊物，以拉近和社會大眾的距離；近期因為網際網路發達，無論中央或地方政府皆感受到網際網路強大的傳播功能，故多透過經營政府網站或臉書社群來達到建立良好公共關係之目的。

(2)協助瞭解公眾需求

公眾是組織間接的外在環境因素，卻時常發揮直接的影響力，針對

與組織運作直接有關的策略性公眾，探求其想法、態度、需求及行動意向等。

⑶與環境進行溝通

溝通是公眾關係最原始、最基本的功能，透過有效的溝通，才能發現群眾的需求。

⑷塑造社會形象

透過公共關係可以有計畫地塑造組織在社會上的形象，除了有形的標誌、標語等，尚包括無形的組織社會責任及管理倫理等。

2. 間接功能

⑴輔助危機管理

當政府部門面對危機發生時，公關活動即成為降低損失的重要動作，可使政府形象不致遭受嚴重打擊。

⑵深化個人作用

深化公眾承擔社會責任，參與公益活動的社會公民精神。

⑶進行政策遊說

透過公關活動，藉以影響政府法律或政策的制定。

㈡目　的

關於公共關係的目的，傅肅良 (1989: 472–473)、楊乃藩 (1992: 422–427)、陳德禹 (1994: 560–561)、吳定等 (2007: 56) 等相關研究雖有不同看法，然都脫離不了宣揚政令和瞭解輿情兩項，茲整理歸納如下：

1. 宣揚政令

闡析政府或事業的各種新設施、新規定、新改革，以博取民眾、立法機構和社會團體之贊助與支持，亦即促使一般公眾、利益團體、特殊民眾瞭解政府的施政及實施政策的程序與方法，從而能積極參與配合各項政策的推動，擴大政府施政成果。

2. 瞭解輿情

經由公共關係的推展，促進公眾瞭解組織的施政與決策，進而能積極支持，使政府機關與民眾之間能建立良好的溝通管道，以提高政令的

推動成效。

三、公共關係的對象

根據研究（楊乃藩，1992: 427–438）指出，政府機關公共關係的對象約可以整理如下：

㈠內部員工

在討論公共關係之前，政府機關應先著重員工關係，藉以健全內部，強化向心力。雖然政府機構受限於法律規範的限制，無法任意提供員工物質及職位上的激勵，但政府主管可公平對待全體員工，並透過榮譽、關懷等精神層面的支持，使員工具有強烈的組織認同感。

㈡民意代表

在民主政治體制下，政府的權力來自全民，而人民的意見則透過民意代表來表達。由於民意機關能對各級行政機關和行政工作發生制衡的作用，因此，行政機關必須和民意機關維持良好關係，否則將遭杯葛及抵制，政令即難以順利推行。然而，民意代表雖有相當大的權威，但其正當性來自選民，也畏懼輿論的批評，透過直接訴諸民意的方式，也能改善行政和民意機關兩者間的關係，如美國羅斯福總統的爐邊談話，即為直接訴諸群眾的著名案例。此外，行政機關若能以公正公平方式，並以誠懇態度行事，也可以博取同情，化敵為友，削弱反對者聲音，增進雙方的關係。

㈢意見領袖

目前社會上的意見領袖多以高級知識分子為主，如大學教授、報紙主筆、專欄作家等。由於這些人具有自己的意見和看法，不易受政府機關影響，而改變立場或放棄發言，但政府機構仍應設法維繫和這些知識分子的關係，如事先徵詢意見、提供資料、舉辦聽證會等，以增進溝通，降低誤解。

(四)社 團

　　各級政府應選擇和其本身業務有關社團，推展良好公共關係。由消極面來看，可減少政令推廣的阻力；至於積極面則可能有助於政令的推行，並減輕政府工作負擔，促成朝野間的密切合作。舉例而言，國際性的扶輪社、獅子會、青商會等，經常由社員捐款，辦理公益事宜，如果社會行政機關與其連繫配合，對於政府施政應有相當大的助益。

(五)大眾傳播界

　　經由報紙、廣播、電視，甚至是新近的電子郵件或臉書等大眾媒體，政府機構能透過廣泛傳播獲致相當影響力，但在維繫良好公共關係時，必須擴大與大眾傳媒溝通的對象範疇，尤其在現今全民記者當道的時代，不能僅侷限於記者，還要能善用大眾傳播媒介與社會大眾溝通，才能使民眾瞭解政府推行該項政策的目的，進而有助於政令的宣導與推行。

(六)學校—學生

　　學校起自小學，迄於大專院校。大體而言，中央的政府機構與大專院校相當，縣級的政府機構與高中或高職相當，鄉鎮機構則與國中、國小相當，展開相互間的密切關係。故若政府機構能與相對等學校之間保持良好公共關係，則可以借其力量順利推廣政令，如：

1. 與學校主要負責人及教師持續性溝通，減少誤解，並經由他們的影響力，順利推行政令。
2. 應用政教合作方式所做出的專題研究或民意調查，結論較具客觀性，易為社會接受。
3. 運用學校場地，舉辦演講、運動會等活動，並由學生表演節目，可增進政府與民間的感情。

(七)其他政府機構

　　一般政府機構常被批評為本位主義，常各行其是，互不相干，各機

構間欠缺聯繫協調，而引起社會大眾對政府產生不良的觀感。最具體的例子就是甲機關剛把路修好，乙機關為了鋪設管線，又把道路破壞；或是甲機關宣布某件事，沒多久乙機關卻又做出矛盾決定，令民眾無所適從。因此，政府單位中上級和下級機關間的垂直機構，以及平行機構間的密切聯繫是有其必要的。

㈧社會大眾

民主時代，民意代表是由民眾所選舉產生，因此民意代表須尊重選民的意見，而政府機關為求政令得以順利推行，也應與社會大眾直接溝通，並與社會大眾間保持密切關係，才得以透過社會大眾的意見作為施政的觀察指標。另外，民眾若遭遇困難無處申告時，也會尋求政府機構協助，此時基於政府必須為民服務的立場，應以親切的接待和完善的服務，以贏取民眾的好感，如近年來政府部門設置 1999 的市民專線即是一例。

㈨國際人士

受到全球化影響，任一國家都不能遺世獨立，須與國際間密切往來。政府須重視和國際人士間的公共關係，減少國家在外交孤立上的困境，透過農耕團（退出聯合國前，我國派出多支農耕隊伍，前往非洲、南美各國示範農業技術，幫助當地人改善生活）、文化交流、體育交流、學術交流及締結姐妹市的方式，提高國際知名度。其次，政府也經由參與國際性的展覽會，如世界博覽會、國際商展等，增加國外報導機會，藉以贏得國際人士的好感。

四、公共關係的溝通理論模式

有關公共關係的溝通模式，各家說法不一，難以有一致的方式。克魯尼和漢特 (Grunig & Hunt, 1984) 兩人結合傳播學、政治學、管理學的觀點，就傳播溝通的「方向」和「目的」兩個構面來提出公共關係的溝通模式 (models of public relation)，並將組織與公眾之間的溝通方式區分

為「新聞代理」、「公共資訊」、「雙向不對等」、「雙向對等」四種模式。
茲說明如下（轉引自黃新福、盧偉斯，2006: 159–160；王振軒，2006:
10–11）：

㈠新聞代理模式 (press agency)

這種模式通常是公共關係發展初期的作法，係指以宣傳為手段，目
的是透過媒體將組織的理念、產品，或形象「賣」給公眾，以達成知名
度提升、形象塑造、產品銷售之目的。其特色為：僅止於組織向大眾的
單向溝通，資訊的傳遞以告知為目的，不注重反饋訊息，不主動探知閱
聽人的反應。這種以事務宣傳及媒體報導為目標的溝通型態，所傳遞的
資訊往往經過刻意地選擇，容易引發公關道德的問題。

㈡公共資訊模式 (public information)

此模式也是以單向溝通為主，但相較於新聞代理模式，其目的在告
知大眾正確客觀的資訊，而非試圖說服公眾。換言之，公關人員必須遵
循新聞從業人員的作業準則，並遵循專業道德規範。雖然不會主動提供
對組織不利的消息，但起碼所提供的資訊有一定的可信度。這種模式仍
不強調閱聽人的反應，最多考慮閱聽人的數量和效果，藉以得知溝通訊
息是否已成功傳達給公眾；至於傳播行為是否已成功傳達給公眾、是否
使公眾改變態度或採取行動，則不在考量之內。

㈢雙向不對等模式 (two-way asymmetric)

這個模式強調組織與大眾間的雙向溝通，以科學說服為主要目的，資
訊傳遞者（公關主體）與資訊接收者（公關客體）之間有相互交流行動。
組織有計畫地蒐集公眾的意見或態度，大量採用科學的意見調查，並進行
影響效果的評估；其目標單純為了說服公眾，提高宣傳效果，並不是真的
在意公眾的需求，所以溝通的結果往往只對單方有利，所以稱為「不對等
的溝通」。雙向不對等模式可以用在宣傳一項新的觀念或新的產品，以此
來瞭解民眾的反應意見，並進一步設計出更有效果的宣傳方法。

㈣雙向對等模式 (two-way symmetric)

雙向對等模式以互蒙其利為前提，故採組織和大眾雙向交流的方法，目的在促進雙方間彼此相互的瞭解，故有較頻繁的資訊交流和回饋。這個模式最適合於處理有關衝突斡旋、談判協商，促進組織和對方的相互瞭解，以達成共識化解衝突的特殊情況。事實上，公共關係的運作原本就是雙向交流的協商，單向溝通並不符合專業化的要求。若欲營造一個社會資源連結的網絡，就需要建立與各種不同對象的關係，採取以雙向溝通為主的公共關係模式，才能獲得組織對象的誠心信任。

上述四種公共關係的溝通理論模式可以整理成如下表 18-1 所示：

表 18-1　公共關係溝通理論模式

	新聞代理模式	公共資訊模式	雙向不對等模式	雙向對等模式
溝通目的	宣傳	資訊傳布	說服	相互瞭解
傳播性質	單向	單向	雙向	雙向
	並非完全事實	事實	不平衡效果	平衡效果
傳播模式	傳播者⇨接收者	傳播者⇨接收者	傳播者⇦⇨接收者	傳播者⇦⇨接收者
研究	很少計算人數	很少可讀性	重視評估態度	瞭解程度的評估
適用組織	複雜度低 規模小 傳統型組織	複雜度低 規模大小皆可 傳統型組織或機械型組織	複雜度高 規模大 混合型組織	複雜度高 規模小 有機型組織
實務應用	運動、戲院、產品促銷	政府、非營利組織	競爭的企業	受法律規範較多的企業
任務導向	1.說服記者披露組織的新聞 2.設法讓組織名稱出現在媒體 3.舉辦活動並	1.扮演組織內部的新聞記者 2.瞭解何謂新聞價值 3.撰寫合乎媒體需要的新	1.說服公眾組織的作為都是正確的 2.設法讓公眾採取組織所希望的行為 3.以科學方法	1.與行動公眾進行協商 2.應用衝突解決的理論 3.協助高層主管瞭解公眾之所欲

	取得最大媒介報導量 4.避免媒體對組織的負面報導	聞稿 4.對媒體提供客觀而正確的資訊	操縱公眾 4.應用公共宣導中的態度改變理論	4.瞭解公眾對組織的反應，作為改進的參考

資料來源：王振軒，2006: 13。

　　大抵而言，上述四種公共關係模式，以「公共資訊模式」在政府部門中最為常用。政府部門在公共關係的運用上特別強調公益的告知，以便取得社會責任度以及受到公眾認同的功能，重視資訊的準備、散布與理念的深化，如能雙單向公關模式一併使用，並輔以新聞代理模式強化處理，對於政府公共關係的發展應較為有利。

五、公共關係的方式

　　如前所述，任何組織在推行公共關係時無論採用哪些方法，仍應以「誠信」為基礎，絕不可為求達成目標而不擇手段。有關成功的公共關係應採行的方式，學者的認知多有不同❷。在本小節中乃整理幾種較具代表性的政府機關公共關係方式如下：

㈠新聞傳播

　　所謂新聞傳播，就是公共關係人員將組織的重要訊息傳給大眾，使其瞭解組織的狀況，轉而支持。此種方式的優點在於簡便而能廣為流布，能在花費最少的情況下得到最大的曝光率。然而，新聞傳播屬於單方面的消息傳遞，缺乏雙向的交流機會，故組織需設法建立回饋的機制和管道。基於上述，我國政府機關及公營事業自 1970 年代末期開始，紛紛設置公共關係室或公共關係課，後來改為新聞室，或採取發言人制度，主要都是為機關從事公共關係的工作。

---

❷　相關論述請參閱傅肅良 (1989: 473–486)、陳德禹 (1989: 439–450、1994: 586–590)、林慶翰 (1992: 413–418) 等論文。

㈡當面溝通

當面溝通就是以舉辦說明會、座談會、聽證會、茶會方式，邀約相關民眾與會，說明組織的某些政策與作法，以促進彼此的瞭解並尋求支持。由於這是面對面的溝通，故需講求溝通的技巧、方式、對象、內容等，才能達到預期效果。例如政府機關要採取某項措施，但反對者與贊成者參半，或有不同的利益團體，立場各異、相持不下；或者欲推行某項政策，而尋求支持者。在此情況下，舉辦聽證會或座談會，對於公共關係會有幫助。此外，隨著網際網路的發達，各級政府機關的網站上幾乎都有「線上服務」和「聯絡我們」的連結，或許無法像座談會、說明會般達到面對面的溝通效果，但網路所能發揮的立即性，以及政府的回應，應都有助於良好公共關係的建立。

㈢行銷活動

行銷活動是組織將政策、計畫透過行銷的概念，將訊息傳送給大眾的一種方法。一般人都誤以為只有企業才有行銷活動，殊不知政府機關、學術機構、非營利組織等也可透過行銷的方式，將政策或作法推銷給大眾，以尋求支持。近年來政府所採用的行銷方式相當多樣，包括成立服務中心、播放電視的宣導影片、發行政府部門的出版品，以及各級政府官方網站發布的政策、成果報告等。目的是藉由不同的行銷通路將政府相關政策的推行目的和作法告知民眾，以降低民眾因對政策的認知不清而產生之抗拒。

第二節　公私協力

一、公私協力的意涵

公私協力（public-private partnership，簡稱 PPP）泛指公部門與私部門共同處理事務之情形（詹鎮榮，2003: 10）。隨著公私部門的關係由陌生到競爭合作，甚至於政府主動尋求私部門的協力參與，在在都象徵著

公部門不再只是強調公平性原則，也開始注重公共服務的水準與民眾的滿意度（吳英明，1996: 15）。所以，公私協力所代表之意涵，早已經超越了單純的公部門與私部門共同從事某項事務的概念，還象徵著新的社會經營價值觀之建立。以我國而言，近年來，公共服務的供給效率普遍不彰，加上受到民主政治與經濟快速發展的影響，民眾參與公共事務的意識越來越高，對生活品質和公共服務水準的要求也日益提升。傳統以公部門為主所提供之服務已難以滿足民眾之需求，面對如此多元的需求，政府如何透過合理的社會資源管理以滿足民眾，乃成為一個迫切需要解決的課題。

　　基本上，公私協力所探討的並非僅是政府企業性的發揮，或政府部門如何與民間部門結合共同從事某件事，其著重的是新的社會經營價值觀及架構之建立，而所欲探討的乃是公私部門如何形成新的結構體，透過社會資源整合提升社會生命力，進而達成提升人民生活品質之目標（吳英明，1996: 1）。所以，公部門不僅要關注內部垂直化之權限調整與分權，更應強調外部水平化之資源探求與聯結，亦即透過民間部門的協力建構方式來解決本身所面臨之困境。而此種促成民間營利部門與非營利組織共同承擔更多的公共責任，造就更多公共利益的作法，將成為二十一世紀的政府在處理公共事務時的新思維模式。有鑑於此，在本節中首先整理公私協力的發展背景；其次介紹公私協力的基礎概念；接著分析公私協力之推動策略與成功要件；最後闡述我國公私協力的發展現況並探討實施公私協力可能面臨之困境。

二、發展背景

　　公私協力被視為政府尋求提升治理能力、改善治理效果的主流思維，其不僅止於「合產」(corporation)，強調對價與利益結合的交易與交換關係，更強調與突顯的是一種基於相互認同的目標，而建立在不同行動者間的動態關係（李宗勳，2004: 42）。大抵而言，公私協力產生的主要背景因素約可以整理如下（林淑馨，2005: 31–32、2007: 213–215）：

㈠公民參與的興起

　　長期以來，傳統公共財貨與服務一直由政府部門所提供與輸送，而忽略公民參與的重要性。事實上，公民參與是現代政府推動公共事務不可或缺的要素或重要資產，強調公民基於自主權、公共性及對公共利益與責任之重視，而投入其感情、知識、時間與精力。其主要是因民眾的需求日益多樣，政府難以一一滿足，故體認到需透過與民眾或非營利組織的協力，來因應多元的需求。公民參與著重公民主觀性地對公民意識的覺醒與重視，而產生主動參與公共事務的興趣與行動。在現實的條件限制下，藉由私部門或社區、鄰里等非營利組織、志願組織，從參與公共事務的過程中，無形地培養公民所需具備的資格，並習得公民參與應有的智識與技巧。另一方面，藉由公民參與，政府可使民眾之意見充分表達，減少或降低對日後形成之公共政策的衝擊。近年來，許多私部門（包含志願活動和非營利組織）願意投入公共事務的參與行列，即是受此觀念所影響。

㈡民營化風潮的衝擊

　　1979 年英國首相柴契爾執政時，提倡民營化政策，致力減少政府對一般經濟活動的干預，積極推動公營事業民營化。因而，民營化政策的實施代表著政府公共服務活動及資產所有權的縮減。在民營化的觀點之下，政府的角色應被縮減，另外藉由修訂法令與解除管制，讓私部門參與公共事務。而民營化的主要精神在於強調私部門參與公共服務的輸送，亦即在民營化的過程中，輔助政府部門者不僅只有企業部門，非營利組織也可以藉由直接或間接參與達到相同的效果。因此，在民營化風潮的衝擊下，政府部門逐漸放棄過去在公共服務輸出的獨占，將服務交由企業或非營利組織來提供，進而促使私部門與政府合作的機會。

㈢公共管理型態的改變

　　90 年代，世界各國在財政壓力的情況下，無論是已開發國家或是開

發中國家，甚或東歐、蘇聯等社會主義國家，都先後進行公部門改革，期待以「小而美政府」取代「大有為政府」。因此，先後將民間企業的管理方式導入公部門，用以改善公部門的無效率和提升服務品質，並使其行政行為更具效率與市場性。在此背景下，改變傳統由公部門單獨提供公共服務的供給型態，除了將可以委託民間經營的服務交由民間來經營外，也將民間力量導入公共服務的供給中，公私合夥的型態於是應運而生。因此，公共管理型態的改變也是促成非營利組織有機會參與公共服務輸送的重要因素。

三、公私協力的類型

公部門與私部門在公共基礎設施的興建管理與營運合作協力之上，隨著不同角色的扮演，有所謂的「公辦公營」（均由政府擔任建設、管理與營運的角色）、「公辦民營」（由政府擔任建設、但由私部門擔任管理與營運的角色）、「民辦公營」（由私部門擔任建設、但由政府擔任管理與營運的角色），以及「民辦民營」（均由私部門擔任建設、管理與營運的角色）之分（程明修，2005: 59），以下分別說明之（野田由美子，2003: 28–36、2004: 96–98；詹鎮榮，2003: 13；程明修，2005: 59–60）：

㈠公辦公營

公共基礎之建設、管理與營運的角色均由公部門擔任，雖不排除將部分業務透過契約委託私部門辦理，但營運管理的責任與業務委託所需之費用還是由公部門承擔。此乃公私協力行為中最常見之一種活用類型。

㈡公辦民營

由公部門負責建設，但由私部門擔任公共基礎設施之管理與營運的角色。若從經營權和所有權的觀點來看，「公辦民營」是硬體設備的所有權仍歸政府部門，而硬體設備的經營管理權則交給民間。換言之，公辦民營就是政府單位提供民間機構足以運作業務之硬體設施及相關設備，民間因免費提供之場地與設備等，可以節省許多開支。例如我國《促進

民間參與公共建設法》（簡稱《促參法》）第 8 條第 1 項第 5 款規定「由政府投資新建完成後，委託民間機構營運；營運期間屆滿後，營運權歸還政府 (operate-transfer, OT)」，即屬於此一類型；如海生館的鯨魚廣場、臺灣水域（一館）、珊瑚王國（二館）、停車場維護設施即採 OT 模式。

其次是設施出租：是指公部門興建設施後可透過有償或無償的方式租借給私人，而委由私人進行營運管理，管理營運之費用則由從利用人之處收取。我國《促參法》第 8 條第 1 項第 4 款規定「由政府委託民間機構，或由民間機構向政府租賃現有設施，予以擴建、整建後並為營運；營運期間屆滿後，營運權歸還政府 (re-habilitate-operate-transfer, ROT)」即包含此一類型。我國公辦民營個案有許多，萬芳醫院乃是著名且成功的個案❸。

(三)民辦公營

由私部門負責興建公共設施，但由公部門擔任管理與營運角色，其中又可區分為兩種型態：

1.設施讓受

這是由私人興建公共設施，之後將該設施讓受給公部門，而由公部門擔任管理與營運之角色，因此，公共設施之興建以及管理營運所需費用，實際上是由公部門負擔。

2.設施借用

這是由私人興建公共措施，之後將該設施出借予公部門，而由公部門擔任管理與營運之角色。因此，公共設施之興建以及管理營運所需費

---

❸ 相較於臺北市其他地區，文山區算是醫療資源較為缺乏者，因此政府於 1988 年動工興建萬芳醫院，以提供區域居民醫療服務。若由市府自行經營醫院，除必須投入 11 億元的固定資產投資及開辦支出外，依市立醫院以往經營經驗，每年還需投入 5 億元的公務預算補助。若採公辦民營，市府除可減少 11 億元的固定投資外，還能減少每年 5 億元的公務預算支出，初步估計市府自行經營的 9 年內基本支出約 97 億元，若委託經營則市府無須編列預算，同時由業者自負盈虧，故最後乃決定藉助民間機構的經營效率，將萬芳醫院委由臺北醫學大學經營。

用，實際上是由公部門負擔。

(四)民辦民營

由於公共建設多具有投資大、風險高、回收慢等特質，且可以創造出相當大的外部效益。有鑑於此，政府為了加強民間參與重大公共建設之意願，近年來致力於引進國外盛行的公私協力模式，希望透過引進民間的技術、資金、專業與效率，來達到提升公共建設品質並增加社會福祉的目的（劉憶如、王文宇、黃玉霖，1999: 2）。整體而言，民辦民營是指公共設施的設計、建設、管理與營運均由私部門擔任，而根據其作法的不同又可分為下列幾種類型：

1. PFI (private finance initiative)

意指民間資金主導公共建設，我國官方將其翻譯成「民間融資提案」。這是將公共基礎設施之設計、興建、營運與資金調度權交給私部門完成。PFI 的基本理念是 Value For Money（簡稱 VFM）。VFM，國內翻譯為物超所值、金錢的價值審計或是政府支出最佳化等不一。不論何者，都脫離不了「運用民間的資金、經營管理能力與技術，以最低的價格提供最高品質的公共服務」之意涵。引申而言，PFI 所創造的 VFM 最大化，是指對於納稅者而言，「可以支付最低價錢享受合適且最高品質的公共服務」，也就是達到產生金錢價值最大化之目的。所以 PFI 的基本理念，是政府在實施公共事業時，如何有效率、效能地使用國民的稅金，盡可能提供國民較高品質的服務。將此概念運用到實務上，是指若將傳統由政府實施公共事業或提供公共服務的手法和以 PFI 手法相比，如民間業者所提供之服務品質較高或成本較低，則意謂達到縮減成本效果之目的。這是民辦民營類型中最極致的型態。

2. BTO (build-transfer-operate)

公共基礎設施之設計、興建、營運與資金調度權全部都委由私部門完成，但是建設完成後將所有權移轉給公部門。我國《促參法》第 8 條第 1 項第 2 款規定「由民間投資新建完成後，政府無償取得所有權，並委託該民間機構營運；營運期屆滿後，營運權歸還政府」，以及第 3 款規

定「由民間機構投資興建完成後，政府一次或分期給付建設經費以取得所有權，並委託該民間機構營運；營運期間屆滿後，營運權歸還政府」，即指此一類型。

3. BOT (build-operate-transfer)

一種積極讓民間參與公共建設的方式，由民間團體透過與政府之合約關係，投資興建公共建設，於興建完成後，由政府以特許方式交由民間經營一段時間，作為投資報償，經營期滿後，民間團體再將設施資產交還政府。我國《促參法》第 8 條第 1 項第 1 款規定「由民間投資興建並為營運；營運期間屆滿後，移轉該建設之所有權予政府」，即指此一類型的合作關係。儘管我國 BOT 爭議不斷，但卻也帶進民間的效率和品質，著名的 BOT 個案有高鐵、臺北轉運站、宜蘭傳藝中心、海生館第三館的興建等。

4. BOO (build-own-operate)

是指公共基礎設施之設計、興建、營運與資金調度權全部都委由私人完成，但是建設與營運期間屆滿後，並不將所有權移交給公部門。我國《促參法》第 8 條第 1 項第 6 款規定「為配合國家政策，由民間機構投資興建，擁有所有權，並自為營運或委託第三人營運」，即包括此一類型。

整體而言，在臺灣，國人對 BOT 較熟悉也有較清楚的認知，但對 PFI 的認識卻普遍不足。主要的原因可能是國內 PFI 的相關法制尚未建立，PFI 至今尚未被納入法定促參模式中所致。但事實上，PFI 和 BOT 都是引進民間資金於公共建設的一種作法，然兩者的差別在於，PFI 由政府保證對價購買服務，並於合約期間每年支付使用費用，風險由公私雙方共同分擔，但 BOT 則是向使用者收取費用，風險由私部門承擔（吳德美，2009: 34）。

四、公私協力的成功要件

在公私協力過程中，也許會碰到許多不論是在政策面或是執行面上的問題，如欲使公、私部門的協力關係成功達成預定的目標，必須注意

公私協力之基礎因素，才能使公、私部門協力關係順利，成功達成預定目標。公部門與私部門究竟要如何協力才能成功，是目前各界所關注的議題。以下整理相關之研究說明如下（江明修、鄭勝分，2002: 96–97；林淑馨，2010: 42–43）：

㈠清晰的目的

目的清晰有助於任何協力參與者都能清楚分享目的之願景，以及瞭解協力所欲達成之目標，因此，清晰的目是攸關協力成功與否的重要因素。另外，清晰的目的也可使參與者容易共事，進而提升角色認知與提高績效。

㈡對等之關係

一般論及公部門與私部門的關係，多認為兩者是「主體」與「客體」的關係。但是過於強調這種主從關係，反而使得私部門的彈性、效率、多元等特性受到限制而難以發揮。基於此，有部分學者認為，如欲達成兩者間的共通目標，應尊重彼此的立場而行共同事業，彼此應以充滿信賴，而且處於「對等」關係為前提，政府部門如以支援姿態來對待私部門，即非為所謂的對等關係。

㈢互信與互敬

由於私部門能彈性解決公共問題，因此如何發揮私部門的該項長處乃極為重要，對於該組織的自主性需予以尊重。同時，信任與敬意也會使溝通、分享敏感性資訊與學習更加順暢，改善雙方的關係並提升協力的成效。

㈣目的共有

由於公共問題的解決是以解決不特定多數的第三者之利益為目的，因此，私部門與公部門雙方需共同瞭解合夥的目的究竟為何，並予以確認。若協力的雙方缺乏共同的目的，在協力過程中將容易出現爭議，影

響協力的成效。

第三節 跨域治理

一、跨域治理的意涵

「跨域」一詞有兩種解釋：一是指以國家層級之上的區域、國際社會為其範圍；另一則將國家領土內部的某個行政區域或特定轄區 (jurisdiction) 作為討論的範疇。此種定義上的區分，近年來也反映在跨域治理 (across boundary governance) 的研究方向與研究社群領域上；如國際關係學者傾向把研究焦點置於區域跨國議題的管理、區域主義的發展以及超國家機制的效能與設計等課題的討論；而從事發展政治學或比較政治經濟學的學者，則關注各國在民主化過程中，如何透過分權化 (decentralization) 與權力下放 (devolution) 來追求地方區域繁榮、發展與良善治理 (good governance) 等目標（李長晏，2008: 45）。

跨域治理最簡要的意涵，係指跨越轄區、跨越機關組織藩籬的整合性治理作為（孫本初，2010: 221）。若更進一步細究，跨域治理指稱的是針對兩個或兩個以上不同的部門、團體或行政區，因彼此之間的業務、功能或疆界相接 (interface) 及重疊而逐漸模糊 (blurred)，導致權責不明、無人管理與跨部門 (cross-cutting) 的問題發生時，藉由公部門、私部門以及非營利組織的結合，透過協力 (collaboration)、社區參與 (community involvement)、公私協力 (public-private partnership) 或契約 (compact) 等聯合方式，以解決棘手而難以處理的問題 (wicked problems)。與其相類似的概念有英國的「區域治理」 ❹(region governance) 或「策略社區」

---

❹ 跨域治理亦有稱之為區域治理，但「區域」一詞的概念在空間尺度上往往具有很大的差異。小至臺灣計畫體系中區域計畫所指稱的「區域」，大至跨國的「區域」，如歐盟。因此以跨域治理的名詞能夠同時強調「穿透」行政的界線較能符合其意，同時跨域治理因為涉及兩個以上的地方政府，故也有採用「府際」一詞。至於與跨域治理有關的名詞，還包括「跨域合作」、「共同治理」、「區域政府」及「府際治理」等（吳濟華等，2006: 34–35）。

(strategic community)、美國的「都會區治理」(metropolitan governance)，以及日本的「廣域行政❺」等。不過跨域治理揉合多層面的治理方式，並不侷限於地方自治團體之間，還包括了中央與地方之間跨部門問題的處理（林水波、李長晏，2005: 3–4）。

　　綜上所述，跨域治理涵蓋組織單位中的跨部門、地理空間上的跨區域、跨公私部門的夥伴關係，以及橫跨各政策領域的專業合作，因此是一種以同心協力和互助合作方式的跨領域、跨區域及跨部門的治理模式，無論是公部門、私部門或第三部門都是治理網絡裡的參與者（李武育，2008: 44）。另就研究焦點與範疇而言，本章所稱的跨域治理，則擬限縮在分析地方區域層級的治理概念之探討，而非國家層級之上的區域、國際社會等國際層次。

二、跨域治理的特質

　　跨域治理是一種系統性的思維模式，除了可從不同的分析層次來加以論述之外，亦強調眾多參與行動者間的互依互賴關係，以下就跨域治理之三個特質，分述如下（孫本初，2010: 223–224）：

㈠跨域治理蘊含系統性的理念

　　系統思維強調綜觀全局 (holist) 的視野。換言之，跨域治理其實蘊含系統思維的理念，亦即它是一個整體性的思維。主張的是公共治理應具備一種全局的視野，因此對公共問題的解決或是公共政策的推動，不應侷限於單一機關、單一政府、單一轄區的狹隘眼光與思維，而應採取一

---

❺　在日本行之有年的「廣域行政」，亦係跨越既有行政區域對政策運作的限制性。「廣域行政」的實施方式大致可分為四大類：將相關事權移至中央或上級地方自治團體，由其做通盤的處置，以方便設置功能性區域組織；設立國家派出機關於地方自治團體中，以整合相關業務與職能；促進中央與地方公共團體間或地方公共團體間的合力處理；促進行政區域的再重組或擴大。其中對於設立中央或地方政府間的合作、協力共營組織、加強政府間活動，具有相當大的助益（轉引自趙永茂，2003: 54）。

種機關之間、府際之間以及轄區之間通力合作的思考模式。

㈡跨域治理兼具宏觀與微觀兩種層次的意涵

從理論與實務的角度而論，跨域治理具有兩種層次的意涵，從微觀面到宏觀面分別為組織內部 (intra-organization) 及組織間 (inter-organization)，其說明如下：

1.組織內部的跨域治理

意指將組織內部各功能部門的疆界予以打破，採取一種整合的觀點和作為去解決組織所面對的問題。從組織理論的相關文獻之中，可為此一層次跨域治理找到貼切的理論，例如摩根 (Morgan) 所提出的「全像圖組織設計」。

2.組織間的跨域治理

指涉府際關係當中協力合作 (inter-government collaboration) 的概念，亦即此一層次的跨域治理主張，不同層級或不同轄區的政府間，在處理相同或相關公共問題與政策時，應該採取一種超越府際藩籬的觀念，而將不同轄區與層級的政府部門納入同一組織網絡當中。

㈢跨域治理的參與者間具相依性

參與跨域治理的組織會形成一種組織網絡，而組織網絡的意涵即在突顯跨域治理的參與者間存在著相依性，也正因為彼此間的相依性，促使跨域治理之參與者間的通力合作。

由上述可知，跨域治理是一種系統性的治理思維，打破傳統單一權限劃分的體制安排，並透過綜觀全局的思維來分析議題，改變過去單一思維與本位主義，進而強調多元參與者間的協力合作，而彼此間的互助互惠所形成之組織網絡關係，正是其相互發展的主要基石與誘因。

三、跨域治理發展的驅力

形成跨域治理發展的因素眾多，包含了全球化的影響、經濟與資訊的發展、民眾多元需求與議題複雜性，以及相關理論概念的延伸等。有

研究是從公共建設之不可分割性 (indivisibility)、空間連續性 (regional-wide continuity) 以及公共設施的規模經濟 (scale economy) 等三個概念，來說明跨域治理如何在地方分權的理想之下，更加積極地整合具有建立夥伴關係需求的地方政府，透過形成跨區域的治理模式，達成公部門「善治」的目標。有關前述三個概念所延伸的跨域治理趨勢之理由，分述如下（吳濟華等，2006: 35–36）：

㈠跨行政區域的公共建設

地方分權的趨勢是基於聯邦主義 (federalism) 的精神，世界上不論是集權或是民主的國家都避免不了授權給地方政府，而其差異性只是程度上的不同。但授權給地方政府的目的是基於更有效的「治理」，所以公部門的願景理應界定為邁向良善之治理。好的治理包括提供適合當地所需要的服務，而這些服務包括有形的基礎建設以及無形的福利制度。理論上，由政府所提供警力、消防、汙水處理、學校等，可以滿足民眾對於公共財的需求。但這些公共財本質上受限於服務範圍的不同，其實必須要再區分為地方性的公共設施或區域性的公共設施。另一方面，許多公共設施和公共服務的提供，往往難以由單一的縣市作為區分單位。換言之，服務的提供可能是來自兩個以上或更多單位間的合作運籌，例如高速鐵路便是一跨區域的建設，因此有越來越多的公共財需要由次國家層級 (sub-national level) 來提供。

㈡政策議題的跨區域特質

除了前述所提及公共財的提供可能有許多是超越地方性的層級，第二個原因在於政策議題的本身涵蓋範圍往往不是以行政範圍就能劃分，例如從早期的環境保護與鄰避效應問題，到近年的 SARS 防治與紅火蟻事件，這些議題都有一相同的特點，亦即「跨區域」的特質，而為了處理日益增多的類似議題，地方治理的模式不應僅僅立足在資源的競爭上，更應該朝向「合作」的發展思維，而水資源、空氣汙染、河川流域管理均是典型的例子。

㈢生產公共財的規模效益

第三個原因則在於資源的整併與發揮最大效益。在全球化的時代，城市的發展無法脫離世界體系的連結，而都市的投資與興建項目往往又具有最小的規模成本考量，目的是希望達到公共設施的規模經濟，所以必須有效地集中資源在最有利的地點，以發揮最大的乘數效果。換言之，資源整併可以減少交易成本，以及城際之間競爭所負擔的額外成本。

四、促進跨域治理的方式

由於跨域治理的實施會面臨到政治、行政與經濟等各方面整合的考驗，所以如欲使跨域治理能順利推動，首先應建立完善的運作制度，如全局性合作的思維、溝通平臺等，以下乃分別說明（趙永茂，2003: 63–64；林水波、李長晏，2005: 30–33；曾建元，2006: 211–213；吳濟華等，2006: 45–47）：

㈠全局性合作的思維

全局性合作的思維意味著一種共同強化的意義與目標，在相互認同的方式中達成彼此同意的結果。在實際的作為上則是把政策、管制、服務的提供，以及前述三者的監督整合在一套基礎架構中。以高高屏地區為例，透過專家與地方互動通盤研議的結果，確立五項議題分別為：水環境、空氣汙染總量管制、生態工業園區、綠色社區以及永續交通運輸。該五項議題之管理均涉及跨區域的共同治理議題，非個別縣市可以獨立解決。換言之，須由該三縣市共同合作解決，始能克竟其功。

㈡溝通平臺的建立

由於國內公共議題易導向泛政治化的爭論，要消弭對立的政黨立場與意識型態，恐非易事。因此應逐步建立地方自治團體跨域合作之默契與信心，而其重點在增加非正式互動，以累積合作的社會資本。具體作法上，可以打造一個互利的對話平臺，使得區域內的縣市首長能夠體認，

唯有相互合作才能發揮更大的效益。如行政院南部辦公室與中部辦公室協調進行的縣市首長及主管會報,即是一個理想的對話平臺。除此之外,更進一步在此基礎上,逐步地納入區域內的公民、企業團體與非營利組織。此舉不但可以兼顧各地方自治團體的既有自治權限,也可以按部就班獲取跨域管理之經驗。

㈢建立績效評核的制度

夥伴關係向來為人所詬病之處,乃是參與者多,使得成本增加而且績效難以測量。因此,建立一套夥伴關係的課責制度,藉此評量參與者的績效表現,以免發生搭便車 (free rider) 的問題。同時相關的績效評核結果,亦可作為其他縣市辦理跨域合作之依憑或借鏡。

㈣藉由法制面之建構與增修以促協力合作

由於我國在跨域方面的法制尚未建構完全,相關行政人員在處理跨域事務時因受到「依法行政」前提因素之影響,故難以發揮積極主動的功能。因此,如能修正《地方制度法》或是藉由制定跨域合作專法、法規命令,甚至透過跨域合作的行政契約範本的制定,提供跨域事務合作權利主體和相關行政人員參考之準則,可促進協力合作的完成。

第四節 府際管理

一、府際關係與府際管理

㈠府際關係

府際關係 (intergovernmental relations) 一詞,最早出現在 1935 年《社會科學百科全書》中。根據夏福利茲 (J. M. Shafritz) 和羅素 (W. Russell) 的界定,所謂府際關係是指「政府間交互關係的複雜網絡,其中高層級的政府單位會將收入和其他資源分享給低層級的單位,並責成其符合某些特殊必要條件以獲得補助,例如透過政治、財政、法律、和行政過程

的相關規範等」。我國學者林鍾沂則將府際關係定義為：通常是指不同的政府層級擬去發展和執行公共政策時所形成複雜的和互賴的關係（林鍾沂，2001: 577）。丹哈特指出：「當各級政府人員在尋求發展與執行公共方案時，『府際關係』一詞通常被用來涵括所有各級政府之間複雜且依存的關係」（轉引自吳定，1999: 211）。

㈡府際管理

府際管理 (intergovernmental management, IGM) 的概念，目前仍處於開始生長階段，尚未有一致的定義。府際管理的概念反映出府際互動關係已發展成為當代公共管理重要課題之一。有別於聯邦主義強調憲政法治，也不同於府際關係重視決策者的角色，府際管理特別關注政策執行面的問題解決取向。府際管理乃期待透過非層級節制的網路行政，以協商談判與化解衝突來達成特定政策目標（江大樹，2001: 19）。府際管理的意義包括下列幾項（吳定等，1999: 215–217）：

1.府際管理（有時亦稱「府際行政」）是指為達成特定政策目標，而對於府際關係的管理與協調。柏吉斯 (Philip M. Burgess) 把管理概念分成三個功能：⑴政策管理 (policy management)，⑵方案管理 (program management)，及⑶資源管理 (resource management)。政策管理被視為一種指涉策略功能的過程：此種策略功能是有關管轄或疆界的指引及領導。易言之，是設定目標或選擇政府行動路線的功（職）能。而方案管理，通常被用來指述公共管理的能力，亦即為推動執行政策所需的行政能力及技術要求的能力，其具體表現為承擔方案、行動或服務。

2.府際管理是一種過程，經此過程合作與衝突的人員（民選官員、政治任命官員及常任官）將實行特定目標所需的活動協調整合。

3. 府際管理也是一種管轄權間管理 (inter-jurisdictional management)。此種管理需要同意、權威，並匯集跨越各單位的權力，指向問題之解決。

4.府際管理是一種行動取向 (action-oriented) 的過程；此過程促使各級政府的行政人員做些建設性的事。府際管理注重網絡與溝通，視之為

促使府際系統中事務能進行的積極途徑。易言之，府際管理意含著行動、解決問題，及改革府際關係的「系統」，以使該系統更能管理。此中間當然牽涉不少在各級政府參與府際管理工作的個人（行動者）。

二、府際管理的特質

關於府際管理的特質約可以整理如下（施能傑等，1997: 313-314）：

1. 目標導向：府際管理是一種具有目標導向，為達成特定政策目標的過程。

2. 行動取向過程：府際管理是一種行動取向的過程。在此過程中經人員之間的合作與衝突活動之協調整合，以實現達成特定的目標。

3. 管轄權間管理：府際管理是一種管轄權間管理。此種管理具有多元參與、多元權力及多層政府治理等角色，其管理目標之達成與問題之解決，須有賴跨越各單位及各層級權力之結合和匯集，才能有所成就。

4. 政策網絡管理：府際管理是一種政策網絡 (policy network) 管理。在此一網絡中展現了公私部門涉入政策執行的情形、彼此動態的互動關係、相互資源的交換情形，以及涉入者之間因互動所形成的相互依存性，而府際管理就是在掌握此種政策網絡的特性，以因應行動者間彼此間的關聯性，進而在政策規劃、合法化及執行過程中產生助力。

5. 涵蓋公私組織間的互動關係：府際管理包含公共與私人部門各組織間的互動。府際管理的參與者典型上是指政府部門的組織或人員，只是其層級及隸屬之權力部門不同。然而，隨著民營化或第三部門的盛行，愈來愈多的政策已由民間部門負責共同參與執行，形成公私協力或合夥的型態。

三、府際管理的途徑

府際關係一詞出現於 1930 年代，而府際管理概念則是 1970 年代的產物。如前文所述，1940 年代開始美國各級政府陸續設立有關府際關係的建制或人員，爾後，許多學者及實務人員開始強調有關府際關係的管理過程，並用「府際管理」一詞來表示。

　　府際管理是公共行政學科中新出現的探究主題。府際管理之所以受到充分關注，並將之與府際關係概念分開，有兩項主要理由（吳定等，1999: 215）：

　　首先，府際關係的管理面之所以受到強調，乃是顯然瞭解到管理能調和並合併政治和行政。管理的各層面，諸如：問題的解決、資源的有效運用，以及專業訓練等。對於政策及行政過程與結果兩方面會產生直接的影響；易言之，管理為政治與行政間提供一座橋梁。而此種政治與行政的橋梁過程，乃是管理之首要功能。此管理功能暗示下列議題之相關性：1.問題解決取向；2.解決問題之規範與經驗途徑有整和之必要；3.政治行政體系需要改變或改革之範圍；4.分析與評價之整和。另一項理由是：府際管理概念包含一個更廣的分析範圍，不僅關注於政府機關內部成員，還涉及公共部門與私人部門之間，以及公共部門之內組織間的網絡。

　　府際管理的途徑，各文獻所述不同。學者陳金貴曾歸納各學者之研究結果，以美國為例指出九項途徑，茲簡要引介如下（陳金貴，1990: 18；吳定等，1999: 218–220）：

㈠政策管理

　　經由政策之作用，達到府際關係之和諧合作。政策管理的工具，包括：地區問題的政策發展、問題取向的資源分配，及跨方案服務之交付的策略。例如，經由地方政府接受多種州和聯邦政府補助款和稅收的誘因，以達成社區經濟發展的目標。

㈡方案管理

　　譬如在補助款方案中，提供資金之一方將所關切的事項，如準備金的規則、方案的標準，及服務的限制等轉化成行政規範、專案指引或口頭說明以提出要求，而接受補助款者對對方的要求也加以表達，發展可接受的回應。除此之外，接受者在其自己的行政過程中，也須規劃、組織和執行方案以為配合。

㈢規範管理

上級（一方）政府基於管轄權制定規範以影響或約束另外一個政府。相似的情況也發生在州政府對地方政府之管理企圖。簡言之，規範的管理包括使用法律的強制權威去規範各級政府順從所要求的標準。

㈣規劃管理

這是針對「如何透過州和地方政府達成聯邦政府所建立的目標和目的」而規劃適合的策略。例如，減少專案的複雜性和混淆性，以增加聯邦官員的能力和改進資訊的程序，從而減少州和地方官員執行事務時的不滿。

㈤發展管理方案之能力

此所謂「能力」(capacity) 是政府在裁決權方面的運用才能 (ability)，包括：訂定明智的決定；發展方案和執行政策；吸引吸收與管理資源；評估現階段活動以引導未來活動等。能力是重要的府際管理工具，因為政府有這種能力將更能管理府際管理方案，完成建立方案的目的。

㈥合作管理

此一途徑在最基層部分是經由官員們於從事的活動中，進行非正式的合作和沒有書面的協議及契約。通常在兩個或更多的政府間為了共同規劃財政或服務而訂定的協議，是一種兩個或更多的政府從事特定相互義務的正式協議。

㈦運用協商

當有不同管轄權的團體，需要處理基本上無法解決的歧異時，協商是府際管理中最常運用的途徑。有學者認為聯邦並不需要以補助款去收買州和地方政府的順從，而是要去創造協商的機會。因不同的團體各有其武器，給予補助款者和訂定規範者有法律、金錢和專家的力量；反之，

受補助款和受規範的團體也有多數、政治策略,和控制執行行為的力量。所以雙方原是可分享共同的方案利益的,但為了爭取各自管轄權的最大利益,還是會產生衝突,如目標對立,程序事件、政治事件,於是協商就成為解決衝突之重要途徑。

㈧問題解決

組織間問題解決之產生,是因為主要事件的共同利益被認為比衝突利益更重要,乃有意圖尋找和選取有利雙方的備選案。所以問題的解決傾向於問題的調整,或是訂定方案的工作,尋找和製造共同的解決,以及透過共同的行動執行方案。這些都需要由溝通達成基本共識為基礎。

㈨系統的調適

此途徑運用政治和政策去直接或間接地改變府際的例行事務,通常是指從事合法改變政府間的關係,包括下列幾項方式:

1. 府際的遊說,爭取州和地方官員支持現存方案的更新和重造。
2. 合法的改革架構因素。
3. 運用政府間現存合作性組織,使府際管理的幅度更形擴大。
4. 程序的修改,使府際贊助的管理過程更加順利,而不需改變補助方案的全體結構。

行政櫥窗

戶政好便民——離島居民視訊辦身分證

戶政,為庶政之母,與民眾日常生活權益、個人資料維護與社會福利等議題息息相關。因此,戶政隨著時代潮流,以及配合政府再造思維與顧客至上的概念,自 1997 年戶政資訊化後,使用電腦化作業,取代過去人工查找作業與調閱時間,拓展服務層面,主要能達到下列功能效益❻:

---

❻ 彰化縣和美鎮戶政事務所網站,網址:http://house.chcg.gov.tw/hemei/99more/

1.革新：以電腦取代人工作業，以電腦網路連線跨越空間障礙，戶政與役政結合，以電腦自動通報，可建立戶政資料庫及戶政作業模式及制度。

2.簡政：建立電腦資料庫，免除人工維護、調閱簿冊之不便，自動配賦身分證及戶號避免人為抄錄錯漏。電腦統計造冊資料正確節省人力，減輕人工造冊負擔，並能提升品質。

3.便民：電腦列印申請，免除民眾填寫，簡化遷徙手續，民眾可只辦遷入免辦遷出手續，且在任何戶政所皆可申請戶籍謄本，電腦網路連線服務亦可減少民眾往返奔波及等待時間。

其後，戶政單位更推出一系列便民的創新政策，如單一窗口、奉茶服務及戶政社政系統互聯措施等，藉以提升組織效率與服務品質。2013 年 8 月，新北市政府更先於內政部擬定，開辦「離島居民身分證視訊辦理」業務。

過去，雖然戶政單位已釋出許多簡化流程與便民服務，如自動列印申請書，免除民眾填寫時間，或是採用電腦網路連線服務，民眾減少往返奔波及等候的時間，同時，民眾不須回到原戶籍地，可以至各戶政單位請領戶籍謄本。然而，國內戶政業務在《戶籍法》中，對於身分證申請，有較為嚴格的要求。在身分證辦理業務上，對於至外地工作或求學的離島居民，就有諸多不便。內政部統計，自 2005 年換發新式身分證以來，離島居民補領身分證平均每年 4,300 多件，旅居或在本島工作的居民若遺失身分證，常要耗費時間與金錢往返戶籍地補辦。

身分證請領變革——新北市政府與金門縣政府開全國先例

由於有若干民眾對於身分證請領措施感到不便，紛紛向金門縣縣長陳情，金門縣首先與新北市合作與洽談，原先想用行政協助方式，透過視訊驗明正身，讓金門人可在新北市辦理身分證，

main.asp?main_id=1275，檢閱日期：2014/4/15。

身分證仍由金門縣核發、寄送，使3萬多名旅居新北市的金門民眾不必再搭機回金門申辦，可節省新臺幣3,000元機票費、至少1天往返時間。對於這樣跑在中央政府前面的便民作法，經詢問內政部意見後，內政部雖曾表示這樣的作法「不宜」，但也因認為新北市政府並無違法事實，內政部遂表示只要符合遺失身分證的標準處理程序，就可以讓這項便民措施推行，因而自2013年8月1日起至2014年7月31日止，開放未來初領、補領身分證可向戶籍地的直轄市、縣（市）政府所轄任一戶政事務所申請辦理，至於設籍離島地區之民眾在戶政業務電腦化之後，為免除轄區管理藩籬限制可以「異地請領」方式，即允許離島居民在全臺任一戶政事務所申請初領或補領身分證，比起原先「視訊請領」更加開放。另外，死亡登記除當事人在國外死亡者外，得向其戶籍地之直轄市、縣（市）政府所轄任一戶政事務所申請登記，變更姓名亦同，也自2014年8月1日起實施，無一年期限。

參考文獻

一、中文文獻

- 王振軒，2006，〈非營利組織與公共關係〉，《非營利組織管理學刊》，第4期，頁1–26。
- 江明修、鄭勝分，2002，〈非營利管理之協力關係〉，江明修（編），《非營利管理》，臺北：智勝文化，頁81–14。
- 江大樹，2001，〈府際關係導論〉，收錄於趙永茂、孫同文、江大樹主編，《府際關係》，臺北：元照，頁1–37。
- 吳定、張潤書、陳德禹、賴維堯，1999，《行政學㈡》，修訂四版，臺北：國立空中大學。
- 吳定、張潤書、陳德禹、賴維堯、許立一，2007，《行政學（下）》，修

訂再版，臺北：國立空中大學。

- 吳英明，1996，《公私部門協力關係之研究：公私部門聯合開發與都市發展》，高雄：麗文。

- 吳德美，2009，〈英國民機融資方案 (PFI) 的政治經濟分析〉，《問題與研究》，第 48 卷第 1 期，頁 33–69。

- 吳濟華、葉晉嘉、朱俊德、王翔煒，2006，〈地方永續發展跨域治理操作機制研究——以高高屏地區為例〉，《城市發展》，第 1 期，頁 28–53。

- 李宗勳，2004，〈公私協力與委外化的效應與價值：一項進行中的治理改造工程〉，《公共行政學報》，第 12 期，頁 41–77。

- 李武育，2008，〈以跨域治理概念論計畫型補助政策執行力管理〉，《研考雙月刊》，第 32 卷第 2 期，頁 41–49。

- 李長晏，2008，〈英國跨域治理的制度發展〉，《研考雙月刊》，第 32 卷第 5 期，頁 34–45。

- 林水波、李長晏，2005，《跨域治理》，臺北：五南圖書公司。

- 林淑馨，2005，〈日本型公私協力之析探：以第三部門與 PFI 為例〉，《公共行政學報》，第 16 期，頁 1–31。

- 林淑馨，2007，《日本非營利組織：現況、制度與政府之互動》，臺北：巨流圖書公司。

- 林淑馨，2010，《日本型公私協力：理論與實務》，臺北：巨流圖書公司。

- 林慶翰，1992，〈公共關係的真諦〉，收錄於銓敘部主編，《行政管理論文選輯第七輯》，臺北：公保月刊社，頁 403–419。

- 林鍾沂，2001，《行政學》，臺北：三民書局。

- 施能傑、翁興利、官有桓、鄭麗嬌，1997，《公共政策》，臺北：國立空中大學。

- 孫本初，2010，《新公共管理》，臺北：一品文化。

- 孫秀蕙，1997，《公共關係：理論、策略與研究實例》，臺北：正中書局。

- 曾建元，2006，〈地方政府層級與跨域府際關係的安排〉，《中華行政學報》，第 3 期，頁 203–216。
- 張在山，2000，《公共關係學》，臺北：五南圖書公司。
- 陳金貴，1990，〈美國府際關係與府際管理的探討〉，《行政學報》，第 22 期，頁 19–26。
- 陳政智，2010，《非營利組織管理》，臺北：華都文化。
- 陳德禹，1989，〈公共關係概念分析〉，收錄於銓敘部主編，《行政管理論文選輯第四輯》，臺北：公保月刊社，頁 453–486。
- 陳德禹，1994，〈公共關係理論與實踐〉，收錄於銓敘部主編，《行政管理論文選輯第九輯》，臺北：公保月刊社，頁 553–593。
- 傅肅良，1989，〈做好公共關係，取得民眾支持〉，收錄於銓敘部主編，《行政管理論文選輯第四輯》，臺北：公保月刊社，頁 469–486。
- 程明修，2005，〈行政行為形式選擇自由——以公私協力行為為例〉，《月旦法學》，第 120 期，頁 37–65。
- 黃新福、盧偉斯，2006，《非營利組織與管理》，臺北：國立空中大學。
- 楊乃藩，1992，〈政府機關的公共關係〉，收錄於銓敘部主編，《行政管理論文選輯第七輯》，臺北：公保月刊社，頁 421–450。
- 詹鎮榮，2003，〈論民營化類型中之「公私協力」〉，《月旦法學雜誌》，第 102 期，頁 8–29。
- 趙永茂，2003，〈臺灣府際關係與跨域管理：文獻回顧與策略途徑初探〉，《政治科學論叢》，第 18 期，頁 53–70。
- 劉憶如、王文宇、黃玉霖，1999，《BOT 三贏策略》，臺北：商鼎文化。

二、日文文獻

- 野田由美子，2003，《PFI の知識》，東京：日本経済新聞社。
- 野田由美子，2004，《民營化の單略と手法　PFI から PPP へ》，東京：日本経済新聞社。

歷屆考題

1. 府際關係 (intergovernmental relations) 的意義為何？我國目前府際關係的困境為何？應如何改進困境？試依己見，一一回答之。（093 年公務人員高等考試三級考試一般行政）

2. 何謂協同治理 (collaborative governance)？其主要特質為何？又其對於政策執行具有何種作用？（099 年國立政治大學公共行政研究所試題）

3. 近年來「治理」(Governance) 已經成為公共行政領域中的熱門議題，由於它被應用到不同的情況中，產生多種的見解，試說明其興起的原因、相關的涵意、運作模式及發展的趨向。（097 年國立臺北大學公共行政暨政策研究所甲組試題）

4. 請申述民主治理 (democratic governance) 的意義，並試舉一實際案例說明之。（101 年國立中央大學法律與政府研究所政府組試題）

5. 請申述公私協力夥伴關係 (public-private partnerships) 的意義，並試舉其類型。（100 年國立中央大學法律與政府研究所政府組試題）

6. 公私夥伴 (Public-private partnerships) 在公共行政的應用愈來愈普遍，請解釋其意義。請你利用一個實際的案例說明該項公私夥伴的參與者、互動關係與互動結果 ，及這種公私夥伴關係對治理的啟示或意涵。
（100 年國立暨南國際大學公共行政與政策研究所試題）

7. 何謂全球治理 (global governance)？請以一個國家或城市的某項政策為例，舉例說明全球治理對於該國家或城市該項公共政策制定之影響為何？（100 年國立暨南國際大學公共行政與政策研究所試題）

8. 基於財源拮据與工程效率的考量，政府常以 BOT 模式鼓勵民間參與國內重大公共工程。一般認為其基礎理論是建立在 3P 和 5D 之上。試問何謂 BOT？所謂的 3P 和 5D 所指為何？其理論基礎為何？試論述兩者之間的關係。（101 年國立臺南大學行政管理研究所試題）

9. 臺灣從過去到現在，有許多公共建設或公共服務以 BOT 的形式提供，包括臺灣高鐵、高雄捷運，以及高速公路電子收費系統。⑴請簡述

BOT 的意涵；⑵它的出現宣告著傳統的公共行政，出現什麼樣的變革？⑶由課責的角度試論 BOT 對公共管理帶來什麼樣的挑戰？（102 年國立臺灣大學政治學研究所試題）

10. 「引進民間參與」常是今日政府施政普遍採行的原則，請問在實際運作上，民眾參與的途徑有哪些？又可能對政府運作產生什麼影響？（102 年國立臺北大學公共行政暨政策學系研究所試題）

11. 何謂 「公私協力」 (public-private partnership)？其與 「民營化」(privatization) 有何差異？並就己見，分析論述公私協力運用在公共財或生產及公共服務提供上的優勢與限制。（103 年國立臺北大學公共行政暨政策學系研究所試題）

行政學　　　　　　　　　　　　　　　　　　　吳瓊恩／著

　　自六〇年代起，我國行政學發展已有五十年之久。多年來，行政學作為一門獨立學科，始終難以突破學術西方化的限制。本書宏旨即在因應本學科的特性，透過吸收西方理論的精華，而以哲學的角度透析理論的預設及條件，並批判過度理性主義的謬誤，藉此擺脫韋伯預言的「鐵的牢籠」，從而提出具有人文特色，亦即中國式的行政學理論，允為治行政學研究者最重要的參考依據。

　　本書第五版在內容上補充「公私協力夥伴關係的興起」及「第三次工業革命來臨與行政治理的變動」等節，並附上「為什麼中國可以領導第三次工業革命」對 Jeremy Rifkin 的訪問稿，可為讀者瞭解行政治理發展的趨勢。

行政學　　　　　　　　　　　　　　　　　　　張潤書／著

　　本書共分七編、三十五章，從「行政學的基本概念」到「行政學的未來展望」，涵蓋了行政學的主要內容。舉凡國內外的相關理論與方法，皆有周詳的論述，堪稱目前國內行政學最新穎、最完備的著作，且兼顧學術性與實務性，無論大專院校或公務機構均可作為重要的教科書或參考書。本書自二十年前初版以來，已多次修改、增訂，尤其對近十年所發展出來的理論與管理方法特別重視，例如組織學習、組織再造、非營利組織、轉換型領導及行政資訊管理等，是參加高、普考及研究所入學考試的最佳與必備參考書籍。

行政學　　　　　　　　　　　　　　　　　　　林鍾沂／著

　　公共行政作為一門應用性學科，自應掌握技術結構的管理實務；惟其既以「公共」為本，則更須時刻以實踐公共利益為念。由是可見，公共行政在「求實務本」的前提下，絕非僅止於靜態的呈現，而是不斷地在結構和行動之間迴轉周旋、辯證對話。本書除了橫向擴展國內傳統行政學著作所未論及的主題，使分析架構更為清晰和包羅面向更加完整外，作者尤本於方法論的思考，針對各項主題縱觀其系絡、理析其意涵，從事嚴謹的論述省察，期使公共行政的相關學理能在管理、政治及法律等途徑中，展現出更為豐富而精彩的知識對話，從而進一步拓寬了實務行動的可能視野。

政治學

呂亞力／著

本書內容頗為周遍，全書三十三章大體說來涵蓋四部分。第一部分是政治學學科的介紹；第二部分旨在剖析政府及相關事宜，本書在此部分的敘述，基本上遵循傳統的政治學，但也增添一些行為學者的研究而與坊間其他同類型著作有所不同；第三部分為純粹行為政治學的素材；第四部分介紹一些國際關係的知識，主要是針對無法修習國際關係課程的讀者之需要。而意識型態與地方政府兩方面的常識，為政治學入門者所不可缺乏，故特使其自成單元，一併列入。

本書作者浸淫政治學術多年，學生遍布臺灣政壇及學界，由呂教授所撰寫的《政治學》，是您學習政治學及應試上最佳用書。

政治學

薩孟武／著

凡是一種著作，既加上「學」之一字，必有其中心觀念。沒有中心觀念以聯繫各章節，不過雜燴而已。本書是以統治權為中心觀念，採國法學的寫作方式，共分為五章：一是行使統治權的團體——國家論；二是行使統治權的形式——政體權；三是行使統治權的機構——機關論；四是國民如何參加統治權的行使——參政權論；五是統治權活動的動力——政黨論。書中論及政治制度及各種學說，均舉以敷暢厥旨，並旁徵博引各家之言，進而批判其優劣，是研究政治學之重要經典著作。

政治學概論

劉書彬／著

本書為作者歷年講授政治學導論的一個階段性成果，試圖將政治學的立論基礎與概念，以深入淺出的方法講解，並使讀者可以落實到日常生活的範圍中。例如國內政黨與兩岸國際地位的競逐、國際組織的發展與外籍勞工流動問題等，皆有所說明。儘管當前政治學探討的架構範圍頗大，但所採用的實例則多數與我國遭遇的國內外情勢相關，期盼能藉由本書的出版，讓讀者能對政治學耳目一新；透過對個人相關事務的關切，引發對政治學的興趣，進而藉由本書的閱讀建立起基本的民主法治觀念，裨益我國民主政治的發展。

地方政府與自治　　　　　　　　　　丘昌泰／著

　　《地方政府與自治》描述臺灣實施地方自治的法制規範與運作原理，本書不僅涵蓋傳統的「法制途徑地方自治」，這是過去多年來的考試重點；而且也包括最新的「治理途徑地方自治」，這是新的命題方向。

　　章節結構係以考選部公布的「專業科目命題大綱」為藍本，參酌歷屆試題重點加以修正而成，刪除不必要的教材，使本書更為精簡扼要。

　　研讀地方自治時應掌握三要：釐清基本觀念、輔以案例說明、勤做練習題目、法條不用強記、抓住重點即可。本書是一本觀念清晰、結構系統、概念新穎的教科書，有助於提升讀者的系統思考與應試能力。

臺灣地方政府　　　　　　　　　李台京／著

　　本書分為四篇，共十五章，分別從歷史演進、各國比較、法制結構與功能、公共政策、趨勢展望等多項層面分析臺灣地方政府的發展與現況，此外，也介紹關於地方政府的研究方法與理論，並提供相關研究主題的資訊。本書深入淺出、內容完整，可作為理解當代臺灣地方政府、研究臺灣地方公共政策的重要參考著作，對於欲參加國家考試的讀者而言，亦具有參考價值。

國際政治經濟學理論　　　　　　　曾怡仁／著

　　國際政治經濟學（簡稱國政經，IPE）自 1970 年代發展以來，關於研究對象、方法途徑以及學科定位等，均呈現出多元的觀點，不僅有理論典範間的競逐，也有學派間的爭議，如此要清楚掌握該新興學科並不容易。本書嘗試將國政經的主要研究途徑與代表性理論作深入的比較分析，同時也探討國政經與政治經濟學或國際關係學等相關學科間的關聯性。冀望經由學科內與學科間的交錯討論，能夠幫助讀者系統性地瞭解國政經理論的發展圖像。

兩岸關係與政府大陸政策　　　　　趙春山／主編

　　自政府遷臺以來，兩岸分治已超過一甲子，期間的發展，可謂曲曲折折。本書主要在回顧過去六十多年的兩岸關係發展，並探討「大陸政策」和「兩岸關係」兩個部分。有關政府大陸政策方面，書中除了描述政府在不同階段的政策內容，並且分析了影響政府決策的各項環境因素，其中包括：中共的對臺政策，中國大陸內部的政治、經濟和社會發展，以及國際和兩岸周邊地區情勢的變化；至於兩岸關係方面，本書強調的是兩岸經濟、文化和社會互動的問題，也包括兩岸協商的過程。期望透過本書的出版，能使國人對於兩岸關係與大陸政策有更完整的認識。

人力資源管理理論與實務　　　　　林淑馨／著

　　本書共由十五章所構成，除了每章介紹的主題外，各章開頭還設計有最新的「實務報導」，中間並適時穿插「資訊補給站」，以提供讀者相關的人力資源實務訊息，最後則安排「實務櫥窗」、「個案研討」與「課後練習」，以期讀者們在閱讀完每一章後能將其所吸收的知識予以活化與內化。希望透過本書理論的介紹與實務的說明，能提高讀者對於人力資源管理的學習興趣。